古典文獻研究輯刊

三九編

潘美月・杜潔祥 主編

第 40 冊

梅村詩清人注之三
——吳梅村詩集箋注（上）

陳 開 林 整理

國家圖書館出版品預行編目資料

梅村詩清人注之三——吳梅村詩集箋注（上）／陳開林 整理
-- 初版 -- 新北市：花木蘭文化事業有限公司，2024〔民 113〕
目 36+234 面；19×26 公分
（古典文獻研究輯刊 三九編；第 40 冊）
ISBN 978-626-344-960-2（精裝）
1.CST：（清）吳偉業 2.CST：清代詩 3.CST：作品集
011.08   113009888

古典文獻研究輯刊
三九編　第四十冊　　　　　　　ISBN：978-626-344-960-2

梅村詩清人注之三
——吳梅村詩集箋注（上）

作　　者　陳開林（整理）
主　　編　潘美月、杜潔祥
總 編 輯　杜潔祥
副總編輯　楊嘉樂
編輯主任　許郁翎
編　　輯　潘玟靜、蔡正宣　美術編輯　陳逸婷
出　　版　花木蘭文化事業有限公司
發 行 人　高小娟
聯絡地址　235 新北市中和區中安街七二號十三樓
　　　　　電話：02-2923-1455／傳真：02-2923-1400
網　　址　http://www.huamulan.tw 信箱 service@huamulans.com
印　　刷　普羅文化出版廣告事業
初　　版　2024 年 9 月
定　　價　三九編 65 冊（精裝）新台幣 175,000 元　　版權所有・請勿翻印

梅村詩清人注之三
——吳梅村詩集箋注(上)

陳開林 整理

作者簡介

陳開林（1985～），湖北麻城人。2009年畢業於重慶工商大學商務策劃學院，獲管理學學士學位（市場營銷專業商務策劃管理方向）。2012年畢業於湖北大學文學院，獲文學碩士學位（中國古代文學先秦方向）。2015年畢業於華中師範大學文學院，獲文學博士學位（中國古代文學元明清方向）。現為鹽城師範學院文學院副教授、江蘇省「青藍工程」優秀青年骨幹教師培養對象。主要研究元明清文學、經學文獻學。完成江蘇高校哲學社會科學基金項目「錢穆佚文輯補與研究」（2017SJB1529），在研國家社科基金後期資助「《古周易訂詁》整理與史源學考辨」（21FZXB017）。出版《〈全元文〉補正》《劉毓崧文集校證》《〈周易玩辭困學記〉校證》《〈純常子枝語〉校證》《杜詩闡》《陳玉澍詩文集箋證》《詩經世本古義》《〈青學齋集〉校證》《〈讀易述〉校證》《陸繼輅集》《〈曝書亭集詩注〉校證》《莊子通》等，並在《圖書館雜誌》、《文獻》、《中國典籍與文化》、《古典文獻研究》、《圖書館理論與實踐》、《中國詩學》等刊物發表論文百餘篇，另有「史源學考易」系列、元明清《春秋》系列、明清《詩經》系列、清代別集系列等待刊。

提　　要

　　梅村「以身際滄桑陵谷之變，其題多紀時事，關係興亡」（朱庭珍《筱園詩話》卷二），故其詩不可尋常讀之。在吳翌鳳之前，已有錢陸燦、程穆衡、靳榮藩三家注，然「錢湘靈評本，但摘索過酷，鮮所發明」（程穆衡《吳梅村詩箋‧凡例》），程穆衡書「是箋非註」，（同上），靳氏《集覽》「每字必詳出處，繁瑣無當」（《吳梅村詩集箋注‧凡例》），以故再行箋注。吳翌鳳自稱「（梅村）集向無注本，愚實創為之」，此注「創始乾隆甲申、乙酉，至今閱五十年矣」（《吳梅村詩集箋注‧凡例》），可謂一生心血所萃。該書晚出，能吸收前注之長，而規避前注之失，嚴榮《弁言》稱其「考訂詳密，繁簡得當」，並進而指出「蓋此書出而《集覽》可廢矣」。

　　本書係吳翌鳳《吳梅村詩集箋注》的首個整理本，以清嘉慶十九年（1814）滄浪吟榭主人嚴榮刻本為底本加以整理。

　　清詩清注是當前學界研究的熱點，但基礎文獻整理相對滯後。整理《梅村詩清人注》系列三種，即是為相關研究提供便利。

整理前言

    吳翌鳳，初名鳳鳴，字伊仲，號枚庵，又號漫士、枚庵漫士、古歡堂主人等。諸生，江蘇吳縣人。生於乾隆七年（一七四二），卒於嘉慶二十四年（一八一九）。著名藏書家、詩人和學者，生平著述頗豐。可參本書附錄四《吳翌鳳傳記資料》、王幼敏《吳翌鳳研究——乾嘉姑蘇學界考略》（上海文藝出版社，2008）。

    關於《吳梅村詩集箋注》一書，嚴榮序稱：

        梅村詩集向無注本，自黎城靳氏《集覽》出，風行於世。然瑣碎蕪雜，詳略失宜，且多穿鑿附會之處，未為善本。吾友吳枚庵氏小歲即為是書作注，及出遊楚豫，舟車所至，攜以自隨，孜訂詳密，繁簡得當，余嘗讀而善之。比年遊倦歸里，而是書尚塵笥篋，余惜其五十年之精力而未獲行於世也，為捐俸刻之。蓋此書出而《集覽》可廢矣。

譽吳翌鳳而毀靳尚榮，多少有些感情用事。其後，周中孚《鄭堂讀書記》卷七十著錄《梅村詩集箋注》十八卷，稱：

        《吳梅村集》原刻四十卷，首古今體詩十八卷，枚庵以其詩向無注本，因勰為之，仍依原編分體，而不編年，以原編於分體之中仍寓編年之意也。考訂詳密，繁簡得當，誠不枉其五十年之精力矣。然同時黎城靳綠溪先有《吳詩集覽》之刻，是注僅摘採其數十條，蓋兩書體例，本各不同，大略有四：靳注於全詩逐段為注，或逐句為注，枚庵以其斷續破碎，不便吟詠，因總附於本詩之後，注中仍

用大字標目，一也；靳注每字必詳出處，而於引用史傳反寥寥一二
語，枚庵深矯其弊，詳略得宜，二也；靳注於其事未明，輒以己意
箋釋，反覆數十百言，枚庵則一埽而空之，以免傅會穿鑿之病，三
也；靳注於詩後多加評跋，頗落時文蹊徑，枚庵亦悉加刊落，俾讀
者自能會心，四也。窺其用意，蓋深不滿其書，而自信為駕乎其上
焉。其實兩書各有不可磨滅之處，並存之以待學者之參看可也。況
婁東程迓亭又有編年之注，後人正可合三家注為一書，如馮氏之於
蘇詩矣。

　　周氏指出《吳詩集覽》和《吳梅村詩集箋注》「兩書體例，本各不同」，且
從四個方面加以指陳，可謂公允之論。進而提出「三家注為一書，如馮氏之於
蘇詩矣」的匯注主張，也為吳詩研究提供了一個新的思路，這也是著者下一步
的研究計劃。

　　《吳梅村詩集箋注》有清嘉慶十九年（1814）滄浪吟榭刻本，後又有清光
緒十年（1884）湖北官書處刻本。本書以滄浪吟榭刻本為底本加以整理。

欽定四庫全書總目提要

集部　別集類

《梅村集》四十卷

　　國朝吳偉業撰。偉業有《綏寇紀略》，已著錄。此集凡詩十八卷、詩餘二卷、文二十卷。其少作大抵才華豔發，吐納風流，有藻思綺合、清麗芊眠之致。及乎遭逢喪亂，閱歷興亡，激楚蒼涼，風骨彌為遒上。暮年蕭瑟，論者以庾信方之。其中歌行一體，尤所擅長。格律本乎四傑，而情韻為深；敘述類乎香山，而風華為勝。韻協宮商，感均頑豔，一時尤稱絕調。其流播詞林，仰邀睿賞，非偶然也。至於以其餘技度曲倚聲，亦復接跡屯田，嗣音淮海。王士禎詩稱「白髮填詞吳祭酒」，亦非虛美。惟古文每參以儷偶，既異齊、梁，又非唐、宋，殊乖正格。黃宗羲嘗稱《梅村集》中《張南垣》、《柳敬亭》二傳，張言其藝而合於道，柳言其參寧南軍事，比之魯仲連之排難解紛。此等處皆失輕重，為倒卻文章家架子。其糾彈頗當。蓋詞人之作散文，猶道學之作韻語，雖強為學步，本質終存也。然少陵詩冠千古，而無韻之文率不可讀。人各有能有不能，固不必一一求全矣。

弁　言

　　梅村詩集向無注本，自黎城靳氏《集覽》出，風行於世。然瑣碎蕪雜，詳略失宜，且多穿鑿附會之處，未為善本。吾友吳枚庵氏小歲即為是書作注，及出遊楚豫，舟車所至，攜以自隨，攷訂詳密，繁簡得當，余嘗讀而善之。比年遊倦歸里，而是書尚塵笥篋，余惜其五十年之精力而未獲行於世也，為捐俸刻之。蓋此書出而《集覽》可廢矣。至梅村之詩，指事類情，無愧詩史，世固有能論之者，茲不更贅云。嘉慶甲戌秋八月，滄浪吟榭主人嚴榮識。

吳梅村先生行狀

太倉顧湄伊人撰

　　先生諱偉業，字駿公，姓吳氏。吳為崑山名族，五世祖禮部主事諱凱，高祖河南參政諱愈，父子皆八十，有重德，其言事載《吳中先賢傳》中。曾祖鴻臚序班諱南，自禮部以下三世，皆葬於崑。祖贈嘉議大夫、少詹事諱議，始遷太倉。父封嘉議大夫、少詹事諱琨，以經行崇祀鄉賢祠。母朱太淑人妊先生時，夢朱衣人送鄧以讚會元坊至生。先生有異質。少多病，輒廢讀，而才學輒自進，迨為文，下筆頃刻數千言。時經生家崇尚俗學，先生獨好三史，西銘張公溥見而歎曰：「文章正印，其在子矣。」因留受業，相率為通經博古之學。年二十，補諸生，未踰年，中崇禎庚午舉人。辛未，會試第一，殿試第二。西銘公鄉、會皆同榜，文風為之丕變。時有攻辛未座主宜興相者，借先生為射的，莊烈皇帝御批其卷，有「正大博雅，足式詭靡」之語，言者乃止。授翰林院編修。先生尚未授室，給假歸娶，當世榮之。乙亥入朝，充纂修官，值烏程柄國，先生與同年楊公廷麟輩挺立無所附。烏程去，武陵、蘄水相繼入相，先生皆與之迕。先是，吾吳有奸民張漢儒、陸文聲之事，烏程實陰主之，欲剚刃東南諸君子。先生以復社著名，為世指目。淄川傳烏程衣鉢，先生首疏攻之，直聲動朝右。丙子主湖廣鄉試，所拔多知名士。戊寅三月二十四日召對，先生進端本澄源之論，欲重其責於大臣，而廣其才於庶僚，乃昌言曰：「冢臣職司九品，若冢臣所舉不當，何以責之臺省？輔臣任寄權衡，若輔臣所用不賢，何以責之卿寺？」言極剴切，上為之動容。已與楊公士聰謀劾史䢵，䢵去而陰毒遂中於先生。己卯，銜命封延津、孟津兩王於禹州，䢵謀以成御史勇事牽連坐先生。會䢵死，事寢。陞南京國子監司業，甫三日，而漳浦黃公道周論武陵奪情拜杖信至，先

生遣太學生涂沖吉入都具橐饘，涂上書為漳浦訟冤，干上怒，嚴旨責問主使，先生幾不免。庚辰，晉中允諭德。癸未，晉庶子。甲申之變，先生里居，攀髯無從，號慟欲自縊，為家人所覺，朱太淑人抱持泣曰：「兒死，其如老人何？」乙酉，南中召拜少詹事，加一級。越兩月，先生知天下事不可為，又與馬、阮不合，遂拂衣歸里，一意奉父母歡。易世後，杜門不通請謁，每東南獄起，常懼收者在門，如是者十年。本朝世祖章皇帝素聞其名，會薦剡交上，有司敦逼，先生控辭再四，二親流涕辦嚴，攝使就道，難傷老人意，乃扶病入都，授秘書院侍講、國子監祭酒。精銳消耎，輒被病，弗能眂事。間一歲，奉嗣母之喪南還，上親賜丸藥，撫慰甚至，先生乃勇退而堅臥，謂人曰：「我得見老親，死無恨矣。」未幾，朱太淑人歿，先生哀毀骨立，復以奏銷事幾至破家，先生怡然安之。嘉議公八十而逝，有幼女，先生為嫁。蓋先生天性孝友，初登第後，嘉議公敕理家事，歲輒計口授食，蕭然不異布衣時，俸入即上之嘉議公，未嘗有私蓄也。後析產，與二弟均其豐嗇，舉無間言。先生性愛山水，遊嘗經月忘返。所居乃故銓部王公士騏之賁園，先生拓而大之，壘石鑿池，灌花蒔藥，翳然有林泉之勝，與士友觴詠其間，終日無倦色。其風度沖曠簡遠，令人挹之，鄙吝頓消。與人交，不事矯飾，煦如陽春。生平規言矩行，尺寸無所踰越，每以獎進人材為己任，諄諄勸誘，至老不怠。喜扶植善類，或罹無妄，識與不識，輒為營救，士林咸樂歸之。而於遺民舊老高蹈巖壑者，尤維持瞻護之，惟恐不急也。先生之學，博極群書，歸於至精，有問經史疑難、古今典故與夫著作原委，旁引曲證，洞若指掌，多先儒之所未發。詩文炳耀鏗鋐，其辭條氣格，皆足以追配古人，而虛懷推分，不務標榜，尤人所難。此下原空十三格。〔註1〕海內之士與浮屠、老子之流，以文為請者，日集於庭，麾之弗去。一篇之出，家傳人誦，雖遐方絕域，亦皆知所寶愛。雅善書，尺牘便面，人爭藏弄以為榮。所著有《梅村集》四十卷、《春秋地理志》十六卷、《春秋氏族志》二十四卷、《綏寇紀略》十二卷，又《樂府雜劇》三卷。先生生於明萬曆己酉五月二十日，卒於今康熙辛亥十二月二十四日，享年六十有三。寢門之哭，學士大夫輒失聲曰：「先生亡矣！一代文章盡矣！」原配郁氏，封淑人，先公十五年卒。先生初未有子，年五十後，連舉三子：璟、嶙，暄，尚齠齔，有成人之志，側室朱氏出也。女九人，淑人出者四，浦氏出二，朱氏出三。先生屬疾時作令書，乃自敘

〔註1〕按：此處闕文，程穆衡《吳梅村詩箋》作「虞山錢公謙益，文章重天下，先生名與相併，世有錢、吳之目，先生每謙讓不居。虞山沒，先生獨任斯文之重」。

事略,曰:吾一生遭際,萬事憂危,無一刻不歷艱難,無一境不嘗辛苦,實為天下大苦人。吾死後,斂以僧裝,葬吾鄧尉、靈巖相近。墓前立一圓石,題曰詩人吳梅村之墓,勿作祠堂,勿乞銘於人。又敕三子,若能效陳、鄭累世同居之義,吾死且瞑目。嗚呼!先生之心事可悲也已!是歲正月旦,先生夢至一公府,主者王侯冠服降階迎揖,出片紙,非世間文字,不可識,謂先生曰:「此位屬公矣。」十二月朔,復夢數人來迎,先生書期日示之,故豫知時日,竟不爽,斯亦異哉!湄之先子與南郭、西銘兩張公為同社,社中惟先生最年少,湄又從先生遊者垂二十年,而受先生之教為深。先生素羸弱善病,輒自言不久。少壯登朝,數忤權貴,獎護忠直,不惜以身殉之。既而陵谷貿遷,同事諸君子皆不免於難以死,而先生優游晚節乃死,人以為幸,然非先生祈死之本懷也。先生閱歷仕途,雖未嘗有差跌,而其危疑遘會,禍亂洊臻,若天廣而無以覆,地厚而無以載,居恒苦忽忽不樂,拂欝成疾以死,是諸君子處其易,而先生處其難。千載而下,考先生之本末,其猶將欷歔煩酲,執簡流涕,而悲不能自己也。所謂「天實為之,謂之何哉」!湄與修郡邑志,於先生例當有傳,先生之從子曉以事狀屬湄,用敢捃摭遺逸,附綴家乘之末,立言君子尚有採於此云。謹狀。康熙十二年七月二十一日。

吳梅村先生墓表

澤州陳廷敬說巖

　　蘇州郡治西南三十里，西山之麓，有壙窣如者，詩人吳梅村先生之墓也。先生宦達矣，行事卓卓著於官，而以詩人表其墓者，從先生志也。先生諱偉業，字駿公，晚自號梅村。五世祖凱，前明永樂間舉孝廉，官禮部主事，年三十以養親乞歸，遂不出，世稱貞孝先生。高祖愈，成化進士，官河南參政。並見《吳中先賢傳》。世居崑山。曾祖南，以善書授鴻臚。祖議，始遷太倉。父琨，能文章。祖、父皆受先生，封為中憲大夫。先生少聰敏，年十四，能屬文。里中張西銘先生以文章提倡後學，四方走其門，必投文為贄，不當意即謝弗內。有嘉定富人子，竊先生塾中稿數十篇，投西銘。西銘讀之大驚，後知為先生作，固延至家，同社數百人，皆出先生下。弱冠舉於鄉，為崇禎辛未科會試第一人，廷試第二，授編修，是時年二十三耳。制詞云：「陸機詞賦，早年獨步江東；蘇軾文章，一日喧傳天下。」當時中朝士大夫皆以為不愧云。崇禎中，黨事尤熾，東南諸君子繼東林之學者，號曰復社。原空二字。〔註1〕以東林之末響為復社先，而先生西銘高弟也。西銘既為復社主盟，先生又與西銘同年舉進士，故立朝之始，遂已大為世指名。當是時，淄川張至發，烏程黨也。繼烏程而相，剛愎過烏程，先生始進，即首劾淄川。奏雖寢不行，其黨皆側目。頃之，遷南京國子監司業，時黃道周以事下獄，先生遣監中生涂某齎表至京，涂伏闕上疏，申理道周。黨人當軸者，以為先生指使，將深文其獄，以中先生。會其人死，乃已。旋奉使河南封藩。丙子，典試湖廣，當時號得士。尋遷中允、諭德。丁嗣父艱。服除，會南中立，君，登朝，一月歸。本朝初，搜訪天下文章舊德，

_____

〔註1〕按：此二字，（清）吳翌鳳編《國朝文徵》卷六作「虞山」。

溧陽、海寧兩陳相國共力薦先生，以秘書院侍讀徵，轉國子祭酒。尋丁嗣母憂，歸於家，時年四十五。先生既無意時，年力尚強，閉戶著數千百言，而尤以詩自鳴。悲歌感激，有不得於中者，悉寓於詩。〔註2〕居婁東，〔註3〕以詩倡海內，海內宗之〔註4〕。余生稍晚，不及見〔註5〕先生，讀〔註6〕先生詩，如受教焉。〔註7〕先生令子給事中暻，以詩世其家。甲申，余為薦於朝，遊余門，與論詩相得也。丙戌冬，丁其生母朱安人艱，將合葬，泣而來請曰：「先人治命云：『吾詩雖不足以傳遠，而是中之用心良苦，後世讀吾詩而知吾心，則吾不死矣。〔註8〕吾性愛山水，葬吾於靈巖、鄧尉間，碣曰『詩人吳梅村之墓』足矣。不者，且不孝。』暻不忍違先志，敢請一言以表之。」按：先生生前明萬曆己酉，以康熙辛亥卒，年六十三。元配郁氏，先卒。子三：暻、瞵、暄，皆朱安人出。女子九人。朱安人以康熙四十五年丙戌七月二十六日卒，與郁夫人皆附葬於先生之墓。是為表。

〔註2〕按：吳翌鳳編《國朝文徵》卷六此處有「時東澗在虞山，先生」。
〔註3〕按：吳翌鳳編《國朝文徵》卷六此處有「皆」。
〔註4〕按：吳翌鳳編《國朝文徵》卷六此處有「稱吳中二老」。
〔註5〕按：吳翌鳳編《國朝文徵》卷六此處有「兩」。
〔註6〕按：吳翌鳳編《國朝文徵》卷六此處有「兩」。
〔註7〕按：吳翌鳳編《國朝文徵》卷六此處有「虞山之後無聞矣，而」。
〔註8〕按：吳翌鳳編《國朝文徵》卷六此處有「吾死毋以厚斂」。

參閱姓氏

長洲顧舜年壽豈
吳江吳　爕萬長
長洲李　繩勉百
餘姚盧文弨召弓
休寧朱　奐文遊
嘉定王鳴盛鳳喈
長洲江　聲鱷濤
崑山徐德諒尹達
歙縣鮑廷博以文
德清沈端蒙希顏
海寧吳　騫槎客
海鹽張燕昌芑堂
吳縣汪　縉大紳
元和彭紹升允初
長洲薛起鳳家三
夏邑李樹穀季方
廣寧趙嘉程雲章
長洲陳學海文瀾
長洲余蕭客仲林
長洲汪元亮明之

長洲周　鉢寶傳
蘄水王登雲根石
元和尤世楠文叔
長洲張思孝南陔
陽湖錢伯坰魯思
南匯吳省蘭泉之
太倉曹應鋿可堂
黃梅喻文鏊冶存
長洲戴延年壽豈
長洲張邦弼清臣
吳縣陸　泉重光
嘉興張廷梅羹若
寶山毛大瀛海客
南豐劉　斌見南
桐鄉金德輿雲莊
武進趙懷玉億孫
陽湖洪亮吉穉存
元和蔣麟書震遠
吳縣沈起鳳桐威
武進黃景仁仲則
吳縣陳元基復生
元和林蕃鍾煜奇
武康高文照東井
秀水王　復敦初
吳江史善長仲文
陽湖楊　倫西禾
懷寧余鵬年伯扶
黟縣朱　霈熙佐
歙縣方　澍子雲
上海張位中立人
長洲虞　敏晁之

吳江陳毓咸受之
吳縣石韞玉執如
漢陽葉繼雯桐封
南城吳　照照南
陽湖劉嗣綰簡之
滔安方　寧壽門
元和嚴　蔚豹人
山陰李宏信柯溪
海寧陳　鱣仲魚
長洲沈清瑞吉人
長洲顧　承燕謀
吳縣嚴　榮瑞唐
吳縣黃丕烈紹甫
懷寧楊邦直古愚
華容孫　琪玉立
長洲吳嘉泰東屏
吳縣陶　賡松如
方外　默可杲堂

凡　例

　　梅村集原刻四十卷，首古今體詩，次詩餘，次古文。今但箋釋其詩，仍依原編一十八卷。詩餘俟補注嗣出。

　　是集收入《欽定四庫全書》別集類，謹將提要一篇恭錄卷首。

　　古人詩集，或分體，或編年。是集於分體之中仍寓編年之意。近婁東程迓亭氏編年而不分體，然既無年譜可據，轉恐易於差謬。況此集出於門弟子之手，師承有自，當不誣也。

　　是集向無注本，愚實創為之。後黎城靳氏《集覽》出，其中有可採者，摘附數十條，仍標明所自，不敢攘善也。

　　靳氏《集覽》，每字必詳出處，繁瑣無當。而於引用史傳，反寥寥一二語，略無端緒。余故深矯其弊，庶乎詳略得宜。凡所採錄，有節刪而無竄易。其尋常習見之事，不復多贅。

　　余家略有藏書，兼復通假於人。凡與本書有涉者，隨時纂入。頗有外間希見之本。至於郡縣、山川、古蹟，必準諸史志及歷代古志，以攷沿革，以資勝覽。不敢奉兔園冊，但斤斤記里已也。

　　詩人之義，其旨微，其趣逸，其寄託深遠。苟能明其事之本末，令讀者諷詠涵濡而義自見。若其事未明，猥欲穿鑿箋釋，反覆數十百言，按之本末，未必皆詩人之意也。愚於茲集，不敢瑣瑣饒舌，以蹈傅會穿鑿之病。

　　注詩與解詩不同。詩中原委曲折，讀者自能會心。若必彊加評跋，致落時文蹊徑，所不取也。

　　自來注詩家多以己意橫隔前人詩句，遂令全詩斷續破碎，不便吟諷。今總附於本詩之後，注中仍用大字標目，庶讀者一目瞭如，仿惠氏《精華錄訓纂》例也。

　　是編創始乾隆甲申、乙酉間，至今閱五十年矣。同時朋好互相參閱，間有補益，具列於篇，仍另標姓氏於卷首。

　　梅村既無年譜，今以顧氏《行狀》、陳氏《墓表》具列簡端。先生出處事蹟，略可想見一斑。

　　開雕於嘉慶甲戌二月，至歲莫畢工，校讎再四，恐尚有譌字。古人云：「校書如掃落葉，隨掃隨積。」洵非虛語。

　　愚學殖疏漏，見聞不廣，其中差誤脫漏之處，尚望博雅君子是正焉。

梅村詩集總目

卷第一
　　五言古詩二十一首
卷第二
　　五言古詩二十首
卷第三
　　五言古詩二十首
卷第四
　　七言古詩二十九首
卷第五
　　七言古詩十八首
卷第六
　　七言古詩二十一首
卷第七
　　七言古詩二十六首
卷第八
　　五言律詩九十三首
卷第九
　　五言律詩九十首
卷第十
　　五言律詩一百二十七首

太倉顧　湄伊人
許　旭九日原編

梅村詩集箋注　卷第一

長洲吳翌鳳撰　滄浪吟榭校定本

五言古詩

贈蒼雪

　　我聞昆明水，天花散無數。躡足凌高峰，了了見佛土。法師滇海來，植杖渡湘浦。藤鞋負貝葉，葉葉青蓮吐。法航下匡廬，講室臨玄圃。忽聞金焦鐘，過江救諸苦。中峰古道場，浮圖出平楚。通泉繞階除，疏巖置廊廡。同學有汰公，兩山聞法鼓。天親偕無著，一朝亡其伍。獨遊東海上，從者如牆堵。迦文開十誦，廣舌演四部。設難何衡陽，答疑劉少府。人我將無同，是非空諸所。即今四海內，道路多豺虎。師於高座上，瓣香祝君父。欲使菩提樹，遍蔭諸國土。洱水與蒼山，佛教之齊魯。一屐遊中原，五嶽問諸祖。稽首香花巖，妙義足今古。

　　蒼雪　《蘇州府志》：「讀徹，字蒼雪，滇南呈貢趙氏子。」王士禎《池北偶談》：「南來蒼雪法師，居吳之中峰，貫徹教典，尤以詩名。」　**昆明水**　《元史·張立道傳》：「雲南有昆明池，介金馬、碧雞之間，環五百餘里。」馬智舒《綱目質寔》：「昆明池中產衣缽蓮，花盤於葉，蕊分三色。」　**天花**　《維摩詰所說經》：「維摩詰室有一天女，聞所說法，便現其身，即以天花散諸菩薩大弟子上而為說法。」　**佛土**　《法華經》：「其佛以恒河沙等三千大千為一佛土。」　**法師**　《阿含經》：「何名法師？佛言若於色言，猶生厭、離欲、滅盡、寂靜法者，為法師。」　**滇海**　《明史·地理志》：「滇池在雲南府城南，周五百里，其西南為海口。」　**貝葉**　《釋典》：「西域無紙，

以具多樹葉寫經文。」《翻譯名義》:「多羅,舊名具多,其葉長廣,其色光潤,諸國寫經,莫不採用。」　**法航**　《指月錄》:「惟清禪師見延安耆宿法安。安曰:『汝苦海法航也。』」　**匡廬**　《九江志》:「匡俗先生,商周之際隱於廬山,世號匡君,故山取號曰匡廬。」　**玄圃**　《南齊書·文惠太子傳》:「太子與竟陵王子良俱好釋氏,開拓玄圃園與臺城北墅等,其中樓館塔宇多聚奇石,妙極山水。」《一統志》:「玄圃在上元縣臺城北。」　**金焦**　唐釋應之《頭陀巖記》:「金山,昔名浮玉,因裴頭陀江際獲金。貞元二十一年,節帥李騎奏,易名金山。」《括地志》:「焦山在潤州東北大江中,以焦先隱此得名。」　**過江**　《世說·假譎篇》:「愍度上人始欲過江。」　**中峰**　《蘇州府志》:「中峰寺在支硎山寒泉上,又名楞伽寺。」徐崧《百城煙水》:「支硎山中峰寺,明弘、正間廢,地歸王文恪公鑒。天啟中,文恪公玄孫永思臨沒,遺言仍還淨域。是時一雨潤公住華山,因施為淨室。門人蒼雲徹公嗣開講席。澈公殤,玄道、曉庵相繼主之。」　**道場**　《唐六典》:「煬帝改佛寺為道場,道觀為玄壇。」　**浮圖**　東坡詩注:「僧塔皆曰浮圖,亦曰浮屠。」　**平楚**　王志堅《名句文身表異錄》:「詩人多用平楚字,楚,叢木也,猶言平林也。」《枕譚》:「謝朓詩:『寒城一以眺,平楚正蒼然。』登高望遠,見木杪如平地,故曰平楚。」　**汰公**　《華山錄》:「明河,字汰如,南直隸通州人。一雨潤公弟子。」汪琬《曉庵了法師塔銘》:「明崇禎中,徹公主中峰講席,其同門友汰如河公住華山,兩山對峙,梵唄之聲相應。」　**法鼓**　《法華經》:「普為眾生擊大法鼓。」注:「法鼓,鐘也。」太白詩:「兩山振法鼓。」　**天親無著**　《稽古要錄》:「初,天竺國無著大士及其弟天親菩薩發明大乘,相與論著,各五百部。」　**亡其伍**　無名氏《汰如塔銘》:「汰復以崇禎十三年十一月四日順世而去。」〔註 1〕　**迦文**　李石《續博物志》:「佛者本號釋迦文佛。」王融《法門頌》:「迦文啟聖,道冠百靈。」　**十誦**　《隋書·經籍志》:「鳩摩羅什才德最優,而什又譯《十誦律》。」　**廣舌**　《華嚴經》:「菩薩以廣長舌於一切音中現無量音。」《法華經》:「世尊見大神力,出廣長舌清淨法身。」　**四部**　《法苑珠林》:「賓頭盧往西瞿耶尼教化四眾,廣宣佛法,閻浮四部弟子思見賓頭盧,佛聽還國。」　**設難**　《世說·文學篇》:「有北來道人,與林公相遇於瓦官寺,講小品,屢設疑難。」　**何衡陽、劉少府**　未詳。　**人我**　《關尹子》:「人即我,我即人,知此道者,可以窺他人之肺肝。」　**將無同**　《衛玠別傳》:「太尉王君見阮千里而問曰:『老、莊與聖教同異?』阮曰:『將無同?』」　**是非**　《莊子·齊物論》:「故有儒墨之是非。」　**空諸所**　《景德傳燈錄》:「龐蘊家

〔註 1〕按:此源自《吳詩集覽》。引文出錢謙益《牧齋初學集》卷六十九《汰如法師塔銘》,「十一月」作「十二月」。

襄陽，潔身修行。臨終，招刺史于頓，謂曰：『但願空諸所有，不願實諸所無。』言訖，奄然而化。」　**豺虎**　張載《七哀詩》：「賊盜如豺虎。」庾信《哀江南賦》：「交橫於豺虎。」　**高座**　《梁書・伏曼容傳》：「輒升高座為講說。」　**瓣香**　《瑣碎錄》：「諸禪開堂，至第三瓣香，推本其所自，云：此一瓣香敬為某人。」　**菩提樹**　段成式《酉陽雜俎》：「菩提樹出摩伽陀國在摩菩提寺，蓋釋迦如來成道時樹。」　**諸國土**　《法華經》：「假使有人磨墨，過於東方千國土，乃下一點大如微塵，又過千國土，復下一點，如是展轉，盡地種墨。是諸佛土，若算師知其數否？」　**洱水、蒼山**　楊慎《雲南山川志》：「西洱海在大理府城東，古榆葉河也，又名西洱河。」《雲南通志》：「形如人耳，週三百餘里。」《元史・地理志》：「點蒼山在大理府城西，週四百里。」《一統志》：「點蒼山有十九峰，前臨洱海。」　**齊魯**　《漢書・儒林傳》：「夫齊魯之間於文學，自古以來，其天性也。」　**一屨**　《景德傳燈錄》：「達磨葬熊耳山。宋雲使西域回，遇師蔥嶺，見手攜隻履。雲問師何往，師曰：『西天去。』雲具白上，上令啟棺，惟一革履存焉。」　**諸祖**　《釋氏稽古錄》：「釋迦文佛宗派祖師授受圖有三十六祖。」　**香花巖**　《明一統志》：「香巖在點蒼山中峰之半。香從空中來，世傳釋迦佛苦行地也。」　**妙義**　徐陵《丹陽上庸路碑》：「高文象緯，妙義幾神。」

塗松晚發

孤月傍一村，寒潮自來去。人語出短篷，纜沒溪橋樹。冒霜發輕舠，披衣聽雞曙。籪響若鳴灘，蘆洲疑驟雨。漁因入浦喧，農或呼門懼。居然見燈火，市聲雜翁嫗。水改村店移，一帆今始遇。生涯問菰蒲，世事隔沮洳。終當謝親朋，刺舟從此住。

　塗松　《蘇州府志》：「塗松市在太倉州北三十里，傍七浦塘，父老相傳此亦海也。塗松，塗上之松也。唐龍朔間有庵有院，宋元亦有酒肆。偽吳張士誠嘗築城，營兵於此，以備海寇。今廢。」　**籪**　陸龜蒙《漁具》詩注：「列竹於水澨曰滬，吳人今謂之籪。」　**沮洳**　《〈詩・魏風〉注》：「沮洳，下濕之地。」

毛子晉齋中讀吳匏庵手抄宋謝翱《西臺慟哭記》

扁舟訪奇書，夜月南湖宿。主人開東軒，磊落三萬軸。別庋加收藏，前賢矜手錄。北堂學士鈔，南宋遺民牘。言過富春渚，登望文山哭。子陵留高臺，西面滄江綠。婦翁為神仙，天子共遊學。攜家就赤城，高舉凌黃鵠。尚笑君房癡，寧甘子雲辱。七里溪光清，千仞松風謖。廬陵赴急難，幕府從羈僕。運去須武侯，君存即文叔。臣心誓弗諼，漢祚憂難

復。昆陽大雨風，虎豹如蝟縮。詭譎潯沱冰，倉卒無亭粥。所以恢黃圖，無乃資赤伏。即今錢塘潮，莫救厓山麓。空阬戰士盡，柴市孤臣戮。一死之靡他，百身其奚贖。龔生夭天年，翟公湛家族。會稽處士星，求死得亦足。安能期故人，共臥容加腹。巢許而蕭曹，遭遇全高躅。文山竟以殉，趙社終為屋。海上悲田橫，國中痛王蠋。門人蒿里歌，故吏平陵曲。彼存君臣義，此制朋友服。相國誠知人，舉事何顛蹶。丈夫失時命，無以辭碌碌。看君書一編，俾我愁千斛。禹績荒煙霞，越臺走麋鹿。不圖疊山傳，再向嚴灘續。配食從方干，豐碑繼梅福。主人更命酒，哀吟同擊筑。四坐皆涕零，霜風激群木。嗟乎誠義士，已矣不忍讀。

　　毛子晉　朱彝尊《明詩綜》：「毛晉初名鳳苞，字子晉，常熟人。」《靜志居詩話》：「子晉性好儲藏秘冊。中年自群經、十七史以及詩詞曲本、唐宋金元別集、稗官小說，靡不發雕，公諸海內，其有功於藝苑甚鉅。」　吳匏庵　《明史‧吳寬傳》：「吳寬，字原博，長洲人。成化八年會試、廷試皆第一。正德十六年，進禮部尚書。卒，贈太子太保，諡文定。」案：匏庵，寬自號。　謝翱　《藝文志》：「吳寬《匏菴集》七十八卷。」　宋濂《謝翱傳》：「謝翱，字皋羽，長溪人，徙浦城。倜儻有大節。會丞相文天祥開府延平，署諮事參軍。已復別去。及宋亡，天祥被執以死，翱悲不能禁。乃攜酒登子陵臺，設天祥主，跪拜號慟。取竹如意擊石，作楚些歌招之。歌闋，竹石俱碎。因作《西臺慟哭記》。卒，葬子陵臺南。」　西臺慟哭記　謝翱《晞髮集》：「《登西臺慟哭記》：「始故人唐宰相魯公開府南服，予以布衣從戎。明年，別公於漳水之湄。後明年，公以事過張睢陽及顏杲卿所嘗往來處，悲歌慷慨，卒不負其言而從之遊，今其詩具在可考也。予恨死無以藉手見公，而獨記別時語，每一動念，即於夢中尋之。或山水池榭、雲嵐草木，與所別處及其時適相類，則徘徊顧盼，悲不敢泣。又後三年，過姑蘇。姑蘇，公初開府舊治也，望夫差之臺而始哭公焉。又後四年，而哭之於越臺。又後五年及今，而哭於子陵之臺。先是，一日與友人甲乙若丙約，越宿而集。午，雨未止，買榜江涘。登岸，謁子陵祠；憩祠旁僧舍，毀垣枯甃，如入壙墓。還，與榜人治祭具。須臾，雨止，登西臺，設主於荒亭隅；再拜，跪伏，祝畢，號而慟者三，復起，再拜。又念予弱冠時，往來必謁拜祠下。其始至也，侍先君焉。今予且老，江山人物，睠焉若失。復東望，泣拜不已。有雲從西南來，滃滒浡鬱，氣薄林木，若相助以悲者。乃以竹如意擊石，作楚歌招之曰：『魂朝往兮何極？莫歸來兮關水黑。化為朱鳥兮有喙焉食？』歌闋，竹石俱碎，於是相向感喵。復登東臺，撫蒼石，還憩於榜中。榜人始驚予哭，云：「適有邏舟之過也，盍移諸？」遂移榜中流，舉酒相屬，各為詩以

寄所思。薄莫，雪作風凜，不可留，登岸宿乙家。夜復賦詩懷古。明日，益風雪，別甲於江，予與丙獨歸。行三十里，又越宿乃至。後，甲以書及別時來，言：『是日風帆怒駛，久而後濟；既濟，疑有神陰相，以著茲遊之偉。』予曰：『嗚呼！阮步兵死，空山無哭聲且千年矣！若神之助固不可知，然茲遊亦良偉。其為文辭因以達意，亦誠可悲矣！』予嘗欲倣太史公著《季漢月表》，如《秦楚之際》。今人不有知予心，後之人必有知予者。於此宜得書，故紀之，以附季漢事後。時先君登臺後二十六年也。先君諱某字某，登臺之歲在乙丑云。」案：稱唐魯公者，隱之之辭。　**南湖**　子晉所居有南湖草堂。　**三萬軸**　昌黎《答諸葛覺》詩：「鄴侯富藏書，插架三萬軸。」　**庋**　許氏《說文》：「庋，閣板為之，所以載物。」　**手錄**　《梁書·王筠傳》：「其自序云：『少好鈔書，老而彌篤，未嘗倩人假手，躬自抄錄。』」朱彝尊《明詩綜》：「詩話：余嘗見匏庵家遺書，偶有流傳者，悉公手錄，以私印記之。前輩風流真不可及也。」　**北堂**　《中興書目》：「虞世南集群書中事可為文用者，凡一百七十三卷，號《北堂書鈔》。」黽氏曰：「北堂，省之後堂，世南鈔書之所也。」　**富春**　《後漢書·嚴光傳》：「除為諫議大夫，不就，乃耕於富春山。」注：「今杭州富陽縣也。」《明一統志》：「富春江在富陽縣南，即浙江之上流。」任昉《贈郭桐廬》詩：「朝發富春渚。」　**登望**　《漢書·陳湯傳》：「每過城邑山川常登望。」　**文山**　《續資治通鑑》：「文天祥所居對文筆峰，因自號文山。」　**高臺**　《一統志》：「子陵釣臺在嚴州府城東五十里，東西二臺，各高數百丈，下瞰大江。」　**婦翁為神仙**　宋存標《史疑》：「子陵娶梅福季女。」《漢書·梅福傳》：「梅福，字子真，九江壽春人。補南昌尉。王莽專政，棄妻子，去九江，至今傳以為仙。其後人有見福於會稽者，變姓名，為吳門市卒云。」　詩：「桃源西面絕風塵。」〔註2〕任彥升詩：「滄江路窮此。」　**遊學**　《後漢書·逸民傳》：「嚴光少有高名，與光武同遊學。」　**赤城**　《元和郡縣志》：「赤城山在天台縣北六里，土石皆赤，狀如雲霞，望之如城堞，故名。」孫綽《天台山賦》：「赤城霞起以建標。」　**黃鵠**　《韓詩外傳》：「田饒謂魯哀公曰：『夫黃鵠一舉千里，止君國也〔註3〕，啄君稻粟，君猶貴之，以所從來者遠也。臣將去君，黃鵠舉矣。』」　**君房癡**　皇甫謐《高士傳》：「侯霸使西曹屬侯子道奉書嚴光，光曰：『君房素癡，今小差否？』子道曰：『位至鼎足，殊不癡也。』」　**子雲辱**　《漢書·揚雄傳》：「王莽篡位，雄上符命，後寖厭，有上者輒殺之。時雄校書天祿閣，使者將收雄，雄恐，乃從閣上自投下，幾死。」　**七里溪**　《嚴州府志》：「七里溪在釣臺之西，一名嚴瀨。」　**松風謖**　《世

〔註2〕王維《春日與裴迪過新昌里訪呂逸人不遇》。
〔註3〕「國也」，《韓詩外傳》卷二作「園池」。

說‧賞譽篇》：「世目李元禮謖謖如勁松下風。」　　**廬陵**　謂文信國。　　**赴急難**　胡翰《謝翱傳》：「元兵取宋，宋文天祥亡走江上，逾海至閩，檄州郡大舉勤王之師。翱傾家資，率數百人赴難，遂參軍事。」　　**幕府**　司馬貞《史記索隱》：「古者出征，以幕帟為府署，故曰幕府。」　　**羈僕**　《左傳‧僖二十四年》：「居者為社稷之衛，行者為羈紲之僕。」　　**運去**　羅隱《武侯祠詩》：「運去英雄不自由。」　　**君存**　《後漢書‧光武紀》：「軍中不見光武，或云已沒，諸將不知所為。吳漢曰：『卿曹努力。王兄子在南陽，何憂無主。』」章懷曰：「兄子謂伯升子章及興也。」案：文叔，光武字。　　**漢祚**　少陵《詠懷古蹟》詩：「運移漢祚終難復。」　　**昆陽**　《後漢書‧光武紀》：「王莽遣大司徒王尋、大司空王邑將兵五萬，五月到潁川，又驅諸猛獸虎豹犀象之屬，以助威武。諸將見尋、邑兵盛，反走馳入昆陽。莽軍圍之數十重。光武乃與敢死者三千人，從城西上，衝其中堅，城中亦鼓譟而出，莽兵大潰。會大風雨，屋瓦皆飛，雨下如注，滍川盛溢，虎豹皆股栗。」胡身之《通鑑注》：「昆陽故城在今許州葉縣北五里。」　　**蝟縮**　鮑照《代出自北門行》：「馬毛縮如蝟。」　　**滹沱冰**　《後漢書‧王霸傳》：「光武南馳，至下曲陽，王郎兵在後。及至滹沱河，候吏還白河水澌流，無船不可濟。光武令霸往視，霸恐驚眾，即詭曰：『冰堅可度。』比至河，冰亦合，乃令霸護渡。未畢數騎而冰解。」又，《〈光武紀〉注》：「《山海經》云：『秦戲之山，滹沱之水出焉。』東流經定州深澤縣東南，即光武所渡處。」　　**蕪亭粥**　《後漢書‧馮異傳》：「王郎起，光武自薊東南馳，晨夜草舍，至饒陽無蔞亭。時天寒烈，眾皆饑疲，異上豆粥。明旦，光武謂諸將曰：『昨得公孫豆粥，飢寒俱解。』」馮智舒《綱目質寔》：「蕪蔞亭在真定府深州城外滹沱河之濱。」　　**赤伏**　《唐‧藝文志》：「《三輔黃圖》一卷。」〔註4〕張縉注：「黃圖猶今之黃冊。」　《續漢書‧祭祀志》：「同舍生彊華自關中奉《赤伏符》至，詣王曰：『劉秀發兵捕不道，四海雲集龍鬥野，四七之際火為主。』於是即天子之位。」　　**錢塘潮**　《一統志》：「錢塘江即浙江，亦名曲江。枚乘《七發》云『觀濤於廣陵之曲江』是也。」　　**厓山**　《綱目續編》：「宋帝昺祥興二年二月，張世傑與元張弘範戰於厓山，世傑兵潰，陸秀夫負帝赴海死之。世傑復收兵至海陵山，舟覆而死，宋亡。」《明一統志》：「厓山在廣東新會縣南八十里，海中與奇石山相對，立如兩扇，潮之所出入也。」　　**空阬**　《宋史‧文天祥傳》：「江西宣慰季〔註5〕恒攻天祥於興國，天祥不意恒兵猝至，乃引兵即鄒㵲於永豐。㵲兵先潰，恒窮追至空阬，軍士皆潰。」**柴市**　《宋史‧文天祥傳》：「被執至燕，絕粒八日不死。元主召天祥諭之曰：『汝移所

〔註4〕《新唐書》卷五十八。
〔註5〕「季」，《宋史》卷四百十八《文天祥傳》作「李」。

以事宋者事我，當以汝為相。』天祥曰：『願賜一死，足矣。』臨刑，從容謂吏卒曰：『吾事畢矣。』南面再拜，殺於柴市。有詔止之，至則死矣。」　**龔生**　《漢書·兩龔傳》：「龔勝，字君實〔註6〕。王莽篡國，遣五威將軍親奉羊酒存問勝。勝謂門人高暉等曰：『吾受漢家厚恩，亡以報，今年老矣，且莫入地，豈以一身事二姓哉？』因不復開口飲食，十四日而死，死時七十九矣。有老父來弔，哭甚哀，既而曰：『嗟乎！薰以香自燒，膏以明自煎。龔生竟夭天年，非吾徒也。』遂趨而出，不知其誰。」　**翟公**　《漢書·翟方進傳》：「父翟公，為郡文學。少子義討王莽，不克，被殺。莽發父方進及先祖冢在汝南者，燒其棺柩，夷滅三族。」　**湛族**　詳見卷六。　**求死**　《晉書·隱逸傳傳》：「會稽謝敷隱居若邪山，名聞不及戴逵。時月犯少微，人云處士星也，皆為逵憂。俄而敷卒，人嘲逵曰：『吳中高士，求死不得。』」　**加腹**　《後漢書·隱逸傳》：「帝引光入，論道舊故。因共偃臥，光以足加帝腹上。明日，太史奏客星犯御坐甚急。帝笑曰：『朕故人嚴子陵共臥耳。』」　**社為屋**　蔡邕《獨斷》：「古者取亡國之社以分諸侯，屋之掩其上使不通天，柴其下使不通地，明與天地絕也。」　**田橫**　《史記·田儋傳》：「田橫，故齊王榮弟。項羽破齊，橫以散兵復收濟邑，立榮子廣為齊王。及廣死，橫自立為王。漢高祖立，橫與其徒五百人入居海島。帝召之，乃乘傳詣洛陽。未至，自刎，五百人亦皆自殺。」　**王蠋**　《史記·田單傳》：「燕破齊，聞齊畫邑人王蠋賢，欲封以萬家。蠋固謝燕人曰：『子不聽，吾將屠畫邑。』蠋曰：『忠臣不事二君。』遂自經死。齊士大夫聞之，曰：『王蠋布衣也，義不北面於燕，況在位食祿者乎！』」　**蒿里歌**　崔豹《古今注》：「田橫自殺，門人傷之，為作蒿里之歌。」　**平陵曲**　崔豹《古今注》：「平陵東者，翟義討王莽被殺，門人歌以怨之。」樂史《太平寰宇記》：「平陵，漢屬右扶風。」　**朋友服**　《孔叢子》：「昔者，虢叔、閎夭、太顛、散宜生、南宮括五臣同僚，比德以贊文、武。及虢叔死，四人為之服朋友之服。」　**禹績**　《詩·大雅》。　**越臺**　顧野王《輿地記》：「越王臺在會稽鍾山東北。」　**走麋鹿**　《史記·淮南衡山王傳》：「臣聞子胥諫吳王，乃曰臣今見麋鹿遊姑蘇之臺也。」　**疊山**　《宋史·謝枋得傳》：「枋得，字君直，弋陽人。少以忠義自奮。知信州，督戰元兵，敗北，乃變姓名，入建寧山中。元初，累辟不就。南望慟哭，不食死，世稱疊山先生，諡文節。」《一統志》：「疊山在廣信府興安縣北八十里，重巒疊　，岩嶢峻絕。宋謝枋得築室讀書其下，因自號疊山。」　**方干**　胡子山《遊釣臺記》：「登岸謁子陵遺像，其兩廡則唐之方干玄英、宋之謝翱皋羽也。」　**豐碑**　《禮記》「公室視豐碑」注：「斲木為之，縴以下棺。」　**梅福**　見上注。　**擊筑**　《史記·刺客傳》：「高

漸離擊筑，荆軻和而歌。」　義士　《漢書·蘇武傳》：「李陵見其至誠，喟然歎曰：『嗟乎義士！』」

壽王鑑明五十

伏勝謝生徒，開壁藏卷軸。桓榮抱詩書，拾梠逃巖谷。古來兩經生，遭亂耽講讀。後皆保耆頤，或乃致鼎足。當世數大儒，如君號名宿。通識曉世變，早計駭愚俗。一朝載妻子，推車入天目。經營志不遂，退乃就田牧。十畝種桑麻，一溪蒔花木。果茹飴兒孫，樵蘇課僮僕。以代子陵釣，無愧君平卜。俯視悠悠人，愁苦對金玉。下士豈聞道，世事如轉轂。五十知天命，養生在無欲。全家就白雲，避地驅黃犢。無以侑君觴，知足則不辱。

王鑑明　《復社姓氏》：「王日新，字鑑明，太倉人。」《鎮洋縣志》：「王日新，號眉嶽。精經學，為名諸生。教授弟子有程法，尤留心經濟，通達治體，每為長吏諮訪。時明季兆亂，日新絕意科舉，肆力於天文地理之學。甲申后，韜晦遁跡，躬耕於野。年五十四卒。」　伏勝　《漢書·儒林傳》：「伏生，濟南人。秦時焚書，伏生壁藏之。」張晏曰：「名勝。」　桓榮　《後漢書·桓榮傳》：「桓榮，字春卿，沛郡人。王莽敗，天下亂，榮抱其經書，與弟子逃匿山谷，客授江淮間。」　拾梠　《晉書·隱逸傳》：「夏統，字仲御。幼孤平，事母至孝，每採梠求食。」　鼎足　《漢書·彭宣傳》：「三公鼎足承君。」《後漢書·桓榮傳》：「建武中，拜太子少傅，授太子經。顯宗即位，榮年踰八十，帝尊禮師傅，親自執業，封榮為關內侯。」案：太子少傅、關內侯皆非三公，此借用。　大儒　《後漢書·盧植傳》：「盧尚書海內大儒。」　名宿　《後漢書·朱浮傳》：「辟召中州名宿。」　早計　《莊子·齊物論》：「且女亦太早計。」　天目　《明一統志》：「天目山在杭州臨安縣西五十里，道書第三十四洞天也。上有兩湖，若左右目，故名。《元和志》云：『天目有兩峰，峰頂各一池，左右相對。』郭璞《地記》：『天目山前兩乳長，龍飛鳳舞到錢塘。杭都賦山多矣，莫若天目之為大，凡萬九千尺。仰太虛兮日月低，坐絕頂兮乾坤窄。』」程穆衡《婁東耆舊傳》：「鑑明於崇禎中知天下將亂，曾徙居臨安，今仍為州人。」　果茹　《五代史·唐家人傳》：「薪芻果茹。」　樵蘇　《漢書音義》：「樵，取薪也。蘇，取草也。」　君平卜　《漢書·王貢兩龔鮑傳·序》：「嚴君平卜筮於成都市。裁日閱數人，得百錢足自養，則閉肆下簾而讀《老子》。」　金玉　《老子》：「金玉滿堂，莫之能守。」　下士　《老子》：「下士聞道，大笑之。」　《老子》：「知足不辱。」

松鼠

　　衝飆飄頹瓦，壞牆叢廢棘。謖然見松䶈，搏樹向人立。側目仍盱睢，奉頭似悚惕。簷牙偃臥高，屋角欹斜疾。倒攤弱枝危，迅躍修柯直。已墮復驚趨，將藏又旁突。去遠且暫留，回顧再迸逸。前逃赴已馳，後竄追旋及。剽輕固天性，儇狡因眾習。兩木夾清漳，槎牙斷尋尺。攀緣所絕處，排空自騰擲。足知萬物機，飛走不以力。嗟爾適何來，鳥鼠忽而一。本是居巇巖，無端被羈縶。兒曹初玩弄，種類漸充斥。點彼憑社徒，技窮恥晝匿。銜尾共呼鳴，異穴為主客。吾廬枕荒江，垂死倚病柏。雷雨撥其根，慘裂蒼皮濕。空腹鴟鴞蹲，殘身螻蟻食。社鬼不復憑，乘間恣出入。庭中玉蕊枝，怒茁遭狼藉。非敢念摧殘，於君奚損益。屈指五六年，不遺一花白。苞筍抽新芽，編籬察行跡。免彼鐮鋤侵，值爾齒牙厄。反使盜者心，笑睨生歎息。貧賤有此園，謂可資漑植。春蔬晚猶種，夏果晨自摘。鳥雀群飛鳴，喞啾滿阡陌。婦子懶驅除，縛橐〔註7〕加臺笠。我亦顧而笑，自信無長策。焉能避穿墉，會須憂入室。茅齋雖云陋，一一經剪葺。曉起看掃除，仰視輒詫惜。尋繩透簾幕，掉尾來几席。倒庋傾圖書，窺廚啖漿炙。空倉喧夜鬭，忘疲競遺粒。早幸官吏租，督責無餘積。邂逅開虛堂，群怒扼險塞。地逼起眾呼，拍手撼四壁。捕此曷足多，欲以觀其急。櫺戶既嚴扃，欒櫨若比櫛。瞥眼倏遁逃，一巧先百密。窮追信非算，尤豫不早擊。忍令智弗如，變計思與敵。機深勇夫駭，勢屈兒童獲。舉世貴目前，快意相促迫。比讀莊生書，退守愚公術。撲棄聽鄰家，搔瓜任邊邑。溪深獺趁魚，果熟猿偷栗。天地所長養，於己何得失。嗟理則誠然，自古戒鼠泣。仙豈學淮南，腐難嚇梁國。舞應京房占，磔按張湯律。終當就羅網，不如放山澤。永絕焚林風，用全飲河德。

　　松鼠　《爾雅注》：「松柏之鼠不知堂密之有美樅。」長洲周鉢曰：「熊忠《古今韻會》：『䶈似鼠而小，一曰飛生。』」　**搏**　《史記‧田齊世家》：「搏三國之兵。」注：「搏，握領也。度官反。」　**立**　《韓詩》：「禮鼠拱而立。」　**盱睢**　《戰國策》：「妻側目而視。」〔註8〕《莊子‧寓言》篇：「而睢睢，而盱盱。」郭象《注》：「睢睢盱盱，跋扈之貌。」《注》：「《字林》曰：『睢，仰目也。盱，張目也。睢，火隹切。盱，火於

切。』」　奉頭　《漢書‧蒯通傳》:「奉頭鼠竄。」　勦輕　《史記‧太史公自序》:
「荊吳勦輕。」　夾清漳　《南史‧劉繪傳》:「時張融以言辭辨捷,周顒稱為清綺,
而繪有風則。時人語曰:『三人共宅夾清漳,張南周北劉中央。』言其處二人間也。」
《水經》:「清漳水出上黨沾縣西北少山大龜谷。」　萬物機　《莊子‧至樂》篇:「萬
物皆出於機。」　適何來　《唐書‧元微之傳》:「微之恃宦官,知制誥。會食瓜,蠅
集瓜上,武儒衡揮以扇,曰:『適從何來,遽集於此。』一坐失色。」　黠　許慎《說
文》:「鼠,六蟲之黠者。」　憑社　沈約《恩倖傳‧論》:「鼠憑社貴。」劉向《說苑》:
「齊桓公問於管仲曰:『國何患?』對曰:『患夫社鼠。夫社,束木而塗之,鼠因往託
焉。薰之則恐焚其木,灌之則恐壞其塗,此鼠之所以不可得殺者,以社故也。夫國亦
有社鼠,人主左右是也。』」　技窮　《荀子》:「鼫鼠五技而窮。」　畫匿　《漢書‧
五行志》:「鼠盜竊小蟲,夜出畫匿。」　主客　《文選注》引古諺:「越阡度陌,互為
主客。」　病柏　少陵有《病柏》詩。　社鬼　東坡《祈雨有應》詩:「龍神社鬼各
言功。」　玉蕊　康駢《劇談錄》:「上都安業坊唐昌觀舊有玉蕊花甚繁,每發若瑤林
瓊樹。」　苞筍　左思《吳都賦》:「其竹則苞筍抽節。」《注》:「苞筍,冬筍也。」
縛槀　《北史‧楊大眼傳》:「縛槀為人。」　臺笠　《詩‧小雅》:「臺笠緇撮。」《疏》:
「臺,草名,可以為笠。」　倒庋　《世說》:「王右軍郗夫人曰:『王家見二謝,傾筐
倒庋。』」　漿炙　陸機《百年歌》:「清酒漿炙奈樂何。」　欒櫨　何承天《景福殿
賦》:「櫨欒各落以相承,欒栱夭矯而交結。」《注》:「櫨欒,曲短木也。欒以承栱,栱
以承枓。」　尤豫　《後漢書‧馬援傳》:「尤豫不決。」　莊生書　《史記‧老莊列
傳》:「莊子之學本於黃老。著書十萬餘言,大率皆寓言也。」　愚公術　劉向《說
苑》:「愚公曰:『臣故畜牸牛,生子而大,賣之而買駒。少年曰:牛不能生馬。遂持駒
而去。旁鄰聞之,以臣為愚。』」　撲棗　少陵《又呈吳郎》:「堂前撲棗任西鄰。」
搔瓜　賈誼《新書》:「梁大夫宋就為邊縣令,與楚鄰界。兩亭皆種瓜。梁人劬力數灌,
其瓜美。楚人窳而稀灌,其瓜惡。楚令以梁瓜美,夜竊搔之,梁瓜皆有焦者矣。梁亭
請其尉,欲報搔楚瓜。宋就曰:『是構怨分禍之道也。』令人竊為楚亭夜灌瓜。」　獺
趁魚　少陵《重遊何氏》詩:「溪喧獺趁魚。」　鼠泣　《詩‧小雅》。　仙豈學淮
南　張華《博物志》:「唐公房舉宅登仙,惟鼠不淨,不將去。鼠自悔,一月三吐,易
其腸。」後魏盧元明《劇鼠賦》:「淮南輕舉,遂嘔腸而莫追。」梁國嚇　《莊子‧秋水》
篇:「惠子相梁,莊子往見之。或謂惠子曰:『莊子來,欲代子政。』惠子恐,搜於國
中三日三夜。莊子往見之,曰:『南方有鳥,其名鵷鶵。發於南海而飛於北海,非梧桐
不止,非練實不食,非醴泉不飲。於是鴟得腐鼠,鵷鶵過之,仰而視之曰:嚇!今子

欲以子之梁國而嚇我乎？』」　京房占　《漢書·五行志》：「昭帝元鳳元年，燕有黃鼠銜其尾，舞於王宮端門中。王使吏以酒脯飼之，鼠舞不休，一日一夜。時燕王旦謀反，將敗之象。《京房易傳》曰『誅不原情，厥妖鼠舞』是也。」　張湯律　《史記·酷吏傳》：「張湯父為長安丞，出，湯為兒守舍。而鼠盜肉，其父還，怒笞湯。湯掘得盜肉鼠及餘肉，劾鼠掠治，傳爰書，訊鞫論報，取鼠與肉，具獄磔堂下。視其文若老獄吏。」　焚林　《淮南子》：「焚林而田，竭澤而漁。」　飲河　《莊子·逍遙遊》篇：「鼴鼠飲河，不過滿腹。」

吳門遇劉雪舫

出門遇高會，雜坐皆良朋。排閤一少年，其氣為幽并。羌裘雖裹膝，目乃無諸傖。忽然語笑合，與我談生平。亡姑備宮掖，吾父天家婚。先皇在信邸，降禮如諸甥。長兄進徹侯，次兄拜將軍。先皇早失怙，寤寐求音形。太廟奉睿容，流涕朝群臣。新樂初受封，搢笏登王庭。至尊亦豐頤，一見驚公卿。兩宮方貴重，通籍長安門。周侯累纖微，鄙哉無令名。田氏起輕俠，賓客多縱橫。不比先後家，天語頻諄諄。獨見新樂朝，上意偏殷勤。愛其子弟謹，憂彼俸給貧。每開三十庫，手賜千黃金。長戈指北闕，鼙鼓來西秦。寧武止一戰，各帥皆投兵。漁陽股肱郡，千里無堅城。嗚呼四海主，此際惟一身。彷彿萬歲山，先後轀輬迎。辛苦十七年，欲訴知何因。今纔識母面，同去朝諸陵。我兄聞再拜，慟哭高皇靈。烈烈鞏都尉，揮手先我行。寧同英國死，不作襄城生。我幼獨見遺，貧賤今依人。當時聽其語，剪燭忘深更。長安昔全盛，曾記朝元正。道逢五侯騎，頎晰為卿兄。即君貌酷似，豐下而微黔。貴戚諸舊遊，追憶應難真。依稀李與郭，流落今誰存。君曰欲我談，清酒須三升。舊時白石莊，萬柳餘空根。海淀李侯墅，秋雁飛沙汀。博平有別業，乃在西湖濱。惠安蓄名花，牡丹天下聞。富貴一朝盡，落日浮寒雲。走馬南海子，射兔西山陰。路傍一寢園，御道居人侵。碑鐫孝純字，僵石莓苔青。下馬向之拜，見者疑王孫。詢是先後侄，感歎增傷心。落魄遊江湖，蹤跡嗟飄零。傾囊縱蒱博，劇飲甘沉淪。不圖風雨夜，話舊同諸君。已矣勿復言，涕下沾衣襟。

劉雪舫　朱彝尊《明詩綜》：「劉文炤，字雪舫，任丘人。孝純皇太后姪，新樂忠恪侯文炳弟。」　排閤　《吳志·吳範傳》：「乃排閤入。」《爾雅·釋宮》：「小閨謂

之閤。」　幽幷　曹植《白馬篇》：「借問誰家子，幽幷遊俠兒。」　諸傖　《齊書·丘靈鞠傳》：「顧榮忽引諸傖，妨我輩塗轍。」孫盛《晉陽秋》：「吳人以中州人為傖。」王志堅《名句文身表異錄》：「六朝時以北人為傖荒。」　亡姑　《晉書·王爽傳》：「亡姑亡娣，伉儷二宮。」《明史·后妃傳》：「孝純劉太后，光宗妃，莊烈帝生母也，海州人，後籍宛平。初入宮，為淑女，生帝，未幾卒。及帝即位，尊為孝純皇太后。」　天家婚　蔡邕《獨斷》：「天子以天下為家，故稱天家。」案：《明史·外戚傳》：「文炳父應元，母杜氏。」又案：魏禧《新樂侯傳》：「文炳取光宗皇后姪永寧侯王天瑞長女。文耀取懿安皇后妹太康伯張國紀次女。』」則所謂「天家婚」者，非指尚主也。　信邸　《明史·莊烈帝紀》：「天啟二年，封信王。六年十一月，出居信邸。」　徹侯　蔡邕《獨斷》：「群臣異姓有功封者稱曰徹侯，後避武帝諱，改曰通侯。」《明史·外戚傳》：「崇禎九年，進文炳為新樂侯，晉少傅。弟文耀為左都督。」　將軍　按：指文耀也，官左都督，故云拜將軍。　睿容　《明史·后妃傳》：「帝五歲失太后，問左右遺像，莫能得。傅懿妃者舊與太后同為淑女，比宮居，自稱習太后，言宮人中狀貌相類者，命後母瀛國太夫人指示畫工，可意得也。圖成，由正陽門具法駕迎入。帝跪迎於午門，懸之宮中，呼老宮婢視之，或曰似，或曰否。帝雨泣，六宮皆泣，以助上哀。」　初受封　《明史·外戚侯表》：「新樂侯劉效祖，孝純皇太后弟，莊烈帝即位封。」案：效祖，文炳父也。　摺笏　《晉書·輿服志》：「古者貴賤皆執笏，其有事則摺之於腰帶。所謂摺紳之士者，摺笏而垂紳帶也。」劉熙《釋名》：「笏，忽也。有事書其上，以備忽忘。」　豐頤　許慎《說文》：「頤，頷也。」王襃《責髯奴文》：「爾乃輔以豐頤。」　兩宮　《漢書·鄒陽傳》：「長君之弟幸於兩宮。」如淳曰：「太后宮及帝宮也。」　通籍　《漢書·元帝紀》：「令從官給事宮司馬中者，得為父母兄弟通籍。」應劭曰：「司馬中者，宮內門也。籍者，為二尺竹牒，記其年紀名字物色，懸之宮門，案省相應，乃得入也。」　長安門　《明史·地理志》：「正南曰承天門，又折而東曰長安左門，折而西曰長安右門。」　周侯　《明史·外戚傳》：「周奎，蘇州人，莊烈帝周皇后父也。封嘉定伯。居外戚中，碌碌而已。」　田氏　《明史·后妃傳》：「田貴妃父名弘遇，好佚遊，喜輕俠。以女貴，官左都督。」案：弘遇字康宇。　西秦　《明史·外戚傳》：「李自成據三秦，破榆林，將引兵犯京師，文炳知勢不支，慷慨泣下。」　寧武　《明史·周遇吉傳》：「十七年二月，太原陷。遂陷忻州，圍代州。遇吉先往代遏其北犯，乃憑城固守，而潛出兵奮擊。連數日，殺賊無算。會食盡援絕，退保寧武。遇吉四面發大礮，殺賊萬人。設伏城內，出弱卒誘賊入城，殺數千人。城圮復完者再，傷其四驍將。自成懼，欲退。其將曰：『我眾百倍於彼，但用十攻一，更番進，蔑不勝

矣。』城遂陷。闔家盡死。」《一統志》：「明置寧武關，屬代州。」　投兵　「李自成集眾計曰：『寧武雖破，吾將士死傷多，由此達京師，歷大同、陽和、宣府、居庸，皆有重兵，倘盡如寧武，吾部下寧有孑遺哉？不如還秦休息，圖後舉。』刻期將遁，而大同總兵姜瓖、宣府總兵王承廕降表踵至，自成大喜。遂決策長驅，歷大同、宣府，抵居庸。太監杜之秩、總兵唐通復開門延之，京師遂不守矣。賊每語人曰：『他鎮復有一周總兵，吾安得至此？』」　漁陽股肱郡　《漢書·地理志》：「漁陽郡，秦置。莽曰比順，屬幽州。」《漢書·季布傳》：「河東吾股肱郡。」　堅城　《蜀志·法正傳》：「二門悉開，堅城皆下。」　萬歲山　《明史·莊烈帝紀》：「帝崩於萬歲山。」陶宗儀《輟耕錄》：「万歲山在太液池之陽，金人名瓊華島。至元八年，賜今名。」馬汝驥《西元集》：「万歲山在子城東北玄武門外，為大內之鎮，高百餘丈，周回二里，即煤山也。」《一統志》：「明之煤山，亦名万歲山，乃今之景山也。」　輜軿　《漢書·張敞傳》：「禮，君母出門則乘輜軿。」《〈後漢書·輿服志〉注》：「有邸曰輜，無邸曰軿。」　鞏都尉　《明史·公主傳》：「樂安公主，光宗女，下嫁鞏永固。永固，字洪圖，宛平人。都城陷時，公主已薨，未葬。永固以黃繩縛子女五人繫柩旁，曰：『此帝甥也，不可污賊手。』遂闔室自焚死。」又，《外戚傳》：「甲申三月十八日，京師四城陷，文炳偕附馬都尉鞏永固謁帝，出騎至崇文門，賊大至，永固射賊，文炳助之，殺數十人，各馳歸第。十九日，內城陷，帝死煤山，永固闔府第自焚，文炳亦投井死，闔門死者四十二人。」　英國　《明史·張輔傳》：「英國公張輔傳爵至世澤，流賊陷京師，被殺。」　襄城　《明史·李濬傳》：「襄城伯李國楨輕佻好戲媒，便佞有口。嘗召對，陳兵勢，纚纚可聽，帝信以為才。命總督京營，倚任之。然於訓練戰守之策懵如也。十七年三月，賊薄都城，城陷，突崇文門，不得出，復入朝陽門。守將孫如龍迎賊張能於城上，勒國楨降。國楨解甲聽命，能羈守之，責賄不足，請還家斂貲。家已為他賊所據，不得入。被拷折踝，以荊筐曳還。至夜，以所繫絛自縊死。」　見遺　《明史·外戚傳》：「文炳母杜氏聞城陷，即命侍婢簡笥條於樓上，作七八繯，命家僮積薪樓下，遂遣老僕迎二女歸，曰：『吾母女同死此。』又念孝純皇太后母瀛國太夫人年篤老，不可同爐，因與文炳計，匿之申湛然家。三月十九日，文炤方侍母飯，家人急入曰：『城陷矣！』文炤盌脫墮地，直視母。母遽起登樓，文炤及二女從之，文炳妻王氏亦登樓。懸孝純皇太后像，母率眾哭拜，各縊死。文炤入繯墮，拊母背，連呼曰：『兒不能死矣，奉母命，留侍太夫人。』遂逃去。」魏禧《贈劉雪舫序》：「方甲申三月之變，君年才十有五。」　朝元正　《穀梁·隱公十一年》：「天下無事，諸侯相朝正也。」《歲時記》：「正月一日，三元之日也。元，始也。」　五侯　荀悅《漢紀》：「成帝

同日封舅王譚、王商、王根、王立、王逢五人為侯，世謂之五侯。」　**頎晳**　《詩·齊風》：「頎而長兮。」《古樂府·陌上桑》：「為人潔白晳。」　**豐下**　《左傳·文元年》：「谷也豐下。」《注》：「豐下，蓋面方。」　**李郭**　《明史·外戚傳》：「李偉，字世奇，漷縣人，神宗生母李太后父也。封武清伯，進侯。」又，《后妃傳》：「光宗孝元皇后郭氏，順天人。父維城以女貴，封博平伯，進侯。」　**清酒三升**　《魏志·管輅傳》：「琅邪太守單于春欲得見輅父，遣輅造之，輅請先飲清酒三升，然後言之。」　**白石莊**　劉侗《帝京景物略》：「白石橋北，萬駙馬莊在焉，曰白石莊。」陸氏《廣輿記》：「順天府白石莊其景多柳。」　**李侯墅**　劉侗《帝京景物略》：「武清侯別業在海淀，額曰清華園，廣十里。」《大清一統志》：「暢春園在京城西直門外十二里，地名海淀。明武清侯李偉故園。」　**西湖**　《紀纂淵海》：「西湖在玉泉山下，環湖十里，為一郡之勝觀。」　**惠安**　《明史·外戚表》：「彭城伯張麒，昭皇后父。永樂九年，追封惠安伯。次子昇嗣七世慶臻，崇禎十七年城陷，闔家自焚死。」孫國敉《燕都遊覽志》：「太傅惠安伯張公園在嘉興觀之右，牡丹數百畝，花時，主人製小竹兜，供遊客行花塍中。」　**南海子**　劉侗《帝京景物略》：「南海子在京城南，放牧禽獸、植蔬果之所，其水汪洋，一望若海。」《一統志》：「南海子在京城永定門外二十里。」詳見卷六。**西山**　《明一統志》：「西山在順天府西三十里。舊記：太行山首始河內，北至幽州，第八陘在燕。強形鉅勢，爭奇擁翠，雲從星拱於皇都之右。每大雪初霽，千峰萬壑，積素凝華，若圖畫然，為京師八景之一，曰西山霽雪。」　**寢園**　《明史·后妃傳》：「孝純太后失光宗意，被譴，死。言葬於西山。莊烈帝在勖勤宮，問近侍曰：『西山有劉娘娘墳乎？』曰：『有。』密付金錢往祭。及即位，上尊諡，遷葬慶陵。」　**飄零**　魏禧《贈劉雪舫序》：「君去京師，避地秦郵者二十年，勞苦患難，飢寒之狀，無弗身試。」

臨江參軍

　　臨江髯參軍，負性何貞栗。上書請賜對，高語爭得失。左右為流汗，天子知質直。公卿有闕遺，廣坐憂指謫。鷹隼伏指爪，其氣嘗突兀。同舍展歡謔，失語輒面斥。萬仞削蒼崖，飛鳥不得立。予與交十年，弱節資扶植。忠孝固平生，吾徒在真寔。去年羽書來，中樞失籌策。桓桓尚書公，提兵戰疾力。將相有纖介，中外為危慄。君拜極言疏，夜半片紙出。贊畫樞曹郎，遷官得左秩。天子欲用人，何必歷顯職。所恨持祿流，垂頭氣默塞。主上憂山東，無能恃緩急。投身感至性，不敢量臣力。受

詞長安門，走馬桑乾側。但見塵滅沒，不知風慘慄。四野多悲笳，十日無消息。蒼頭草中來，整暇見紙墨。唯說尚書賢，與語材挺特。次見諸大帥，驕懦固無匹。逗撓失事機，倏忽不相及。變計趣之去，直云戰不得。成敗不可知，死生予所執。予時讀其書，對案不能食。一朝敗問至，南望為於邑。忽得別地書，慰藉告親識。云與副都護，會師有月日。顧恨不同死，痛憤填胸臆。先是在軍中，我師已孔亟。剽略斬亂兵，掩面對之泣。我法為三軍，汝寔飢寒極。諸營勢潰亡，群公意敦逼。公獨顧而笑，我死則塞責。老母隔山川，無緣寄悽惻。作書與兒子，勿復收吾骨。得歸或相見，且復慰家室。別我顧無言，但云到順德。掎角竟無人，親軍惟數百。是夜所乘馬，嘶鳴氣蕭瑟。椎鼓鼓聲哀，拔刀刀芒澀。公知為我故，悲歌壯心溢。當為諸將軍，揮戈誓深入。日暮箭鏃盡，左右刀鋌集。帳下勸之走，叱謂吾死國。官能制萬里，年不及四十。詔下詰死狀，疏成紙為濕。引義太激昂，見者憂讒疾。公既先我亡，投跡復奚恤。大節苟弗明，後世謂吾筆。此意通鬼神，至尊從薄譴。生還就耕釣，志願自此畢。匡廬何巑岏，大江流不測。君看磊落士，艱難到蓬蓽。猶見參軍船，再訪征東宅。風雨懷友生，江山為社稷。生死無愧辭，大義炤顏色。

　　臨江參軍　《明史·地理志》：「臨江府清江倚。」《明史·楊廷麟傳》：「廷麟，字伯祥，江西清江人。崇禎四年進士。十一年，以翰林改兵部職方主事，贊畫督臣盧象昇軍事。」　**弱節**　《管子》：「賢者守弱節而謙處之。」　**羽書**　《魏武奏事》：「有急難，以雞羽插木檄，謂之羽檄。」即羽書也。《明史·盧象昇傳》：「十一年九月，大清兵入牆子嶺，薊遼總督吳阿衡敗死，京師戒嚴。」　**中樞**　《明史·盧象昇傳》：「十一年九月，大清兵薄都城。時楊嗣昌奪情，任中樞，主和議。瞽人周元忠者，以善彈琵琶出入毳帳中，與大清帥善，因遣使議和。往來數日，不得要領而止。」　**尚書公**《明史·盧象昇傳》：「象昇，字建斗，宜興人。天啟二年進士。崇禎十一年，進兵部尚書，三賜尚方劍，督天下援兵。大清兵南下，三路出師，象昇遂由涿進據保定，命諸將分道出擊，大戰於慶都。」　**纖介**　《明史·盧象昇傳》：「十一年十月四日，召對平臺，諮問方略。時嗣昌主和議，象昇力主戰，帝命與嗣昌及總監中官高起潛議。象昇出與兩人議，不合，嗣昌惡之。明日，帝發萬金犒軍，象昇即日陛辭。嗣昌送之，屏左右，欲有言，久而不能出口，第丁寧毋輕戰而已。」儲欣《盧忠烈公傳》：「談樞督異同者，或曰樞璫主和，公主戰；或曰樞輔奪情，清流指斥，督言稱忠孝，動觸忌

諱，以此不和。談次樞嘗頭項發赤，曰：『公上方加我頸矣。』」　**極言疏**　《明史·楊廷麟傳》：「十一年冬，廷麟上疏劾兵部尚書楊嗣昌，言：『南仲在內，李綱無功；潛善秉成，宗澤殞命。乞陛下赫然一怒，明正向者主和之罪。諭象昇集諸路援師，乘機赴敵，不從中制。此今日急務也。』時嗣昌方主和議，冀紓外患，而廷麟痛詆之。因大恚，詭言廷麟知兵，帝即召見，改兵部職方主事，贊畫像昇軍事。」儲欣《盧忠烈公傳》：「內旨分兵二萬，專隸監軍高起潛。起潛擁重兵，擇便地自弛。翰林編修楊廷麟素未與公相識，發憤拜疏，乞斬嗣昌、罷起潛等，專任盧某。上怒，出廷麟兵部主事、參贊督軍。」　**左秩**　《漢書·周昌傳》：「吾極知其左遷。」師古曰：「是時尊右而卑左，謂貶秩為左遷。」案：即指改主事督軍事。　**持祿**　《史記·秦始皇紀》：「天下畏罪持祿。」　**憂山東**　賈誼《請封建子弟疏》：「陛下高枕，無山東之憂矣。」**恃緩急**　《史記·袁盎傳》：「一旦有緩急，寧足恃乎！」　**投身**　《後漢書·朱穆傳》：「專諸、荊卿之感激，侯生、豫子之投身，情為恩死，命緣義輕。」　**桑乾**　《明史·河渠志》：「桑乾河，盧溝上源也，發源太原之天池，伏流至朔州馬邑。雷山之陽有金龍池者，溢出為桑乾河。」　**蒼頭**　《〈漢書·鮑宣傳〉注》：「漢名奴為蒼頭。」　**草中來**　少陵《送從弟亞赴河西判官》詩：「令弟草中來。」　**整暇**　《左傳·成十六年》：「欒鍼曰：『好以眾整。好以暇。』」　**逗撓**　《漢書·韓安國傳》：「廷尉當王恢逗撓當斬。」　**失事機**　《吳子》：「分散其眾，是為事機。」《明史·楊嗣昌傳》：「嗣昌戒諸將毋輕戰。諸將本惵怯，率藉口持重觀望，所在列城多破。嗣昌據軍中報，請旨授方略。比下軍前，則軍機已變，進止乖違，疆事益壞。」　**副都護**　《〈漢書·鄭吉傳〉注》：「並護南北二道，故渭之都護。」案：時帝又命兵部侍郎陳新甲協禦，副都護疑指陳也。上云敗問至，下云不同死，則會師之說蓋在賈莊事後而或終未果也。**不同死**　儲欣《盧忠烈公傳》：「公未死戰前數日，命楊參軍檄餉真定，陰脫之，不令蹈金革。」程穆衡迂亭《箋》：「《梅村詩話》：盧自謂必死，顧參軍書生，徒共死無益，乃以計檄之去，機部不知也。機部到孫侍郎傳廷軍前六日，盧公於賈莊死難矣。」　**剽略**　《唐書·李光弼傳》：「會諸將驚潰，各引歸，所在剽掠。」　**飢寒極**　《明史·盧象昇傳》：「兵力單，餉久乏，將士飢甚，自知必死。晨出帳，四面拜曰：『吾與將士同受國恩，患不得死，不患不得生。』眾皆泣下，莫能仰視。」　**潰亡**　《明史·盧象昇傳》：「楊廷麟上疏，嗣昌怒，奪象昇尚書。巡撫張其平閉閫絕餉。俄又以雲晉警，趣出關，王樸竟引兵去。象昇提殘卒，次宿南宮野外，畿南三郡父老咸叩軍門，泣請移軍廣順。象昇灑涕謝曰：『事從中制，食盡力窮，旦夕死矣，無徒累父老為。』眾號泣，各攜斗粟餉軍。」　**敦逼**　徐陵《為陳武帝下州郡璽書》：「群臣敦逼，率土翹惶。」

順德　《明史‧地理志》：「順德府距京師一千里。」　掎角　《左傳‧襄十四年》：
「譬如捕鹿，晉人角之，諸戎掎之。」《明史‧盧象昇傳》：「十二月十一日，進師至
鉅鹿賈莊。起潛擁關、寧兵在雞澤，距賈莊五十里而近，象昇命將往乞援，不應。」
儲欣《盧忠烈公傳》：「是時，公見卒不滿五千。」　所乘馬　《梁書‧侯景傳》：「所
乘馬，每戰將勝，輒蹢躅嘶鳴，意氣駿逸。其敗，必低頭不前。」《明史‧盧象昇傳》：
「象昇好蓄駿馬，皆有名字。」　死國　《明史‧盧象昇傳》：「師至蒿水橋，與大清
兵遇。總兵虎大威、楊國柱從象昇勒麾下兵居中，大威左，國柱右。大威戰移時，休
兵。夜半被圍。明日，騎益數萬至，圍三十重。象昇揮兵力戰，自辰迄未，礮盡矢窮。
大威請潰圍出，象昇不許，猶奮鬬，中四矢三刃，手格殺數人，乃死。惟大威、國柱
得脫。象昇死時年僅三十九耳。」儲欣《盧忠烈公傳》：「是日公出，大將叩馬諫公。
公手劍斷其指，遂行，戰死。越二日，獲公屍，腰以下中三矢，面三刀。纏麻襯甲，
案：時忠烈在憂中。徧用總督印印之。掌牧官楊陸凱懼眾之殘其屍，而伏其背，駢獲焉。
陸凱背負二十四矢，公屍獲全，陸凱力也。」　制萬里　《晉書‧王忠嗣傳》：「忠嗣
佩四將印，勁兵重地，控制萬里，近世未嘗有也。」　詰死狀　《明史‧盧象昇傳》：
「起潛聞敗，倉皇遁，不言象昇死狀。嗣昌疑之，有詔驗視。廷麟得其屍戰場，麻衣
白網巾，一卒遙見，即號泣曰：『此吾盧公也。』三郡之民聞之，哭失聲。」儲欣《盧
忠烈公傳》：「公死後，或言降，或言竄。有司禮監旗官兪振龍者，訪緝歸，獨稱公死
甚烈。嗣昌大怒，極刑掠治，振龍辭益堅，終填牢戶。於是公家惴惴。公死五十七日，
不敢殮，人以此尤切齒嗣昌。明年己卯，嗣昌督師。辛巳，嗣昌自經。明年壬午，始
復公兵部尚書，加贈太子太師，賜祭葬，諡忠烈。」　憂讒疾　《梅村詩話》：「賈莊
前數日，督師聞起潛兵在近，約之合軍，竟拔營夜遁。用無援，故敗。詔詰督師死狀，
機部直以實對。慈谿馮鄴仙得其書，謂予曰：『此疏入，機部死矣。』為定數語。機
部聞之，大恨。先是，嗣昌遣部役張姓者偵賈莊，其人談盧公死狀，流涕動色，嗣昌
搒之，楚毒備至，無改辭，遂以拷死。於是機部貽書馮與余曰：『高監一段竟為刪卻，
後世謂伯祥不及一部役。』然機部亦竟以此得免。」　投跡　揚雄《解嘲》：「欲行
者擬足而投跡。」　吾筆　《宋史‧程琳傳》：「不辱吾筆矣。」　薄謫　《明史‧楊
廷麟傳》：「象昇戰死賈莊，嗣昌意廷麟亦死，聞其奉使在外，則為不懌者久之。會廷
麟報軍中曲折，嗣昌擬旨，責以欺罔。及事平，欲中以危法，帝察其無罪，貶秩調外
而已。」　再訪　《梅村詩話》：「機部自盧公死，益無聊生。已而過宜興，訪盧公子
孫。再放舟婁中，與天如師及余會飲十日，嘉定程孟陽為畫《顧參軍圖》，余得《臨
江參軍》一章。」

贈願雲師並序

　　願雲二十而與予遊。甲申聞變，常相約入山。予牽帥不果，而師已悟道受法於雲門具和尚。今夏從靈隱來，止城西之太平庵，云將遠遊廬嶽，貽書別予。以兩人年踰不惑，衰老漸至，世法夢幻，惟出世大事乃為真寔。學道一著，不可不勉。予感其言，因作此詩贈之，並識予愧也。

　　願雲 程迓亭《婁東耆舊傳》:「戒顯，字願雲，雙溪王氏子，名瀚，字原達，受業張采，為諸生有名。甲申國變後，為僧，號晦山大師。」 寶山毛大瀛曰:「願雲初從靈隱三昧老人證菩提果，住雲俱山，迨具德和尚欲住徑山，乃招之，以靈隱付焉。庚寅夏，入廬山，遂主席江右。」 **牽帥** 《左傳·襄十年》:「牽帥老夫，以至於此。」 **雲門** 施宿《會稽志》:「雲門山在縣南三十里。」酈道元《水經注》:「山陰縣有玉笥、竹林、雲門、天柱精舍，並疏山創基，架林裁宇，割潤延流，盡泉石之好。」 **具和尚** 《西湖志》:「宏禮字具德，紹興山陰張氏子，主靈隱講席，歸隱雲門山中。」 **靈隱** 《一統志》:「靈隱山在錢唐縣西。」 **太平庵** 《太倉州志》:「太平菴，元至正六年建。後併入淮雲教寺。」 **廬嶽** 酈道元《水經注》:「王彪之《廬山賦序》曰:『廬山，彭澤之山也，雖非五嶽之數，穹窿嵯峨，實峻極之名山也。』」《廬山圖》:「山四方週四百餘里，疊嶂之巖萬仞，懷靈抱異，包諸仙跡。」徐陵《與楊僕射書》:「泉流寶盎，遙憶溢城；峰號香爐，依然廬嶽。」 **世法** 《五燈會元》:「張三李四欲會世法。」 **夢幻** 《金剛經》:「一切有為法，如夢幻泡影，如露亦如電，應作如是觀。」 **出世大事** 《景德傳燈錄》:「弘忍自碓房中召慧能，告曰:『諸佛出世，為一大事。』」 **真實** 《魏書·釋老志》:「諸佛法身有二種義。一者真實，二者權應。」長洲彭紹升曰:「《般若經》:『如來是真語者，實語者。』」

　　曉雨西山來，松風滿溪閣。忽得吾師書，別予訪廬嶽。分攜出苦語，殷勤謂同學。兄弟四十餘，衰遲已非昨。寄身蒼崖巔，危苦愁失腳。萬化皆虛空，大事惟一著。再拜誦其言，心顏抑何怍。末運初迍邅，達人先大覺。勸吾非不早，執手生退卻。流連白社期，慚負青山約。君親既有媿，身世將安託。今觀吾師行，四海一芒屩。大道本面前，即是真極樂。他年跌深巖，白雲養寂寞。一偈出千山，下界鍾磬作。故人叩松關，匡床坐酬酢。不負吾師言，十年踐前諾。

　　兄弟 程《箋》:「願雲兄涽、弟湛，皆諸生。」 **大事** 謝蒧詩:「淵明從遠公，了此一大事。」 **一著** 《世說補》:「蘇養直，紹興間與徐師川同召，養直不起。師

川造朝時，便道過養直，留飲甚歡。二公平日對奕，徐高於蘇。是日，養直拈一子笑視師川曰：『今日還須讓老夫下一著。』師川有愧色。」　**大覺**　《莊子·齊物論》篇：「且有大覺而後知此其大夢也。」　**白社**　《晉書·隱逸傳》：「董京，字威威。初與隴西計吏俱至洛陽，被髮而行，逍遙吟詠，嘗宿白社中。」　**偈**　《十二部經序》：「今論讚頌即是句偈。」陳陵《傅大士碑》：「安禪合掌，說偈論經。」　**匡床**　注詳卷四。

避亂

我生江湖邊，行役四方早。所歷皆關河，故園跡偏少。歸去已亂離，始憂天地小。從人訪幽棲，居然逢浩渺。百頃攀清湖，煙清入飛鳥。沙石晴可數，鳧鷺亂青草。主人柴門開，雞聲綠楊曉。花路若夢中，漁歌出杳杳。白雲護仙源，劫灰應不擾。定計浮扁舟，於焉得終老。

攀清湖　王鏊《姑蘇志》：「澱山湖之北有范青漾，相傳范家田匯為巨浸，今語訛為攀清。」張大純《采風類記》：「攀清湖西與陳湖相接，在甫里之南。」　**主人**　本集《攀清湖詩序》：「吾宗緜倩青房公益兄弟居此。」詳卷二。　**劫灰**　曹毗《志怪》：「漢武帝開昆明池，極深，悉見黑灰。時外國道人入洛，問之，胡人曰：『經云：天地大劫將盡則劫燒。此燒劫之餘。』」

其二

長日頻云亂，臨時信孰傳。愁看小兒女，倉卒恐紛然。緩急知難定，身輕始易全。預將襁褓寄，忍使道途捐。天意添漂泊，孤舟雨不前。途長從妾怨，風急喜兒眠。水市灣頭見，溪門屋後偏。終當淳樸處，不作畏途看。未得更名姓，先教禮數寬。因人拜村叟，自去榜漁船。多累心常苦，遭時轉自憐。干戈猶未作，已自出門難。

其三

驟得江頭信，龍關已不守。由來嗤早計，此日盡狂走。老稚爭渡頭，篙師露兩肘。屢喚不肯開，得錢且沽酒。予也倉皇歸，一時攜百口。兩槳速若飛，扁舟戢來久。路近忽又遲，依稀認楊柳。居人望帆立，入門但需帚。依然具盤餐，相依賴親友。卻話來途中，所見俱八九。失散追尋間，啼呼挽兩手。屢休又急步，獨行是衰朽。村女亦何心，插花尚盈首。

龍關　《一統志》：「龍江關在江寧府西儀鳳門外。」《牆東先生識小錄》：「順治

乙酉五月初九日，大兵渡江。十一日，抵龍江關，薄都城，城中無一卒御者，福王夜奔太平。」

其四

此方容跡便，止為過來稀。一自人爭避，溪山客易知。有心高酒價，無計掩漁扉。已見東郭叟，全家又別移。總無高枕地，祇道故園非。為客貪蝦菜，逢人厭鼓鼙。兵戈千里近，隱遁十年遲。惟羨無家雁，滄江它自飛。

高枕 《漢書·張良傳》：「君安得高枕而臥。」 **蝦菜** 少陵《贈韋七贊善》詩：「蝦菜忘歸范蠡船。」 **它自飛** 崔國輔《湖南曲》：「湖裏鴛鴦鳥，雙雙它自飛。」

其五

月出前村白，溪光照澄練。放楫浮中流，臨風浩歌斷。天塹非不雄，哀哉日荒燕。嗟爾謀國徒，坐失江山半。長年篙起舞，扁舟疾如箭。可惜兩河士，技擊無人戰。孤篷鐵笛聲，聞之淚流霰。我生亦何為，遭時涉憂患。昔也遊九州，今來五湖畔。麻鞋習奔走，淪落成愚賤。

澄練 謝朓《晚登三山還望京邑詩》：「澄江靜如練。」 **天塹** 《南史·孔範傳》：「隋師將濟江，群臣請為備防，後主未決。範奏曰：『長江天塹，古來隔限，豈能飛渡？』」楊陸榮曰：「順治二年五月八日，大兵抵江滸。九日昧爽，煙霧蔽江，乃縛芻置木筏上，順江而下，以給京口兵，而大軍潛由龍潭竹哨渡。十日，馬士英猶有長江天塹之對。十一日，都城陷。」 **荒燕** 夏復《掌錄》：「福王在南都，狎近匪人，日事荒燕，巷談里唱，流入大內。梨園子弟供奉後庭，教坊樂官出入朝房，諸大老無以目之，共呼為老神仙。」 **長年** 《宋景文筆記》：「蜀人謂柂師為長年三老。長讀如長幼之長。」 **兩河** 《爾雅·釋地》：「兩河間曰冀州。」杜佑《通典》：「西則龍門之河，東則絳水大陸之河，為兩河。」 **技擊** 《漢書·刑法志》：「齊愍以技擊長。」孟康曰：「技擊，兵家之技巧者習手足，便器械，積機關，以立攻守之勝。」 **五湖** 《周禮·夏官·職方氏》：「東南曰揚州，其澤藪曰具區，其川三江，其浸五湖。」朱長文《吳郡圖經續記》：「太湖在吳西南，《禹貢》謂之震澤，《周官》、《爾雅》謂之具區，《史記》、《國語》謂之五湖，其實一也。所謂五湖者，蓋所納之湖有五也。」 **麻鞋** 少陵《述懷》詩：「麻鞋見天子。」吳曾《能改齋漫錄》：「王叡炙轂子，云：『夏商以草為屬，《左氏》曰扉屨也，至周以麻為之，謂之麻鞵，貴賤通著。』」

其六

曉起嘩兵至，戈船泊市橋。草草十數人，登岸沽村醪。結束雖非常，零落無弓刀。使氣摳市翁，怒色殊無聊。不知何將軍，到此貪逍遙。官軍昔催租，下令嚴秋毫。盡道征夫苦，不惜畊人勞。江東今喪敗，千里空蕭條。此地村人居，不足容旌旄。君見大敵勇，莫但驚吾曹。

兵至　謂陳墓之變。詳卷二《攀清湖》詩。　戈船　《史記·平準書》：「大修昆明池，造戈船。」《三輔黃圖》：「昆明池中有戈船，各數十，上建戈子。」杜佑《通典》：「伍子胥有戈船，以載干戈，因謂之戈船。」　大敵　《後漢書·光武紀》：「諸部喜曰：『劉將軍生平見小敵怯，今見大敵勇，甚可怪也。』」

西田詩

穿築倦人事，田野得自然。偶來北郭外，學住西溪邊。道大習隱難，地僻起眾傳。而我忽相訪，棹入菰蒲天。落日浮遠樹，桑柘生微煙。徑轉蹊路迷，鳧鴨引我船。香近聞芰荷，臥入花鮮妍。人語出垂柳，曲岸漁槎偏。執手顧而笑，此乃吾西田。長得君輩客，野興同流連。藉草傾一壺，聊以娛餘年。

西田　無名氏《西田記》〔註9〕：「西田者，太倉王奉常遜之之別墅，在西門外。瓜田錯互，豆籬映望。內有農慶堂、稻香菴、霞外閣、錦鏡湖、西廬諸勝。」《文集·王煙客壽序》：「兵興之後，再辟西田於距城十里之歸村。」　穿築　《南史·孫瑒傳》：「家庭穿築，極林泉之致。」　君輩客　《世說·排調篇》：「夷甫無君輩客。」　藉草　《誠齋雜記》：「長安士女遊春，遇名花則藉草而坐。」江總《修心賦》：「喜園迢遞，樂樹扶疏。徑行藉草，宴坐臨渠。」

其二

到此身世寬，息心事樵牧。舍南一團焦，云以飯黃犢。入門沿長廊，虛堂敞心目。把卷倚新桐，持杯泛南菊。曲處通簾櫳，茶香具含蓄。俄穿密室暗，倏遇清溪綠。碧水開紅蕖，娟娟媚幽獨。有鳥立層波，垂翅清如玉。對此不能去，溪光好留宿。月照寒潭深，經聲入寒竹。徙倚良有悟，間房道書讀。

團焦　《北齊書·神武紀》：「揚州人麗蒼鷹棲止團焦中。」王志堅《名句文身表

〔註9〕按：見錢謙益《牧齋有學集》卷二十六有《西田記》。

異錄》：「團焦即今所云團瓢也。」方氏《通雅》：「團焦，團標也。焦弱侯曰：『標音瓢。今人言團瓢，謂為一瓢之地也。』」　南菊　少陵《夜》詩：「南菊再逢人臥病。」　閒房　無名氏《西田記》：「西廬中祠純陽，法筵精潔。」　道書　《吳志·孫破虜傳》：「《江表傳》曰：『道士于吉立精舍，燒香讀道書。』」

其三

別業多幽處，探源更不窮。堤沿密筱盡，路細竹扉通。石磈枯泉過，菖蒲間碧叢。一亭壓溪頭，魚藻如遊空。扁舟更不繫，出沒柳陰風。小閣收平蕪，良苗何雍容。此綠詎可畫，變化陰晴中。隔岡見村舍，曲背驅牛翁。苦言官長峻，未敢休微躬。樸陋矜詩書，無乃與我同。日落掩扉去，滿地桃花紅。

不繫　《莊子·列禦寇》篇：「汎若不繫之舟。」　可畫　無名氏《西田記》：「啟東軒則婁江如畫〔註10〕，面北窗則虞山如障，顏之曰垂絲千尺，曰可〔註11〕畫。」

其四

常言愛茅齋，投老纔剪葺。創置依舊圖，新意出彷彿。蒼然一笠寒，能添夕陽色。細影懸晨光，一一清露滴。卞生工丹青，妙手固誰匹。山村貪無人，取意先自適。想象生雲煙，為我開素壁。了了見千峰，可以攜手入。道人十年夢，惆悵平生屐。此地足臥遊，不負幽人室。願以求長生，芝草堪採食。

卞生　《續圖繪寶鑑》：「卞文瑜，字潤甫，號浮白，長洲人。善山水。」崑山徐德諒曰：「王時敏《西廬詩草》：『潤甫卞翁為余茅庵畫壁，高妙直追董、巨，以詩紀之。』」　道人　《智度論》：「得道者名曰道人。」　屐　《南史·謝靈運傳》：「尋山陟嶺，常著木屐。」　臥遊　《南史·宗炳傳》：「炳好山水，愛遠遊。有疾，還江陵，歎曰：『名山恐難徧覩，惟澄懷觀道，臥以遊之。』凡所遊歷，皆圖之於室。」

哭志衍

予始年十四，與君蚤同學。君獨許我文，謂侔古人作。長揖謝時輩，自比管與樂。彊記矜絕倫，讀書取大略。家世攻春秋，訓詁苦穿鑿。君撮諸家長，弗受專門縛。即子之太公，亦未相然諾。高譚群兒驚，健筆

〔註10〕 「畫」，錢謙益《牧齋有學集》卷二十六《西田記》作「鏡」。
〔註11〕 「可」，《牧齋有學集》作「綠」。

小儒作。長途馭二龍，崇霄翔一鶚。遂使天下士，咸奉吾徒約。詞場擅
兩吳，相與為掎角。煌煌張夫子，斯文紹濂洛。五經叩鐘鏞，百家垂矩
矱。海內走其門，鞍馬填城郭。雲間數陳夏，餘子多磊落。反騷擬三湘，
作賦誇五柞。君也遊其間，才大資磨蹟。詩篇口自哦，書記手頻削。冠
蓋傾東南，虛懷事酬酢。射策長安城，驄馬黃金絡。年少交公卿，才智
森噴薄。會值里中兒，飛文肆謠詠。要路示指蹤，黨人罹矰繳。君也念
急難，疏通暗籌度。陰落其機牙，用意于莫覺。逡巡白衣奏，停止黃門
獄。叶。解褐未赴官，歸來臥林壑。賓客益輻輳，聲華日昭灼。生徒丐
譚論，文史供揚榷。貧賤諸故人，慰存饋衣藥。躡履修起居，小心見誠
恪。重氣徇長者，往往捐囊橐。君家夙貴盛，朱門飾華桷。壘石開欄軒，
張燈透簾幕。唱曲李延年，俳弄黃幡綽。舞席間毬場，池館花漠漠。兄
弟四五人，會讌騰觚爵。鹽豉下魚羹，椒蘭糝鳧臛。每具十人饌，中廚
炊香稻。客從遠方來，咄嗟辦脾臄。昨宵已中酒，命飲仍大釂。叶。而
我過其家，性不勝杯杓。小戶不足斜，引滿狂笑謔。卷波喝遣輸，射覆
猜須著。狎侮座上人，鬭捷貪諧謔。警速誰能酬，自喜看跳躍。堅坐聽
其言，乃獨無差錯。親疏與長幼，語語存斟酌。性厭禮法儒，拘忌何齷
齪。風儀甚瑰偉，衣冠偏落拓。有時不簪巾，散髮忘盥濯。中夜鬭歌呼，
分曹縱蒱博。百萬一擲輸，放意長自若。絕叫忽成盧，眾手忽斂卻。男
兒須作健，清談兼馬矟。犯雪披輕衫，笑予爾何弱。嘗登黃山顛，飛步
臨峭崿。下有萬仞潭，徒侶愁失腳。搔首凌雲煙，翹足傲衡霍。顧予石
城頭，橫覽浮大白。叶。慷慨天下事，風塵慘河朔。諸將擁重兵，養寇
飽鹵掠。背後若有節，此輩急斬斲。自請五千騎，一舉殲首惡。餘黨皆
吾人，散使歸耕穫。即今朝政亂，舉錯混清濁。君父切邊疆，群臣私帷
幄。當官不彈治，何以司封駁。對仗劾三公，正色吐謇諤。此志竟迍邅，
天道何窮剝。六載養丘園，一官落邛笮。大盜竊江黃，凶徒塞荊鄂。間
道攜妻孥，改途走蠻貉。瘴黑箐林行，颶作瀘溪泊。驛路出桃椰，候吏
疑猿玃。歇鞍到平地，倏逢錦城樂。問士先嚴楊，恤民及程卓。白鹽古
戍烽，赤甲嚴關柝。再拜蜀王書，流涕傾葵藿。請府發千金，三軍賜醅
醵。賓旅給犀渠，廋兵配騶駱。此地俯中原，巨靈司鎖鑰。水櫃扼涪江，
石門防劍閣。我謀適不用，岷峨氣蕭索。黑山起張燕，青城突莊蹻。積
甲峨眉平，飲馬瞿塘涸。生民為菹醢，醜類恣啖嚼。徒行值虎豹，同事

皆燕雀。孤城遂摧陷,狂刀乃屠膊。有子踰十齡,艱難孰顧託。閣門竟同殉,覆卵無完殼。一弟漏刃歸,兩踝見芒屩。三峽奔荊門,魚龍食魂魄。叶。夢斷落滄江,毋乃遭搏攫。郵筒千日酒,泉路無寂寞。追計平生歡,一一猶如昨。壁間所懸琴,臨行彈別鶴。玉子文楸枰,尚記爭殘著。百架藏圖書,千金入卷〔註12〕握。刻意工丹青,雲山共綿邈。篋中白團扇,玉墜魚瀺灂。阿兄風流盡,萬事俱零落。我欲收君骨,茫茫隔山嶽。後來識死事,良史曾誰確。此詩傳巴中,磨崖書卓犖。石剝蒼藤纏,姓氏猶捫摸。庶幾千載後,悲風入寥廓。

　　志衍　《文集・志衍傳》:「志衍諱繼善,姓吳氏。太倉人。志衍其字也。」趙吉士《寄園寄所寄》:「成都知縣吳公繼善,太倉人。崇禎丁丑進士。」　年十四　《文集・志衍傳》:「予年十四識志衍,志衍長於予三歲。」　時輩　《魏志・孫禮傳》:「與盧毓同郡時輩。」岑參《終南山雙峰草堂》詩:「斂跡歸山田,息心謝時輩。」　管樂《蜀志・諸葛亮傳》:「躬耕南陽,自比於管仲、樂毅。」　彊記　《史記・孟荀列傳》:「淳于髡博聞彊記。」　大略　魚豢《魏略》:「諸葛亮在荊州,與潁川石廣元、徐元直、汝南孟公威等俱遊學,而亮獨觀其大略。」　攻春秋　《文集・志衍傳》:「家本《春秋》,治《三傳》。」　訓詁　孔穎達《毛詩正義》:「訓詁傳者,訓解之別名。」案:詁本作故。《藝文志》:「《魯故》二十卷。」師古曰:「故者,通其指義也。」又作古詩云:「古訓是式。」毛《傳》曰:「古,故也。」　穿鑿　劉勰《文心雕龍》:「俗皆愛奇,莫顧實理。棄同即異,穿鑿旁說。」　諸家　《漢書・藝文志》:「凡《春秋》二十三家。」　專門　《漢書・夏侯勝傳》:「勝從父子建,自師事勝及歐陽高,左右採獲,又從五經諸儒問與《尚書》相出入者,建卒自顓門名經。」　太公　嘉定王鳴盛曰:「太公謂志衍祖吳鸞也。」程穆衡《婁東耆舊傳》:「吳鸞幼從王偉受《春秋》,抗師座,與弟子剖析疑義,成進士者凡六七輩。」　二龍　《吳志・劉繇傳》:「平原陶丘洪薦繇,欲令舉茂才。刺史曰:『前年舉公山,奈何復舉正禮乎?』洪曰:『若明使君用公山於前,擢正禮於後,所謂御二龍於長途,騁騏驥於千里。』」　一鶚　《漢書・禰衡傳》:「衡始弱冠,孔融愛其才,上表薦之曰:『鷙鳥累百,不如一鶚。』」〔註13〕掎角　注見前。　張夫子　《明史・張溥傳》:「張溥,字天如,太倉人。崇禎四年進士,

〔註12〕「卷」,四庫本《梅村集》作「拳」。
〔註13〕按:語見《後漢書》卷八十下《文苑列傳・禰衡傳》,非《漢書》。此注,《吳詩集覽》作「《漢書・鄒陽傳》:『鷙鳥累百,不如一鶚』」,見《漢書》卷五十一,出處更早。

－44－

改官翰林，聲名藉甚。十四年卒，御史交章言溥砥行博聞，所纂述經史有功聖學，宜取備乙夜觀覽，因先後奏上三千餘卷，帝悉留覽。」　**濂洛**　謂周、程二子。　**走其門**　《明史·張溥傳》：「溥與同里張采共學齊名，相與復古學，嘗集郡中知名士名創為復社。四方嗷名者爭走其門。」朱彝尊《明詩綜》：「詩話：天如狎主復社，以附東林，聲應氣求，龍集鳳會，一言以為月旦，四海重其人倫。書暑刻而百函，賓晝日以三接。由是青衿胄子，白蠟明經，登李元禮之門，不啻虬戶；為柳伯騫所識，勝於笥金。列郡人文，一時風尚。口談朝事，案置《漢書》。頭包露額之巾，足著踏跟之履。和歌《下里》、擁鼻《東川》。俄而哲人其萎，踐康成之妖夢；天子有詔，求司馬之遺書。黨論日興，清流釀禍。周之夔彈之於始，阮大鋮厄之於終。而邦國因之殄瘁矣。」《文集·志衍傳》：「是時，天如師以古學振東南，海內能文家聞其風者靡然而至。」　**雲間**　《一統志》：「松江府郡名雲間，因晉陸雲有『雲間陸士龍』之語而名。」　**陳夏**　《明史》列傳：陳子龍，字臥子。夏允彝，字彝仲。俱華亭人。好古博學，工屬文，結幾社，與復社相應和，名重海內。崇禎十年，同舉進士。陳官給事中，夏官吏部考功郎。中國變後，皆殉節死。　**反騷**　《漢書·揚雄傳》：「怪屈原文似相如，至不容，作《離騷》，自投江而死。乃摭其文而反之，自崏山投之江，以弔屈原，名曰《反離騷》。」　**三湘**　樂史《寰宇記》：「湘潭、湘鄉、湘源，是謂三湘。」　**五柞**　《三輔黃圖》：「五柞宮，漢之離宮，中有五柞樹，因以為名。」《元和郡縣志》：「五柞宮在盩厔縣東南三十八里。」　**書記**　《〈魏志·王粲傳〉注》：「元瑜書記翩翩，致足樂也。」　**射策**　李肇《國史補》：「漢時試士，作簡冊難問，使士人按意射取而得之，謂之射策也。」〔註14〕　**飛文**　《漢書·劉向傳》：「流言飛文，譁於民間。」《明史·張溥傳》：「初，里人陸文聲者，輸其貲為監生，求入社，不許。采又嘗以事扶之。文聲因詣闕，言溥、采為主盟，倡復社，亂天下。時溫體仁方枋國，窮究不已。至十四年，溥已卒，而事猶未竟。後周延儒當國，溥座主也，其獲再相，溥有力焉，故采疏上，事即得解。」　**謠諑**　《離騷》：「眾女嫉予之蛾眉兮，謠諑謂予以善淫。」　**指蹤**　《史記·蕭相國世家》：「發縱指示獸處者，人也。」　**白衣奏**　杜佑《通典》：「進士科始隋大業中，盛於唐貞觀、永徽之際。其推重謂之白衣卿相，以白衣之士即卿相之資也。」《文集·志衍傳》：「其成進士也，會里中兒刊章告密，天如師為所構，勢張甚，志衍銳身為營救，卒以免。」　**黃門獄**　《後漢書·黨錮傳》：「下膺等黃門北寺獄。」　**解褐**　《文

〔註14〕按：《漢書》卷七十八《蕭望之傳》：「望之以射策甲科為郎。」顏師古《注》：「射策者，謂為難問疑義書之於策，量其大小署為甲乙之科，列而置之，不使彰顯。有欲射者，隨其所取得而釋之，以知優劣。射之言投射也。」

集・志衍傳》：「謁選，得慈谿令。以母夫人之喪，未赴。」　**揚搉**《漢書・敘傳》：「揚搉古今。」師古曰：「揚，舉也。搉，引也。舉而引之，陳其趣也。」　**修起居**《文集・志衍傳》：「父黨造門，必躡履問起居。中表故舊及所遊門下士一旦請緩急，未嘗以不足為解，而無纖毫德色。」　**李延年**《漢書・佞幸傳》：「李延年，中山人。善歌，為新變聲。為協律都尉。」　**俳弄**《急就篇》：「倡優俳笑。」《漢書・司馬遷傳》：「固主上所戲弄，倡優畜之。」　**黃幡綽**段安節《樂府雜錄》：「開元中，優人有黃幡綽、張野狐諸人。」　**毬場**海鹽張燕昌曰：「陸放翁詩：『閒試名弓來射圃，醉盤驕馬出毬場。』」　**觚爵**鮑照〔註15〕《舞賦》：「騰觚爵之斟酌兮，漫既醉其樂康。」《古器評》：「觚爵，飲器。」　**鹽豉**《世說・言語篇》：「陸機詣王武子，武子前置數斛羊酪，指以示陸曰：『卿江東何以敵此？』答曰：『有千里蒓羹，但未下鹽豉耳。』」**椒蘭糝炰臛**《荀子》：「民之所好，芬若椒蘭。」習鑿齒《與溫祕書》：「芬芳起於椒蘭。」賈思勰《齊民要術》：「糝用饋蔥鹽豉和之。」崔駰《博徒論》：「牛臛羊膾，炙雁烹炰。」　**十人饌**《南史・劉穆之傳》：「且輒為十人饌。」《文集・志衍傳》：「性好客，日具數人饌，賓至者無貴賤，必與均。」　**香秔**宋玉《招魂》：「稻粱秔麥。」王逸曰：「秔，擇也。擇麥中先熟者。」昌黎《納涼聯句》詩：「汲冷漬香秔。」　**咄嗟辦**《晉書・石崇傳》：「為客作豆粥，咄嗟立辦。」　**脾臄**《〈詩〉鄭箋》：「脾臄，口吹肉也。」　**中酒**《〈漢書・樊噲傳〉注》：「張晏曰：『中酒，酒醋也。』師古曰：『飲酒之中也，不醉不醒，故謂之中。』」　**杯杓**《史記・項羽紀》：「沛公不勝杯杓。」　**小戶**竇蘋《酒譜》：「唐白公以戶小飲薄酒，醉後絕句云：『酒嫌戶小常先醒，不得多時入醉鄉。』」　**糾**南匯吳省蘭曰：「皇甫嵩《醉鄉日月》：『凡飲，以一人為錄事，以斜坐人，須擇有飲材者。』」　**卷波喝遣輸**程大昌《演繁露》：「飲酒卷白波，唐李濟翁《資暇錄》謂漢時嘗擒白波賊人以為快，故以為酒令。」白樂天《東南行百韻》詩：「鞍馬呼教住，骰盤喝遣輸。長鯨卷波白，連鄉採成盧。」　**射覆**《漢書・東方朔傳》：「上嘗使諸數家射覆，置守宮盂下，射之，皆不能中。」《文集・志衍傳》：「白擲劇飲，與人決度，不勝不止，岸幘嘯詠，酣飲絕叫以為常。」　**狎侮**《史記・高祖紀》：「因狎侮諸客，遂坐上坐。」《文集・志衍傳》：「三爵之後，詞辯鋒起，雜以諧謔，輒屈其座人。」　**鬭捷**《莊子・人間世》篇：「必將乘人而鬭其捷。」　**齷齪**司馬相如《難蜀父老》：「豈特猥瑣齷齪。」鮑照《放歌行》：「小人自齷齪，安知曠士懷。」《注》：「《漢書》：『酈食其曰：其將齷齪，好苛禮也。』」戴侗《六書故》：

〔註15〕按：言見傅毅《舞賦》，此作鮑照，誤。《吳詩集覽》正作「傅武仲」。

—46—

「齷齪，齒細密也。故人之曲謹者曰齷齪。」　**籛巾**　庾子山《入道士館》詩：「山巾籛筍皮。」顧野王《玉篇》：「籛，作勘切，音纘，綴也。」　**百萬一擲**　《南史·宋武帝紀》：「劉毅家無擔石之儲，樗蒱一擲百萬。」　**成盧**　杜詩：「放意何自若。」

〔註16〕　《晉書·劉毅傳》：「東府聚樗蒱大擲，一判數百萬，餘人並黑犢，惟劉裕及毅在後。毅次擲得雉，大喜，褰衣繞床，叫曰：『非不能盧，不事此耳。』裕因接五木，曰：『老兄試為卿答。』既而四子俱黑，一子轉躍未定，裕厲聲呼之，即成盧，毅殊不快。」《文集·志衍傳》：「下至樗蒱、六博、彈琴、蹴鞠之事，無不畢解。」　**馬矟**《南史·柳世隆傳》：「嘗自云：『馬矟第一，清談第二。』」　**黃山**　羅願《新安志》：「黃山舊名黟山，在歙縣西北百二十八里，高千一百八十仞，東南則歙，西南為休寧，西則蔽於寧國府之太平縣。《漢書》：會稽太平上虞陳業潔身清行，遁跡此山。而世復相傳黃帝嘗命駕，與容城子、浮丘公同遊，合丹於此，其後又有仙人曹、阮之屬，故有浮丘、容城之峰、曹溪、阮溪。唐天寶六年，勅改為黃山。西北山勢中拆，望之若太華，故又名小華山。有峰三十六，其水源亦三十六，谿二十四，洞十有二，巖八，靈蹟至不可勝數。」《文集·志衍傳》：「嘗遊黃山，凌躐險絕，同遊者不能從焉。」　**峭嶁**　孫綽《天台山賦》：「陟峭嶁之崢嶸。」　**衡霍**　《漢書·地理志》：「長沙國湘南縣。《禹貢》：『衡山在東南。』」《十道山川攷》：「霍山在晉州霍邑縣三十里。《禹貢》：太嶽、岳陽。」　**石城頭**　歐陽詢《藝文類聚》：「《丹陽記》曰：『石頭城因山為城，以江為池，地形險固，尤有奇勢。』」《明一統志》：「石頭城在上元縣西石頭山。漢建安十六年，孫權徙治秣陵。明年，城石頭。」案：梅村時官南司業，故云。　**浮大白**劉向《說苑》：「魏文侯與大夫飲，使公乘不仁為觴政曰：『飲不盡者，浮以大白。』」　**有節**　《南史·王敬則傳》：「見背後有節，便言應得殺人。」　**五千騎**　《後漢書·臧宮傳》：「願得五千騎以立功。」　**當官**　《左傳·文十六年》：「當官而行，何強之有？」　**彈治**　《漢書·張敞傳》：「且當以柱後惠文彈治之耳。」　**封駁**　《宋史·職官志》：「啟事詔旨皆付銀臺司封駁。」　**窮剝**　徐陵《與楊僕射書》：「天道窮剝，鍾亂本朝。」　**邛筰**　《史記·司馬相如傳》：「邛筰之君長。」《漢書·地理志》：越嶲郡有邛都、定筰、筰秦、大筰等縣。今屬邛州。《元和郡縣志》：「邛州即蜀之臨邛縣地也，南接邛崍山，因以為名。邛崍山本名邛筰山，故筰人之界也。凡言筰者，夷人於大江水上置藤橋，謂之筰。其定筰、大筰皆近水置橋處。」《金壺字考》：「邛筰音窮昨。」　**大盜**　《明史》：崇順十五年、十二年，李自成陷襄陽，再入荊州。十六年春，

〔註16〕　《過郭代公故宅》。

張獻忠陷武昌、漢陽、江夏。　**江黃**　注詳卷十。　**荊鄂**　酈道元《水經注》：「江水又東經江陵縣故城南。《禹貢》：『荊及衡陽，惟荊州。』蓋即荊山之稱，而制州名矣。故楚也。江水又東經鄂縣北，江之右岸有鄂縣故城，舊樊楚地。《世本》：『熊渠封其中子紅為鄂王。』《晉太康地記》以為東鄂矣。《九州記》曰：『鄂，今武昌也。』」　**改途**　《文集·志衍傳》：「得蜀之成都。既上道，復改塗出宜春，道酉陽，涉黔江而入蜀。」　**蠻貉**　《周禮·夏官·職方氏》：「四夷八蠻，七閩九貉。」《疏》：「東方曰夷，其種有四；南方曰蠻，其種有八；東南曰閩，其種有七；西北曰貉，其種有九。」　**箐**　薛能《千江集》：「蜀人謂林為叢箐。」　**颶**　沈明遠《南越志》：「颶風者，具四方之風也。常以五六月發。未至時，雞犬為之不鳴。」劉恂《嶺表錄異》：「秋夏間，有暈如虹，謂之颶母。」蘇叔黨《颶風賦》：「斷霓飲海而北指，赤雲夾日以南翔，此颶之漸也。」　**瀘溪**　陸澄《地理志》：「瀘水出牂牁郡，諸葛亮五月渡瀘，即此。今戎瀘之間有渡瀘亭。」《明一統志》：「瀘水在瀘州城東，入合江縣水。」　**桄榔**　劉恂《嶺表錄異》：「桄榔樹枝葉並繁茂，葉下有鬚，如麤馬尾，南人採之以織巾子。」　**猿玃**　許慎《說文》：「玃，大母猿也。」馬縞《中華古今注》：「猿五百年化為玃。」　**錦城**　《元和郡縣志》：「錦城在成都縣一里，即錦官城也。」《錦繡萬花谷》：「成都府亦呼為錦城，以江山明麗，繡錯如錦也。」太白《蜀道難》詩：「錦城雖云樂。」　**嚴楊**　嚴君平、揚子雲。俱見前注。　**程卓**　《史記·貨殖傳》：「蜀卓氏用鐵冶，富至僮千人，田池射獵之樂，擬於人君。程鄭，山東遷虜也，亦冶鐵賈，椎結之民，富埒卓氏，俱居臨邛。」　**白鹽**　酈道元《水經注》：「白鹽之崖高可千餘丈，土人見其高白，因以名之。」祝穆《方輿勝覽》：「白鹽山在夔州城東十七里，其色燦耀，狀如白鹽。」　**赤甲**　《元和郡縣志》：「赤甲山在夔州東十三里，上有孤城，漢時嘗取邑人為赤甲軍，蓋犀甲之邑也。」樂史《寰宇記》：「公孫述築不生樹木，土石悉赤，如人袒臂，故曰赤甲。」晏殊類要：「赤甲城即古魚復縣。」　**蜀王**　《明史·諸王傳》：「太祖封第十一子椿於成都，為蜀王。」《文集·志衍傳》：「至成都日，即啟蜀王府，請發帑金為備禦計。當時蜀事已棘，而藩府金繒積者數百萬，王怯不應。」案：時蜀王至澍嗣立。　**傾葵藿**　《魏志·曹植傳》：「葵藿之傾葉，太陽雖不為之回光，然向之者誠也。」　**酺醵**　《漢書·文帝紀》：「初即位，賜酺五日。」服虔曰：「酺音蒲。」文穎曰：「音步。漢律：三人以上無故群飲，罰金四兩。今詔橫賜，得令會聚飲食五日也。」師古曰：「酺之為言布也。王德布於天下而合聚飲食為酺，服音是也。」《禮記·禮器》：「周禮其猶醵與？」《注》：「合錢飲酒為醵。」《史記·貨殖傳》：「進醵飲食。」《說文》：「醵，

會歃酒也。」　犀渠　《吳語》：「奉文犀之渠。」韋昭曰：「甲也。」《山海經》：「犀渠出釐山，如牛，蒼身，其音如嬰兒，能食人。」　叟兵　《後漢書・劉焉傳》：「馬騰與焉子範謀誅李傕，焉遣叟兵五千助之。」注：「漢世謂蜀為叟。」巨靈　張衡《西京賦》：「巨靈贔屭。」注：「巨靈，河神。」　水櫃　《宋史・河渠志》：「蘇轍乞令汴口以東州縣各具水櫃。」王圻《續文獻通考》：「徐沛上東諸河在運河東者，儲泉以益河之不足，曰水櫃。」　涪江　樂史《寰宇記》：「涪江在郪縣西百里，自涪城縣東南流入縣界，合中江東流入射洪縣界，屈曲二十里，北通遂州。」　石門劍閣　左思《蜀都賦》：「緣以劍閣，阻以石門。」注：「石門，谷名。」酈道元《水經注》：「小劍戍北去大劍三十里，連山絕險，飛閣相通，故謂之劍閣也。」《明一統志》：「劍閣在劍州，兩崖峻絕，鑿石架閣而為棧道，秦司馬錯由此伐蜀。」　岷峨　王應麟《玉海》：「劍南，古梁州，其分鶉首，其山岷峨。」　黑山　《後漢書・獻帝紀》：「黑山賊張燕率眾來降。」《魏志・張燕傳》：「張燕，常山真定人也。合聚少年為群盜，眾至百萬，號曰黑山。」　青城　《元和郡縣志》：「青城縣因山為名，垂拱二年改為蜀州，開元十八年仍舊名。」　莊蹻　《史記・西南夷傳》：「始楚威王時，使將軍莊蹻將兵循江上，掠巴蜀、黔中以西。會秦擊奪楚巴、黔中郡，道塞不通，因以其眾王滇。」　積甲　《後漢書・劉盆子傳》：「積兵甲宜陽城西，與熊耳山齊。」　峨眉　祝穆《方輿勝覽》：「大峨山在峨眉縣南百里，兩山相對如峨眉。山記云：其山周帀千里，有石龕百一十二，大洞十二，小洞二十八，南北有臺。」范成大《吳船錄》：「峨眉有三，山為一列，曰大峨、中峨、小峨。中峨、小峨，昔傳有遊者，今不復有路。惟大峨一山，其高摩霄，為佛書所記，普賢大士示現之所。」　瞿塘　樂史《寰宇記》：「瞿塘在夔州東一里，古西陵峽也。連崖千丈，奔流電激，舟人為之恐懼。」　菹醢　《周禮・天官・醢人》：「朝事之豆，其實昌本、麋臡、菁菹、鹿臡。」《注》：「臡亦醢也。有骨為臡，無骨為醢。」臡音泥。張衡《七辯》：「嘉肴雜醢，三臡七菹。」　燕雀　《孔叢子》：「子順曰：『燕雀處堂，子母相哺。煦煦然其相樂也。灶突炎上，棟宇將焚，燕雀顏不變，不知禍之及己也。』」　孤城摧陷　《明史・張獻忠傳》：「崇禎十七年十月，陷成都。」先生《綏寇紀略》：「成都令吳繼善闊達有謀，見賊據秦揉楚，而北都之問不至，痛哭於蜀王之朝，以書諫。終弗從。五月而審知國信。七月而夔門傳賊，遽至成都，一日數驚，夜呼曰闖至矣。明日，又呼曰獻至矣。王不知所為謀，以其宮人遁於荒，富家亦從孥以出。巡按御史劉之渤持不可，乃止。十月五日〔註17〕，獻忠傅城下，王始出

〔註17〕「十月五日」，《綏寇紀略》卷八作「八月四日」。

其金，懸之市，購戰守者，莫應。賊攻圍三日夜，以巨礮穴城東北陬而震之，城崩，遂乘以入。蜀王率宮眷沒於井。之渤罵賊死，繼善闔門死之。」 **狂刀** 《漢書·王莽傳》：「為狂刀所害。」 **屠脯** 長洲江聲曰：「《周禮》以官，凡屠者，斂其皮角筋，入於五府。《左傳·成二年》：『殺而脯諸城上。』《注》：『脯，磔也。』」 **有子** 《文集·志衍傳》：「有子曰孫慈，賊將憐而匿之，後亦遇害。」 **同殉** 《文集·志衍傳》：「吾兄以甲申十一月二十五日遇害，罵不絕口，賊臠而割之。一門四十餘人，同日並命。」**覆卵** 《後漢書·孔融傳》：「融被收，謂使者曰：『二子可得全否？』時融大兒九歲，小者八歲，徐進曰：『大人豈見覆巢之下有完卵乎？』」 **一弟漏刃** 《魏書·刁雙傳》：「我兄弟屠滅已盡，惟我一身，漏刃相託。」《文集·志衍傳》：「越三年，其弟事衍徒跣逃歸。」 **踝** 劉熙《釋名》：「踝，碻也，兩足旁碻碻然也。亦因其行踝踝然也。」 **三峽** 《一統志》：「三峽起自四川夔州府奉節、巫山二縣之東，達於歸州、夷陵之西。連山疊嶂，隱天蔽日，凡六七百里。」 **荊門** 《後漢書·郡國志》：「夷陵有荊門。」盛弘之《荊州記》：「郡西泝江六十里，南岸有山，曰荊門。上合下開，達山南，有門，因以為名。」 **搏攫** 孔穎達《禮記疏》：「以腳取之謂之攫，以翼取之謂之搏。」 **郫筒** 《華陽風俗錄》：「郫縣有郫筒池，池旁有大竹，郫人刳其節，傾春釀於筒，包以藕絲，蔽以蕉葉，信宿香達於外，然後斷之以獻，俗號郫筒酒。」《成都志》：「山濤為郫縣時，刳大竹釀酴醿酒，兼旬方開，香百十步，時人傳之為郫筒酒。」 **千日酒** 《文選》李善《注》：「中山出好酎酒，其俗傳云：昔有人曰元石者，從中山酒家酤酒，酒家與之千日之酒，至家而醉，其家不知，以為死也，棺斂而葬之。中山酒家計向千日，遂往問，鄰人曰：『元石死來三年，服已闋矣。』於是與其家至元石冢上，掘而開其棺，元石於是醉始解，起於棺中。其俗語云：元石飲酒，一醉千日。」 **別鶴** 崔豹《古今注》：「《別鶴操》，蘭陵牧予所作。」 **玉子文楸枰** 蘇鶚《杜陽雜編》：「大中中，日本國王子來朝，善圍棋，上敕顧師言為對手。王子出如楸玉碁局，冷暖玉棋子。云：本國之東有集真島，島有凝霞臺，臺上有手談池，池中生玉棋子。不由制度，自然黑白分明，冬溫夏冷。更產文楸，類楸木。琢之為局，光潔可鑑。」 **丹青** 《文集·志衍傳》：「尤愛圖繪，有元人風。」 **瀺灂** 司馬相如《上林賦》：「瀺灂霣墜。」《注》：「《史記索隱》云：『《說文》：瀺灂，水之小聲也。』」 **風流盡** 《南史·張緒傳》：「緒亡，弟酳飲慟哭，曰：『阿兄風流頓盡。』」

閬州行 原注：贈楊學博爾緒。

四坐且勿喧，聽吾歌閬州。閬州天下勝，十二錦屏樓。歌舞巴渝盛，

江山士女遊。我有同年翁，閬中舊鄉縣。送客蒼溪船，讀書玉臺觀。忽乘相如車，謂受文翁薦。遊宦非不歸，十載成都亂。只君為愛子，相思不相見。相見隔長安，干戈徒步難。金牛盤七阪，鐵馬斷千山。敢辭道路艱，早向妻兒訣。一身上鳥道，全家傍虎穴。君自為尊章，豈得顧妻子。分攜各努力，妾當為君死。淒淒復切切，苦語不能答。好寄武昌書，莫買秦淮妾。巴水急若箭，巴船去如葉。兩岸蒼崖高，孤帆望中沒。二月到漢口，三月下揚州。揚州花月地，烽火似邊頭。驛路逢老親，遷官向閩越。謂逼公車期，蚤看長安月。再拜不忍去，趣使嚴裝發。河山一朝異，復作它鄉別。別後竟何如，飄零少定居。愁中鄉信斷，不敢望來書。盡道是葭萌，殺人滿川陸。積屍峨嵋平，千村惟鬼哭。客有自秦關，傳言且悲喜。來時聞君婦，貞心視江水。江水流不極，猿聲哀豈聞。將書封斷指，血淚染羅裙。五內為崩摧，買舟急迎取。相逢惟一慟，不料吾見汝。拭眼問舅姑，雲山復何處。淚盡日南天，死生不相遇。汝有親弟兄，提攜思共濟。姊妹四五人，扶持結衣袂。懷裏孤雛癡，啼呼不知避。失散倉皇間，骨肉都拋棄。悠悠彼蒼天，於人抑何酷。城中十萬戶，白骨滿崖谷。官軍收成都，千里見榛莽。設官尹猿猱，半以飼豺虎。尚道是閬州，此地差安堵。民少官則多，莫恤蜀人苦。淒涼漢祖廟，寂寞滕王臺。子規叫夜月，城郭生蒿萊。只有嘉陵江，江聲自浩浩。我欲竟此曲，流涕不復道。

　　閬州　《明一統志》：「保寧府，舊巴縣地，東漢置巴西郡。唐先天中改閬州。天寶初，改閬中。」　**楊爾敘**　《鎮洋縣志》：「楊繼生，蜀人。年少領鄉薦。國初，秉鐸吾州。是時蜀方亂，楊之妻子皆在蜀，已無可奈何矣。而婦之盛泰昭方釋褐，令陝之略陽。略陽，故蜀之襟喉。楊以杯酒屬之曰：『倘至彼中得吾家消息，勿慳片鴻。』盛頷之。赴任後，偶以事出，見一婦人匍匐道左。物色之，果楊先生婦也。即飛書廣文，婦則齧落一指，作書裹之以寄。楊得之慟，即以金授來足，使其僦車南下。會南宮期近，楊束裝且北。舟至京口，有舟欸然而南，詢之則楊夫人也。相失十餘年，而猝遇於兩舟之偶觸，於是相持大慟，謝諸同行者。偕夫人而南，自此亦不復應公車。」案：程《箋》：「爾緒以太倉州學正陞福建連江知縣。初蒞任，海寇犯連江，城陷，不屈死。妻劉氏同日殉節。」　**十二錦屏**　祝穆《方輿勝覽》：「閬之為郡，當梁、梓、洋、益之衝，有五城十二樓之勝。」《明一統志》：「錦屏樓在保寧府城北。」　**巴渝舞**　《晉書・樂志》：「閬中俗喜舞。漢高祖既定三秦，樂其猛銳，數觀其舞，後使樂人

習之。閬中有渝水，因其所居，故名曰巴渝舞。」　**同年**　王定保《摭言》：「俱捷謂之同年。」程《箋》：「楊爾緒，四川保寧人。父芳以南部縣籍中崇禎辛未進士，官福建，與先生為同年。」　**蒼溪**　《隋書·地理志》：「蒼溪縣屬巴西郡，舊曰漢昌。開皇末，改名焉。」案：《晉書·地理志》：「蒼溪、漢昌皆屬巴西郡。」少陵《放船》詩：「送客蒼溪縣。」　**玉臺觀**　祝穆《方輿勝覽》：「玉臺觀在閬州北七里，唐滕王常遊。」詳見下。　**相如車**　常璩《華陽國志》：「司馬相如初入長安，題其門曰：『不乘駟馬赤車，不入此門。』」　**文翁薦**　《漢書·循吏傳》：「文翁，盧江舒人也。景帝末，為蜀郡守。選郡縣小吏開敏有材者，遣詣京師，受業博士。用次察舉，官有至郡守刺史者。」　**愛子**　《左傳·宣二年》：「趙盾請以括為公族，曰：『君姬氏之愛子也。』」　**長安**　《漢書·地理志》：「京兆尹縣長安。」《一統志》：「長安故城在今西安府長安縣西北。」　**金牛**　闞駰《十三州記》：「秦惠王未知蜀道，乃刻石牛五頭，置金於尾下，言此天牛能糞金，蜀人信之，令五丁引牛，成道致之成都，因使張儀伐之。」鄭樵《通志》：「金牛峽在漢中府沔縣西一百七十里。」　**七阪**　《明一統志》：「七盤嶺在保寧府廣元縣北一百七十里，與陝西廣羌州接界。」何景明《雍大記》：「盤回七轉而至山頂，故名。」　**鳥道**　常璩《華陽國志》：「鳥道四百里，以其險絕，獸尤無蹊，特上有飛鳥之道耳。」　**尊章**　《漢書·廣川王傳》：「背尊章，飄以忽。」師古曰：「尊章謂舅姑也。」　**武昌**　《御覽》：「《武昌記》曰：『大帝築城於江夏，名鄂州，欲都之。後徙都建業，改為武昌郡。』」　**秦淮**　許嵩《建康實錄》：「秦始皇三十七年東巡，自江乘渡，望氣者雲五百年後金陵有天子氣，因鑿鍾山，斷金陵長隴以流，至今呼為秦淮。」　**巴水**　酈道元《水經注》：「巴水出晉昌郡宣漢縣巴嶺山西南，流歷巴中，逕巴郡故城南，西南流入江。」　**漢口**　祝穆《方輿勝覽》：「漢陽大別山北，漢水與溳水合流入江處，謂之漢口。」《一統志》：「漢口在漢陽府漢陽縣東北。」　**公車**　《漢書·東方朔傳》：「令待詔公車。」師古曰：「公車令屬衛尉，上書者所詣也。」　**葭萌**　《明一統志》：「昭化縣，漢葭萌縣地，蜀王弟葭萌封此為苴侯邑，故遂城為葭萌。」　**峨嵋**　注見前。　**日南**　《漢書·地理志》：「日南，故秦象郡。武帝元鼎六年，改今名。」師古曰：「言其在日之南，所謂開北戶以向日者。」　**收成都**　《明史·張獻忠傳》：「獻忠破成都，即偽位，以蜀王府為宮，名成都曰西京。順治三年，盡焚成都宮殿，率眾出川。會大清兵至漢中，偽將劉進忠乞降為鄉導。獻忠行至鳳皇陂，大清兵射之，墜馬死。」　**民少官多**　《隋書·楊向希傳》：「竊見當今郡縣，倍多於古，或地無百里，數縣並置；或戶不滿千，二郡分領，具僚以眾，資費日多，吏卒日倍，租調日減，清幹良才，百分無一，動動數萬，如何可覓，所謂民

少官多，十羊九牧。」　漢祖廟　《明一統志》：「漢高祖廟在保寧府城南。高祖還定三秦，閬中范目率七姓為前鋒。秦地既定，封閬中侯。七姓不輸租賦，目等立廟於此。」寂寞滕王臺　少陵《滕王亭子》詩：「寂寞春山路，君王不復行。」祝穆《方輿勝覽》：「滕王元嬰，高祖第二十二子，授隆州刺史。以衙宇卑陋，遂修飾宏大之，謂之隆苑。後以明皇諱，改曰閬苑。滕王亭即其所建，在玉臺觀。」　嘉陵江　祝穆《方輿勝覽》：「嘉陵江自鳳州大散關發源利州，下流入劍門縣界。」

讀端清鄭世子傳

昭代無遺憾，萬事光史冊。惜哉金川門，神聖有慚德。天誘其子孫，救之以讓國。賢如鄭世子，宗盟堪表率。當璧辭真王，累疏誠懇惻。天子詔勿許，流涕守所執。敝屣視千乘，謝之以長揖。灑掃覃懷宮，躬迓新王入。夷齊既死後，曠代仍間出。築屋蘇門山，深心事經術。明興二百年，廟樂猶得失。以之輯群書，十載成卷帙。候氣推黃鍾，考風定六律。嶰谷當南山，伐竹製琴瑟。為圖獻太常，作之文世室。遂使溱洧間，一洗萬古習。我行漳河南，懷古思遺澤。好學漢東平，高風吳泰伯。道傍立豐碑，讓爵存月日。彼為一卷書，能輕萬家邑。大雅欽遺風，誠哉不可及。

端清世子　《明史‧諸王傳》：「永樂二年，封皇孫瞻埈為鄭王。傳四世，至厚烷。厚烷死，子載堉讓爵不嗣，卒，諡端清。」《明史‧諸王世表》：「載堉，嘉靖二十五年封世子。」王士禎《池北偶談》：「鄭端清世子讓國，自稱道人，造精舍懷慶郭外居之。」　金川門　尹守衡《史竊‧革除紀》：「革除四年六月，燕師渡江，歷城侯盛庸逆戰於浦子口，卻之。上急遣都督僉事陳瑄率舟師助庸。瑄至，遂降於燕。燕帥進次龍潭。金川不守，燕王入國。建文君手誅徐增壽於左順門，火內宮，遜位去。」　讓國　《明史‧諸王傳》：「鄭靖王瞻埈，仁宗第二子。子簡王祁鍈嗣。祁鍈有子數人。長世子見滋，次盟津王見濍，次東垣王見𣸣。見濍母有寵於祁鍈，規奪嫡，不得，竊世子金冊以去。祁鍈索之急，因怨不復朝，所為益不法。祁鍈言之憲宗，革見濍為庶人。見滋未嗣。卒，子康王祐枔嗣。卒，無子。見濍子祐檯應及，以前罪廢，乃立東垣王子祐橏。卒，子厚烷嗣。後，祐檯求復郡王爵，怨厚烷不為奏，乘帝怒，誣厚烷四十罪，以叛逆告。詔訊無驗，惟治宮室名號擬乘輿則有之。帝怒，削厚烷爵，錮之鳳陽。隆慶元年復王爵。世子載堉篤學有至性，痛父非罪見繫，築土室宮門外，席藁獨處者十有九年。厚烷還邸，始入宮。萬曆十九年，厚烷卒，諡恭王。子載堉當嗣，

載堉上疏曰：「鄭宗之序，盟津為長。前王見灠，既錫諡復爵矣，爵宜歸盟津。」禮臣言：「載堉雖深執讓節，然嗣鄭王已三世，無中更理，宜以載堉子翊錫嗣。」載堉執奏如初，乃以祐橏之孫載璽嗣，而令載堉及翊錫以世子、世孫祿終其身，子孫仍封東垣王。」 **當璧** 《左傳‧昭十三年》：「楚共王寵子五人，乃有大事於群望，而祈請神擇於五人者，使主社稷，乃遍以璧見於群望曰：『當璧而拜者，神所立也。』乃埋璧於太室之庭，使五人者齋而入拜。康王跨之；靈王肘加焉；平王幼，抱而入，再拜皆壓紐。」 **真王** 《史記‧淮陰侯傳》：「大丈夫定諸侯，即為真王耳。」 **覃懷** 《書‧禹貢》：「覃懷底績。」孔安國《傳》：「覃懷，近河地名。」《明一統志》：「懷慶府，《禹貢》冀州覃懷之域。」 **蘇門山** 樂史《寰宇記》：「蘇門山在衛縣西八十一里。一曰蘇嶺，俗名五巖山。」王存《九域志》：「在衛輝府輝縣西北七里。」《明史‧諸王傳》：「載堉讓國後，避跡蘇門山中。」 **輯群書** 《明史‧諸王傳》：「萬曆二十三年秋，上曆學歲差之法及所著樂律書，考辨詳確，識者稱之。」《欽定四庫全書簡明目錄》：「《樂律全書》四十二卷，明朱載堉撰。凡十種。大旨括於《律呂精義》一書，與蔡元定說多所異同，而特有心得，所見較元定為深，蓋空談實算之別也。」案：載堉著有聖壽萬年曆、《律曆融通》、《律呂精義》、《律學新說》、《樂舞全譜》、《樂律全書》、《樂和聲》、《大成樂舞圖說》等書。 **候氣** 《續漢書‧律曆志》：「候氣之法，為室三重，閉戶，塗釁必周，密布緹幔，室中以木為案，置律各一，內庳外高，從其方位，加律其上，以葭莩灰抑其兩端，案律而候之，氣至而灰去。其為氣所動者，其灰散；其為風所動其灰聚。」 **黃鍾** 《漢書‧律曆志》：「黃者，中之色，君之宮也。鍾者，種也。陽氣施種於黃泉，孳萌萬物，為六氣之元也。」《呂氏春秋》：「伶倫斷竹，長三寸九分，而吹之以為黃鍾之宮。」 **六律** 趙岐《孟子注》：「六律，陽律：太簇、姑洗、蕤賓、夷則、無射、黃鍾也。」《漢書‧律曆志》：「黃帝使伶倫自大夏之西、崑崙之陰，取竹之解谷生，其竅厚均者，斷兩節間而吹之，以為黃鍾之宮。」孟康曰：「解，脫也。谷，竹溝也。取竹之脫無溝節者也。一說：解谷，崑崙之北谷名也。」 **太常** 《漢書‧百官公卿表》：「奉常，秦官，掌宗廟禮儀。景帝中六年，更名太常。」**文世室** 《禮記》：「魯公之廟，文世室也。」《公羊傳》：「世室者何？魯公之廟也。周公稱太廟，魯公稱世室，群公稱宮。」《明史‧禮志》：「嘉靖十四年正月，諭閣臣：『今議建文祖廟為世室，則皇考世廟字當避。』張孚敬言：『文世室宜稱太宗廟。』從之。」 **漳河** 《水經》：「濁漳水出上黨長子縣，發鳩山東北，過斥章縣南。」酈道元《注》：「《尚書》所謂『覃懷底績，至於衡漳』者也。」 **東平** 《後漢書‧宗室傳》：「東平王蒼，光武帝子，好學不倦，顯宗甚愛重之。手詔曰：日者問東平王，處家何者最樂？王言為善最樂。」

梅村詩集箋注　卷第二

長洲吳翌鳳撰　滄浪吟榭校定本

五言古詩

讀史雜詩

　　東漢昔云季，黃門擅權勢。積忿召外兵，癰決身亦斃。雖自撥本根，庶幾蕩殘穢。誰云承敝起，仍出刑餘裔。孟德沾勾養，門資列朝貴。憑藉盜弄兵，豈曰唯才智。追王故長秋，無須而配帝。鈎黨諸名賢，子孫為皁隸。

　　黃門　《後漢書·宦者傳·論〔註1〕》：「中興之初，宦官悉用閹人。和帝即祚幼弱，而竇憲兄弟專總威權。鄭眾得專謀禁中，享分土之封，登宮卿之位。中官始盛。明帝以後，迄乎延平，委用漸大，中常侍至有十人，小黃門二十人。其後孫程定立順之功，曹騰參建桓之策，中外服從，上下屏氣。舉動回山嶽，呼吸變霜露。而漢之紀綱大亂矣。」　召外兵　《資治通鑑》：「初，竇武奏誅宦官，不克，被殺。靈帝中平六年，何進謀誅宦官，乃白太后，請盡罷中常侍以下，太后不從。袁紹等欲多召四方猛將，使引兵向京城，以脅太后，進然之。曹操笑曰：『既治其罪，當誅元惡，一獄吏足矣，何至紛紛召外兵乎？』進不從，乃召董卓，使將兵詣京師。復以紹為司隸校尉。紹促卓，使馳驛站上，奏欲進兵長樂觀，太后乃恐，悉罷中常侍、小黃門，使還里舍。進入長樂宮，白太后，請盡誅諸常侍衛。張讓、段珪等聞變，乃率其黨數十人持兵伏省戶下，斬進，挾太后、少帝從複道走北宮。袁紹引兵屯闕下，捕得趙忠等，斬之，

―――――――――――――――――――

〔註 1〕按：出《後漢書》卷七十八《宦者列傳·序》，而非《論》。

遂開北宮門，勒兵捕諸宦者，無少長皆斬，凡二千餘人。或有無須而誤死者。進攻省內，讓、珪等困迫，遂將帝及數十八步出谷門，公卿無從者，惟尚書盧植、河南中部掾閔貢從夜至河上。貢厲聲責讓等，因手斬數人，讓等遂投河而死。」　刑餘　《漢書·司馬遷傳》：「刑餘之人，無所比數。」　　匄養　《後漢書·袁紹傳》：「司空曹操祖父騰，故中常侍。父嵩，乞匄攜養。」《魏志·武帝志》：「帝諱操，字孟德，姓曹氏。父嵩，莫能審其生平。為中常侍曹騰養子嗣，官至太尉，生帝。」　　門資　《北史·蘇綽傳》：「夫門資者，乃先世之爵祿，無妨子孫之愚瞽。」薛登《論選舉疏》：「魏氏取人，尤愛放達。晉、宋之後，專重門資。」　　盜弄兵　《漢書·龔遂傳》：「渤海廢亂，遂謂宣帝曰：『此民困於飢寒，而吏不恤，使陛下赤子盜弄陛下之兵於潢池中耳。』」　　故長秋　《後漢書·宦者傳》：「曹騰，字季興。沛國譙郡人。初，除黃門從官。順帝即位，為小黃門，遷中常侍。桓帝立，以定策功封費亭侯，遷大長秋，加位特進。」《魏志·明帝紀》：「太和三年，追尊高祖大長秋，曰高皇帝，奉主入廟。」　鉤黨　《後漢書·靈帝紀》：「建寧二年，制詔州郡大舉鉤黨。」《注》：「鉤謂相牽連也。」　　皁隸　《左傳·昭三年》：「欒、郤、胥、原、續、慶、伯，降在皁隸。」杜氏曰：「皁隸，賤官。」

其二

商君刑師傅，徙木見威約。范叔誣涇陽，折脅吐謇諤。地疏主恩深，法輕主權削。苟非用刻深，何以膺付託。功成或倖退，禍至終難度。屈伸變化間，即事多斟酌。談笑遷種人，吾思王景略。

刑師傅　○《史記·商君傳》：「商君，衛之諸庶孽公子也，名鞅，姓公孫氏。少好刑名之學。事秦孝公，為左庶長，定變法之令。太子犯之。衛鞅曰：『法之不行，自上犯之。』將法太子。太子，君嗣也，不可施刑，刑其傅公子虔，黥其師公孫賈。明日，秦人皆趨令。」　　徙木　《史記·商君傳》：「變法之令既具，未布，恐民之不信己，乃立三丈之木於國都市南門，募民有能徙置北門者予十金。民怪之，莫敢徙。復曰：『能徙者予五十金。』有一人徙之，輒予五十金，以明不欺。卒下令。令行於民。」　　誣涇陽　《史記·范睢傳》：「范睢，魏人，字叔。先事魏中大夫須賈。賈為魏使齊，范睢從。齊襄王聞睢口辯，乃賜睢金。須賈知之，大怒，以為睢持魏國陰事告齊，故得此饋。歸，告魏相，曰魏齊。齊使舍人笞擊睢，折脅摺齒。睢佯死得脫，變姓名為張祿，仕秦為客卿，說秦昭王曰：『今太后擅行不顧，穰侯出使不報，華陽、涇陽等擊斷無節，高陵進退不請，臣恐萬世之後，有秦國者，非王子孫也。』於是廢

太后，逐穰侯、高陵、華陽、涇陽君於外。」　**刻深**　《史記·李斯傳》：「法令誅罰，日益刻深。」　**倖退**　《史記·蔡澤傳》：「應侯曰：『吾聞欲而不知止，失其所以欲；有而不知足，失其所以有。』因請病，請歸相印。」　**禍至**　《史記·商君傳》：「商君相秦十年，宗室貴戚多怨望者。秦孝公卒，惠王立，車裂商君以徇。」　**遷種人**《晉書·載記·符堅傳》：「堅之分氐戶於諸鎮也，趙整因侍，援琴而歌曰：『遠徙種人留鮮卑，一旦緩急將語誰？』堅笑而不答。」崔鴻《十六國春秋·前秦錄·王猛傳》：「王猛，字景略，北海劇人也。仕苻堅，為丞相。疾篤，堅問以後事。猛曰：『鮮卑羌虜，我之仇讎，終為人患，宜早除之，以便社稷。』」《苻堅傳》：「慕容沖進逼長安，堅怒曰：『吾不用王景略之言，使虜敢至於此。』」

其三

蕭何虛上坐，故侯城門東。曹參避正堂，屈己事蓋公。咄咄兩布衣，不仕隆準翁。其術總黃老，閱世浮沉中。所以輔兩人，俱以功名終。出處雖有異，道義將毋同。何必致兩生，彼哉叔孫通。

故侯　《漢書·蕭何傳》：「何為相國，益封五千戶，令卒五百人一都尉為相國尉。諸君皆賀，召平獨弔。召平者，故秦東陵侯。秦破，為布衣，種瓜於長安城東。平謂相國曰：『禍自此始矣。上暴露於外，而君守於中，非被矢石之事，而益君封置衛者，以今者淮陰新反於中，有疑君心。夫置衛衛君，非以寵君也。願君讓封勿受，悉以家私財佐軍。』何從其計，上說。」　**蓋公**　《漢書·曹參傳》：「孝惠元年，以參為齊丞相。參盡召長老諸先生，問所以安集百姓。而齊故諸儒以百數，言人人殊，參未知所定。聞膠西有蓋公，善治黃老言，使人厚幣請之。既見蓋公，蓋公為言治道貴清靜而民自定。推此類具言之。參於是避正堂，舍蓋公焉。」　**隆準**　《史記·高祖本紀》：「高祖為人隆準而龍顏。」《索隱》曰：「隆，高也。準，鼻也。」　**兩生**　《史記·叔孫通傳》：「通說上，使徵魯諸生共起朝儀。魯有兩生不肯行，曰：『公所事者且十主，皆面諛親貴。公往矣，毋污我！』」

其四

竇融昔布衣，任俠家扶風。翟公初舉事，海內知其忠。融也受漢恩，大義宜相從。低頭就新莽，顧入其軍中。轉戰槐里下，盡力為摧鋒。後來擁眾降，仍以當時功。忝竊居河西，蜀漢方相攻。一朝決大計，佐命蕭曹同。吁嗟翟太守，為漢傾其宗。劉氏已再興，白骨無人封。徒令千載後，流涕平陵東。

　　竇融 《後漢書・竇融傳》:「融字周公,扶風平陵人也。徙家長安中。結閭里豪傑,以任俠為名。」 **翟公** 注見卷一。 **新莽** 《漢書・王莽傳》:「定有天下之號曰新。」 **戰槐里** 《東觀漢紀》:「王莽居攝中,融為強弩將軍司馬,東擊翟義,還攻槐里,以軍功封寧武侯。」《括地志》:「槐里在雍州始平縣東南十里,一名犬丘。」 **擁眾降** 《後漢書・竇融傳》:「漢兵起,融從王邑,敗於昆陽。及莽敗,融以軍降更始大司馬趙萌,萌甚重之,薦為鉅鹿太守。」 **河西** 《後漢書・竇融傳》:「融見更始新立,東方尚擾,不欲出關。而高祖父從祖及弟累世守河西,知其土俗,謂其兄弟曰:『天下安危未可知,河西殷富,帶河為固。張掖屬國精兵萬騎,一旦緩急,杜絕河津,足以自守。』於是日往求萌,辭鉅鹿,圖出河西。萌言於更始,以為張掖郡屬國都尉。融至,甚得其歡心,河西翕然歸之。」 **決大計** 《後漢書・竇融傳》:「融聞光武即位,心欲東向,以河西隔遠,未能自通。時益州有公孫述,天水有隗囂,蜀漢方相攻,而融又受制於囂。後以豪傑及諸太守議,決計東向,遣長史奉書獻馬。帝亦欲招之,以逼囂、述,因發使遺融書,所以慰藉之者甚至。融乃遺囂書,勸其歸順。不從。乃與五郡太守合漢師伐囂,囂眾大潰,城邑皆降。帝以融功封為安豐侯。」 **翟太守** 《漢書・翟方進傳》:「少子曰義,字文仲,起家為弘農太守,遷河南〔註2〕太守。又徙東郡太守。討王莽,不克,被殺,夷滅三族,誅及種嗣。傳贊:義不量力,懷忠發憤,以隕其宗。悲夫!」 **平陵東** 《古歌》:「平陵東,松柏桐,不知何人劫義公。」餘見卷一。

又詠古

　　浹旬至臺司,三日遍華省。慈明與中郎,豈不念朝菌。王良御奔車,勢逼崦嵫景。急策度太行,馬足殆而騁。富貴若歲時,過則生災疹。草木冬先榮,經春輒凋殞。桓桓梁將軍,赫赫蕭京尹。一朝遇蹉跌,未得全要領。人生百年內,飽食與美寢。毋以藜藿糲,羨彼鍾與鼎。毋以毛褐敝,羨彼紈與錦。進固非伊周,退亦無箕潁。薄祿從下僚,末俗居中品。寂寥子雲戟,從容步兵飲。

　　浹旬 張璠《漢紀》:「荀爽,字慈明。幼好學,耽思經典。不應徵命。董卓秉政,徵爽,爽欲遁去,吏持之急,詔下郡,即拜平原相。行至宛陵,又追拜光祿勳。視事三日,策拜司空。爽起自布衣,凡九十五日而至臺司。」 **三日** 《後漢書・蔡邕傳》:「邕字中郎,陳留人。亡命江海,積十二年。董卓聞其名而辟之,稱疾不就。

〔註2〕「南」,《漢書》卷八十四《翟方進傳》作「內」。

卓怒，嘗曰：『我能族人。』邕懼而應命。到署祭酒，甚見敬重。三日之間，周歷三臺，遷為侍中。」　**朝菌**　《莊子·逍遙遊》篇：「朝菌不知晦朔。」潘尼《朝菌賦序》：「世謂之木槿，或謂之日及。詩人以為蕣華，宣尼以為朝菌。」　**王良**　《史記·天官書》：「漢中四星曰天駟。旁一星曰王良。王良策馬，車騎滿野。」　**奔車**　《韓非子》：「奔車之上無仲尼。」　**崦嵫**　《淮南子》：「日入崦嵫。」《山海經》：「崦嵫之山，其上多丹水。」　**太行**　《十道山川攷》：「太行山在懷州河內縣西北，連亙河北諸州，為天下之脊。」魏武帝《苦寒行》：「北上太行山，艱哉何巍巍。」　**梁將軍**　《後漢書·梁冀傳》：「冀為大將軍，專擅威柄，凶肆日滋，秉政幾二十年，威行內外，天子拱手。延熹二年，詔收大將軍印綬，冀自殺，宗族皆棄市。」　**蕭京尹**　《漢書·蕭望之傳》：「蕭望之，字長倩，東海蘭陵人也。為左馮翊三年，京師稱之。後有罪死。」少陵《遣興》詩：「赫赫蕭京尹。」錢氏曰：「天寶八載，京兆尹蕭炅坐贓下獄，詩中蕭京尹蓋謂炅也。舊注皆引蕭望之，然望之為左馮翊，未嘗為京兆尹也。」案：此似仍指望之之言。　**伊周、箕潁**　《後漢書·趙壹傳》：「大丈夫生世，遯無箕山之操，仕無伊呂之勳。」　**中品**　《顏氏家訓》：「仕宦稱泰，不過處在中品，前望五十人，後顧五十人，足免恥辱，無傾危也。」　**寂寥**　盧照鄰《長安古意》詩：「寂寂寥寥揚子居。」　**子雲戟**　《漢書·揚雄傳》：「字子雲，蜀郡成都人也。」〔註3〕曹植《與楊德祖書》：「昔揚子雲先朝執戟之臣耳。」　**步兵飲**　《晉書·隱逸傳》：「阮籍，字嗣宗。性好飲。聞步兵廚營人善釀，有貯酒三百斛，乃求為步兵校尉，遺落世事。」

其二

　　西州杜伯山，北海鄭康成。季孟將舉事，本初方用兵。脫身有追騎，輿疾猶從征。何胤胤，當作㸃。絕婚宦，遁跡東籬門。受逼崔慧景，語默難為情。網疏免刑戮，大道全身名。時命苟不佑，千載無完人。入山山易淺，飲水水不清。一身累妻子，動足皆荊榛。自非焦孝先，先，疑當作然。何以逃風塵。庶幾詹尹卜，足保幽人貞。

　　季孟　《後漢書·隗囂傳》：「隗囂，字季孟，天水成紀人。季父崔素豪俠，聞王莽兵敗，謀起兵應漢，咸謂囂素有名，共推為上將軍，稱漢復元年，據天水。」　**本初**　《魏志·袁紹傳》：「袁紹，字本初，汝南人。」　**追騎**　《後漢書·杜林傳》：「杜林，字伯山，扶風茂陵人也。博學多聞，時稱通儒。初客西河，迫於隗囂，而不屈節。弟成卒，持喪歸。囂遣楊賢遮殺之。賢見其身推鹿車載弟喪，歎曰：『我雖小人，何忍

〔註3〕卷八十七上。

殺賢士。』因亡去。光武聞林已還,問以經書故舊及西州事,甚悅之。」　**從征**　《後漢書·鄭玄傳》:「鄭玄,字康成,北海高密人。從學於扶風馬融。學成,隱修經業,杜門不出。袁紹總兵冀州,遣使招玄,表為左中郎將。玄辭疾不就。時紹與曹操相拒於官渡,令其子譚遣使逼玄隨軍。不得已,載病往,次元城,疾篤,不進。」　**受逼**　《南史·何點傳》:「點字子皙。年十一,父以風疾無故殺母王氏,坐法死。及長,感家禍,欲絕婚宦。博通群書,門世信佛,從弟遁以東籬門園處之。將軍崔慧景嘗慕交點,點不顧之。永元中,慧景圍城,逼召點。點裂裳為袴,往赴其軍,終日談說,不及軍事。其語默之節如此。慧景平後,東昏大怒,欲誅之。蕭暢謂茹法珍曰:『點若不誘賊共講,未必可量。』東昏乃止。」　**焦孝先**　皇甫《高士傳》:「焦先,字孝然。生漢末。及魏受禪,結草為廬,獨止其中,口未賞言。」案:《魏志注》引《魏略》、葛洪《神仙傳》諸書俱作孝然。　**詹尹卜**　《楚辭·卜居》:「屈原既放,心煩意亂,不知所從,乃往見太卜鄭詹尹曰:『今有所疑,願因先生決之。』」

其三

　　古來有烈士,軹里與易水。慶卿雖不成,其事已並美。專諸弒王僚,朱亥殺晉鄙。惜哉博浪椎,何如圯橋屨。公孫擅西蜀,可謂得士死。連刺兩大將,探囊取物耳。皆從百萬軍,夜半入帳裏。匕首中要害,絕跡復千里。若論劍術精,前人莫能比。胡使名弗傳,無以著青史。誰修俠客傳,闕疑存二子。

　　軹里　《戰國策》:「軹深井里聶政,勇敢土也。嚴遂有讐於韓相韓傀,因陰交於聶政。政為刺殺韓傀,自皮面,屠腸而死。」馮智舒《綱目質實》:「漢置軹縣,屬河內郡。今名軹村,故城在懷慶府濟源縣南一十三里。」　**易水**　《史記·刺客傳》:「荊軻入秦,燕丹送之易水。」《明一統志》:「易水在保定府安州城北。」　**慶卿**　《史記·刺客傳》:「荊軻者,其先乃齊人,徙於衛,衛人謂之慶卿;而之燕,燕人謂之荊卿。」**專諸**　《史記·刺客傳》:「專諸者,吳堂邑人也。吳公子光與王僚爭國,謀殺僚,乃具酒請僚,使專諸置匕首魚炙之腹中而進之。既至王前,專諸擘魚,因以匕首刺王僚,王僚立死,左右亦殺專諸。」　**朱亥**　《史記·信陵君傳》:「侯生謂魏公子曰:『臣所過屠者朱亥,賢者也。』公子數往請之。後秦圍趙邯鄲。趙求救於魏,魏使晉鄙救趙,實持兩端以觀望。公子患之,乃矯魏王令代晉鄙。晉鄙合符,疑之,欲無聽。朱亥袖四十斤鐵椎,椎殺晉鄙。」　**博浪椎**　《史記·留侯世家》:「秦滅韓,韓人張良欲為韓報讐。東見倉海君,得力士,為鐵椎,重二百十斤。秦皇帝東遊,良與客狙擊秦皇

博浪沙中，誤中副車。」　**圯橋履**　《史記·留侯世家》：「良更姓名，亡匿下邳，常從容步行下邳圯上，有一老父，衣褐，至，直墮其履圯下，顧謂良曰：『孺子，下取履！』良愕然，欲毆之。為其老，強忍。下取履。父曰：『履我！』良業為取履，因長跪履之。父以足受，笑而去。」　**公孫**　《後漢書·公孫述傳》：「述字子陽，扶風茂陵人。居官臨邛。更始立，豪傑各起其縣以應漢，於是詐稱漢使者東方來，假述輔漢將軍、南郡太守兼益州牧印綬。選精兵，連破宗成及李寶、張忠兵，威鎮益部，遂自立為蜀王，都成都。功曹李熊說述宜即大位。述夢有人語之曰：『八厶子系，十二為期。』會有龍出殿中，述以為符瑞，因刻其掌文曰公孫帝，遂自立為天子，號成家，建元龍興。」　**刺兩大將**　常璩《華陽國志》：「建武十一年，世祖命征南大將軍岑彭自荊門泝江征述，又遣中郎將來歙喻述。彭破述荊門關及沔關，征至彭亡。述使刺客刺殺彭，又使刺客刺殺歙於武都。」　**探囊**　《五代史·南唐世家》：「李谷曰：『中國用吾為相，取江南如探囊中物耳。』」　**匕首**　《周禮·冬官·考工記》：「桃氏為劍，身長五其莖長，重九鋝，謂之上制，上士服之；身長四其莖長，重七鋝，謂之中制，中士服之；身長三其莖長，重五鋝，謂之下制，下士服之。」《注》：「此今之匕首也。人各以其形貌大小帶之。此士，謂國勇力之士，能用五金者也。」　**中要害**　《後漢書·來歙傳》：「歙自書表上曰：『臣夜人定後，為何人所賊傷，中臣要害。』」　**絕跡**　長洲薛起鳳曰：「曹植《與楊脩書》：『飛行絕跡，一舉千里。』」

其四

高密未佐命，早共京師遊。弱冠拜司徒，杖策功名收。云云，集誤作「靈」。臺畫少年，萬古誰能儔。興王諸將相，足使風雲羞。鄧芝遇先主，七十才封侯。位至大將軍，矍鑠高春秋。英雄初未遇，垂老猶窮愁。祖孫漢功臣，年齒胡不侔。我讀新野傳，慷慨思炎劉。

　　高密　《後漢書·鄧禹傳》：「鄧禹，字仲華，南陽新野人。年十三，能誦書，受業長安。時光武亦遊學京師，禹年雖幼，知光武非常人。後數年，光武安集河北，禹即杖策北渡，見光武于鄴。從擊銅馬，拜為前將軍，使討赤眉。光武即位，使使者持節拜禹為大司徒，年甫二十有四。以功進，封高密侯。」注：高密，國名，今密州縣也。　**雲臺**　《後漢書·二十八將傳》：「中興二十八將，前世以為上應二十八宿。永平中，顯宗追感前世功臣，乃圖畫二十八將於南宮雲臺。」　**鄧芝**　《蜀志·鄧芝傳》：「鄧芝，字伯苗，新野人，漢司徒禹之後。漢末入蜀，未見知，待時。益州從事張裕善相，謂芝曰：『君年過七十，位至大將軍，封侯。』後歷事二主，至車騎將軍，封陽

武亭侯。」　**矍鑠**　《後漢書‧馬援傳》:「據鞍顧盼,以示可用。帝笑曰:『矍鑠哉,是翁也!』」　**高春秋**　劉向《新序》:「楚丘先生行年七十,往見孟嘗君。孟嘗曰:『先生老矣,春秋高矣。』」　**窮愁**　《史記‧虞卿傳》:「虞卿非窮愁,亦不能著書以自見於後世云。」

其五

遭時固不易,推心尤獨難。景略王佐才,臣主真交歡。天意不佑秦,中道奪之年。苻堅有大度,豁達知名賢。獨斷未為失,興毀寧非天。賊萇竄弒君,聞者為衝冠。鎮惡丞相孫,流落來江南。西伐功冠軍,力戰收長安。手劍縛姚泓,俘之出潼關。張良為劉氏,雅志在報韓。能以家國恥,誳申兩主間。其地皆西秦,功亦堪比肩。區區一李方,報恩何足言。

王佐才　《晉書‧載記‧苻堅傳》:「呂婆樓謂東海王堅曰:『僕同舍生王猛者,謀略一不世出,王佐才也。』堅因呂婆樓以招猛,一見如舊友。語及時事,堅大悅,自謂如玄德之遇孔明也。」　**不佑秦**　崔鴻《十六國春秋‧前秦錄》:「猛卒,秦王堅謂太子宏曰:『天不欲使我平一六合乎?何奪我景略之速也!』」　**獨斷**　《晉書‧載記‧苻堅傳》:「堅欲伐晉,群臣議有異同。堅曰:『所謂築室於道,沮計萬端,吾當內斷於心矣。』」　**寧非天**　崔鴻《十六國春秋‧前秦錄》:「堅為慕容沖所困,曰:『吾精兵若獸,利器如霜,而衄於烏合疲鈍之賊,豈非天也!』」　**賊萇**　《晉書‧載記‧苻堅傳》:「姚萇叛,堅率兵討之,至五將山,萇遣將軍吳忠圍之。執堅以歸,幽之於別室。使求傳國璽。堅叱之曰:『五胡次序,無汝羌名。璽已送晉,不可得也。』萇乃縊堅於新平佛寺中。」　**丞相孫**　《南史‧王鎮惡傳》:「王鎮惡,北海人。祖猛,仕苻堅,任兼將相。年十三而苻氏敗,寓食黽池人李方家,方善遇之。謂曰:『君丞相孫,人材如此,何患不富貴乎?』」　**收長安**　《晉書‧姚泓載記》:「王鎮惡請帥水軍自河入渭,以趨長安,劉裕從之。鎮惡泝渭而上。既至渭橋,令軍士食畢便棄船登岸。渭水迅急,艦皆隨流,倏忽不知所在。鎮惡諭士卒曰:『吾屬並去家萬里,舟楫衣糧皆已隨流。今進戰而勝,則功名俱顯。不勝,則骸骨不返。無他歧矣。』乃身先士卒,踴躍爭進,即破長安。秦王姚泓出降,裕送至建康,斬於市。自姚萇至泓,三世而滅。」　**潼關**　杜佑《通典》:「潼關本名衝關,言河流所衝也。」程大昌《演繁露》:「潼關在華州華陰縣東北三十九里。關西一里有潼水,因以為名。」　**報韓**　見前注。　**兩王**〔註4〕　謂沛公、項羽也。　**報恩**　《宋書‧王鎮惡傳》:「嘗寄

〔註4〕「王」,詩原作「主」。

食澠池人李方家，謂方曰：『若遭遇英主，當厚相報。』方曰：『得見用為本縣令，足矣。』既貴，即版授方為澠池令。」

其六

　　宜城酒家保，北海賣餅師。千金懸賞購，萬里刊章追。途窮變名姓，勢急投親知。漢法重亡命，保舍加誅夷。破家相存濟，百口同安危。虞卿捐相印，恨未脫魏齊。惜哉燕太子，流涕樊於期。瀨水一女子，魯國一小兒。今也無其人，已矣其安歸。廣柳可以置，置當猛虎蹊。複壁可以藏，藏憂黠鼠窺。古道不可作，太息將何為。

　　宜城　《漢書·地理志》：「南郡縣宜城，本鄢，惠帝三年更名。」《明一統志》：「宜城故城在今襄陽府宜城縣南。」　**酒家保**　《後漢書·杜根傳》：「永初元年，根為郎中。時和熹鄧后臨朝，權在外戚。根以安帝年長，宜親政事，上書直諫。太后怒，欲撲殺之。執法者以根知名，不盡力。根詐死三日，逃竄，為宜城山中酒家保。」　**賣餅師**　《後漢書·趙岐傳》：「初，岐得罪於中常侍唐衡兄玹，玹深恨之。及玹為京兆尹，岐懼禍及，逃避之。玹因收岐家屬，盡殺之。岐逃避四方，自匿姓名，賣餅北海市中。」　**懸賞購**　《史記·欒布傳》：「布為項籍將，將兵數窘漢王。及項羽滅，高祖購求布千金。」《後漢書·黨錮傳》：「或有逃遁不獲，皆懸金購募。」　**刊章**　《後漢書·孔融傳》：「山陽張儉為中常侍侯覽所怨，覽為刊章下州郡，以名捕儉。」注：「刊，削也。謂削去告人姓名。」　**亡命**　《史記·張耳傳》：「嘗亡命遊外黃。」《索隱》曰：「命者，名也，謂脫名籍而逃匿，則削除名籍，故以逃為亡命。」　**保舍**　《後漢書·孔融傳》：「張儉與融兄褒有舊，亡抵於褒，不遇，融因舍之。後事泄，儉脫走，遂收褒、融送獄。二人未知所坐。融曰：『保納舍藏者，融也，當坐之。』」　**破家存濟**　《後漢書·黨錮傳》：「儉得亡命，困迫遁走，望門投止，莫不重其名行，破家相容。」《後漢書·趙岐傳》：「安丘孫嵩密問岐曰：『視子非賣餅者，我北海孫賓石，闔門百口，勢能相濟。』」　**捐相印**　《史記·范睢傳》：「魏齊夜亡，出見趙相虞卿。虞卿度趙王終不可說，乃解其相印，與魏齊間行走大梁，欲因信陵君以走楚。信陵君聞之，畏秦，猶豫未肯見。」　**樊於期**　《史記·刺客列傳》：「秦將樊於期得罪於秦王，亡之燕，太子受而舍之。荊軻遂私見樊於期曰：『願得將軍之首，以獻秦王。臣左手把其袖，右手揕其胸。』樊於期偏袒搤腕而進，遂自刎。太子聞之，馳往，伏屍而哭。」　**瀨水女子**　《越絕書》：「子胥至吳，乞食溧陽，遇一女子擊綿於瀨水之上，筥中有飯，謂曰：『可得一餐否？』女子許之。子胥已餐而去，謂女子曰：『掩夫人之壺漿，勿令

其露。』子胥行，反顧，女子已自投於瀨水矣。」案：《吳越春秋》作漁父，與此小異。
魯國小兒 《後漢書・楊彪傳》：「孔融，魯國男子。」《後漢書・禰衡傳》：「衡善孔融、楊脩，嘗曰：『大兒孔文舉，小兒楊德祖。』」 **廣柳** 《史記・季布傳》：「布匿濮陽周氏。周氏獻計，遂髡鉗季布，衣褐衣，置廣柳車中，並與其家僮數十人，之魯朱家所賣之。」 **複壁** 《後漢書・趙岐傳》：「安丘孫嵩藏岐複壁中數年，因赦乃出。」

遇南廂園叟感賦

寒潮衝廢壘，火雲燒赤岡。四月到金陵，十日行大航。平生遊宦地，蹤跡都遺忘。道遇一園叟，問我來何方。猶然認舊役，即事堪心傷。開門延我坐，破壁低圍牆。卻指灌莽中，此即為南廂。衙舍成丘墟，佃種輸租糧。謀生改衣食，感舊存園莊。艱難守茲土，不敢之他鄉。我因訪故基，步步添思量。面水背蒼崖，中為所居堂。四海羅生徒，六館登文章。松檜皆十圍，鍾笋聲鏘鏘。百頃搖澄潭，夾岸栽垂楊。池上臨華軒，菡萏吹芬芳。譚笑盡貴遊，花月傾壺觴。其南有一亭，梧竹生微涼。回頭望雞籠，廟貌諸侯王。左李右鄧沐，中坐徐與常。霜髯見鋒骨，老將東甌湯。配食十六侯，劍佩森成行。得之為將相，寧復憂封疆。北風江上急，萬馬朝騰驤。重來訪遺跡，落日唯牛羊。吁嗟中山孫，志氣胡勿昂。生世苟如此，不如死道傍。惜哉裸體辱，仍在功臣坊。蕭條同泰寺，南枕山之陽。當時寶誌公，妙塔天花香。改葬施金棺，手詔追褒揚。袈裟寄靈谷，制度由蕭梁。千尺觀象臺，太史書禎祥。北望占旄頭，夜夜愁光鋩。高帝遺衣冠，月出修蒸嘗。圖書盈玉几，弓劍堆金床。承乏忝兼官，再拜陳衣裳。南內因灑掃，銅龍啟未央。幽花生御榻，苔澀青蒼琅。離宮須望幸，執戟衛中郎。萬事今盡非，東逝如長江。鍾陵十萬松，大者參天長。根節猶青銅，屈曲蒼皮僵。不知何代物，同日遭斧創。前此千百年，豈獨無興亡。況自百姓伐，孰者非畊桑。群生與草木，長養皆吾皇。人理已漸滅，講舍宜其荒。獨念四庫書，卷軸誇縹緗。孔廟銅犧尊，斑剝填青黃。棄擲草莽間，零落誰收藏。〔註5〕老翁見話久，婦子私相商。人倦馬亦疲，剪韭炊黃粱。慎莫笑貧家，一一羅酒漿。從頭訴兵火，眼見尤悲愴。叶。大軍從北來，百姓聞驚惶。下令將入城，傳箭需民房。里正持府帖，僉在御賜廊。插旗大道邊，驅遣誰能當。但求骨

〔註5〕此六句，四庫本《梅村集》卷二作「縹緗紛卷軸，零落誰收藏」。

肉完，其敢攜筐箱。扶持雜幼稚，失散呼耶娘。江南昔未亂，閭左稱阜康。馬阮作相公，行事偏猖狂。高鎮爭揚州，左兵來武昌。積漸成亂離，記憶應難詳。下路初定來，官吏踰貪狼。按籍縛富人，坐索千金裝。以此為才智，豈曰惟私囊。今日解馬草，明日脩官塘。誅求卻到骨，皮肉俱生瘡。野老讀詔書，新政求循良。瓜畦亦有畔，溝水亦有防。始信立國家，不可無紀綱。春來雨水足，四野欣農忙。父子力耕耘，得粟輸官倉。遭遇重太平，窮老其何妨。薄暮難再留，暝色猶青蒼。策馬自此去，悽惻摧中腸。顧羨此老翁，負耒歌滄浪。牢落悲風塵，天地徒茫茫。

　　南廂　陳沂《金陵世紀》：「洪武十四年，建國子監於雞鳴山之南，曰成賢門，曰集賢堂，曰彝倫堂，祭酒坐於東偏中楹，虛中臨幸位，西分為博士廳，東廂為祭酒燕居，南為司業廂。」顧湄《梅村先生行狀》：「崇禎己卯，陞南京國子監司業。」　廢壘　《一統志》：「賀若弼壘在江寧府北二十里。韓擒虎壘在府西四里。」　赤岡　《一統志》：「赤石磯在江寧縣東南城外，長江東來，有赤石枕中流，居人競種石榴，每盛夏時，緣隄燦若霞錦。」　金陵　陳沂《金陵世紀》：「楚滅越，置金陵邑於石頭。」　大航　許嵩《建康實錄》：「咸康二年，新立朱雀航，對朱雀南渡淮水，亦名朱雀橋，本吳南津大航橋也。」張鉉《金陵新志》：「鎮淮橋在今府城南門裏，疑即朱雀航所。太元中，驃騎府立東航，改朱雀為大航。」《晉起居注》曰：「白舟為航。」　灌莽　鮑照《蕪城賦》：「灌莽杳而無際。」　生徒　《明史·后妃傳》：「太祖幸太學還，后問生徒幾何，帝曰：『數千。』后曰：『人才眾矣。』」　六館　《明史·選舉志》：「分六堂以館諸生。」陳沂《金陵世紀》：「彝倫堂後為率性、修道、誠心、正義、崇志、廣業共六堂。」　十圍　《晉書·桓溫傳》：「所種柳皆已十圍。」　華軒　王佐《南雍志》：「司業宅廳事曰見賢堂，前為臺，立石三。前為蓮池，池上有小軒，垣外東南西三面皆本廳官池。」　菡萏　陸璣《草木疏》：「未發為菡萏，已發為芙蕖。」　雞籠　樂史《寰宇記》：「雞籠山在上元縣東北九里。」《輿地記》：「其形如雞籠，因以為名。」　廟貌　鄭曉《今言》：「洪武二年，立功臣廟於雞籠山，論功列祀二十一人，命死者塑其像，生者虛其位。」　諸侯王　《漢書·高祖紀》：「願從諸侯王。」服虔曰：「漢名王為諸侯王。」　李鄧沐　《明史·李文忠傳》：「李文忠，字思本，盱眙人，太祖姊子。以功封曹國公。洪武十七年卒，追封岐陽王，謚武靖，配亨太廟。肖像功臣祠位皆第三。」《明史·鄧愈傳》：「鄧愈，虹人。初名友德，太祖賜今名。封衛國公。洪武十年卒，追封寧河王，謚武順。」《明史·沐英傳》：「沐英，字文英，定遠人。太祖撫以為子，姓朱氏。後復姓。初封西平侯。卒，追封黔寧王，謚昭靖。」　徐常　《明

史‧徐達傳》：「徐達，字天德，濠人。佐太祖起兵。屢拜大將軍。封信國公。洪武三年，大封功臣，改封魏國公。十七年卒，追封中山王，諡武寧，配享太廟，肖像功臣祠位皆第一。」《明史‧常遇春傳》：「常遇春，字伯仁，懷遠人。從太祖起兵。初封鄂國公、征虜副將軍。洪武二年卒。三年，大封功臣，追封開平王，諡忠武，配享太廟，肖像功臣祠位皆第二。」　**東甌湯**　《明史‧湯和傳》：「湯和，字鼎臣，濠人。初從滁陽王，後歸太祖。以功封中山侯。洪武二十八年卒，年七十，追封東甌王，諡襄武。」　**配食十六侯**　《明史‧禮志》：「從祀功臣廟。西序：越國武莊公胡大海、梁國公趙得勝、巢國武壯公華高、虢國忠烈公俞通海、江國襄烈公吳良、安國忠烈公曹良臣、黔國威毅公吳復、燕山忠愍侯孫興祖。東序：郢國公馮國用、西海武壯公耿再成、濟國公丁德興、蔡國忠毅公張德勝、海國襄毅公吳楨、蘄國武義公康茂才、東海郡公茆成。」案：正殿六王之外，西序八人，東序七人，正與論次功臣二十一人之數合。詩中「六」字，疑當作「五」。　**得之為將**　《史記‧馮唐傳》：「上既聞廉頗、李牧為人良，曰：『嗟乎！吾獨不得廉頗、李牧時為吾將，吾豈憂匈奴哉！』」　**裸體辱**　余懷《板橋雜記》：「中山公子徐青君，魏國公介弟也。南渡時，官中府都督。鼎革後，籍沒田產，一身孑然，與傭匄為伍，乃至為人代杖。其居第易為兵備道衙門。一日，青君與當刑人約定杖數計償若干，受杖時其數過倍，青君大呼曰：『我徐青君也。』兵憲林公駭問，有哀王孫者對曰：『此魏公之子徐青君也。窮苦為人代杖。此堂乃其家廳也，不覺傷心號呼耳。』林公憐而釋之。」　**功臣坊**　《明史‧徐達傳》：「帝嘗從容言徐兄功大，未有寧居。乃命有司即舊邸前治甲第，表其坊曰大功。」陳沂《金陵世紀》：「坊在聚寶門內。」　**同泰寺**　《梁京寺記》：「同泰寺在臺城內，有大佛閣七層。」馮智舒《綱目質實》：「同泰寺即梁武帝捨身處。」　**寶誌**　《神僧傳》：「釋寶誌，本姓朱氏，金城人。天監十三年冬，無疾而終。梁武帝厚加殯送，葬於鍾山獨龍之阜。」　**妙塔**　梁簡文帝《唱導文》：「菩提妙塔，多寶踴現。」宋濂《遊鍾山記》：「登玩珠峰。峰，獨龍岡也。梁開善道場，寶誌大士葬其下，永定公主造浮圖，五成覆之，時現五色寶光。」　**改葬**　趙吉士《寄園寄所寄》：「明太祖建壽陵，將遷寶誌冢，視之不報。曰：『假地之半，遷瘞微偏，當〔註6〕一日享爾一供。』乃得卜發其坎，金棺銀槨，因函其骨，移瘞，建靈谷寺衛之，立浮圖於函上，覆以無梁磚殿，工費鉅萬。仍賜莊田三百六十所，日食其一，歲而周焉，御製文樹碑。」　**金棺**　酈道元《水經注》：「佛涅槃後，天人以金飾繀裹佛，香花供養，盛以金棺。」　**袈裟**　《陀羅尼經》：「袈裟者，秦言染衣也。」徐鉉《續本事詩》注：「靈谷寺有寶誌公袈裟。」　**靈**

〔註6〕「當」，《寄園寄所寄‧滅燭寄‧墳》作「堂」。

谷　《前明寺觀記》：「靈谷寺在應天府鍾山東南。晉建。宋改太平興國寺。洪武中徙建於此。」　觀象臺　《明史·天文志》：「洪武十八年，設象臺於雞鳴山。」《明史·職官志》：「欽天監。觀象臺四面，面四天文生，輪司測候。」陳沂《金陵世紀》：「國朝於雞籠山設渾天儀，立觀象臺，故雞籠山又號欽天山。」　太史　《後漢書·百官志》：「靈臺掌候守日月星氣，皆屬太史。」　旄頭　《史記·天官書》：「昴曰旄頭。」月出　《史記·叔孫通傳》：「高寢衣冠，月出遊高廟。」　弓劍　太白詩：「軒轅去時有弓劍。」　玉几、金床　《抱朴子》：「項曼卿言到天上，先過紫府，金床玉几，晃晃昱昱。」　兼官　《明史·禮志》：「孝陵每歲元旦、清明、七月望、十月朔、冬夏至日，俱用太牢，遣官設祭。其伏臘社，每月朔望則用特羊祠祭，署官行禮。」案：此蓋先生嘗攝遣祭官也。　銅龍　《漢書·成帝紀》：「上急召太子出龍樓門。」師古曰：「門樓上有銅龍若白鶴，飛廉之為名也。」　未央　《史記·高祖紀》：「蕭何作未央宮。」　青蒼琅　《漢書·五行志》：「木門倉琅根，謂宮門銅鍰。」師古曰：「門之鋪首及銅鍰也。銅色青，故曰倉琅。鋪首銜鍰，故謂之根。」　離宮　《漢書·枚乘傳》：「修治上林，雜以離宮。」班固《西都賦》：「離宮別館，三十里所。」　執戟　《史記·淮陰侯傳》：「官不過郎中，位不過執戟。」張晏曰：「郎中，宿衛執戟之人也。」江　歙縣鮑廷博曰：「顧炎武《唐韻正》：『江字自《宋書·符瑞志》沈演之《嘉禾頌》「白鹿踰海，素鳥越江」始，與攘彰廂陽為韻。』」　鍾陵松　胡廣《遊鍾山記》：「夾路松陰，互八九里。清風時東，寒濤吼空。」余鴻客《金陵覽古詩序》：「靈谷舊有松徑五里，交柯雲蔚，霾天晦景，麋鹿列百為群，今無矣。」　青銅　少陵《古柏行》：「柯如青銅根如石。」　四庫　《唐書·經籍志》：「唐平隋之後，經籍漸備，書有四部：一曰甲，為經；二曰乙，為史；三曰丙，為子；四曰丁，為集。分為四庫。」　縹緗　《隋書·經籍志》：「荀勗分為四部，總括群書。盛以縹囊，書用緗素。」　銅犧尊　《莊子·天地》篇：「百年之木，破為犧尊，青黃而文之。」黃佐《南廱志》：「胡翰嘗作《犧尊辨》曰：「宋劉杳言古者犧尊、彝尊皆刻木為鳥獸，鑿頂及背，以出納酒。而杳又云：『魯郡地中得大夫子尾送女器，有尊作犧牛形。晉永嘉中，青州盜發齊景公冢，獲二器，狀類牛象，意者古之遺制也。』苟以為刻木，安能久置地中勿壞？蓋二尊皆以銅為之。」　剪韭　少陵《贈衛八處士》：「夜雨剪春韭，新炊間黃粱。」　大軍北來　見卷一注。　里正　《漢書·韓延壽傳》：「又置正五長。」師古曰：「正若今之鄉正、里正也。」《宋史·食貨志》：「宋役法承前代制，以衙前主官物，以里正戶長鄉書手課督賦稅。皇祐中，知并州韓琦上奏，州縣生民之苦，無重於里正衙前。請罷之。」葉廷珪《海錄碎事》：「唐制：凡百戶為一里，里置正一人。」　府帖　少陵

《新安吏》詩：「府帖昨夜下。」 **馬阮** 《明史·諸王傳》：「馬士英迎立福王，王以為東閣大學士，國政一聽於士英。復以阮大鋮為兵部尚書，二人朋比為奸，而時事愈不可問矣。」 **高鎮** 《明史·高傑傳》：「傑，米脂人。福王立，封傑為興平伯，列於四鎮，領揚州，駐城外。傑固欲入城，民畏傑，不納。傑攻城急，日掠廂村婦女。民益惡之。城中堅守月餘。傑知不可攻，意稍怠。閣〔註7〕部史可法議以瓜州予傑，乃止。」 **左兵** 尤侗《明史樂府》注：「獻賊燒武昌，良玉收復之，封寧南伯，俾功成世守。北都信至，有勸其引兵東下者，良玉弗聽。會弘光立，馬、阮方鉤黨，以良玉為侯恂所薦，築版磯西防。左疑之，令御史黃澍入朝面奏，觸炳臣，怒遣金吾逮治，隙遂開。諸將日以清君側為請，一軍皆譁，左不得已，從之。自漢口達蘄州，火光接天。至九江，袁繼咸相見舟中。坐未定，岸上火起，報城破。左右曰：『袁兵燒營，自破其城。』左罵曰：『此吾兵耳。』大悔恨，搥胸曰：『吾負臨侯。』臨侯，袁字也。嘔血數升而死。」先生《綏寇紀略》：「左良玉以乙酉三月二十六日傳檄討馬士英，自漢口達蘄州，火光接天者二百餘里。」 **到骨** 少陵《又呈吳郎》詩：「已分誅求窮到骨。」

下相懷古

驅車馬陵山，落日見下相。憶昔楚項王，拔山氣何壯。太息取祖龍，大言竟非妄。破釜救邯鄲，功居入關上。殺降復父讎，不比諸侯將。杯酒釋沛公，殊有君人量。胡為去咸陽，遭人扼其吭。亞父無諍言，奇計非所望。重瞳顧柔仁，隆準至暴抗。脫之掌握中，骨肉俱無恙。所以哭魯兄，仍具威儀葬。古來名與色，英雄不能忘。力戰兼悲歌，西風起酸愴。廢廟枕荒岡，虞兮侍帷帳。烏騅伏坐傍，踏地哀鳴狀。我來訪遺跡，登高見芒碭。長陵竟抔土，萬事同惘悵。

下相 《史記·項羽本紀》：「項籍者，下相人也，字羽。」《漢書地理志》：「臨淮郡縣下相。」王幼學《綱目集覽》：「應劭云：『相水出沛國相縣，於水下流置縣，故曰下相。』」《明一統志》：「下相城在邳州城西南，一名項城，相傳項羽所生之處。」 **馬陵山** 《明一統志》：「馬陵山在宿遷縣北二里，其山阜高，狀若馬陵。」 **拔山** 見下注。 **祖龍** 《史記·秦始皇紀》：「使者夜過華陰平舒道，有人持璧遮使者曰：『為吾遺滈池君，今年祖龍死。』使者問其故，因忽不見。」蘇林曰：「祖，始也。龍，人君之象，謂始皇也。」 **非妄** 《漢書·項籍傳》：「秦始皇帝東遊會稽，渡浙江，梁與籍觀。籍曰：『彼可取而代也。』梁掩其口，曰：『毋無言，族矣！』」 **破釜** 《史

〔註7〕「閣」，底本誤作「問」。

記・項羽紀》:「秦章邯圍鉅鹿,羽遣軍救之。戰少利,陳餘復請兵。羽乃悉引兵渡江,皆沉船,破釜甑,燒廬舍,持三日糧,以示士卒必死,無一還心。」　邯鄲　《史記・孝景紀》:「四年冬,以趙國為邯鄲郡。」《一統志》:「邯鄲故城在廣平府邯鄲縣西南。」　入關　《史記・高祖紀》:「懷王與諸將約,先入定關中者王之。漢元年十月,沛公西入咸陽,召諸縣父老豪桀曰:『吾與諸侯約,先入關者王之。吾當王關中。』」　殺降　《史記・項羽紀》:「秦悉起兵益章邯,擊楚軍,大破之定陶,項梁死。及邯降羽,羽立邯為雍王,而諸侯吏卒乘勝輕折辱秦吏卒,秦吏卒多怨。羽患其為變,乃夜擊阬秦卒二十餘萬人新安城南。」　諸侯將　《史記・項羽紀》:「於是已破秦軍,項羽召見諸侯將,諸侯將入轅門,無不膝行而前,莫敢仰視。」　釋沛公　《史記・項羽紀》:「羽聞沛公已破咸陽,大怒,擊關,遂入。旦日,與沛公會於鴻門,留沛公與飲。范增請以劍舞,因擊殺沛公。沛公起如廁,遂逸去。張良入謝曰:『沛公不騰桮杓,不能辭,脫身獨去,已至軍矣。』」　去咸陽　《史記・項羽紀》:「人或說項王曰:『關中阻山河四塞,地肥饒,可都以霸。』羽不聽,引兵西屠咸陽,燒秦宮室,收其貨寶婦女以歸。」　扼其吭　《史記・劉敬傳》:「今陛下入關而都,案秦之故地,此亦扼天下之吭〔註8〕而拊其背也。」　奇計　《史記・項羽紀》:「居鄛人范增年七十,素居家,好奇計。」　重瞳　《史記・項羽紀・贊》:「舜目蓋重瞳子,又聞項羽亦重瞳子。」　隆準　注見前。　掌握中　《史記・淮陰侯傳》:「漢王不可必,身居項王掌握中數矣。」　骨肉　《史記・高祖紀》:「羽取漢王父母妻子於沛,置之軍中,以為質。後羽與漢王約,中分天下,以鴻溝為界。乃歸漢王父母妻子。」　魯兄　《史記・項羽紀》:「漢王曰:『吾與項羽俱北面受命懷王,曰約為兄弟。』」又:「楚懷王初封項籍為魯公,及其死,魯最後下,乃以魯公禮葬項王穀城。漢王為發哀,泣之而去。」　悲歌　《史記・項羽紀》:「項王軍壁垓下,漢軍圍之數重。夜聞漢軍四面皆楚歌,項王乃大驚曰:『漢皆已得楚乎?是何楚人之多也!』項王則夜起,飲帳中。有美人名虞,常幸從;駿馬名騅,常騎之。於是項王乃悲歌忼慨,自為詩曰:『力拔山兮氣蓋世,時不利兮騅不逝。騅不逝兮可奈何,虞兮虞兮奈若何!』歌數闋,美人和之。項王泣數行下,左右皆泣,莫能仰視。」　芒碭　《史記・高祖紀》:「始皇謂東南有天子氣,因東遊以厭之。高祖自疑,亡匿於芒、碭山澤巖石之間。」馮智舒《綱目質實》:「芒、碭,二山名。芒山在歸德府歸德州城東一百八十里。碭山在徐州府碭山縣東南七十里。」　長陵　《史記・高祖紀》:「葬長陵。」王幼學《綱目集覽》:「長陵在渭水北,去長安三十五里。」

〔註8〕「吭」,《史記》卷九十九作「亢」。

夜宿阜昌

　　我來古昌國，望古思樂生。總將六諸侯，撫劍東專征。下齊功不細，奔趙事無成。草沒黃金臺，猶憶昭王迎。涕泣辭伐燕，氣誼良非輕。此真天下事，豈獨因知兵。忠心激舊將，誓死存聊城。惜哉魯仲連，排難徒高名。勸使東遊齊，毋乃傷縱橫。

　　阜昌　徐昌祚《燕山叢錄》：「阜昌者，阜城故名也。」《明一統志》：「阜城縣屬河間府。」　**昌國**　《史記・樂毅傳》：「毅破齊，入臨菑，燕昭王封毅於昌國，號昌國君。」王幼學《綱目集覽》：「《漢書・地理志》：『昌國屬齊郡。』《括地志》云：『漢武更山陽為昌國。今曹州城武東北三十二里，梁王故城是。』《正義》云：『故城在淄州淄川東北。』」案：《漢書・地理志》：阜城屬渤海郡，與淄川之昌國無涉。題中阜昌二字疑有誤。　**六諸侯**　《戰國策》：「樂毅為燕昭王合五國之兵而攻齊，下齊七十餘城。」　**奔趙**　《史記・樂毅傳》：「燕昭王死，子惠王立，疑樂毅，復得齊反間，使騎劫代將，而召樂毅。毅懼，奔趙。趙封樂毅於觀津，號望諸君。」　**黃金臺**　樂史《寰宇記》：「金臺在易州易縣東南三十里，燕昭王所造，置千金於上，以招賢士。又有西金臺。俗呼此為東金臺。又有小金臺，在縣東南十五里，即郭隗臺也。」戴洵《北京八景圖詩序》：「黃金臺有三。在大興縣東南者曰東金臺。」　**辭伐燕**　《通鑑綱目》：「趙王欲與樂毅謀伐燕，樂毅泣曰：『臣疇昔之事昭王，猶今日之事大王也。若復得罪在他國，終身不敢謀趙之奴隸，況子孫乎！』趙王乃止。」　**存聊城**　《史記・魯仲連傳》：「燕將攻下聊城，人或讒之燕王，燕將懼誅，遂保守聊城，不敢歸齊。田單攻之歲餘，不下。魯仲連乃為書，約之矢以射城中，遺燕將。曰：『為公計者，不歸燕則歸齊。今獨守孤城，齊兵日益，而燕救不至，將何為乎？』燕將見書，泣三日，猶豫不能決，遂自殺。」王幼學《綱目集覽》：「聊城在平原。《括地志》云：『故聊城在博州聊城縣西二十里。』」　**排難**　《史記・魯仲連傳》：「平原君欲封魯仲連，仲連曰：『所貴於天下之士者，為人排患釋難解紛亂而無所取也。』即遂辭平原君而去。」　**遊齊**　《戰國策》：「魯仲連遺書燕將曰：『意者亦捐燕棄世，以遊於齊乎？』」

贈家侍御雪航

　　士生搶攘中，非氣莫能濟。勁節行胸懷，高談豁心智。吾家侍御公，平生蘊風義。世難初橫流，事定猶草昧。召見邯鄲宮，軍中獲能吏。移牒拜諫官，創業更新制。長刀夾殿門，令下誰敢議。扣馬忽上陳，挺身艱難際。文夫持國是，僵仆無所避。封事即留中，天語加褒異。受命巡

山東，恩威恤凋弊。會討泰山賊，無辜輒連治。破械使之歸，父老皆流涕。征南甘侯軍，豪奪武昌地。可憐黃陵廟，鈔略空村閉。君來仗威名，一言釋猜忌。陰壁招殘民，郊原戢遊騎。從此巴丘兵，始識長沙尉。西望潝稽山，黃河繞其背。青羌十七種，驊騮飾文罽。自古於金城，互市有深意。蜀賈蒙山茶，兵火苦莫致。將吏使之然，憂將玉關廢。奉詔清河湟，俾復商人利。千車〔註9〕摘岷峨，五花散涇渭。至今青海頭，共刻黃龍誓。揭節還歸來，公私積勞勣。安臥無多談，循資躐高位。卻拜極言疏，手板指朝貴。恩深因薄讁，材大終難棄。古之賢豪人，深沉在晚歲。斂盡萬里心，日共殘編對。學以閱世深，官從讀書退。以之輕軒冕，蕭條自標置。我來客京師，一身似匏繫。老大慚知交，凄涼託兄弟。臨風或長歌，邀月非沉醉。論世追黃虞，刪詩及曹魏。恐君故鄉思，失我窮途慰。家在五湖西，扁舟入夢寐。欲取石上泉，洗濯塵中累。群公方見推，雅志安得遂。朝罷看西山，千峰落濃翠。良友供盤桓，清秋足遊憩。待予同拂衣，徐理歸田計。

　　雪航　《常州府志》：「吳達，崇禎三年庚午舉人。國朝官至通政。」《湖廣通志》：「巡按湖南監察御史吳達，江南人，進士。」《甘肅通志》：「巡茶御史吳達，江南無錫人。順治七年任。」　橫流　《晉書‧王尼傳》：「尼止有一子。無居宅，惟畜露車，有牛一頭，每行，輒使御之，莫則共宿車上。嘗歎曰：『滄海橫流，處處不安也。』」邯鄲宮　《一統志》：「邯鄲宮在邯鄲縣西北里許。『光武破王郎，入居邯鄲宮』即此。」長刀　《隋書‧儀衛志》：「梁武受禪，侍衛兼有御仗、鋋矟、赤氅、角抵、勇士、青氅、衛仗、長刀、刀劍、細仗、羽林等，分直諸門。齊則有持鍛隊、鋋槊隊、長刀隊。後周左右宮伯各執龍環金飾長刀，行則夾路車。」　令下　《史記‧李斯傳》：「令下，即各以其私學議之。」　封事　《漢書‧霍光傳》：「上令吏民得奏封事。」劉勰《文心雕龍》：「或上書，或奏狀，慮有宣洩，則囊封以進，謂之封事。」　留中　《史記‧三皇世家》：「奏未央宮，留中不下。」　泰山賊　《後漢書‧桓帝紀》：「太山賊公孫舉等寇青、兗、徐三州，遣中郎將段潁討破斬之。」程《箋》：「順治三年，高苑賊謝遷亂山東，陷新城縣，齊人皆避兵長白山中。」　破械　《魏志‧田豫傳》：「遷南陽太守。先是，郡人侯音反，眾數千人在山中為群盜。前太守收其黨與五百餘人，表奏皆當死。豫悉見諸繫囚，慰諭，開其自新之路，一時破械遣之。」　甘侯軍　《晉書‧甘卓傳》：「遷安南將軍，鎮襄陽。會王敦舉兵，遣使告卓，約與之俱下。卓偽許，而

〔註9〕「車」，四庫本《梅村集》作「里」。

心不同。及敦升舟,卓不赴,使參軍孫雙詣武昌諫止敦。敦曰:『甘侯前與吾語云何,而更有異!』遣參軍樂道融苦要卓俱下。道融本欲背敦,因說卓襲之。武昌大驚,傳卓軍至,人皆奔散。」 **黃陵廟** 酈道元《水經注》:「湖水西流,逕二妃廟南,世謂之黃陵廟。」《明一統志》:「黃陵廟在長沙府湘陰縣北四十里。」 **鈔略** 《後漢書‧袁術傳》:「術在南陽,不修法度,鈔略為資,百姓患之。」 **隖壁** 《後漢書‧樊準傳》:「修理隖壁。」《注》:「《說文》曰:『隖,小障也。』」一曰庳城也。 **巴丘兵** 《吳志‧孫權傳》:「權置南三郡長吏,關羽盡逐之。權大怒,使魯肅以萬人屯巴丘,以禦關羽。」注:巴丘,今曰巴陵。庾子山《大將軍司馬裔碑》:「氣振巴丘之兵。」 **長沙尉** 劉昫《舊唐書‧地理志》:「長沙,秦置長沙郡,漢為長沙國,治臨湘縣。後漢為長沙郡。隋改臨湘為長沙縣。」《〈漢書‧高帝紀〉注》:「尉,郡尉也。」 **濬稽山** 《漢書‧李陵傳》:「出居延,北行三十日,至濬稽山。」程大昌《北邊備對》:「應劭曰:『濬稽山在武威塞北,匈奴以為蔽障路。』」 **黃河** 《元史‧地理志》:「河源在吐蕃朵甘思西鄙,有泉百餘泓,沮洳散亂,弗可逼視,方可七八十里,履高山下瞰,粲若列星,以故名火敦腦兒。火敦,譯言星宿也。腦兒,譯言海也。群流奔湊,近五七里,匯二巨澤。自西而東,連屬吞噬,行一日,迤邐東鶩成川,號赤賓河。又三四日,水西南來,名亦里出,與赤賓河合。又三四日,水南來,名忽蘭。又水東南來,名也里朮,合流入赤賓,其流浸大,始名黃河。」《一統志》:「一統志:黃河流經積石山,至陝西臨洮府河州入中國界。」 **青羌** 常璩《華陽國志》:「諸葛亮南征,平四郡,移南中勁卒青羌萬餘家於蜀,為五部,所向無前,號為飛軍。」 **十七種** 《後漢書‧西羌傳》:「無弋援劍曾孫忍及弟舞留湟中,並多娶妻婦。忍生九子為九種,舞生十七子為十七種,羌之興盛,自此起矣。」 **驊騮** 酈道元《水經注》:「桃林多野馬,造父於此得驊騮、騄耳。」《穆天子傳》:「驊騮、騄耳,日馳三百里。」 **金城** 《漢書‧地理志》:「金城郡,始元六年置。」應劭曰:「初築城得金,故曰金城。」臣瓚曰:「稱金,取其堅固也。」師古曰:「以郡在京師西,故謂金城。金,西方之行。」《明一統志》:「金城故城在臨洮府蘭州西南。」 **互市** 《後漢書‧烏桓傳》:「置校尉於上谷寧城,開營府,歲時互市焉。」 **蜀賈** 《史記‧貨殖傳》:「隴蜀之貨物而多賈。」 **蒙山茶** 《十道山川攷》:「蜀郡青衣縣,《禹貢》蒙山。」樂史《寰宇記》:「蒙山在名山縣西七十里,北連羅繩山,南接嚴道縣,山頂受全陽氣,其茶芳烈。」 **玉關** 《〈後漢書‧班超傳〉注》:「玉門關屬敦煌郡,今沙州也,去長安三千六百里。」 **清河湟** 《大清會典》:「順治二年,題准陝西、甘肅、洮寧等處差御史一員,督理茶馬事務。至康熙七年停差。」王應麟《玉海》:「長慶二年,劉元鼎使

吐蕃，踰湟水，至龍泉谷西三百里，曰紫山。東距長安五千里，河源其間，故世謂西戎地曰河湟。」《一統志》：「湟水在蘭州西，入黃河。」　**岷峨**　注見卷一。　**五花**太白詩：「朝騎五花馬。」　**涇渭**　《一統志》：「涇水自平涼府涇州至高陵縣西南入渭。渭水自秦州清水縣又東入河。」　**青海**　《北史‧吐谷渾傳》：「青海周回千餘里。」《一統志》：「青海古曰西海，番曰呼呼腦兒，在陝西甘涼西寧河洮岷及四川松潘等處徼外。」齊召南《水道提綱》：「青海，古名西海，亦曰卑禾康海，即鮮水也。今為厄魯特二十三旗地，周回七百五十餘里。中有二山。一曰魁孫拖羅海，一曰察漢峰，東西對峙，水色青綠，中流高起，冬夏不枯不溢，為諸水之匯。」　**黃龍誓**　常璩《華陽國志》：「秦昭襄與蠻人刻石為盟，曰：秦犯夷，輸黃龍一雙；夷犯秦，罰酒一鍾。」　**揭節**　《後漢書‧馮衍傳》：「揭節奉使。」《注》：「揭，持也。」　**手板**　《晉書‧溫嶠傳》：「王敦表嶠補丹陽尹。嶠懼錢鳳為之奸謀，因敦餞別，嶠偽醉，以手板擊鳳幘墜。」　**深沉**　《史記‧刺客傳》：「智勇而深沉。」　**五湖**　注見卷一。　**西山**　注見卷一。　**拂衣**　《後漢書‧楊彪傳》：「孔融魯國男子，明日便當拂衣而去，不復朝矣。」

題河渚圖送胡彥遠南歸

馬背話江南，春山吾負汝。白雲能容人，猿鳥不我與。西泠有高士，結廬在河渚。讀書尚感激，平生慎推許。獨坐長微吟，清言出機杼。秋風忽乘興，千里長安旅。同好四五人，招尋忘出處。寄跡依琳宮，雙松得儔侶。雖入侯王門，不受公卿舉。登高見遺廟，頹垣竄鼪鼠。悲歌因臥病，歸心入春雨。從此謝姓名，問之了不語。我為作此圖，彷彿梅花墅。蒼然開南軒，飛泉落孤嶼。想見君山中，相思日延佇。

河渚　《錢唐縣志》：「河渚本名南漳湖，又曰蒹葭。深處又曰渦水，俗稱河水，又名秋雪。」《文集‧送胡彥遠南歸序》：「詩人胡彥遠於長安每酒酣詫客，曰：『吾家在武林之河渚，彎回洄複，人跡罕至，煙汀霧樹，視之既盡，杳若千里。』」　**胡彥遠**　朱彝尊《明詩綜》：「胡介，初名士登，字彥遠，浙江錢塘儒學生。」　**西泠**　周密《武林舊事》：「西陵橋，一名西林橋，又名西泠橋。」　**琳宮**　陸世楷《排悶錄》：「京師慈仁寺，本周太后弟吉樣建，在故報國寺山門之東南，都人至今目為報國寺，然實非報國寺舊址也。」　**雙松**　李日華《六研齋筆記》：「京師報國寺古松二株，在佛殿前，低枝曲幹，偃罩各十餘步，望之如青鳳展翅，處其下如山間松棚，六月銷夏，尤所宜也。」

送何省齋

　　哲人尚休官，取志不在歲。賢達恃少年，輕心撥名勢。神仙與酒色，皆足供蟬蛻。在己本歡娛，富貴應難累。婆娑彼頹老，匪止妻孥計。棲棲守腐鼠，自信無餘技。嗟我豈其然，今也跡相類。同事有何郎，英懷託深契。三十拜侍中，向人發長喟。拂袖歸去來，故園有松桂。世網敢自由，鄉心偶然遂。樗散卻見留，送之以流涕。我昔少壯時，聲華振儕輩。講舍雞籠巔，賓朋屢高會。總角能清談，君家好兄弟。緩帶天地寬，健筆江山麗。憑闌見溢口，傳烽響笳吹。海寓方紛紜，虛名束心意。夜半話掛冠，明日扁舟繫。問余當時年，三十甫過二。採藥尋名山，筋力正強濟。濯足滄浪流，白雲養身世。長放萬里心，拔腳風塵際。昔為雲中鵠，翩翻九皋唳。今為轅下駒，局促長楸轡。梗楠蟠枯根，天陰蟲蟻萃。縱抱凌霄姿，蕭條斧斤畏。時命苟弗諧，貧賤安可冀。過盡九折艱，咫尺俄失墜。淒涼游子裝，訣絕衰親淚。關山車馬煩，雨雪衣裘敝。長安十二衢，畫戟朱扉衛。冠蓋起雞鳴，蹀躞名豪騎。通籍平生交，於今悉凋替。磬折當途前，問語不敢對。衰白齒坐愁，逡巡與之避。禁掖無立談，獨行心且悸。邂逅君登朝，讀書入中秘。父子被詔除，一堂共昆季。呼兒爭出拜，索果牽衣戲。回首十六年，蹤跡猶堪記。荏苒曾幾何，萬事經興廢。停觴重剪燭，相對加嘘唏。我行感衰疾，腰腳增疲曳。可憐扶杖走，尚逐名賢隊。薄祿貪負閒，憂責仍不細。扈從遊甘泉，淅淅驚沙厲。藉草貧無氈，僕夫枕以塊。霜風帽帶斜，頭寒縮如蝟。入門問妻孥，呻吟在床被。幼女掩面啼，燈青照殘穗。白楊何蕭蕭，衝泥送歸櫬。爾死顧得還，我留復誰為。旁有親識人，通都走聲利。厚意解羈愁，盛言推名位。不悟聽者心，怛若芒在背。忽接山中書，又責以宜退。卿言誠復佳，我命有所制。總未涉世深，止知乞身易。悶即君過存，高談豁蒙蔽。苦樂來無方，窮達總一致。同是集蓼蟲，以此識其味。人生厭束縛，擺落須才氣。君初丞相家，祖德簪纓繼。吐納既風流，姿容更瑰異。披史妙縱橫，論詩富裁制。激昂承明廷，面折公卿議。文士寡先容，疏通得交臂。騶哄訪當關，休沐杉齋閉。良工鑄干將，出匣蛟龍忌。趣駕度太行，躊躇棄騏驥。矯矯朗陵公，竟下考功第。老夫迫枯朽，抱膝端居睡。雖稱茂陵病，終乏鴟夷智。遜子十倍才，焉能一官棄。早貴生道心，中年負名義。蹉跎甘皓首，此則予所愧。君今謝塵鞅，輕裝去如

馸。雙槳石頭城,木落征驂憇。過我儒林館,寒鴉噪平地。函丈無復存,依舊晴嵐翠。明年春水滿,客興煙波趣。鶯啼笠澤船,花發龍沙醉。高堂剖符竹,盡室千山內。郡閣繞鳴灘,日晡散人吏。無書悼遷斥,有夢傷迢遞。嶺雁時獨飛,楚天樹如薺。雙眼渺荒江,片帆忽而至。家人遠棹立,愛子趨庭慰。誰云謫宦愁,老覺君恩最。共上鬱孤臺,側身望燕魏。惆悵念故人,沉吟不能置。三載客他鄉,一朝遽分袂。勞生任潦倒,失志同飄寄。少壯今逍遙,老大偏濡滯。太息行路難,殷勤進規誨。後會良可希,尺書到猶未。相去各一方,天涯隔憔悴。開篋視此詩,悅悅不能寐。

　　何省齋　蔣景祁《瑤華集》:「何采,字第五,號省齋,江南江寧人。順治己丑進士。官翰林。」《安慶府志》:「何采,字敬輿,相國文端公如寵孫,文端子。告後居秦淮,遂以江寧籍試,順治戊子、己丑聯捷,由庶常歷遷侍讀。氣節高峻,不諧於時,甫三十即棄官歸。」　取志　南豐劉斌曰:「張景陽詩:『取志於陵子。』」　神仙酒色　《史記‧留侯世家》:「願棄人間世,從赤松子游耳。乃學辟穀,道引輕身。」《史記‧信陵君傳》:「公子自知再以毀廢,乃謝病不朝,與賓客為長夜之飲,多近婦女。」　蟬蛻　《史記‧屈原傳》:「蟬蛻於濁穢,以浮遊塵埃之外。」《淮南子》:「蟬飲而不食,三十日而蛻。」　腐鼠　見卷一注。　侍中　《古樂府‧羅敷行》:「三十侍中郎。」　樗散　俱見莊子。少陵《送鄭虔貶台州司戶》詩:「鄭公樗散鬢成絲。」　雞籠　《南史‧雷次宗傳》:「宋元嘉十五年,徵至都,開館於雞籠山,聚徒教授。」餘見卷一。　總角　《禮記注》:「總角,總聚其髮而結束之為丱角也。」　兄弟　周亮工《何省齋詩序》:「太史與兄次德孝廉相為師友。」《安慶府志》:「何亮功,字次德,號辨齋。順治丁酉舉人。」《文集》:「余在南太學,頗欲按經術考求天下士,同時有南中何次德、同里周子俶,皆與余世講。」　緩帶　《晉書‧羊祜傳》:「嘗輕裘緩帶,身不被甲。」　溢口　慧遠《廬山記》:「江州有青溢山,故其城曰溢城,浦曰溢浦。」《郡國志》:「有人於此洗銅盆,墮水,撈之,見一龍負盆而去,故名。《晉書》作盆浦,亦曰溢浦。」《明一統志》:「溢浦在今九江府城西。」　傳烽　先生《綏寇紀略》:「崇禎辛巳三月,獻賊合革左破舒城,屯七里湖,尋破廬州。六月,陷無為州,還屯舒城之白馬金牛洞,習水師於巢湖。七月,陷六安州。盧九德以黃得功、劉良佐之兵救之,營於夾山。再戰,敗績,江南大震。」　掛冠　《後漢書‧逢萌傳》:「時王莽殺其子宇,萌曰:『三綱絕矣。不去,禍將及人。』即解冠掛東都城門,歸,將家屬浮海,客於遼東。」　強濟　《南史‧庾登之傳》:「少以彊濟自立。」　拔腳

《晉書·庾翼傳》：「自不能拔腳於風塵之外。」　局促　《史記·武安侯傳》：「今日廷論，局趣效轅下駒。」　長楸　曹植《白馬篇》：「走馬長楸間。」　九折　《漢書·王尊傳》：「王陽為益州刺史。行部至邛郲九折大阪，歎曰：『奉先人遺體，柰何數乘此險！』」　十二衢　鮑照《詠史詩》：「京城十二衢，飛甍各鱗次。」白樂天《村居寄張殷衡》詩：「不蹋長安十二衢。」　畫戟　韋應物《郡齋燕集》詩：「兵衛森畫戟。」　通籍　注見卷一。　磬折　《禮》：「立則磬折垂珮。」張守節《史記正義》：「若磬之形曲折也。」　齒坐　《晉書·石勒載記》：「親與鄉老齒坐。」　中秘　《魏書·禮志》：「並集中秘群儒。」張衡《西京賦》：「匪惟翫好，乃有秘書。」常袞《集賢院即事》詩：「沉沉中秘書。」　疲曳　《後漢書·馮衍傳》：「衍嘗忼慨歎曰：『貧而不衰，賤而不恨，年雖疲曳，猶庶幾名賢之風。』」《注》：「曳猶頓也。」疲亦作罷。　甘泉　《漢書·揚雄傳》：「正月，從上甘泉，還奏《甘泉賦》以諷。」程大昌《雍錄》：「甘泉宮有三。隋甘泉宮在鄠縣，秦甘泉宮在渭南，漢甘泉宮在雲陽縣。」　櫕　《漢書·高祖紀》：「令從軍死者為櫕，歸其縣。」應劭曰：「櫕，小棺也。今謂之櫝。」　芒在背　《漢書·霍光傳》：「上內嚴憚之，若有芒刺在背。」　宜退　侯方域《與吳駿公書》：「近者江南重臣推轂學士，首以姓名登之啟事，竊謂學士之自處，不可出者有三，而當世之不必學士之出者有三。」　誠復佳　《司馬徽別傳》：「有以人物問者，初不辨其高下，每輒言佳。其婦諫曰：『人質所疑，君一皆言佳，豈諮君之意乎？』徽曰：『如卿言，亦復佳。』」　有所制　《莊子·秋水》篇：「孔子游於匡，宋人圍之，子路入，孔子曰：『我命有所制矣。』」　乞身　《戰國策》：「張儀謂秦惠王曰：『願乞不肖身之梁。』」　丞相　《漢書·百官公卿表》：「丞相，秦官，掌丞天子，助理萬幾。秦有左右。高帝即位，置一丞相。」《明史·何如寵傳》：「何如寵，字康侯，桐城人。萬曆二十六年進士。累加少保、戶部尚書、武英殿大學士。乞休。卒，諡文端。」　承明　《漢書注》：「張晏曰：『承明廬在石渠閣外。』」陸機《洛陽記》：「承明門，後宮出入之門。吾嘗怪謁帝承明廬，問張公，云：魏明帝作建始殿，朝會皆由承明門。」　先容　《漢書·鄒陽傳》：「蟠木根柢，輪囷離奇，而為萬乘器者，以左右先為之容也。」　騶哄　《唐書·鄭畋傳》：「故時宰相騶哄聯坊，呵止行人，畋欹導者止百步，禁百僕史不得擅至宰相府。」　休沐　《魏志·華歆傳》：「歆為吏，休沐出府則歸家闔門。」徐堅《初學記》：「漢律：吏五日得一休沐。言休息以洗沐也。」　杉齋　《南史·茹法亮傳》：「廣開宅宇，杉齋光麗，與延昌殿相埒。」　干將　《吳越春秋》：「干將作劍，陽曰干將，陰曰莫耶。」　太行　注見前。　朗陵公　《晉書·何曾傳》：「魏咸熙初，改封朗陵侯。武帝踐阼，進爵為公。」　考功第　《唐書·陽城傳》：「城出為

道州刺史，賦稅不時，觀察使數誚責之。州當上考功第，城自署曰：撫字心勞，催科政拙，考下下。」　**茂陵病**　《史記‧司馬相如傳》：「相如既病免，家居茂陵。」　**鴟夷智**　《史記‧越世家》：「范蠡既為越王滅吳雪恥，以為大名之下，難以久居，遂浮海出齊，變姓名為鴟夷子皮。」　**十倍才**　《蜀志‧諸葛亮傳》：「先主召亮於成都，屬以後事，曰：『君才十倍曹丕。』」　**石頭城**　注見卷一。　**儒林館**　謂留都國子舊署。　**笠澤**　徐堅《初學記》：「《揚州記》曰：『太湖一名笠澤。』」　**龍沙**　酈道元《水經注》：「贛水又北逕龍沙、西沙，甚潔白高峻，而有龍形。」雷次宗《豫章記》：「北有龍沙，高阜逶迤，潔白高峻，而似龍形，連亙五六里。」《一統志》：「龍沙在南昌府新建縣北。」　**剖符竹**　《晉書‧陸機傳》：「入侍帷幄，出剖符竹。」《安慶府志》：「何應璜，大學士如寵子，廕戶部郎中。本朝官贛州知府。」案：省齋父也。　**鬱孤臺**　祝穆《方輿勝覽》：「鬱孤臺在麗譙，坤〔註10〕維阜隆，然〔註11〕孤起平地數丈，冠冕一郡之勢，而襟帶千里江山。」《一統志》：「鬱孤臺在贛州府治西南。」

送宛陵施愚山提學山東

秦皇昔東巡，作歌示來裔。李斯留篆刻，足共神仙配。胡為泰岱巔，蒼碑獨無字。持此謝六經，免滋後賢議。至今倉頡臺，行人尚流涕。君今懷古蹟，斯文起凋敝。蟲魚雖改竄，扶桑自天際。千載靈光宮，丹書閟房記。兵火獨搜揚，重見鍾離意。

　　宛陵　馮智舒《綱目質實》：「宛陵，漢縣，為丹陽郡治所。東漢置宣城縣。」**施愚山**　王士禛《感舊集》補傳：「施閏章，字尚白，號愚山，江南宣城人。順治己丑進士。歷官江西參政。康熙己未，舉博學鴻辭，授翰林院侍講。」《大清一統志》：「順治十三年，施閏章任山東提學僉事。」　**篆刻**　《史記‧秦始皇紀》：「二十八年，始皇東行郡縣，上鄒嶧山。立石，與魯諸儒生議，刻石頌秦德，議封禪望祭山川之事。乃遂上泰山，立石。封祠祀。禪梁父。刻所立石。」《一統志》：「秦碑在泰山頂秦觀峰，秦丞相李斯所篆。」　**神仙**　《史記‧秦始皇紀》：「遣徐巿發童男女數千人入海求仙人。」　**蒼碑無字**　王世貞《遊泰山記》：「絕頂玉皇祠前有石柱，方而色黃，所謂秦皇無字碑也。其石非山所有，或曰中有碑石冒之。」顧炎武《日知錄》：「嶽頂無字碑，世傳為秦始皇立。按：秦碑在玉女池上，李斯篆書，高不過五尺，而銘文並二世詔書咸具，不當又立此大碑也。因取《史記》反覆讀之，知為漢武帝所立也。《史記‧

〔註10〕坤，《方輿勝覽》卷二十作「坤」。
〔註11〕《方輿勝覽》卷二十「然」上有「鬱」字。

秦始皇本紀》云：『上泰山，立石。封祠，祀其下。』云刻所立石，是秦石有文字之證，今李斯碑是也。《封禪書》云：『東上泰山，泰山之草木葉未生，乃令人上石，立之泰山巔。上遂東巡海上。四月，還至奉高。』上泰山封而不言刻石，是漢石無文字之證，今碑是也。《後漢書‧祭祀志》亦云：『上東上泰山，乃上石，立之泰山巔。』然則此無字碑明為漢武帝所立，而後之不讀史者誤以為秦耳。」《一統志》：「無字碑在泰山頂，始皇所建，今曰石表碑。」　六經　《莊子‧天運》篇：「孔子謂老聃曰：『某治《詩》、《書》、《禮》、《樂》、《易》、《春秋》六經。』」　倉頡臺　于欽《齊乘》：「倉頡臺在壽光東北，洱水所經。」　扶桑　《淮南子》：「日出於暘谷，浴於咸池，拂於扶桑。」　靈光　王延壽《魯靈光殿賦序》：「魯靈光殿者，蓋景帝程姬之子恭王餘之所立也。遭漢中微，自西京未央、建章之殿皆見隳壞，而靈光巋然獨存。」　閉房記　《魏書‧高祖紀》：「太和九年詔：自今圖讖秘緯及名為《孔子閉房記者》，一皆焚之，留者以大辟論。」《舊唐書‧王世充傳》：「世充將謀篡，有道士桓法嗣者，上《孔子閉房記》，畫作丈夫持一竿以驅羊。」　搜揚　《後漢書‧竇憲傳》：「非復搜揚仄陋，選舉而登也。」　鍾離意　《鍾離意別傳》：「意為魯相，嘗出私錢一萬三千付戶曹孔訢修夫子車身，入廟拭几席劍履，有男子張伯除堂下草，土中得玉璧七枚。伯懷其一，以六枚白意。堂下有懸甕，意召孔訢問此何甕。對曰：『夫子甕也，背有丹書，人莫敢發。』意因發之，得《素書》。文曰：『後世修吾書，董仲舒。護吾車、拭吾履、發吾笥，會稽鍾離意。璧有七，張伯藏其一。』意即召問伯，果服焉。」《集覽》：「張如哉曰：『蟲魚謂古文科斗鳥跡也。言李斯小篆雖經改竄，而孔壁遺經如日麗天，是以靈光巋然獨存，丹書終古常在。有題文之責者，當如鍾離意之搜揚也。』」

其二

　　魯儒好逢掖，傴僂循牆恭。長劍忽拄頤，掉舌談天雄。諸侯走書幣，擁彗梧丘宮。孟嘗一公子，珠履傾關東。後來北海相，坐上猶遺風。君愁吳越士，名在甘陵中。無使稷下徒，車馬矜雍容。華士苟不戮，橫議將安窮。古道誠可作，千里尊龜蒙。

　　傴僂　《左傳‧昭七年》：「宋正考父佐戴武宣，三命滋益恭。其鼎銘云：『一命而僂，再命而傴，三命而俯，循牆而走，亦莫敢予侮。』」　拄頤　《戰國策》：「齊嬰兒謠曰：『大冠若箕，修劍拄頤。』」　掉舌　《史記‧淮陰侯傳》：「酈生一士，伏軾掉三寸舌，下齊七十餘城。」　談天　《史記‧孟荀列傳》：「騶衍之徒，迂大而閎辯，故齊人號曰談天騶衍。」　擁彗　《史記‧孟荀列傳》：「衍聞燕昭王好士，乃自梁如

燕，昭王擁彗先驅，請列弟子之座而受業。築碣石宮以處之。」　**梧丘宮**　《爾雅‧釋丘》：「當塗梧丘。」《一統志》：「梧臺在青州府臨淄縣西北，即古梧宮之臺。」　**孟嘗**　《史記‧孟嘗君傳》：「孟嘗君招致諸侯賓客，厚遇之，以故傾天下之士。」案：珠履，春申君事，此借用。　**坐上**　《後漢書‧孔融傳》：「三府同舉融為北海相。常歎曰：『坐上客常滿，尊中酒不空，吾無憂矣。』」　**甘陵**　《後漢書‧黨錮傳‧敘》：「初，桓帝受學於甘陵周福。及即位，擢福為尚書，時同郡河南尹房植有名，二家賓客互相譏揣，遂各樹朋徒，漸成尤隙，由是甘陵有南北部，黨人之目自此始矣。」　**稷下徒**　《史記‧孟荀列傳》：「自騶衍與齊之稷下先生，如淳于髡、慎到、環淵、接子、田騈、騶奭之徒，各著書言治亂之事。」劉向《別錄》：「齊有稷門，城門也。談說之士會於稷下也。稷，一作棘。」　**華士**　桓譚《新論》：「齊之華士，棲志巖壑，而太公誅之。」

其三

伊昔嘉隆時，文章尚丹臞。矯矯濟南生，突過黃初作。百年少知己，褒譏互參錯。風習使之然，詩書徇然諾。淒涼白雲署，前賢遂寥廓。君初領法曹，追蹤好棲託。此行過歷下，高風緬如昨。太白遊山東，後來訪廬霍。獨愛宣州城，江山足吟謔。讀君官舍詩，鄉心戀巖壑。目斷敬亭雲，口銜竹溪酌。借問謫仙人，何如謝康樂。

濟南生　《明史‧文苑傳》：「李攀龍，字于鱗，濟南歷城人。嘉靖二十二年進士。始官刑曹，與臨清謝榛、孝豐吳組維岳、太倉王世貞、興化宗臣、順德梁有譽、長興徐中行、興國吳國倫倡詩社，號七子。其詩務以聲調勝，文則聱牙戟口，讀者至不敢終篇，好之者推為一代宗匠，亦多受世抉摘云。」　**黃初作**　謂曹氏及鄴下七子之詩。黃初，魏文帝年號。　**白雲署**　葉廷珪《海錄碎事》：「黃帝以雲紀官。秋官為白雲。孫逖《授裴敦復刑部尚書制》云：『俾踐白雲之司。』」陸啟浤《客燕日記》：「嘉靖間，李攀龍、王世貞、徐中行輩俱官西曹，相聚論詩，建白雲樓於四川司署中。」　**領法曹**　愚山初官刑曹。　**歷下**　《史記‧晉世家》：「平公伐齊，齊靈公與戰靡下。」徐廣曰：「靡，一作歷。」《明一統志》：「濟南府城西有歷下城。」　**宣州**　《隋書‧地理志》：「宣城郡，舊置南豫州。平陳，改為宣州。」《唐書‧李白傳》：「過姑孰，愛謝家青山，欲終焉。」　**敬亭雲**　樂史《寰宇記》：「敬亭山在宣州城北，上有敬亭。」太白《過崔八丈水亭》詩：「窗落敬亭雲。」　**竹溪**　《唐書‧李白傳》：「少與魯中諸生張叔明、孔巢父、韓準、陶沔、裴政隱於徂徠山，號為竹溪六逸。」　**謫仙人**　范傳正《李翰林新墓碑》：「在長安時，秘書監賀知章號公為謫

仙人。」 **謝康樂** 魏顥《李翰林集序》:「間攜昭陽金陵之妓,迹類謝康樂,時號
為李東山。」

礬清湖並序

礬清湖者,西連陳湖,南接陳墓,其先褚氏之所居也。礬清者,土
人以水清疑其下有礬石,故名。或曰范蠡去越,取道於此。湖名范遷,
以音近而訛。世遠莫得而攷也。太湖居吾郡之北〔註12〕,有大山衝擊,
風濤湍悍,而陳湖諸水淳泓演迤,居人犴而安焉。煙村水市,若鳧雁之
著波面,千百於其中。土沃以厚,畝收二鍾,有魚蝦菱茨之利,資船以
出入,科徭視他境差緩,故其民日以饒,不為盜。吾宗之縣倩、青房、
公益兄弟居於此四世矣。余以乙酉五月聞〔註13〕難,倉皇攜百口投之。
中流風雨大作,扁舟掀簸,榜人不辨水門故處,久之始達。主人開門延
宿,雞黍酒漿,將迎灑掃。其居前榮後寢,葭蘆掩映,榆柳蕭疏,月出
柴門,漁歌四起,杳然不知有人世事矣。是時姑蘇送款,兵至不戮一人,
消息流傳,緩急互異,湖中煙火晏然。予將卜築買田,耦耕終老。居兩
月而陳墓之變作,於是流離轉徙,僅而後免。事定,將踐前約,尋以世
故牽挽,流涕登車,疾病顛連,關河阻隔。比三載得歸,而青房過訪草
堂,見予髮白齒落,深怪早衰,又以其窮愁筦獨,妻妾相繼下世,因話
昔年湖山兵火,奔走提攜,心力枉枯,骨肉安在,太息者久之。青房亦
以毀家紓役,舊業蕩然,水鳥樹林,依稀如故,而居停數椽,斷甃零甓,
罔有存者,人世盛衰聚散之故,豈可問耶?撫今追往,詮次為五言長詩,
用識吾慨,且以明舊德於不忘也。

礬清湖 注見卷一。 **陳湖** 《一統志》:「陳湖在長洲縣東南。」 **陳墓** 《蘇
州府志》:「陳墓在長洲縣東南五十五里。宋光宗妃陳氏葬此,因名。」 **礬石** 《山
海經》:「女床之山,其陰多石涅。」注:「即礬石也,亦名涅石。」 **太湖** 《正德姑
蘇志》:「太湖在郡西南三十餘里。禹貢謂之震澤,周禮謂之具區,謂之五湖,左氏謂
之笠澤,其實今之太湖也。其大三萬六千頃,東西二百餘里,南北一百二十里,周五
百里,占蘇、湖、常三州。東南之澤,無過於此。」 **二鍾** 《史記·河渠書》:「鑿
涇水溉舃鹵之地四萬餘頃,收皆畝稅一鍾。」杜預曰:「六斛四斗為鍾。」 **水門** 《後

〔註12〕 「北」,四庫本《梅村集》作「西」。
〔註13〕 「聞」,四庫本《梅村集》作「避」。

漢書‧張禹傳》：「為開水門，通引灌溉。」　**前榮**　《禮記注》：「榮，翼屋也。」昌黎《示兒》詩：「前榮饌賓親。」注：《蔡氏筆談》：「屋翼謂之榮，東西則有之，未知前榮安在。《藝苑雌黃》以為不然。《記》云：『洗當東榮。』又：『升自東榮。』《上林賦》：『偓佺之徒，暴於南榮。』則所謂榮者，東西南北皆有之矣，故李華《含元殿賦》又有風雨交四榮之說。榮為屋簷，即屋四垂也。又謂之楣，又謂之梠。屋梠兩頭起者為榮。」　**送款**　《漢書‧宣帝紀》：「百蠻向風，款塞來享。」應劭曰：「款，叩也，皆叩塞門來服從也。」《堅瓠集》：「順治乙酉，王師下江南，吾蘇帖然順從。」　**陳墓之變**　徐秉義《明末忠烈紀略》：「大兵之蘇州，鄉兵四起，諸生陸世鑰聚眾百餘，屯陳湖中。有十將官者，亦屯千人於左近。已而所部有被獲下獄者，陳湖之師伏力士劫之，焚城樓，城中士民多應之。」　**牽挽**　《左傳‧襄十四年》：「或輓之，或推之。」注：「前牽曰輓。」顧湄《梅村先生行狀》：「薦剡交上，有司敦逼，先生控辭再四，二親流涕辦嚴，攝使就道，難傷老人意，乃扶病入都。」　**毀家**　《左傳‧莊三十年》：「鬬穀於菟為令尹，自毀其家，以紓楚國之難。」

　　吾宗老孫子，住在縈清湖。湖水清且漣，其地皆膏腴。堤栽百株柳，池種千石魚。教僮數鵝鴨，繞屋開芙蕖。有書足以讀，有酒易以沽。終老寡送迎，頭髮可不梳。相傳范少伯，三徙由中吳。一舸從此去，在理或不誣。嗟予遇兵火，百口如飛鳧。避地何所投，扁舟指菰蒲。北風晚正急，煙港生模糊。船小吹雨來，衣薄無朝餔。前村似將近，路轉忽又無。倉皇值漁火，欲問心已孤。俄見菱芡邊，主人出門呼。開柵引我船，掃室容我徒。我家兩衰親，上奉高堂姑。艱難總頭白，動止需人扶。妻妾病伶仃〔註14〕，嘔吐當中途。長女僅九齡，餘泣猶呱呱。入君所居室，燈火映窗疏。寬閒分數寢，嬉笑喧諸雛。縛帚東西廂，行李安從奴。前窗張罟網，後壁掛耒鋤。苦辭村地僻，客舍無精粗。剪韭烹伏雌，斫鱠炊彫胡。床頭出濁醪，人倦消幾壺。睡起日已高，曉色開煙蕪。漁灣一兩家，點染江村圖。沙嘴何人舟，消息傳姑蘇。或云江州下，不比揚州屠。早晚安集掾，鞍馬來南都。或云移民房，插箭下嚴符。囊橐歸他人，婦女充軍俘。里老獨晏然，催辦今年租。餽耕看賽社，醵飲聽呼盧。軍馬總不來，里巷相為娛。而我遊其間，坦腹行徐徐。見人盡恭敬，不識誰賢愚。魚蝦盈小市，鳬雁充中廚。月出浮溪光，萬象疑沾濡。放楫凌滄浪，笑弄驪龍珠。夷猶發浩唱，禮法胡能拘。東南雖板蕩，此地其黃

〔註14〕「仃」，四庫本《梅村集》作「丁」。

虞。世事有反覆，變亂興須臾。草草十數人，盟敵起里閭。兔園一老生，自詭讀穰苴。漁翁爭坐席，有力為專諸。舴艋飾於皇，於，疑當作餘。蓑笠裝犀渠。大笑擲釣竿，赤手搏於菟。欲奪夫差宮，坐擁專城居。予又出子門，十步九崎嶇。脫身白刃間，性命輕錙銖。我去子亦行，後各還其廬。官軍雖屢到，尚未成丘墟。生涯免溝壑，身計謀樵漁。買得百畝田，從子學長沮。天意不我從，世網將人驅。親朋盡追送，涕泣登征車。吾生罹干戈，猶與骨肉俱。一官受逼迫，萬事堪欷歔。倦策既歸來，入室翻次且。念我平生人，慘澹留羅襦。秋雨君叩門，一見驚清臞。我苦不必言，但坐觀髭鬚。歲月曾幾何，筋力遠不如。遭亂若此衰，豈得勝奔趨。十年顧妻子，心力都成虛。分離有定分，久暫理不殊。翻笑危急時，奔走徒區區。君時聽我語，顏色慘不舒。亂世畏盛名，薄俗容小儒。生來遠朝市，謂足逃沮洳。長官誅求急，姓氏屬里胥。夜半聞叩門，瓶盎少所儲。豈不惜堂構，其奈愁徵輸。庭樹好追涼，剪伐存枯株。池荷久不開，歲久填泥淤。廢宅鋤為田，蕎麥生階除。當時棲息地，零落今無餘。生還愛節物，高會逢茱萸。好採籬下菊，且讀囊中書。中懷苟自得，外物非吾須。君觀鴟夷子，眷戀傾城姝。千金亦偶然，奚足稱陶朱。不如棄家去，漁釣山之隅。江湖至廣大，何惜安微軀。揮手謝時輩，慎勿空躊躕。

千石魚 《漢書·貨殖傳》：「水居千石魚波。」師古曰：「波讀曰陂。言有大陂養魚，一歲收千石魚也。」　數鵝鴨 少陵詩：「鵝鴨宜常數。」　三徙 《史記·越王句踐世家》：「范蠡三徙，成名於天下。」　高堂姑 先生有祖母湯淑人。　縛帚 馮贄《雲仙雜記》：「王維好潔，使兩僮專掌縛帚，日猶不給。」王褒《僮約》：「居當穿臼，縛帚裁盂。」　東西廂 司馬貞《史記索隱》：「正寢之東西室，皆號曰箱，言如箱篋之形也。」亦作廂。　罿網 許慎《說文》：「罿罻，魚罟也。」張衡《西京賦》：「設罿罻。」《注》：「小網也。」　伏雌 《風俗通》：「琴歌：百里奚，五羊皮。憶別時，烹伏雌，炊扊扅。」　斫鱠 餘姚盧文弨曰：「何薳《春渚紀聞》：『吳興人每會集，必斫鱠為勤，其操刀者名鱠匠。』」　彫胡 張楫《博雅》：「彫胡，菰米也。」宋玉《諷賦》：「主人之女為臣，炊彫胡之飯。」　安集掾 《後漢書·陳俊傳》：「光武徇河北，以為安集掾。」　里老 《明史·食貨志》：「里設老人，選年高為眾所服者，導民善，平鄉閭爭訟。」　醵飲 《史記·貨殖傳》：「歲時無以祭祀進醵，飲食。」徐廣曰：「會聚食。」　呼盧 注見卷一。　盟敵 《漢書·王陵傳》：「始與高帝唼

血而盟。」《注》:「嗺,小歠也。所甲反。」或作歃。　**兔園**　《五代史·劉岳傳》:「馮道本田家,狀貌質野,朝士多笑其陋。且入朝,數反顧。贊問:『道反顧何為?』岳曰:『遺卻《兔園冊》耳。』《兔園冊》者,鄉校俚儒教田夫牧子之所誦也。故岳舉以誚道,道大怒。」　**穰苴**　《史記·司馬穰苴傳》:「司馬穰苴者,田完之苗裔也。晏嬰薦其文能附眾,武能卻敵。景公召,與語兵事,大說之,以為將軍,將兵扞燕晉之師。其後齊威王用兵行威,大放穰苴之法。使人大修其書,曰《司馬穰苴兵法》。」　**專諸**　注見前。　**於皇**　《左傳·昭十七年》:「吳伐楚,戰於長岸,大敗吳師,獲其乘舟餘皇。」杜預曰:「餘皇,舟名。」　**犀渠**　注見卷一。　**於菟**　《左傳·宣四年》:「楚人謂乳穀,謂虎於菟。」東坡《送范純粹守慶州》詩:「赤手降於菟。」　**身計**　《南史·蕭引傳》:「為中庶子、建康令。宦者多所請屬,引一皆不許。族子密諫曰:『亦宜少為身計。』」　**里胥**　《周禮·地官》:「閭胥各掌其閭之征令。」　**茱萸**　吳均《續齊諧記》:「汝南袁景隨費長房遊學,長房謂曰:『九月九日,汝家中當有災,宜亟去,令家人各作絳囊盛茱萸,以繫臂,登高飲菊花酒,此禍可除。』」今世人九日登高飲酒,婦人帶茱萸,蓋始於此。　**鴟夷**　注見前。　**傾城姝**　姚寬《西溪叢語》:「《吳越春秋》云:『吳亡而西子被殺。』杜牧之詩:『西子下姑蘇,一舸逐鴟夷。』後人遂云范蠡將西子去矣。」　**陶朱**　《史記·貨殖傳》:「范蠡之陶,自號朱公。治產積居,三年致千金。子孫脩業而息之,遂至巨萬。故言富者皆稱陶朱公。」

梅村詩集箋注　卷第三

長洲吳翌鳳撰　滄浪吟榭校定本

五言古詩

清涼山讚佛詩

西北有高山，云是文殊臺。臺上明月池，千葉金蓮開。花花相映發，葉葉同根栽。王母攜雙成，綠蓋雲中來。漢王坐法宮，一見光徘徊。結以同心合，授以九子釵。翠裝雕玉輦，丹髹沉香齋。護置琉璃屏，立在文石階。長恐乘風去，舍我歸蓬萊。從獵往上林，小隊城南隈。雪鷹異凡羽，果馬殊群材。言過樂遊苑，進及長楊街。張宴奏絲桐，新月穿宮槐。攜手忽太息，樂極生微哀。千秋終寂寞，此日誰追陪。陛下壽萬年，妾命如塵埃。願共南山槲，長奉西宮杯。披香淖博士，側聽〔註1〕私驚猜。今日樂方樂，斯語胡為哉。待詔東方生，執戟前詼諧。薰壚拂㒹帳，白露零蒼苔。吾王慎玉體，對酒毋傷懷。

清涼山　《華嚴經疏》：「清涼山即代州雁門郡五臺山，漢文殊師利所居也。以歲積堅冰，夏仍飛雪，曾無炎暑，故名清涼。」《一統志》：「五臺山在代州五臺縣東北一百二十里。」　讚佛　白樂天《蘇州南禪院白氏文集記》：「願以今世俗文字放言綺語之因，轉為將來世世讚佛乘轉法輪之緣也。」案：支遁有《讚佛詩》。　文殊臺　《山西通志》：「五臺山環五百餘里，上有五峰，巔胥積土象臺，文殊師利現光地。」　明月池　宋僧延一《五臺山記》：「東臺舊名雪峰，上有明月池。」　金蓮　《一統志》：

〔註1〕「聽」，四庫本《梅村集》作「聞」。

「南臺高三十里，頂週二里，金蓮日菊佛缽花燦發如錦。」　**王母**　《集仙錄》：「西王母者，九靈太州龜山金母也。一號太虛九光龜臺。金母元君，乃西華之至妙洞。陰之極尊，位配四方，母養群品，天上天下三界十方女子之望仙得道者，皆隸焉。」　**雙成**　劉向《列仙傳》：「董雙成，王母侍兒。」案：此著其姓。　**雲中來**　《西王母傳》：「王母於漢武帝元封元年七月七日夜降於漢宮。」　**法宮**　《漢書·晁錯傳》：「五帝神聖，處法宮之中。」《注》：「法宮，路籍正殿也。」李義山《韓碑》詩：「坐法宮中朝四夷。」　**光徘徊**　漢陽葉繼雯曰：「《後漢書·南匈奴傳》：『昭君豐容靚飾，光明漢宮，顧景裴回，竦動左右。帝見大驚。』」　**同心合**　《隋書·后妃傳》：「宣華陳夫人，文帝妃也。文帝崩，太子廣封小金合，遺使者遺夫人，發之，乃同心結也。」　**九子釵**　伶元《飛燕外傳》：「后持昭儀手，抽紫玉九雛釵為昭儀簪髻。」蘇鶚《杜陽雜編》：「唐同昌公主下嫁，有九子鸞釵。」　**髤**　《漢書·趙皇后傳》：「殿上髤漆。」師古曰：「以漆漆物謂之髤。」或作髹。　**沉香**　唐宮中有沉香亭子。　**琉璃屏**　郭子橫《洞冥記》：「漢武帝所幸宮人麗娟，常置於琉璃帳，恐妬污其體也。」洪邁《侍兒小名錄》：「孫亮作琉璃屏風，甚薄而瑩，每於月下清夜舒之，命愛姬四人坐屏風內，而外望之了，如無隔。」　**文石階**　《漢書·梅福傳》：「故願壹登文石之陛。」　**乘風去**　伶元《飛燕外傳》：「上與飛燕登瀛洲榭，飛燕歌舞歸風送遠之曲，風大起，飛燕順風揚音，歌曰：『仙乎仙乎，去故而就新，寧忘懷乎？』帝命飛燕所愛侍郎馮無方持后履，須臾風霽，后泣曰：『帝恩使我仙去，不得悵然曼嘯。』泣數行下。」　**上林**　衛宏《漢舊儀》：「上林苑方三百里，苑中養百獸，天子秋冬射獵取之。」　**小隊**　少陵《嚴中丞枉駕見過》詩：「元戎小隊出郊坰。」　**果馬**　《〈漢書·霍光傳〉注》：「張晏曰：『漢廄有果下馬，高三尺，以駕輦。』師古曰：『小馬可于果樹下乘之，故曰果下馬。』」《魏書·東夷傳》：「濊國出果下馬，漢桓時獻之。」　**樂遊苑**　《漢書·宣帝紀》：「神爵三年，起樂遊苑。」《兩京新記》：「漢宣帝樂遊苑，一名樂遊原，亦名樂遊苑，基地最高，四望寬敞。」　**長楊**　《三輔黃圖》：「長楊樹在長楊宮，秋冬校獵其下，天子登此以觀。」　**宮槐**　朱氏《類說》：「唐殿廷間種花柳，國朝惟植槐。」　**樂極**　魏文帝《善哉行》：「樂極哀情來。」　**寂寞**　少陵《夢李白》詩：「千秋萬歲名，寂莫身後事。」　**追陪**　昌黎《奉酬盧給事》詩：「上界真人足官府，豈如散仙鞭笞鸞鳳終日相追陪。」　**壽萬年**　《宋書·樂志》：「群臣咸稱萬歲，陛下長樂壽年。」　**南山櫑**　《史記·張釋之傳》：「上使慎夫人鼓瑟，上自倚瑟而歌，意慘淒悲懷，顧謂群臣曰：『嗟乎！以北山石為櫑，用紵絮斫陳，蔡漆其間，豈可動哉！』釋之前進曰：『使其中有可欲者，雖錮南山，猶有隙。』」注：美玉出京師北山。言

南山者，取其高厚之意。　**西宮杯**　王昌齡《長信秋詞》：「火照西宮知夜飲。」　**披香**　《三輔黃圖》：「武帝時後宮八區中有披香殿。」　**淖博士**　伶元《飛燕外傳》：「宣帝時，披香博士淖方成白髮，教授宮中，號淖夫人。」　**側聽**　《史記·張丞相傳》：「呂后側耳於東廂聽。」　**待詔**　《漢書·東方朔傳》：「上令待詔公車。久之，使待詔金馬門。」《注》：「諸臣才技徵召，未有正官，故曰待詔。」　**執戟**　《史記·滑稽傳》：「褚先生曰：『東方朔位不過執戟。』」　**詼諧**　《漢書·東方朔傳·贊》：「朔之詼諧，逢占射覆，其事浮淺。」　**薰爐**　《唐書·儀衛志》：「朝日，殿上設黼扆躡席、薰爐香案。」

其二

　　傷懷驚涼風，深宮鳴蟋蟀。嚴霜被瓊樹，芙蓉凋素質。可憐千里草，萎落無顏色。孔雀蒲桃錦，親自紅女織。殊方初云獻，知破萬家室。瑟瑟大秦珠，珊瑚高八尺。割之施精藍，千佛莊嚴飾。持來付一炬，泉路誰能識。紅顏尚焦土，百萬無容惜。小臣助長號，賜衣或一襲。只愁許史輩，急淚難時得。從官進哀誄，黃紙抄名入。流涕盧郎才，諮嗟謝生筆。尚方列珍膳，天廚供玉粒。官家未解菜，對案不能食。黑衣召誌公，白馬馱羅什。焚香內道場，廣座楞伽譯。資彼象教恩，輕我人王力。微聞金雞詔，亦由玉妃出。高原營寢廟，近野開陵邑。南望蒼舒墳，掩面添悽惻。戒言秣我馬，遨遊凌八極。

　　千里草　《續漢書·五行志》：「千里草，何青青。」案：千里草為董。　**蒲桃錦**　葛洪《西京雜記》：「霍顯遺淳于衍蒲桃錦二十四匹。」陸翽《鄴中記》：「織錦署有蒲桃文錦，又有鳳皇孔雀錦、韜文錦。」　**紅女**　《漢書·董仲舒傳》：「公儀子相魯，之其家，見織帛，怒而出其妻，食於舍而茹葵，慍而拔其葵，曰：『吾已食祿，又奪園夫紅女利虖？』」《注》：「紅讀曰工。」少陵《自京赴奉先縣詠懷》詩：「彤庭所分帛，本自寒女出。」　**殊方獻**　《吳越春秋》：「禹周行宇內，平易相土，觀地分州，殊方各有所獻納。」　**瑟瑟**　《唐書·后妃傳》：「瑟瑟璣琲，狼藉於道。」張楫《博雅》：「瑟瑟，碧珠也。」　**大秦珠**　《後漢書·西域傳》：「大秦國有夜光明月珠。」辛延年《羽林郎》詩：「耳後大秦珠。」　**精藍**　《首楞嚴經》：「退歸精舍，祇見伽藍。」　**千佛**　《雜寶藏經》：「波羅奈國中有山，名曰仙山，有梵志在彼山住，大小便利於石上。有雌鹿來舐，即便有身，生一女子。及長，梵豫國王立為第二夫人。後時有身，生千葉蓮花。大夫人取千葉蓮花，盛著籃裏，擲於河中。時烏耆延王接，見千葉蓮花

葉葉皆有小兒，長大各有大力。千子即時將諸軍眾，降伏諸國。次到梵豫國，第二夫人卻之，以五百子與親父母，以五百子與養父母，時二國王分閻浮提，各畜五百子。佛言：『欲知彼時千子者，賢劫千佛也。』」　莊嚴　《法華經》：「諸佛身金色，百寶相莊嚴。」《法苑珠林》：「三十二相，微妙莊嚴。」　一炬　《魏書‧高允傳》：「國家營葬，費捐巨萬，一旦焚之，以為灰燼。」杜牧《阿房宮賦》：「楚人一炬，可憐焦土。」助長號　《史記‧外戚世家》：「侍御左右皆伏地泣，助皇后悲哀。」　一襲　《漢書‧叔孫通傳》：「乃賜通帛二十匹、衣一襲。」注：「一襲，上下皆具也。今人呼為一副。」許史　《漢書‧蓋寬饒傳》：「上無許史之屬。」《注》：「許伯，宣帝皇后父。史高，宣帝外家也。」　急淚　《南史‧劉懷慎傳》：「宋武寵姬殷貴妃薨，詔有哭之哀者，當加厚賞。醫術人羊志哭甚哀。或問志：『卿那得此副急淚？』曰：『吾自哭亡妾耳。』蓋志亦新喪愛姬也。」　哀誄　《晉書‧潘岳傳》：「尤善為哀誄。」　盧郎才　《北史‧盧思道傳》：「思道仕北齊，官武陽太守。文宣帝崩，朝士皆作輓歌。魏收、陽休之、祖孝徵輩止一二首，惟思道八篇，時稱為『八米盧郎』。」　謝生筆　《南史‧后妃傳》：「宋孝武宣皇妃薨，謝莊作哀策文奏之。帝臥覽讀，起坐流涕曰：『不謂當世復有此才。』」　尚方　《〈漢書‧百官公卿表〉注》：「尚方主作禁器物。」杜佑《通典》：「秦置尚方令，漢末分尚方為中左右三尚方。」　天廚　《晉書‧天文志》：「紫宮東北維外六星曰天廚，主盛饌。」　玉粒　王嘉《拾遺記》：「環丘山下生穟，高五丈，其粒皎然如玉。」　官家　蔡邕《獨斷》：「天子稱天家，亦曰官家。」田況《儒林公議》：「宋太祖〔註2〕嘗謂杜鎬曰：『今人皆呼朕為官家，其義未喻，何也？』對曰：『臣聞三皇官天下，五帝家天下。考諸古誼，深合於此。』上甚說其對。」　解菜　《南史‧齊東昏侯紀》：「潘妃生女百日而亡，蔬膳積旬，不聽音伎，左右直長閹豎王寶孫諸人共營肴羞，云為天子釋菜。」　黑衣　《宋書‧孔覬傳》：「文帝以僧惠琳善談論，因與議朝廷大事，遂參權要，賓客輻輳。覬曰：『遂有黑衣宰相，可謂冠履失所矣。』」誌公　《南史‧隱逸傳》：「沙門釋寶誌者，不知何許人。俗呼為誌公。」白馬　楊衒之《洛陽伽藍記》：「明帝夢見金人，因遣使向西域求得金像，時以白馬馱經而來，因立白馬寺。」　羅什　《晉書‧藝術傳》：「鳩摩羅什，天竺人也。年七歲，從師受經，日誦千偈。年十二，母攜到沙勒，國王甚重之。遂停沙勒一年，博覽五明諸論及陰陽星算，莫不盡妙，吉凶言若符契，諸學者皆共師之。」　內道場　《唐書‧王縉傳》：「禁中祀佛，梵唄齋薰，號內道場。」　楞伽譯　楊衒之《洛陽伽藍記》：「天竺國胡沙門菩提流支解佛義知名，西土諸夷號為羅漢，曉魏言隸書，翻《十地楞伽》及諸經

〔註2〕「宋太祖」，《儒林公議》作「太宗」。

論三十二部〔註3〕。」　**象教**　王中《頭陀寺碑》：「正法既沒，象教陵夷。」《注》：「象教言為形象以教人也。」　**人王**　《新翻大般若經》：「擁護天王及人王等，令護正法，久住世間。」《釋氏通鑑》：「燕王問趙州：『人王尊？法王尊？』師曰：『在人中，人王尊。在法中，法王尊。』」　**金雞赦**　《唐書‧百官志》：「中尚書〔註4〕令。赦日，樹金雞於仗南，竿長七尺〔註5〕，有雞高四尺，黃金餙首，銜絳旛，長七尺，承以綵盤，維以絳繩。擊搥鼓千聲，集百官、父老、囚徒。坊小兒得雞首者官以錢購，或取絳幡而已。」　**玉妃**　陳鴻《長恨歌傳》：「有道士自蜀中來，知上皇心念貴妃，自言有李少君術，旁求四虛上下，東極天海，跨蓬壺，見最高山，山上多樓閣，西廂下有洞戶東向，闔其門，署曰玉妃太真院。」　**蒼舒**　《魏志‧文武世王公傳》：「鄧哀王沖，字倉舒。武帝子。年十三，疾病，帝親為請命。及亡，哀甚，言則流涕。」　**八極**　《淮南子‧墜形訓》：「九州之外有八殯，八殯之外有八紘，八紘之外有八極。」《古樂府》：「遨遊八極。」

其三

　　八極何茫茫，曰往清涼山。此山蓄靈異，浩氣供屈盤。能蓄太古雪，一洗天地顏。日馭有不到，縹緲風雲寒。世尊昔示現，說法同阿難。講樹聳千尺，搖落青琅玕。諸天過峰頭，絳節乘銀鸞。一笑偶下謫，脫卻芙蓉冠。遊戲登瓊樓，窈窕垂雲鬟。三世俄去來，任作優曇看。名山初望幸，銜命釋道安。預從最高頂，灑掃七佛壇。靈境乃杳絕，捫葛勞躋攀。路盡逢一峰，傑閣圍朱闌。中坐一天人，吐氣如栴檀。寄語漢皇帝，何苦留人間。煙嵐倏滅沒，流水空潺湲。回首長安城，緇素慘不歡。房星竟未動，天降白玉棺。惜哉善財洞，未得誇迎鑾。惟有大道心，與石永不刊。以此護金輪，法海無波瀾。

　　太古雪　長洲彭紹升曰：「《華嚴經疏》：『清涼山者，即代州雁門郡五臺山也，歲積堅冰，夏仍飛雪，曾無炎暑，故曰清涼。』」　**世尊示現**　崔鴻《十六國春秋‧後趙錄》：「佛號世尊。佛自稱曰天人師，又曰世尊。」《華嚴經》：「文殊將五百仙人住清涼山。」　**說法**　《淨住子》：「佛為眾生說法。」　**阿難**　《翻譯名義》：「阿難，秦言歡喜。佛成道時，斛飯王使來白淨飯王，言貴弟生男。王心歡喜，字為阿難。」　**講樹**　《涅槃經》：「世尊在雙樹間演法。」　**諸天**　佛書：「有三界，自欲界以上皆

〔註3〕「三十二部」，《洛陽伽藍記》卷四作「二十三部」。
〔註4〕「書」，《新唐書》卷四十八作「署」。
〔註5〕「尺」，《新唐書》卷四十八作「丈」。

曰諸天。」 **絳節** 梁邵陵王《祀魯山神文》：「絳節陳竿，滿堂繁會。」少陵《玉臺觀》詩：「上帝高居絳節朝。」 **一笑** 《續窈聞記》：「寒簧偶以書生狂言，不覺心動失笑，實則既示現後即已深悔，斷不願讟人間行鄙褻事。然上界已切責其一笑，故來；因復自悔，故來而不與合也。」 **芙蓉冠** 《神仙服食經》：「漢武帝閒居未央殿，有人乘白雲車，駕白鹿，冠芙蓉冠，曰：『我中山衛叔卿也。』」 **遊戲** 《太平廣記》：「王母指東方朔曰：『此子昔為太上仙官，但務遊戲。』」 **三世** 楊衒之《洛陽伽藍記》：「北魏時有沙門寶公，心識通達過去未來，預覩三世。」王思任《遊五臺山記》：「文殊三身示化，應現有方。」 **優曇** 《南史·夷貊傳》：「波斯國中有優曇缽花，鮮華可愛。」《法華經》：「世尊甚難值。如優曇缽花，三千年一現，現則金輪王出。」 **望幸** 《漢書·郊祀志》：「名山神祠所以望幸矣。」 **釋道安** 《禮》：「銜君命而使。」〔註6〕《晉書·習鑿齒傳》：「桑門釋道安，俊辯有高才。」葉夢得《石林詩話》：「始晉初為佛學者，皆從其師姓。如支遁本姓關，從支謙學，故為支道安。以佛學皆本釋迦為師，請以釋命氏，遂為定制。則釋道安亦非姓也。」 **七佛** 《隋書·經籍志》：「自此天地以前，則有無量劫矣。每劫必有諸佛得道，出世教化，其數不同。今此劫中，當有千佛。自初至於釋迦，已七佛矣。」《長阿含經》：「七佛：一婆尸佛，二尸棄佛，三毘舍婆佛，四拘留孫佛，五拘那含佛，六迦葉佛，七釋迦牟尼佛。」宋僧延一《五臺山記》：「南臺上有七佛谷。」 **天人** 庾子山《五張寺經藏碑》：「法王御世，天人論道。」 **旃檀** 《楞嚴經》：「佛告阿難：『汝嗅此旃檀，然於一株四十里內同時聞香。』」 **留人間** 陳鴻《長恨歌傳》：「因言太上皇亦不久人間，幸惟自安，毋自苦耳。」 **緇素** 梁元帝《旻法師碑》：「緇素結轍，華戎延道。」 **房星** 《史記·天官書》：「房為府，曰天駟。」《注》：「房為天馬，主車駕。」 **白玉棺** 《後漢書·王喬傳》：「喬為鄴令，天下白玉棺於堂前，吏人推排，終不搖動。喬曰：『天帝獨召我也。』乃沐浴服飾寢其中，蓋便立覆。宿昔葬於城東，土自成墳。」 **金輪** 《首楞嚴經》：「彼金寶者，明覺立堅，故有金輪，保持國土。」 **法海** 梁簡文帝《莊嚴旻法師成實議論疏序》：「慧門深邃，入之者固希；法海波瀾，汎之者未易。」

其四

　　嘗聞穆天子，六飛騁萬里。仙人觴瑤池，白雲出杯底。遠駕求長生，逐日過濛汜。盛姬病不救，揮鞭哭弱水。漢皇好神仙，妻子思脫屣。東巡並西幸，離宮宿羅綺。寵奪長門陳，恩盛傾城李。穠華即修夜，痛入

〔註6〕《禮記·檀弓上》。

哀蟬謙。苦無不死方，得令昭陽起。晚抱甘泉病，遽下輪臺悔。蕭蕭茂陵樹，殘碑泣風雨。天地有此山，蒼崖閱興毀。我佛施津梁，層臺簇蓮蕊。龍象居虛空，下界聞鬥蟻。乘時方救物，生民難其已。澹泊心無為，怡神在玉几。長以兢業心，了彼清淨理。羊車稀復幸，牛山竊所鄙。縱灑蒼梧淚，莫賣西陵履。持此禮覺王，賢聖總一軌。道參無生妙，功謝有為恥。色空兩不住，收拾宗風裏。

　　六飛　《漢書・袁盎傳》：「今陛下騁六飛。」《注》：「六飛言六馬之疾若飛也。」觴瑤池　《穆天子傳》：「天子觴西王母於瑤池之上，西王母為天子謠曰：『白雲在天，山陵自出。道里悠悠，山川間之。將子無死，尚能復來。』」　逐日　王子年《拾遺記》：「周穆王有馬曰超影，逐日而行。」李嶠《馬》詩：「蒼龍遙逐日。」　濛汜　《楚辭・天問》：「出自湯谷，入〔註7〕於蒙汜。」王逸曰：「言日出東方湯谷之中，暮入西極蒙水之涯也。」《爾雅》云：「西至日所入為太蒙。」即蒙汜也。　盛姬　《穆天子傳》：「天子遊於河，濟，盛君獻女。天子為盛姬築重璧之臺。東征，狃於澤中，逢寒疾，死。天子殯姬於轂丘之廟，葬於樂池之南。」　弱水　東方朔《十洲記》：「鳳麟洲在西海之中央，四面有弱水繞之，鴻毛不浮，不可越也。」　好神仙　《漢書・揚雄傳》：「往時武帝好神仙。」　脫屣　《史記・孝武紀》：「天子曰：『吾誠得如黃帝，吾視去妻子如脫躧耳。』」《〈漢書・地理志〉注》：「躧、屣同，謂小履無跟者。」　長門陳　《漢書・外戚傳》：「武帝立陳氏為皇后，後衛子夫得幸，罷退居長門宮。」　傾城李　《漢書・外戚傳》：「孝武李夫人，本以倡進。夫人兄延年性知音律，侍上起舞，歌曰：『北方有佳人，遺世而獨立。一顧傾人城，再顧傾人國。寧不知傾城與傾國，佳人難再得。』上曰：『世安得有此人乎？』平陽主因言延年有女弟。上召見之，遂得幸。」　修夜　阮籍《詠懷》詩：「清風肅肅，修夜漫漫。」　哀蟬　《拾遺記》：「漢武帝思李夫人，不可復得。時穿昆靈之池，泛翔禽之舟。帝自造歌曲，使女伶歌之。時日已西隤，涼風激水。女伶歌聲甚遒，因賦《落葉哀蟬曲》。」　不死方　《史記・封禪書》：「不死之藥可得，仙人可致也。」　昭陽　《三輔黃圖》：「武帝後宮八區，有昭陽殿。」《漢書・外戚傳》：「趙皇后弟絕幸，為昭儀，居昭陽殿。」　甘泉病　《史記・封禪書》：「上病鼎湖甚，巫醫無所不致，不愈。游水發根言上郡有巫病而鬼神下之，上召置，祠之甘泉。及病，使人問神君。神君曰：『天子無憂病。病少愈，強與我會甘泉。』於是病瘳。遂起幸甘泉，病良已。」　輪臺悔　《漢書・西域傳》：「征和中下詔，深陳既往之悔，曰：『今請遠田輪臺，欲起亭隧，勞擾天下，非所以優民也。今

────────────

〔註7〕「入」，《楚辭》作「次」。

朕不忍聞。當今務在禁苛暴，止擅賦，力本農，修馬復令，以補缺，毋乏武備而已。』由是不復出軍。」　茂陵　《漢書・武帝紀》：「建元二年，初置茂陵邑。」應劭曰：「武帝自作陵也。」師古曰：「本槐里縣之茂鄉，故曰茂陵。」　有此山　《晉書・羊祜傳》：「祜造峴山，每謂從事等曰：『自有宇宙，便有此山。』」　津梁　《世說・言語篇》：「庾公嘗入佛圖，見臥佛，曰：『此子疲於津梁。』」　龍象　《維摩詰經》：「菩薩勢力，譬如龍象蹴踏，非驢所堪。」《大智度論》：「水行龍力大，陸行象力大，故負荷大法者比之龍象。」　鬥蟻　《北齊書・神武帝紀》：「自東西魏構兵鄴下，每先有黃黑蟻陣鬥，占者以為黃者東魏戎衣色，黑者西魏戎衣色。人家以此候勝負。」　澹泊　《淮南子》：「非澹泊無以明德。」　玉几　葛洪《西京雜記》：「天子玉几，冬則加錦其上，謂之綈几。」　羊車　《晉書・后妃傳》：「武帝多內寵，莫知所適。常乘羊車，恣其所之。宮人乃取竹葉插戶，以鹽汁灑地，而引帝車。」　牛山　《晏子》：「齊景公遊於牛山，北臨其國而流涕，曰：『若何滂滂去此國而死乎？』艾孔、梁丘皆從而泣。」　蒼梧淚　任昉《述異記》：「舜崩於蒼梧之野，娥皇、女英追之不及，相慟哭，淚沾竹上，竹文為之斑斑然。」　西陵履　魚豢《魏略》：「武帝《遺令》：『婕妤、妓人於月朝十五日，輒向帳前作樂。時時登銅雀臺，望我西陵墓田。餘香可分與諸夫人。諸舍中無所為，學作履組賣也。』」　覺王　吳縣汪繢曰：「《佛地論》：『佛者，覺也。覺一切眾智，復能開覺有情，如睡夢覺，故名為佛。』《圓覺經》：「佛為萬法之王。」　無生　《楞嚴經》：「除住三昧，是名無生。」　有為　《莊子・天道》篇：「上必無為而用天下，下必有為為天下用。」　色空　《般若波羅密多心經》：「色不異空，空不異色。色即是空，空即是色。」　不住　沈約《千佛頌》：「不常不住，非今非曩。」　宗風　《景德傳燈錄》：「風穴延照禪師有盧陂長老問曰：『師唱誰家曲，宗風嗣阿誰？』」

石公山

　　真宰斸雲根，奇物思所置。養之以天池，盆盎插靈異。初為仙家困，百仞千倉閉。釜鬲炊雲中，杵臼鳴天際。忽而遇嚴城，猿猱不能縋。遠窺樓櫓堅，逼視戈矛利。一關當其中，飛鳥為之避。仰睇微有光，投足疑無地。循級登層巔，天風豁蒼翠。疲喘千犀牛，落落誰能制。傴僂一老人，獨立拊其背。既若拱而揖，又疑隱而睡。此乃為石公，三問不吾對。

　　石公山　盧熊《蘇州府志》：「石公山在吳縣西南一百二十里。」《新修蘇州府志》：

「林屋洞之外一峰斗入湖中為石公山，相傳花石綱之役，朱勔伐石於此山前。二石對峙水中，謂之石公石姥。」　**天池**　《莊子・逍遙遊》篇：「南溟者，天池也。」　**仙家困**　注詳後。　**樓櫓**　《後漢書・匈奴傳》注：「櫓即樓也。《釋名》曰：『樓無屋為櫓也。』」　**一關**　姚希孟《遊石公山記》：「山有劍樓，俗名一線天，上通圓竅，如瓶去窒，天光射入，比燕子磯一線天敻險而奇。」　**無地**　姚希孟《遊石公山記》：「由一線天躡層級徐陟，僅容數趾，無處著踵，手攀藤蔓，佐足力，踴出穴，即山顛矣。」　**疲喘**　《漢書・丙吉傳》：「逢人逐牛，牛喘吐舌。」　**老人**　王鏊《七十二峰記》：「有若老人立者為石公。」　**三問**　《左傳・哀二十七年》：「三問，卒辭不對。」

歸雲洞

歸雲何孱顏，雕鐫自太古。千松互盤結，託根無一土。呀然丹崖開，蒼茫百靈斧。萬載長欹危，撐拄良亦苦。古佛自為相，一身雜仰俯。依稀莓苔中，葉葉青蓮吐。若以度真詮，足號藏書府。仙翁刺船來，坐擘麒麟脯。鐵笛起中流，進酒虹龍舞。晚向洞中眠，叱石開百武。牀几與棋局，一一陳廊廡。翩然自茲去，黃鵠瀟湘浦。恐使吾徒窺，還將白雲補。

孱顏　司馬相如《大人賦》：「放散畔岸，驤以孱顏。」《注》曰：「孱顏，不齊貌。」李義山《荊山》詩：「壓河蓮華勢孱顏。」　**古佛**　姚希孟《遊石公山記》：「石公之左有歸雲洞，儼然一龕，供大士。」　**麒麟脯**　葛洪《神仙傳》：「麻姑過蔡經家，擗脯如松栢炙，云：『是麒麟脯也。』」　**虹龍**　陸佃《埤雅》：「有角曰虹龍。」　**叱石**　黃初平事，見《神仙傳》。　**瀟湘浦**　太白《遠別離》詩：「乃在洞庭之南，瀟湘之浦。」餘詳後。

縹緲峰

茲峰非云高，高與眾山別。其下多嵌空，天風吹不折。插根虛無際，縹緲為險絕。細徑緣山腰，人聲來木末。籃輿雜徒步，佳處欣屢歇。躋嶺路倍艱，往往攬垂葛。灝氣凌泬㵳，一身若冰雪。輕心出天地，羽翮生髥䯰。杖底撥殘雲，了了見吳越。曜靈燭滄浪，滉瀁金光發。陰霞俄已變，慘澹玄雲結。歸笻破暝靄，半嶺值虹蜺。始知清境杳，跡共人鳥滅。丹砂定可求，苦為妻子奪。看君衣上雲，飛過松間月。

縹緲峰　顧野王《輿地志》:「縹緲峰,洞庭之最高者。」盧熊《蘇州府志》:「包山最高者為縹緲峰。」　虛無　陸龜蒙《縹緲峰》詩:「因思縹緲峰,乃在虛無裏。」　籃輿　注詳卷五。　沆瀣　《楚辭·九辨》:「沆瀣兮天高而氣清。」王逸曰:「沆音血。瀣一作嵺。沆瀣,曠蕩空虛也。或曰蕭條無雲貌。」　曜靈　《楚辭·天問》:「曜靈安藏。」王逸《注》:「曜,靈日也。」　虹蜺　元和林蕃鍾曰:「《春秋元命苞》:『虹蜺者,陰陽之精。陰陽交為虹蜺。』」　丹砂　杜詩:「妻子亦何人,丹砂負前諾。」《本草》:「丹砂久服,通神明不老。」

林屋洞

震澤初未定,水石爭相攻。神龍排杳冥,蕩擊沉虛宮。仙人資禹力,洞府開洪濛。惜哉石函書,不救夫差窮。大道既已泄,國祚於焉終。我行訪遺跡,興極探虛空。絕徑不可肥,自視猶枯筇。山神愛傴僂,直立憂微躬。以之生退怯,匍匐羞兒童。傳聞過險澀,谽呀來天風。松炬厭明滅,乳竇驚青紅。洪崖應常來,牀几陳從容。何不回真馭,日月行其中。銀房閟幽異,勿使吾徒同。終當齎餱糧,鍊骨如飛鴻。路穿三江底,境與諸天通。南浮瀟湘水,西上峨眉峰。歸來詫里人,足比靈威翁。

林屋洞　《洞天福地記》:「林屋洞者,十大洞天之第九洞也,週四百餘里,名左神幽虛之天。即天后幽居之便闕。在蘇州洞庭湖中。」　震澤　《書》孔安國《傳》:「震澤,吳南太湖名也。」《漢書·地理志》:「會稽郡吳縣具區澤在西,古文以為震澤。」　石函書　蔡昇《震澤編》:「昔吳王闔閭使靈威丈人入洞,秉燭晝夜行七十日不窮,而返。啟王曰:『初入洞口甚隘,傴僂而入。約數里,忽遇一石室,高可二丈,常垂津液。內有石床枕研,石几上有素書三卷。』文不可識。使人問於孔子。孔子曰:『此禹石函文,並神仙之事,言大道也。』」《靈寶要略》:「孔子曰:『某聞童謠曰:吳王出遊觀震湖,靈威丈人山隱居。北上包山入靈墟,乃入洞庭竊禹書。天地大文不可舒,此文長傳百六初,若強取之喪國軀。』」　不可肥　蘇詩:「人瘦尚可肥。」　谽呀　司馬相如《上林賦》:「谽呀豁閜。」司馬彪曰:「谽呀,大貌。」郭璞曰:「谽呀,洞口之形容也。」　松炬　《魏志·滿寵傳》:「折松為炬,灌以麻油。」　乳竇　《本草綱目》:「石之津氣,鍾聚成乳,滴溜成石,故名石鍾乳。」鮑照《遇銅山掘黃精詩》:「乳竇夜涓滴。」王世貞《遊林屋洞記》:「度隘口,石乳下垂,青紅諸若寶玉。」　洪崖　葛洪《神仙傳》:「衛叔卿歸華山,漢武帝令叔卿子

度求之，見其父與數人博。度曰：『向與博者為誰？』叔卿曰：『是洪崖先生、王子晉、薛容也。』」　**真馭**　張君房《雲笈七籤》：「真馭之臨，獲聞於諄誨。」　**日月行**　魏武帝《觀滄海》詩：「日月之行，若出其中。」　**銀房**　蔡昇《震澤編》：「林屋洞中有石室銀房、金庭玉柱。」　**鍊骨**　庾闡《遊仙詩》：「赤松遊霞乘煙，封子鍊骨凌仙。」　**三江底**　張守節《史記正義》：「蘇州東南三十里名三江，一江西南上七十里至太湖，名曰松江，古笠澤江；一江東南上七十里至白蜆湖，名曰上江，亦曰東江；一江東北下三百餘里入海，名曰下江，亦曰婁江。於其分處，號曰三江口。」庾仲初《揚都賦注》：「今太湖東江為松江，下七十里有水口分流，東北入海為婁江，東南入海為東江，與松江而三也。」范成大《吳郡志》：「林屋山下有洞，吳大帝時，使人行二十餘里而反，雲上聞波濤聲。」　**諸天通**　樂史《寰宇記》：「洞庭山有穴五門，東通林屋，西達峨眉，南接羅浮，北連岱嶽。」蔡昇《震澤編》：「林屋洞中有一穴，潛行二道，北通琅邪、東武，西通長沙、巴陵。郭璞賦云：『爰有包山洞庭，巴陵地道，四達旁通，幽岫窈窕』是也。」　**瀟湘**　祝穆《方輿勝覽》：「瀟水去零陵三十步，源出九疑山，至永與湘水合。」《山海經》：「湘水出舜葬東南陬，西環之。」《注》：「今湘水出零陵營道縣陽湖山，入江。」　**峨眉**　注見一卷。**靈威翁**　見上注。

送周子俶

五載寄幽燕，歸來問家室。入門四壁在，小婦當窗織。恐其話飢寒，且呼治酒食。妻子識君心，低頭惟默默。嗟余忝鄰里，欲語弗遑及。聞君又行邁，君歸曾幾日。睠此父母邦，過若遠鄉客。丈夫志四海，行矣須努力。

周子俶　《蘇州府志》：「周肇，字子俶，太倉州人。順治丁酉舉人。新淦知縣。」太倉曹廕錡曰：「子俶初官青浦縣教諭。康熙壬戌，陞新淦知縣，卒於任。」　**四壁**　《漢書・司馬相如列傳》：「家徒四壁立。」少陵《百憂集行》：「入門依舊四壁空。」**默默**　《後漢書・逸民傳》：「孟光謂梁鴻曰：『嘗聞夫子欲隱居避患，今何為默默，毋乃欲低頭就之乎？』」

其二

努力贏餱糧，秋風即長路。京口正用兵，倉皇過瓜步。扁舟戒行李，六月黃河怒。脫身萬仞淵，此險何足數。慷慨輕波濤，長年豈知故。中

道感舊交，良為詩書誤。餘生嬰世網，重來獻詞賦。登高望烽火，躊躇屢迴顧。

京口 《元和郡縣志》：「建安十三〔註8〕年，孫權自吳徙治丹徒，號曰京城。十六年，遷建業，復於此置京口鎮。」《御覽》：「《潤州圖經》曰：『其城因山為壘，緣江為境。《爾雅》曰：丘絕高曰京。因謂之京〔註9〕。』」 用兵 《晉書‧郗超傳》：「京口酒可飲，兵可用。」案：順治十六年，海寇鄭成功陷鎮江瓜洲。 瓜步 樂史《寰宇記》：「瓜步山在六合縣東南二十里，東臨大江。齊時築城山側，名曰瓜步城。」任昉《述異記》：「瓜步在吳中，吳人賣瓜於江畔，因以名焉。」 脫身 《集覽》：「『脫身萬仞淵』六句指丁酉科場事。」 長年 注見卷一。

其三

回顧去鄉遠，進及長安城。禁門十二戟，策馬聞雞鳴。解褐初登朝，日出趨承明。慶雲生階墀，天樂和且平。立談計誠用，萬里無專征。忘形樂簡易，任氣高縱橫。常恐斗酒後，脫略驚公卿。一官了婚嫁，可以謀歸畊。

十二戟 《宋史‧輿服志》：「門戟，木為之而無刃，設架而列之，謂之棨戟。天子宮殿門左右各十二，應天數也。」 承明 注見卷二。 了婚嫁 《後漢書‧逸民傳》：「向長，字子平。建武中，男女娶嫁既畢，勑斷家事，勿相關。與北海禽慶俱遊五嶽名山，不知所終。」

其四

歸耕東岡陂，清流貫群木。月明夜方靜，高話溪堂宿。破產求神仙，丹砂徇微祿。玉書晚應悟，至道亡情慾。一飯輒萬錢，並日恒不足。知交雖云厚，詎可先骨肉。閱世經艱難，息心謝榮辱。平生著述事，尚有殘編讀。

東岡陂 《後漢書‧周燮傳》：「有先人草廬結於岡畔，下有陂田，常肆勤以自給。徵聘至，皆以疾辭。宗族勸之曰：『夫修德立行，為世所光。自先世以來，勳寵相承，君獨何為守東岡之陂乎？』」程《箋》：「《州乘備採》：『地有上下岡身路。』故子俶用後漢周燮語，自號東岡。」 求神仙 太倉曹應錡曰：「子俶喜黃白之術，以之匱乏。」

〔註8〕「三」，《元和郡縣志》卷二十六作「四」。《吳詩集覽》亦作「三」。
〔註9〕「京」，《太平御覽》卷一百七十《州郡部十六‧江南道上‧潤州》作「京口」。

玉書　《黃庭內景經》:「思詠玉書入上清。」　至道　《莊子‧在宥》篇:「至道之精，窈窈冥冥。」　萬錢　《晉書‧何曾傳》:「曾日食萬錢，猶言無下箸處。」　先骨肉程　《箋》:「子侲少嗣於叔祖，有同產五人，周五析其嗣產。」

蕩子失意行贈李雲田

君家楚山下，門前溪水流。願識賢與豪，不羨公與侯。動足有萬里，妻子何能留。丈夫重意氣，恥為兒女柔。中夜理瑤瑟，思婦當高樓。鶯花二三月，送君下揚州。小孤白浪惡，腸斷征帆收。長干嬌麗地，一顧嘶驊騮。菡萏亦已落，蘭杜方經秋。十月嚴風寒，剪燭紉衣裘。太行車輪摧，落葉填霜溝。君又自茲去，匹馬將誰投。趙女顏如花，窈窕回明眸。皎皎雙行纏，巧笑搴羅幬。男兒重紅粉，妾夢輕浮漚。今年附書至，慰訊猶綢繆。客囊無長物，旅病才新瘳。途窮徇知己，進止詎自由。狂走三十年，布褐空蒙頭。不如歸去來，漁釣滄浪謳。大兒誦文史，小婦彈空侯。南村沽社酒，西舍牽耕牛。人生一蘧廬，漂泊如飛鷗。得意匪為樂，失路寧關愁。居為段干隱，出作盧敖遊。我欲竟此曲，君笑登扁舟。碧天浩無際，極目徒悠悠。

李雲田　王士禎《感舊集》補傳:「李以篤，字雲田，別自號老蕩子，湖廣漢陽人。」徐釚《續本事詩》:「雲田才高淪落，好遊狹邪。嘗眷延平蕭伎，欲娶之，已又聘盧江女羅弱，其副室周寶鐙尼之，不果。龔芝麓為賦《老蕩子行》，云:『自言平生有奇癖，楚宮微辭東山屐。修蛾曼鬋紛性情，羅袖玉釵遍蓺澤。』豈徒好色之流亞歟？」　小孤　樂史《寰宇記》:「小孤山高三十丈，周回一里，在彭澤古城西北九十里，孤峰聳峻，半入大江。」錢希言《西浮籍》:「小孤山枕江北岸，孤峰峭拔，石陡崖傾，與南岸群山對峙如門，江流到此，隘束而出矣。上有神女廟，與彭郎磯相望盈盈，故俗有彭郎娶小姑之語。」　長干　《圖經》:「長干去上元縣五里。」《梁京寺記》:「建業南五里有山岡，其地平曠，吏民雜居，有大長干、小長干，皆相連。大長干在越城東，小長干在越城西，以地有長短，故號大小長干。」許嵩《建康實錄》:「江東謂山隴之間曰干。大小長干之外，又有東長干，亦是里名。」左思《吳都賦》:「長干連屬，飛甍舛互。」　雙行纏　《樂府‧清商曲‧雙行纏》:「新羅繡行纏，足趺如春妍。」　長物　《晉書‧王恭傳》:「恭從會稽至都，王忱訪之，見恭所坐六尺簟，忱謂其有餘，因乞求之。恭因以送之，遂坐薦上。忱聞而大驚，恭曰:『吾平生固無長物。』」案:長，去聲。　小婦　陳其年《婦人集》:「周炤，字寶鐙，江夏女子，湘

楚中人。傳其豐神纖纖媚，姣好如佚女。性敏給，知書。歸漢陽李雲田。雲田固慕炤，既得當炤，則益大喜過望。然家先有大婦在，炤眉黛間常有楚色。李又愛客遊，常攜炤殘箋數幅，以示友人，人無不色飛者。篋中又藏炤自寫坐月浣花圖，雙鬟如霧，烘染欲絕。圖尾有小篆二。一曰絡隱。或曰炤又字絡隱云。」董以寧《周少君詩序》：「少君，江夏周某女。某官山東按察使僉事，遇闖難，死於官甚烈。而張獻忠兵又屠江夏，少君無所歸。一時交遊好事者，斂錢為雲田聘之。」 **空侯** 《風俗通》：「空侯，一名坎侯。」按：漢武禱祀太一，令樂人侯調依琴，作坎坎之樂，言其坎坎應節也。或曰：空侯取其空中。《許彥周詩話》：「空侯狀如張箕，探手摘絃作聲。」 **蘧廬** 《莊子‧天運》篇：「仁義，先王之蘧廬也。」郭象曰：「蘧廬，傳舍也。」東坡詩：「人生何處非蘧廬。」 **段干** 《隱逸傳》：「段干木，芮城人，起自駔儈家，學於卜子夏，隱居不仕，魏文侯過其廬而式之。」 **盧敖** 《淮南子》：「盧敖遊乎北海，經乎太陰，入乎玄闕，至於蒙穀之上。見一士焉，與之語曰：『子殆可與敖為友乎？』若士者答曰：『子處矣！吾與汗漫期於九垓之外，吾不可以久駐。』若士舉臂而竦身，遂入雲中。」王氏蘇詩注：「盧敖，秦人，隱於廬山。」

丁未三月廿四日從山後過湖宿福源精舍

千林已暝色，一峰猶夕陽。拾級身漸高，樵徑何微茫。回看斷山口，樹杪浮湖光。松子向前落，道人開石房。橘租養心性，取足鬚眉蒼。清磬時一聲，流水穿深篁。我生亦何幸，暫憩支公床。客夢入翠微，人事良可忘。

福源精舍 蔡昇《震澤編》：「福源寺在西洞庭攢雲嶺。梁大同二年，吳縣令黃楨捨山園置。隋大業中廢。唐貞觀中重建。」 **道人** 懷寧余鵬年曰：「葉夢得《避暑錄話》：『晉宋間佛學初行，其徒未有僧稱，通曰道人。』」 **支公** 《高僧傳》：「支遁，字道林，河內林慮人。年二十五始釋形入道。」餘見前注。 **翠微** 《爾雅‧釋山》：「未及上，翠微。」《疏》：「謂未及頂上，在旁陂陀之處，名翠微。一說山氣縹青色曰翠微。凡山遠望則翠，近之則翠漸微。」

廿五日偕穆苑先孫浣心葉予聞允文遊石公山盤龍石槕寂光歸雲諸勝

大道無端倪，真宰有融結。茲山在天壤，靈異蓄不泄。萬竅凌虛無，一柱支毫末。疑豈愚公移，愁為巨靈拔。劉根作堂奧，柳毅司局鐍。誰啟仙人閨，繫我漁父枻。刻鏤洪濛雲，雕搜大荒雪。或人而痀瘻，或馬而蹄齧。或負藏壑舟，或截專車節。或象神鼎鑄，或類昆吾切。地肺庖

丁解，月窟工倕伐。石囷封餱糧，天廚凳涓潔。重陳累瓴甋，短柱增櫨
梲。瓜瓞觚稜剖，木皮槎枒裂。皚皚黃河冰，炎炎昆岡熱。嵲岈舞辟邪，
䶵䶖張饕餮。斗起峇雲關，一道通箭筈。碧藕玲瓏根，文螺宛委穴。丹
梯躡而上，鬱鬱虛皇闕。突兀撐青旻，插地屏障列。一身生羽翰，百尺
跨虹蜺。斷澗吟風楠，颯爽侵毛髮。側窺漏日影，了了澄潭澈。雞聲出
煙井，乃與人境接。回思頃所歷，過眼才一瞥。秦皇及漢武，好大同蜾
蠃。齊諧不能志，炙輠不能說。酈桑二小儒，注書事抄撮。陋襲李斯碑，
闕補周王碣。關仝亦妙手，惜未適吳越。嵩華雖云高，無以鬥巧拙。時
俗趁姿媚，煙巒漫塗抹。妄使傖父輩，笑我驕蟻垤。京江吸金焦，漢水
注大別。流峙合而匯，奇氣乃一發。睥睨五嶽間，誰與分優劣。扶杖一
村翁，眼看話年月。昔逢猶兒童，今見已耄耋。昨聞縣帖下，搜索到魚
鱉。訝彼白黿逃，無乃青草竭。卻留幽境在，似為肥遯設。當年綺里季，
卜居采薇蕨。皓首走漢廷，恨未與世絕。若隨靈威去，此處攬藤葛。子
房知難致，欲薦且捫舌。浮生每連蜷，塵界盡空闊。謀免妻孥愁，計取
山水悅。入春桃李過，韶景聽啼鴃。籃輿累親舊，同載有二葉。穆生老
而健，孫郎才且傑。彼忘筋力勞，我愛賓朋挈。過湖曳輕帆，入寺憩深
樾。老僧諧語笑，妙理攻曲蘖。曉起陳槃餐，飽食非饘糲。桑畦路宛宛，
筍屩行兀兀。快意在此遊，失記遺七八。平湖鋪若茵，磐石幾人歇。蹲
踞當其旁，拒戶相支遏。黝黑聲旬棱，欲進遭嗔喝。側肩僅容趾，腹背
供磨軋。下踹蘚磴牢，上覦崩崖豁。攀躋差毫釐，失足憂一蹶。前奇慕
先過，後險欣乍脫。歌呼雜韶䕏，嘻笑視履襪。君看長安道，高步多蹉
跌。散誕來江湖，蒲伏羞干謁。頭因石丈低，腰向山靈折。四月將已近，
天時早炎熱。揮汗何沾濡，驚飆俄凜冽。歸來北窗枕，響入山溜徹。不
寐話夜涼，連床擁裘褐。晚歲艱出門，端居意騷屑。閒蹤愜羈旅，逸興
貪放達。跌蕩馮夷宮，遊戲天吳窟。將毋神鬼怒，亟遣風雨奪。勝事滿
現前，得失歸勇怯。衰老偕故人，幸喜茲遊決。它年子胥濤，百里聞吒
咄。鱣鮪隨風雷，頸鎖金牛掣。鮫人拭床幾，神女洗環玦。硠磕打空灘，
澎湃濺飛沫。嘈呟無射鍾，嘹喨蕤賓鐵。孤客為旁皇，嫠婦為悽咽。那
知振柁下，我輩行車轍。再拜告石公，相逢慰饑渴。既從人間世，忍再
洪波沒。志怪作大言，嗜奇私神物。肯學楊焉鐫，願受壺公訣。縮之入
懷袖，弄之置盆缽。栽松龍氣上，蓄水雲根活。長留文士玩，勿被山君

竊。嘗聞岣嶁峰，科斗尊往牒。剝蝕存盤螭，捫索嗟完缺。此山通巴陵，下有神禹剗。後代文字衰，致起龍蛇孽。我有琅玕管，上灑湘娥血。濯足臨滄浪，浩思吟不輟。未堪追陽冰，猶足誇李渤。隱從煙霞閟，出供時世閱。刻之藏書巖，千載應不滅。

　　穆苑先　《文集·穆苑先墓誌》：「君姓穆氏，諱雲桂，苑先其字也。與余居同里。為諸生，有名。」　**孫浣心**　《集覽》：「孫浣心，名令修。」案：《蘇州府志》：「孫以敬，字合修。」集中屢見。孫浣心，集中亦兩見，恐另是一人。　**葉予聞允文**　程《箋》：「《葉氏世譜》：予聞，名有馨，號箬菴，松江人。乙酉拔貢。允文，名兆昌。住洞庭中巷，譜謂之中巷派。」　**盤龍諸勝**　程《箋》：「《包山遊記》：『石公之奇，山之趾，怪石林立者以千百數，最著者曰盤龍洞，曰天門，曰千人石，曰石屋；山之巔，大石嵯峨者以千百數，其最著者曰歸雲洞，曰寂光洞，曰聯珠嶂，曰一線天。盤龍洞相傳有龍浴其中，空洞盤曲，石上猶存鱗甲形。石樑以天台取象，兩巨石對立，中橫一梁，長五尺，闊一尺餘，狀若魚背，遊者舉足震掉。寂光洞視歸雲稍隘，而內有石如雲之下垂。』」　**端倪**　《莊子·大宗師》篇：「反覆始終，不知端倪。」　**融結**　孫綽《天台山賦》：「融而為川瀆，結而為山阜。」　**愚公移**　《列子·湯問》篇：「太形、王屋二山，方七百里，高萬仞。北山愚公，年九十，面山而居。懲山北之塞，出入之迂也，率子孫叩石墾壤，運於渤海之尾。河曲智叟笑而止之。操蛇之神懼其不已也，告之於帝。帝感其誠，命夸娥氏二子負二山，一厝朔東，一厝雍南。」　**巨靈擘**　酈道元《水經注》：「河神巨靈手劈華山，中分為兩，以通河流。」　**劉根**　范成大《吳郡志》：「毛公壇在洞庭山，漢劉根得道處。根既成仙，身生綠毛，人皆見之，故名毛公。」《後漢書·方術傳》：「劉根者，穎川人也。隱居嵩山。」葛洪《神仙傳》：「劉根，字君安，京兆長安人。漢成帝時為郎中。棄去，學道嵩山中。後入雞頭山，仙去。」俱與范《志》不同，豈漢時又有一劉根得仙者歟？　**柳毅**　注詳卷十。　**仙人閭**　《史記·封禪書》：「石閭者，在太山下阯。南方方士多言此仙人之閭也，故上親禪焉。」王存《九域志》：「《石閭山太山記》云：『山頂西崀為仙人石閭。』」《山東通志》：「石閭山在泰安州南四十里，相傳有仙人石閭居其下。」　**洪濛**　《淮南子·俶真訓》：「以洪濛為景柱。」高誘曰：「洪濛，東方之野，日所出。」　**大荒**　《山海經》：「大荒之中有山，名曰大荒之山，是謂大荒之野。」　**痀瘻**　《莊子·達生》篇：「仲尼適楚，出於林中，見痀瘻者承蜩。」陸德明《音義》：「痀瘻，曲脊貌。」　**藏壑舟**　《莊子·大宗師》篇：「藏舟於壑，藏山於澤，謂之固矣。然而夜半有力者負之而走，昧者不知也。」　**專車**　《國語》：「吳伐楚，墮會稽，獲骨，節專車。吳子使

來聘，問於仲尼：『敢問骨孰為大？』仲尼曰：『昔禹致群神於會稽之山，防風氏後至，執而戮之，其骨節專車。此為大矣。』　**神鼎鑄**　《左傳‧宣三年》：「昔夏后氏之方有德也，遠方圖物，貢金九牧，鑄鼎象物，百物而為之備，使民知神姦。」　**昆吾**　《列子‧湯問》篇：「西海上多昆吾石，冶鐵作劍，切玉如泥。」　**地肺**　《真誥‧稽神樞》：「山在水中者曰地肺。」《蘇州府志》：「太湖中小山之名嶼者有四，其大不及百畝，高不過二尋，當湖水大發時亦不浸，古稱地肺，故長浮於水面也。」　**庖丁解**　《莊子‧養生主》篇：「庖丁為文惠君解牛，奏刀騞然，莫不中節。」　**月窟**　揚雄《長楊賦》：「西壓月嶞。」服虔曰：「嶞音窟，月所生也。」　**工倕伐**　《莊子‧達生》篇：「工倕旋而蓋規矩。」《正韻》：「倕，黃帝時巧人名。」段成式《酉陽雜俎》：「鄭嵩山見一人枕襆物眠然，呼之，其人曰：『君知月日乃七寶合成乎？常有八萬二千戶脩之。予即一數。』因開襆，有斤鑿數事。玉屑飯兩裹，二人分食。」　**石囷**　《晉書‧劉驎之傳》：「驎之好遊山。」嘗採藥至衡山，深入忘反，見一澗水，水南有二石囷，一囷閉，一囷開，開水深廣，不得過。欲還，失道。或說囷中皆仙靈方藥諸雜物。驎之欲更尋索，終不能復知處也。」王應麟《小學紺珠》：「石囷，一名石廩。」　**天廚**　注見前。　**重嶂**　《爾雅‧釋山》：「重甗，隒。」郭璞曰：「山形如累兩甗。甗，甑也。」《詩經疏》：「隒是山岸。」許氏《說文》：「隒，厓也。」丁度《集韻》：「隒，丘檢切，音嵰；又力冉切，音斂。義同。」　**櫨梲**　許氏《說文》：「櫨，柱上柎。梲，梁上楹也。」　**瓜瓤**　傅休奕《瓜賦》：「瓜瓤少瓣。」《廣韻》：「瓤，女良切，瓜實。」　**觚稜**　班固《西都賦》：「上觚稜而棲金爵。」李善曰：「觚者，八觚有隅者也。又音孤。」許氏《說文》：「觚，柧也。柧與觚同。」　**崦岈**　長洲余蕭客曰：「《玉篇》：『崦岈，山深之狀。』」梁元帝賦：「崦岈豁閜。」　**辟邪**　酈道元《水經注》：「湢水南岸，漢中常侍長樂太僕吉侯苞冢，有人掘出一獸，作制甚工，左膊上刻作辟邪字。」《抱朴子》：「前道十二窮奇，後從三十六辟邪。」　**甜䑛**　丁度《集韻》：「甜䑛，吐舌貌」王延壽《魯靈光殿賦》：「玄熊甜䑛以齗齗。」　**饕餮**　《左傳‧文十八年》：「縉雲氏有不才子，貪於飲食，冒於貨賄，天下之民謂之饕餮。」　**雲關**　謂石公山劍樓。見前注。　**箭筈**　少陵《望嶽》詩：「箭筈通天有一門。」長洲余蕭客曰：「《廣韻》：『箭末曰筈。箭筈，受弦處。』」　**宛委穴**　王子年《拾遺記》：「會稽山南有宛委山，其上有石，俗呼石匱。昔禹治洪水，厥功未就，乃躋於此山，發石匱，得金檢書，以知山河體勢。」《明一統志》：「宛委山有穴，相傳禹治水畢，藏書於此。」　**虛皇**　陶弘景《許長史碑頌》：「結號虛皇，筌發正覺。」　**百尺**　陳子昂《春日登金華觀》詩：「虹飛百尺橋。」　**一覕**　《莊子‧徐无鬼》篇：「譬之猶一覕也。」陸德明《音義》：「覕亦作瞥。」

劉禹錫詩:「君看瞥眼光陰速。」　　**蠛蠓**　《爾雅·釋蟲》:「蠓,蠛蠓。」《注》:「小蟲似蚋,喜亂飛。」《疏》:「名蠓,又名蠛蠓,一名醯雞。」　　**齊諧**　《莊子·逍遙遊》篇:「齊諧者,志怪者也。」　　**炙輠**　《史記·荀卿傳》:「炙轂過髡。」《注》:「過字作輠。輠者,車之盛膏器也。炙之雖盡,猶有餘流者。言淳于髡智不盡如炙輠也。」　　**酈桑**　《唐書·藝文志》:「桑欽《水經》三卷。酈道元《注水經》四十卷。」戴震《水經注序》:「後魏御史中尉范陽酈道元,字善長,撰《水經注》四十卷。蕭寶夤之亂,道元叱賊而死,贈吏部尚書、冀州刺史、安定縣男。善長雖依經附注,不言《水經》撰自何人。《唐書·藝文志》始以為桑欽撰。欽在班固前,固嘗引其說,與《水經》違異。晉郭璞注三卷,唐時猶存,不詳所撰者名氏,亦不知何代之書,則景純已不能言其作者矣。善長於鍾水過魏寧縣,解之曰:『魏亭,故陽安也。晉太康元年,改曰晉亭。』然則《水經》上不逮漢,下不及晉初,實魏人纂敘無疑。」　　**李斯碑**　酈道元《水經注》:「秦始皇觀禮於魯,登於嶧山之上,命李斯以大篆立石山巔,名曰書門。」　　**周王碣**　王應麟《石鼓文考》:「石鼓文記周宣王田獵之事,亦名周王獵碣。」　　**關仝**　《宣和畫譜》:「關仝,一名穜,長安人。畫山水早年師荊浩,晚年筆力過浩遠甚。」　　**趁姿媚**　昌黎《石鼓歌》:「羲之俗書趁姿媚。」　　**塗抹**　伊世珍《嬭嬛記》:「王維為岐王畫一大石,信筆塗抹,自有天然之致。」　　**傖父**　《晉書·左思傳》:「陸機與弟雲書曰:『此間有傖父,欲作《三都賦》。』」餘見卷一注。　　**蟻垤**　陸佃《埤雅》:「蟻知為垤,貛貉為曲穴。」　　**京江**　《潤志》:「揚子江一名京江,江從蜀來數千里,至京口,北距廣陵,東注大海。」　　**金焦**　注見卷一。　　**大別**　樂史《寰宇記》:「大別山在漢陽府城東北,《禹貢》『內方至於大別』,即此。山陰有鎖穴,即孫皓以鐵鎖斷江處。」《明一統志》:「漢水在大別山北,與溳水合流而入江。」　　**青草**　《荊州記》:「巴陵南有青草湖,周回百里,湖南有青草山,故名。」范致明《岳陽風土記》:「青草湖與洞庭相連。」　　**綺里季**　蔡昇《震澤編》:「先賢之遺蹟有八,其一曰綺里,在上真宮西四里。綺里季隱居於此。」　　**走漢廷**　《史記·留侯世家》:「上欲廢太子,立戚夫人子。留侯曰:『此難以口舌爭也。顧上有不能致者,天下有四人。今太子為書,卑辭安車,因使辯士固請以來。』及燕,太子侍,四人從太子,年皆八十有餘,鬚眉皓白,衣冠甚偉。上怪,問之曰:『彼何為者?』四人前對,各道姓名:東園公、甪里先生、綺里季、夏黃公。上乃驚,曰:『吾求公數年,公逃避我,今乃從吾兒遊乎?煩公卒調護太子。』」　　**連蜷**　《楚辭·九歌》:「靈連蜷兮既留。」《注》:「連蜷,長曲貌。」　　**籃輿**　注見前。　　**妙理**　少陵《晦日尋李戢崔封〔註10〕》詩:「濁醪有妙

理。」　**麤糲**　《史記・聶政傳》：「將用為夫人粗糲之費。」張晏曰：「一朔栗春七斗

米為糲。」臣瓚曰：「五斗栗、三斗米為糲。」《篇海》：「糲，米不精也。力制切，又

令達反。」　**黝黑**　楊炯《渾天賦》：「俯察千仞之谷而黝黑。」　**旬棱**　李顥《雷

賦》：「鼓輷輘之逸響。」　**散誕**　陸龜蒙《江湖散人傳》：「散人者，散誕之人也。」

蒲伏　《左傳・昭十三年》：「懷錦奉壺飲冰以蒲伏焉。」《文選注》：「蒲伏即匍匐也。」

石丈　葉夢得《石林燕語》：「米芾知無為軍。初入州廨，見立石頗奇，即命具袍笏拜

之，呼為石丈。」　**山靈**　班固《東都賦》：「山靈護野。」注：「山靈，山神也。」

馮夷　《穆天子傳》：「陽紆之山，河伯馮夷之所都。」《山海經》：「馮夷人面，乘兩龍。」

張楫曰：「馮夷，河伯字也。」　**天吳**　《山海經》：「朝陽之山有神曰天吳，人面虎身，

八足八尾，皆青黃。」　**子胥濤**　《吳越春秋》：「子胥伏劍死，吳王棄其軀，投之江

中。子胥因隨流揚波，依潮來往，蕩激奔岸。」　**金牛**　劉義慶《幽冥錄》：「巴丘黃

金潭有金牛，金鎖鎖於潭底。」　**鮫人**　任昉《述異記》：「南海中有鮫人，水居如魚。

不廢機杼。其眼能泣，泣則成珠。」　**硠磕**　王逸《九思》：「雷霆兮硠磕。」許慎《說

文》：「硠磕，石聲。」　**無射鍾**　《左傳・昭二十一年》：「天王將鑄無射。」杜曰：

「周景王也。無射，鍾名。律中無射。」東坡《石鐘山記》：「噌吰者，周景王之無射

也。」　**蕤賓鐵**　段成式《酉陽雜俎》：「蜀將軍皇甫直好彈琵琶，嘗造一調，乘涼，

臨水池彈之，本黃鍾也，而聲入蕤賓，因更絃再三彈之，猶蕤賓也。隔日於他處彈之，

則黃鍾矣。夜復彈於池上，覺近岸波動，有物激水如魚躍。及下絃，則沒矣。直遂車

水，竭池索之，得鐵一片，乃方響蕤賓鐵也。」　**捩柂**　少陵《撥悶》詩：「捩柂開

頭捷有神。」　**楊焉鐫**　《漢書・溝洫志》：「鴻嘉四年，楊焉言：『從河上下，患底柱

隘，可鐫廣之。』上從其言，使焉鐫之。而水益湍怒，為害甚於故。」　**壺公訣**　葛

洪《神仙傳》：「壺公者，不知其姓名也。汝南有費長房，為市掾。見公入市賣藥，常

懸一空壺。日入之後，跳入壺中。人莫之見，惟長房於樓上見之，知非常人，乃日日

掃公座前地及供饌物。公知其篤信，與入壺中，封符一卷付之，曰：『此可主鬼神，能

縮地脈。』」　**山君**　《史記・武帝紀》：「泰一、皋山山君、地長。」《正義》曰：「並

神名。」　**岣嶁峰**　《山海經》：「衡山一名岣嶁山。」趙明誠《金石錄》：「岣嶁山有

神禹碑，文不可識。」昌黎《謁南嶽廟》詩：「岣嶁山尖神禹碑，字青石赤形摹奇。科

斗拳身薤倒披。」　**科斗**　《爾雅・釋蟲》：「科斗，活東。」《注》：「蝦蟆子。」《疏》：

「此蟲一名科斗，一名活東，頭圓大而尾細，古文似之。」　**通巴陵**　見前注。　**神

禹劚**　見前注。　**龍蛇孽**　《後漢書・五行志》：「傳曰：皇之不極，是謂不建，厥咎

眊，厥罰恒陰，厥極弱，時則有龍蛇之孽。」　**湘娥血**　見前注。　**陽冰**　《唐書・

宰相世系表》：「趙郡李陽冰，工篆法，自稱倉頡後身，千年後無可代者。」 李渤 《唐書·李渤傳》：「李渤，字濬之。刻志於學。」 積書巖 酈道元《水經注》：「河北有層山，山甚靈秀，中有石室。室中有積卷。而世少津逮者，因謂之積書巖。」

遊石公歸是夜驟雨明晨微霽同諸君天王寺看牡丹

　　煙嵐澹方霽，沙暖得徐步。訪寺苦徑微，遠近人語誤。道半逢一泉，曲折隨所赴。觸石松頂飛，其白或如鷺。尋源入杳冥，壑絕橋屢渡。中有二比丘，種桃白雲護。花將舞而笑，石則落猶怒。澆之以杯酒，娟然若回顧。此處疑仙源，快意兼緗素。苦辭山地薄，縣官責常賦。蔬果雖已榮，龍象如欲訴。學道與養生，得失從時務。吾徒筋力衰，萬事俱遲暮。太息因歸來，鐘聲發清悟。

　　天王寺　蔡昇《震澤編》：「天王寺在馬稅城之桃花隖。唐大中元年鑿井，得天王像，宣宗賜額為天王院。宋宣政間，改名天王寺。紹興初，更名十方禪院。」 比丘 《魏書·釋老志》：「桑門為息心，比丘為行乞。婦入道者曰比丘尼。」 縣官 《周禮·地官》：「四甸為縣。」杜佑《通典》：「縣令長皆秦官，掌治其縣，萬戶以上為令，減萬戶為長。」 龍象 注見前。

　　《集覽》：「錢陸燦曰：『詩竟不及牡丹，何也？疑有逸處。』」愚案：或是看桃花之誤

揖山樓

　　名山誰逢迎，遇人若俯仰。心目無端倪，默然與之往。幽泉互相答，飛鳥入空想。傑閣生其間，檻軒爭一爽。嘉樹為我圓，坐久惜餘賞。暝靄忽而合，明月出孤掌。彈琴坐其中，萬籟避清響。良夜此會難，佳處莫能獎。

　　揖山樓　《鎮洋縣志》：「樂郊園在東門外半里，大學士王錫爵種芍藥處。錫爵孫太常寺卿時敏拓為園林，有藻野堂、揖山樓、涼心閣諸勝。」

鹽官僧香海問詩於梅村村梅大發以詩謝之

　　但訪梅花來，今見梅花去。何必為村翁，重尋灌園處。種梅三十年，繞屋已千樹。饑摘花蕊餐，倦抱花影睡。枯坐無一言，自謂得花意。師今遠來遊，恰與春光遇。索我囊中詩，搔首不能對。寄語謝故人，幽香養衰廢。溪頭三尺水，好洗梅魂句。

　　鹽官　《漢書·地理志》：「會稽郡縣海鹽故武原鄉有鹽官。」《一統志》：「鹽官故城，今杭州府海寧縣治。」　梅村　張大純《采風類記》：「梅村在太倉衛西，本王銓部士騏舊業，名賁園。吳祭酒偉業斥而新之，改今名，有樂志堂、梅花庵、交蘆庵、嬌雪樓、鹿樵溪舍、橙亭、蒼溪亭諸勝。」　囊中詩　《唐書·李賀傳》：「從小奚奴，背古錦囊，遇所得詩，投囊中。」　三尺水　張雨詩：「雪消春水深三尺。」　梅魂　東坡詩：「暗香先返玉梅魂。」

直溪吏

　　直溪雖鄉村，故是尚書里。短棹經其門，叫聲忽盈耳。一翁被束縛，苦辭橐如洗。吏指所居堂，即貧誰信爾。呼人好作計，緩且受鞭箠。穿漏四五間，中已無窗幾。屋梁紀月日，仰視殊自恥。昔也三年成，今也一朝毀。貽我風雨愁，飽汝歌呼喜。官逋依舊在，府帖重追起。旁人共欷歔，感歎良有以。東家瓦漸稀，西舍牆半圮。生涯分應盡，遲速總一理。居者今何棲，去者將安徙。明歲留空村，極目唯流水。

　　直溪　《太倉州志》：「直塘市去州北三十里，水無曲折，故名。居民市，亞於雙鳳。」　尚書里　《集覽》：「程穆衡曰：『明兵部尚書凌雲翼居直塘，至今猶聚族焉。』」《明史·凌雲翼傳》：「雲翼，字洋山。嘉靖二十六年進士。累遷兵部左侍郎，提督兩廣軍務。代殷茂正征羅旁，平之。晉尚書，以病歸家居。驕子橫於里中，給事御史連章劾之，詔奪官，卒。」程案：洋山奪官，為諸生刊布坑儒圖也。其討檄有云：「蠻煙峒草，十年鬼哭不休；血雨腥風，一夜遊魂畢至。狼心虎行，總屬冤愆；子暴孫頑，皆由鬼厲。」蘇州府庠生姚希孟之筆也。乃曾幾何時，遂有如諸所云者。嗚呼！唏矣。　作計　《南史·任昉傳》：「有子東里、西華、南容、北叟，並無術業，不能自振。生平舊交，莫有收恤。西華冬月著葛帔練裙，道逢平原劉孝標，泫然矜之，謂曰：『我當為卿作計。』乃著《廣絕交論》，以譏其舊交。」　穿漏　《南齊書·劉瓛傳》：「住在檀橋，瓦屋數間，上皆穿漏。」

臨頓兒

　　臨頓誰家兒，生小矜白皙。阿爺負官錢，棄置何倉卒。給我適誰家，朱門臨廣陌。囑儂且好住，跳弄無知識。獨怪臨去時，摩首如憐惜。三年教歌舞，萬里離親戚。絕伎逢侯王，寵異施恩澤。高堂紅氍毹，華燈布瑤席。授以紫檀槽，吹以白玉笛。文錦縫我衣，珍珠裝我額。瑟瑟珊

瑚枝，曲罷恣狼藉。我本貧家子，邂逅遭拋擲。一身被驅使，兩口無消息。縱賞千黃金，莫救餓死骨。歡樂居它鄉，骨肉誠何益。

　　臨頓　朱長文《吳郡圖經續記》：「臨頓，吳時館名。」《蘇州府志》：「在城東，吳王時，嘗逐東寇，頓軍於此，設宴餉之，故名。今呼臨頓里，有臨頓橋。」　**白晳**《古樂府・陌上桑》：「為人潔白晳。」　**紿**《穀梁傳》：「惡公子之紿。」《注》：「紿，欺也。」

梅村詩集箋注　卷第四

長洲吳翌鳳撰　滄浪吟榭校定本

七言古詩

行路難

　　奉君乘鸞明月之美扇，邪溪赤堇之寶刀，莞蒻桃笙之綺席，陽阿激楚之洞簫。丈夫得意早行樂，歌舞任俠稱人豪。舉杯一歌行路難，酒闌鍾歇風蕭蕭。

　　行路難　《晉書·袁山松傳》:「舊歌有行路難，乃文其辭，每醉縱歌之。」《樂府解題》:「《行路難》，備言世路艱難以及離別悲傷之意。」　**乘鸞**　江淹《擬班倢伃詠扇詩》:「紈扇如圓月，出自機中素。畫作秦王女，乘鸞向煙霧。」　**明月**　班倢伃詩:「裁成合歡扇，團團似明月。」　**邪溪赤堇**　《吳越春秋》:「越王允常示薛燭以純鉤之劍。燭曰:『臣聞初造此劍，赤堇之山破而出錫，若邪之溪涸而出銅。』」　**莞蒻**　王子年《拾遺記》:「周穆王時，西王母來獻碧蒲之席、黃莞之薦。」張衡《同聲歌》:「願為莞弱席，在下蔽匡床。」　**桃笙**　揚雄《方言》:「簟，宋、衛之間謂之笙。」左思《吳都賦》:「桃笙象簟，韜於筒中。」《注》:「桃笙，桃枝簟也。」沈懷遠《南越志》:「桃枝，南人謂之笙。」　**陽阿激楚**　釋智匠《古今樂錄》:「《陽春》、《白雪》、《陽阿》、《激楚》皆樂名也。」　**洞簫**　聶崇義《三禮圖》:「無底謂之洞簫。」　**任俠**　《史記·季布傳》:「為氣任俠。」如淳曰:「相與信為任，同是非為俠。」　**人豪**　《史記·陳餘傳》:「於此時不成封侯之業者，非人豪也。」　**酒闌**　《漢書·高祖紀》注:「飲酒者半罷半在謂之闌。」

其二

長安巧工製名燈,七龍五鳳光層層。中有青熒之朱火,下有映徹之澄冰。遊魚揚鬐肆瀺灂,飛鳥奮翼思騫騰。黑風吹來遍槐市,狂花振落燒觚稜。金吾之威不能禁,鐵柱倒塌銅盤傾。使人策馬不能去,青燐鬼哭唯空城。

名燈 花村看行侍者《談往》:「燈市向設於五鳳樓前,後徙東華門外。正月起於初八,至十八。每市則初五、初十、二十,趕賣百物。其先實為燈設也。燈賈大小以幾千計,燈本多寡以幾萬計。自大內兩宮與東西二宮,及貴戚、世勳、文武百僚,莫不挾重貲往以買之。多寡角勝負,百兩一架,廿兩一對。貴重華美,必極塵世所未有。大抵閩、粵技巧,蘇、杭錦繡,洋海物料,選集而成。若稍稍隨俗無奇者,不敢出也。」 **七龍五鳳** 葛洪《西京雜記》:「長安巧工丁緩者,為常滿燈,七龍五鳳,雜以芙蓉蓮藕之屬。」 **澄冰** 孫國敉《燕都遊覽志》:「燈市有冰燈,細剪百彩,澆水成之。」 **瀺灂** 注見卷一。 **黑風** 《北史·魏道武七王傳》:「夜叉羅剎,此鬼食人。非遇黑風,事同飄墮。」 **槐市** 《三輔黃圖》:「去城七里,為常滿倉,倉之北為槐市。列槐數百行為隧,無牆屋,諸生朔望會,且各持其群[註1]所出貨物及經傳書記、笙磬樂器,相與買賣,雍容揖讓,論議槐下。」 **狂花** 庾子山《小園賦》:「狂花滿屋。」 **觚稜** 注見卷三。 **金吾** 《漢書·百官公卿表》:「中尉,秦官,掌徼循京師。武帝更名執金吾。」師古曰:「金吾,鳥名,辟除不祥。天子出,職主導,以禦非常,故執此鳥之象,因以名官。」韋述《兩京新記》:「西都京城街衢,有金吾曉暝傳呼,以禁夜行。唯正月十五夜,敕許金吾弛禁,前後各一日,謂之放夜。」 **鐵柱銅盤** 庾子山《燈賦》:「銅盤承蠟淚,鐵柱染浮煙。」 **青燐** 王充《論衡》:「人之兵死也,其血為燐。血者,生時之精氣也。」 **空城** 《漢書·燕刺王旦傳》:「歸空城兮狗不吠,雞不鳴。」

其三

君不見無須將閭叫呼天,賜錢請葬驪山邊。父為萬乘子黔首,不得耕種咸陽田。君不見金墉城頭高百尺,河間成都弄刀戟。草木萌芽殺長沙,狂風烈烈吹枯骨。人生骨肉那可保,富貴榮華幾時好。龍子作事非尋常,奪棗爭梨天下擾。金床玉几不得眠,一朝零落同秋草。

〔註1〕「群」,《三輔黃圖》作「郡」。

　　無須將閭　《後漢書・廣陵思王荊傳》：「無為扶蘇將閭叫呼天也。」《注》：「扶蘇，秦始皇太子。將閭，庶子也。扶蘇以數諫始皇，使與蒙恬守北邊。始皇死於沙丘，少子胡亥詐立，賜扶蘇死。將閭昆弟三人囚於內宮。胡亥使使謂將閭曰：『公子不臣，罪當死。』將閭乃仰而大呼天者三，曰：『天乎！吾無罪。』昆弟三人皆流涕，伏劍自殺。」案：扶蘇作無須，或音之通耳，未詳所出。　　**賜錢請葬**　《通鑑綱目》：「秦二世元年四月，囚公子將閭於內宮，將殺之。將閭仰而呼天，拔劍自殺。宗室震恐。公子高欲奔，不敢，乃上書，請從死先帝，得葬驪山之足。二世可之，賜錢以葬。」　　**驪山**　《後漢書・郡國志》：「新豐有驪山。」杜預曰：「古驪戎國。」韋昭曰：「戎來居此山，故號驪戎。」《三秦記》曰：「始皇墓在山北。」　　**黔首**　《史記・秦始皇紀》：「更民曰黔首。」應劭曰：「黔亦黎黑也。」又，《始皇紀》：「博士淳于越進曰：『臣聞殷周之王千餘歲，封子弟功臣，自為枝輔。今陛下有海內，而子弟為匹夫。』」　　**咸陽**　馮智舒《綱目質實》：「咸陽，秦縣名，孝公徙都於此。其地在山南水北，山水皆陽，故曰咸陽。」　　**金墉城**　陸機《洛陽記》：「金墉城在總章宮西北。」　　**河間成都**　《通鑑綱目》：「齊王冏擅權，河間王顒檄長沙王乂討冏，欲俟冏殺乂而後討之，遂廢帝立成都王穎，以己為相。既而乂執冏殺之，不如所謀，穎亦恃功驕奢，嫌乂在內，欲與顒共攻乂。參軍邵續諫曰：『人有兄弟，如左右手。今公欲當天下之敵而先去一手，可乎？』穎不聽。與顒共舉兵，以張方為都督，將兵趨洛陽。乂奉帝攻方。方知洛陽未可克，欲引還，而東海王越慮事不濟，潛與殿中諸將夜收乂，置金墉城。將士恨乂功垂成而敗，謀劫出之，更以拒穎。越懼，令方就金墉城收乂，至營，炙而殺之。頓丘太守劉喬執穎送鄴，詔賜死。南陽王模遣將邀河間誅之。」　　**草木萌芽**　《晉書・長沙王乂傳》：「初，乂執權之始，洛下謠曰：『草木萌芽殺長沙。』又以正月二十七日死，如謠言焉。」　　**龍子**　《北齊・琅邪王儼傳》：「儼殺和士開，斛律光聞之，撫掌大笑曰：『龍子作事，固自不似凡人。』」　　**奪棗爭梨**　《南史・梁武陵王紀傳》：「元帝與王書曰：『兄肥弟瘦，無復相見之期；奪棗爭梨，長罷懽愉之日。』」　　**金床玉几**　《魏書・咸陽王禧傳》：「禧恣極聲色，後以叛誅。宮人為歌曰：『可憐咸陽王，奈何作事誤。金床玉几不得眠，夜蹋霜與露。洛水湛湛深岸長，行人那得渡。』流傳江表，北人在南者，絃歌奏之，無不灑泣。」

其四

　　愁思忽不樂，乃上咸陽橋。盤螭蹲獸勢相齧，谺呀口鼻吞崩濤。當時平明出萬騎，馬蹄蹀躞何逍遙。長安冠蓋一朝改，紫裘意氣非吾曹。

柴車辟易伏道畔，舍人辭去妻挐嘲。人生太行起面前，何必褒斜棧閣崎
嶇高。

　　咸陽橋　宋敏求《長安志》：「中渭橋一名咸陽橋，在咸陽東南二十里，本名橫
橋，貫渭水上。橋廣六丈，南北一百八十步，洞六十八，柱七百五，梁二百二十二。」
柴車　《後漢書·趙壹傳》：「柴車草屏。」《注》：「柴車，敝惡之車也。」　**辟易**　《史
記·項羽紀》：「赤泉侯為騎將，追項王，項王瞋目而叱之，赤泉候人馬俱驚，辟易數
里。」《注》：「辟易，謂開張而易其本處。」　**舍人辭去**　《戰國策》：「張儀之楚，
貧，舍人怒而求去。」　**太行**　劉峻《廣絕交論》：「世路險巇，一至於此！太行孟門，
豈云嶄絕。」　**褒斜**　《〈續漢書·郡國志〉注》：「《〈西征賦〉注》曰：『褒斜谷在長
安西南，南口曰褒，北口曰斜，長百七十里，其水南流。』」宋敏求《長安志》：「谷長
四百七十里。」　**棧閣**　常璩《華陽國志》：「諸葛亮相蜀，鑿石架空為飛梁閣道。」
樂史《寰宇記》：「入斜谷路，至鳳州界，有橋閣二千九百八十九間，險板閣二千八百
九十二間。」鄭樵《通志》：「棧道在褒斜谷中，總名曰連雲棧。」

其五

　　君不見南山松柏何蔥菁，於世無害人無爭。斧聲丁丁滿崖谷，不知
其下何王陵。玉箱夜出寶衣盡，冬青葉落吹魚燈。石馬無聲缺左耳，豐
碑倒折纏枯藤。當時公卿再拜下車過，今朝蔓草居人耕。

　　無爭　《戰國策》：「自以為無患，與人無爭也。」　**玉箱**　《漢武內傳》：「茂陵
冢中，先有一玉箱、一玉杖，是西域康渠國王所獻，帝甚愛之，故入梓宮中。其後四
年，有人於扶風市中，買得此二物。」　**寶衣**　劉禹錫《荊州懷古》詩：「火入荒陵
燒〔註2〕寶衣。」　**冬青**　《邵氏聞見後錄》：「冬青，一名女貞，又名萬年枝，古時
多植於墳墓。」　**魚燈**　《史記·秦始皇記》：「始皇葬驪山，以水銀為大海，人魚膏
為燈。」　**豐碑**　注見卷一。

其六

　　漢家身毒鏡，大如八銖錢。蒲桃錦囊雖黯澹，盤龍婉轉絲結連。云
是宣皇母后物，摩挲愛惜宮中傳。土花埋沒今千年，對此撫几長歎息，
金張許史皆徒然。

　　身毒鏡　葛洪《西京雜記》：「宣帝收繫郡邸獄，臂上猶帶史良娣合采婉轉絲繩

〔註2〕劉禹錫《荊門道懷古》，「燒」作「化」。《吳詩集覽》亦作「燒」。

繫身毒國寶鏡一枚，大如八銖錢。舊傳此鏡能見妖魅，佩之者為天神所福，故宣帝從危獲濟。及即大位，每持此鏡，感咽移辰，常以琥珀笥盛之，緘以戚里織成錦，一曰斜文錦。」《史記索隱》：「身音捐，毒音篤。」《漢書注》：「一名天竺。」師古曰：「今之天竺，蓋身毒，聲轉為天篤，篤省文作竺，又轉為竺音。」　**八銖錢**　《漢書・高帝紀》：「二年，行八銖錢。」《注》：「重半兩。」　**蒲桃錦**　注見卷三。　**盤龍**　《北堂書鈔》：「《鄴中記》曰：『石虎宮中鏡有竟二三尺者，下有純金盤龍雕飾。』」庾子山《鏡賦》：「縷五色之盤龍，刻千年之古字。」　**母后**　《漢書・宣帝紀》：「太子納史良娣，生史皇孫。皇孫納王夫人，生宣帝。」　**土花**　李長吉《金銅仙人辭漢歌》：「三十六宮土花碧。」　**金張許史**　《漢書・蓋寬饒傳》：「上無許史之屬，下無金張之託。」《注》：「金，金日磾。張，張安世。」許史，見卷三注。

其七

君不見黃河之水從天來，一朝乃沒梁王臺。梁王臺成高崔嵬，禁門平旦車如雷。千尺金隄壞，百里嚴城開。君臣將相竟安在，化為白黿與黃能。乃知水可亡人國，昆明劫灰何如哉！

　梁王臺　《陳留風俗傳》：「吹臺，一名繁臺。晉師曠建，梁孝王增築。」《元和郡縣志》：「在開封府東南六里。」　**金隄**　《漢書・郊祀志》：「河決金隄。」《括地志》：「金隄一名千里隄，在白馬縣東五里。」《明一統志》：「金隄自滎陽至於千乘海口數百里，歷代渠以御河。白馬故城在衛輝府滑縣東二十里。」　**嚴城**　《後漢書・任光傳》：「任邳識機，嚴城解扉。」《抱朴子・詰鮑篇》：「鮑見生曰：『夫人君恐奸孽之不虞，故嚴城以待。』」　**黃能**　《晉語》：「鯀違帝命，殛之於羽山，化為黃能，入於羽淵。」《爾雅・釋魚》：「鱉，人三足能。」　**亡人國**　《史記・魏世家》：「知氏率韓、魏之兵以圍趙襄子於晉陽，決晉水以灌晉陽之城，不湛者三版。知伯曰：『吾始不知水之可以亡人之國也，乃今知之。』」《明史・李自成傳》：「崇禎十五年，攻開封急，巡撫高名衡等議決朱家寨口河灌賊。賊亦決馬家口河，欲灌城。秋九月癸未，天大雨，二口並決，聲如雷。潰北門入，穿東南門出，注渦水，城中百萬戶皆沒，得脫者惟周王妃世子及撫按以下，不及二萬人。賊亦漂沒萬餘，乃拔營西南去。」　**劫灰**　注見卷一。

其八

男兒讀書良不惡，屈首殘編務穿鑿。窮年矻矻竟無成，徒使聲華受

蕭索。君不見王令文章今大進，丘公官退才亦盡。寂寂齋居自著書，太玄奇字無人問。

屈首 《史記‧蘇秦傳》：「夫士業已屈首受書。」 **王令文章** 《南史‧丘靈鞠傳》：「丘靈鞠少好學，善屬文。在沈淵座見王儉詩，淵曰：『王令文章大進。』靈鞠曰：『何如我未進時。』靈鞠宋世文名甚盛，入齊頗減。王儉謂人曰：『丘公仕宦不進，才亦盡矣。』」 **太玄奇字** 《漢書‧揚雄傳》：「雄作《太玄經》，劉歆曰：『空自苦！恐後人用覆醬瓿也。』既病免，人罕至其門。時有好事者載酒過雄問奇字。」

其九

伏軾說人主，談笑稱上客。一見賜黃金，再見賜白璧。夜半宮中獨召見，母弟通侯皆避席。上殿批逆鱗，下殿犯貴戚。犀首進讒譖，韓非受指謫。夜走函谷關，逡巡不能出。君不見范雎折脅懲前事，身退功成歸蔡澤。

伏軾 《戰國策》：「蘇秦伏軾撙銜，橫歷天下，庭說諸侯之王〔註3〕。」 **黃金、白璧** 《虞卿傳》：「一見趙王，賜白璧一雙，黃金百鎰，再見拜為上卿。」 **夜半** 《漢書‧賈誼傳》：「文帝思誼，徵之。至，入見。上方受釐宣室，至夜半，文帝前席。」 **母弟通侯** 《史記‧范雎傳》：「穰侯，華陽君，昭王母宣太后之弟也。而涇陽君、高陵君皆昭王同母弟也。穰侯相，三人者更將，有封邑，以太后故，私家富重於王室。范雎乃上書。秦昭王大悅，以傳車召范雎，見於離宮，執賓主之禮。群臣莫不灑然變色易容者。秦王屏左右，宮中虛無人。」餘見卷二注。 **逆鱗** 《韓非子》：「人主亦有逆鱗，說之者能無嬰人主之逆鱗，則幾矣。」 **犀首** 《史記‧張儀傳》：「犀首者，魏之陰晉人也，名衍，姓公孫氏。與張儀不善。患其相秦，乃譖儀於義渠君。」司馬貞《索隱》：「犀首，魏官名。若今虎牙將軍。」 **韓非** 《史記‧申韓列傳》：「韓非者，韓之諸公子也。秦王見非《孤憤》、《五蠹》之書，悅之。未信用。說之。李斯、姚賈毀之，曰：『韓非，韓之諸公子也。今王欲並諸侯，非終為韓，不為秦也。』」 **函谷關** 《史記‧范雎傳》：「雎亡匿，變姓名為張祿，從秦謁者王稽入秦。至湖關，遇秦穰侯，恐其害己，匿車中。穰侯既去，復下車走。穰侯還，索車中，無客，乃已。王稽遂與雎入咸陽。既相秦，言於王曰：『非王稽之忠，不能內臣於函谷關。』」潘岳《西征記》：「關城路在谷中，深險如函，故名。」 **折脅** 注見卷一。 **懲前事** 《史記‧范雎傳》：「須賈曰：『范叔有說於秦邪？』曰：『不也。雎前日得過於魏相，故逃

〔註3〕「王」，《秦策一》作「主」。

亡至此，安敢說乎！」《漢書・夏侯勝傳》：「上知勝素直，謂曰：『先生通正言，無懲前事。』」　**蔡澤**　《史記・蔡澤傳》：「蔡澤謂應侯范睢曰：『夫四時之序，成功者去。』應侯乃言蔡澤於王，王拜為客卿。應侯免相，送拜蔡澤為秦相。」

其十

君不見鄭莊洗沐從知交，傾身置驛長安郊。又不見任君談辭接後進，冠蓋從遊數百乘。人生盛名致賓客，失勢人情諒非昔。年少停車莫掃門，故人行酒誰離席。

傾身　《漢書・張湯傳》：「周陽侯為諸卿時，嘗繫長安，湯傾身事之。」　**置驛**《史記・鄭當時傳》：「鄭當時者，字莊，陳人也。為太子舍人。每五日洗沐，常置驛馬長安諸郊，存諸故人，請謝賓客，夜以繼日，唯恐不遍。年少官薄，然其遊知交皆其大父行，天下有名之士也。」　**任君**　《南史・任昉傳》：「昉好交結，獎進士友，不附之者亦不稱述，得其延譽者多見陞擢，故衣冠貴遊莫不多與交好，坐上客恒有數十。時人慕之，號曰任君。」劉峻《廣絕交論》：「近世有樂安任昉，類田文之愛客，同鄭莊之好賢。於是冠蓋輻輳，衣裳雲合。」　**失勢**　《史記・汲鄭傳・論》：「夫以汲、鄭之賢，有勢則賓客十倍，無勢則否，況眾人乎！」　**掃門**　《廉頗傳》：「失勢之時，故客盡去。」〔註4〕　又，《史記・齊悼惠王世家》：「魏勃少年，欲求見齊相曹參，家貧無以自通，乃常獨早夜掃齊相舍人之門。舍人見之，參拜為內史。」　**離席**《史記・魏其武安傳》：「武安起為壽，坐皆避席伏。已魏其為壽，獨故人避席耳，餘皆半膝席。」

其十一

直諫好言事，召見拜司隸。彈劾中黃門，鯁切無所避。天子初見容，謂是敢言吏。以茲增感激，居官厲鋒氣。奏對金商門，縛下都船獄。髡頭徙朔方，眾怒猶不足。私劍揣其喉，赤車再收族。橫屍都亭前，妻子不敢哭。酒色作直都殺人，藏頭畏尾徒碌碌。

司隸　《漢書・百官表》：「司隸校尉，周官也，武帝征和四年置。後但為司隸，屬大司空。」　**鋒氣**　《漢書・趙廣漢傳》：「專厲彊壯蜂氣。」師古曰：「蜂與鋒同，言鋒銳之氣。」　**奏對金商門**　《後漢書・蔡邕傳》：「光和元年，妖異數見。召邕等詣金商門，引入崇德殿，使中常侍曹節、王甫就問災異，悉心以對。既又特詔問，令

〔註4〕卷八十一。

具對經術,以皂囊封上。邕言:『諸異,皆亡國之怪。婦人干政之所致也。乳母趙嬈,貴重天下;永樂門史霍玉,依阻城社,又為姦邪。宜高為隄防,明設禁令。既自約屬,左右近臣亦宜從化。人自抑損,以塞咎戒,則天道虧滿,鬼神福謙矣。』帝覽而歎息,因起更衣。曹節於後竊視之,悉宣語左右,事遂漏露。其為邕所裁黜者,皆側目思報。因中以他事,下邕洛陽獄,劾以不敬,棄市。有詔減死一等,與家屬髡鉗徙朔方,不得以赦令除。」陸機《洛陽記》:「太極殿西有金商門。」 **都船獄** 《漢書·百官表》:「執金吾屬官有都船令丞。」如淳曰:「《漢儀注》有都船獄,治水官也。」 **朔方** 《漢書·衛青傳》:「取河南地為朔方郡。」師古曰:「當北地郡之北,黃河之南也。」《續漢書·郡國志》:「朔方郡,武帝立。」 **揣其喉** 《後漢書·皇甫嵩傳》:「利劍以揣其喉。」 **赤車** 《後漢書·隗囂傳》:「覆案口語,赤車奔馳。」《注》:「小使車赤轂,白蓋,赤帷。」 **收族** 《漢書·蘇武傳》:「收族陵家,為世大戮。」又:《刑法志》:「孝文二年詔:今犯法者已論,而使無罪之父母妻子同產坐之及收,朕甚弗取。丞相周勃、陳平奏言父母妻子同產相坐及收所以累其心,使重犯法也。」 **酒色作直** 《晉書·傅咸傳》:「衛公有言:酒色殺人,甚於作直。坐酒色死,人不為悔。逆畏以直致禍,此由心不直正,欲以苟且為明哲耳!」 **藏頭畏尾** 《宋史·張亢傳》:「漢兒皆藏頭膝間。」《左傳·文十七年》:「畏首畏尾,身其餘幾。」

其十二

拔劍橫左膝,瞋目悲歌向坐客。我初從軍縛袴褶,手擊黃麞弓霹靂。生來不識官家貴,帶甲持兵但長揖。驅馬來中原,尚書奏功級。前庭論爵賞,後殿賜飲食。烏瓅家兒坐我上,壞坐爭言多酒失。御史彈文讀且斜,待罪驚憂不敢出。還君絳衲兩當衫,歸去射獵終南山。

袴褶 《晉書·楊濟傳》:「濟有才藝,嘗從帝校獵北邙下,與侍中王濟俱著布褲褶,騎馬執角弓,在輦前。」《隋書·禮儀志》:「袴褶,近代服以從戎。今纂嚴,則文武百官咸服之。車駕親戎,則縛袴,不舒散也。」 **擊麞** 《南史·曹景宗傳》:「景宗謂所親曰:『我昔在鄉里,騎快馬如龍,與年少輩數十騎,拓弓弦作霹靂聲,箭如餓鴟叫,平澤中逐麞,數肋射之,渴飲其血,饑食其胃,甜如甘露。當此之時,但覺耳後生風,鼻頭出火。』」 **官家** 注見卷三。 **長揖** 《史記·絳侯世家》:「亞夫為將軍,軍細柳。上自勞軍至營,亞夫持兵揖曰:『介冑之士,不拜,請以軍禮見。』天子動容,曰:『此真將軍矣。』」 **烏瓅家兒** 《晉書·傅逖傳》:「武帝欲用郭琦為那,以問琦族人郭彰。彰素疾琦,答云:『不識。』帝曰:『若如卿言,烏丸家兒能事卿,

即堪為郎矣。』遂用之。」王沈《魏書》：「烏丸者，東胡也。漢初，匈奴冒頓滅其國，餘類保烏丸山，因以為號。」案：《後漢書》作烏桓。瓛與桓通。　**壞坐**　《〈魏志·王粲傳〉注》：「《吳質別傳》：『質朝京師，詔上將軍及特進以下皆會質所。時上將軍曹真性肥，中領軍朱鑠性瘦，質招優，使說肥瘦。真拔刀瞋目，遂罵坐。質案劍曰：曹子丹，何敢恃勢驕邪？鑠因起。質顧叱之曰：朱鑠，敢壞坐！』」　**酒失**　《漢書·灌夫傳》：「夫剛直使酒，不好面諛，以酒失得過丞相。」　**絳衲兩當**　《南史·柳元景傳》：「薛安都著絳衲兩當衫，馳入賊陣，所向無前。」顧野王《玉篇》：「兩當，其一當背，其一當胸。」朱謀㙔《駢雅》：「兩當，袒腹胸背衣也。」　**終南山**　程大昌《雍錄》：「終南山橫亙南面，西起秦隴，東徹藍田。凡雍、岐、郿、鄠、長安、萬年相去且八百里，而連綿峙據其南者，皆此之一山也。」

其十三

平生俠遊尚輕利，劇孟為兄灌夫弟。使酒罵坐人，探丸斫俗吏。流血都市中，追兵數十騎。借問追者誰，云是灞陵杜穉季。抽矢弗射是故人，兩馬相逢互交臂。吾徒豈相厄，便當從此逝。泰山羊氏能藏跡，北海孫公堪避世。複壁埋名二十年，赦書卻下咸陽尉。歸來故鄉無負郭，破家結客成何濟。

劇孟　《史記·袁盎傳》：「雒陽劇孟嘗過袁盎，盎善待之。嘗曰：『劇孟雖博徒，然亦有過人者。一旦有急叩門，不以親為解，不以在存亡為辭，天下所望者，季心與劇孟耳。』」　**灌夫**　《史記·季布傳》：「弟季心，氣蓋關中。嘗殺人，亡之吳，從袁絲匿。長事袁絲，弟畜灌夫、籍福之屬。」　**罵坐**　《漢書·灌夫傳》：「田蚡劾灌夫罵坐不敬。」使酒，見前注。　**探丸**　《漢書·酷吏傳》：「長安少年群輩殺吏，受賕報仇，相與探丸為彈，得赤丸者斫武吏，得黑丸者斫文吏。」　**杜穉季**　《漢書·孫寶傳》：「徵為京兆尹。故吏侯文剛直不苟合。寶以立秋日署文東部督郵。入見，敕曰：『今日鷹隼始擊，當順天氣取奸惡，以成嚴霜之誅，掾部渠有其人乎？』文曰：『霸陵杜穉季。』」　**相厄**　《史記·季布傳》：「季布母弟丁公為項羽將，逐窘高祖彭城西，短兵接。高祖急，顧丁公曰：『兩賢豈相厄哉！』於是丁公引兵而還。」　**泰山羊氏**　《後漢書·蔡邕傳》：「邕既遇赦，內寵猶惡之。慮卒不免，乃亡命江海，遠跡吳會。往來依泰山羊氏，積十二年。」　**北海孫公**　見卷二注。　**複壁**　注見卷二。　**負郭**　《史記·蘇秦傳》：「使我有雒陽負郭田二頃，豈能佩六國相印乎！」

其十四

今我思出門，圖作雒陽賈，東遊陳鄭北齊魯。白璧一雙交王公，明珠十斛買歌舞。關中軺車方算緡，高編**羨羨**下荊楚。道阻淮南兵，貨折河東估。朝為猗頓暮黔婁，乞食吹簫還故土。

雒陽賈 庾子山《對酒歌》：「何處覓錢刀，求為雒陽賈。」 **明珠十斛** 喬知之《贈窈娘》詩：「石家金谷愛新聲，明珠十斛買娉婷。」 **軺車算緡** 《漢書‧食貨志》：「算軺車賈人之緡錢有差，軺車一算，商賈人軺車二算。」師古曰：「軺，小車也。」如淳曰：「商賈人有軺車，又使多出一算，重其賦。」又，《武帝紀》：「元狩四年初，算緡錢。」李斐曰：「緡，絲也。以貫錢也。一貫千錢，出算二十也。」 **淮南** 《漢書‧諸侯王年表》：「北界淮瀨，略廬、衡，為淮南。」 **河東估** 《北史‧魏宗室傳‧贊》：「河東俗多商賈。」 **猗頓** 《史記‧貨殖傳》：「猗頓用盬鹽起。」《孔叢子》：「猗頓，魯之窮士也。耕則常饑，桑則常寒。聞陶朱公富，往而問術焉。朱公告之，曰：『子欲速富，當畜五牸。』後興，富於猗氏，故曰猗頓。」 **黔婁** 皇甫謐《高士傳》：「黔婁先生者，齊人也。修身清潔。魯共王聞其賢，致粟三千鍾，欲以為相，不受。」 **吹簫** 《史記‧范睢傳》：「伍子胥鼓腹吹篪，乞食於吳市。」徐廣曰：「『篪』，一作『簫』。」

其十五

丈夫少年使絕域，從行吏士交河卒。布衣功拜甘泉侯，獨護高車四十國。葡萄美酒樽中醉，汗血名駒帳前立。富貴歸故鄉，上書乞骸骨。漢使遮玉關，不遣將軍入。軍中夜唱行路難，條支海上秋風急。

交河 《漢書‧西域傳》：「車師前國，王居交河城。河水分流繞城下，故號交河。去長安一〔註5〕千一百五十里。」 **布衣** 《後漢書‧班超傳》：「超行詣相者，曰：『祭酒，布衣諸生耳，而當封侯萬里之外。』」 **甘泉侯** 《史記‧高祖功臣侯年表》：「甘泉侯王竟，漢王元年初從起高陵，屬劉賈，以都尉從軍侯。」 **獨護** 疑當作「都護」。注詳卷五。 **高車** 《唐書‧回鶻傳》：「俗多乘高輪車，亦號高車部。」 **葡萄** 《史記‧大宛傳》：「宛左右以蒲桃為酒。」王翰《涼州詞》：「蒲桃美酒夜光杯。」 **汗血** 《漢書‧西域傳》：「大宛國多善馬，馬汗血，其先天馬子也。張騫始為武帝言之，上遣使者持千金及金馬以請宛善馬，宛人獻馬三千匹。」 **遮玉關** 《漢書‧武帝紀》：「太初四年春，以廣利為貳師將軍，至貳師城，取善馬，攻郁成城，不能舉。上書言

〔註5〕「一」，《漢書》卷九十六下作「八」。

道遠乏食，請罷兵。天子聞之，大怒，使使遮玉門關，曰：『軍有敢入，斬之。』」　條
支海　《漢書・西域傳》：「條支國臨西海。」餘姚盧文弨曰：「顧炎武《日知錄》：『程
大昌謂條支之西有海。』」

其十六

西莫過金牛關，懸崖鐵鎖猿猱攀。南莫過惡道灘，盤渦利石戈矛攢。
猩猩啼兮杜鵑叫，落日青楓山鬼嘯。篁竹深巖不見天，我所悲兮在遠道。

金牛關　注見卷一。　惡道灘　呂祖謙《臥遊錄》：「惡道溪中九十九里有五十
九灘。王右軍遊此，歎其奇絕，遂書突星瀨於石。」　篁竹　《楚辭・九歌》：「子處
幽篁兮終不見天。」

其十七

結帶理流蘇，流蘇紛亂不能理。當時羅帷鑒明月，皎皎容華若桃李。
一自君出門，深閨厭羅綺。有人附書還，君到長干里。名都鶯花發皓齒，
知君眷眷嬋娟子。太行之山黃河水，君心不測竟如此。寄君翡翠之鶼釵，
傳璣之墮珥，勸君歸來且歡喜，臥疾空床為君起。

流蘇　葉廷珪《海錄碎事》：「盤線繪繡之毬，五色錯為之同心而下垂者曰流
蘇。」　長干　注見卷二。　翡翠鶼釵　宋玉《諷賦》：「以翡翠之釵，掛臣冠纓。」
《爾雅・釋地》：「南方有比翼鳥焉，不比不飛，其名謂之鶼鶼。」　傳璣　《史記・
李斯傳》：「傳璣之珥。」《索隱》曰：「珥，瑱也。謂以傳璣著於珥也。珠璣之不圓者。」

其十八

吾將老焉惟糟丘，裸身大笑輕王侯。禮法之士憎如讎，此中未得逍
遙遊。不如飲一斗，頹然便就醉，執法在前無所畏。君不見嵇生幽憤阮
生哭，箕踞狂呼不得意。

糟丘　《南史・陳暄傳》：「暄文才俊逸，而沉湎過差，兄子秀致書諫止之，暄復
書曰：『速營糟丘，吾將老焉。』」　裸身　《南史・謝靈運傳》：「靈運嘗與王弘之諸
人出千秋亭飲酒，靈運裸身大呼，孟顗不能堪，遣信相聞。靈運怒曰：『身自大呼，何
關癡人事！』」　如讎　《晉書・阮籍傳》：「禮法之士疾之若讎。」　逍遙遊　陸德
明《莊子釋文》：「逍遙者，取閒放不拘，怡然自得。」　一斗　《史記・滑稽傳》：「淳
于髠曰：『臣飲一斗亦醉，一石亦醉。』」　頹然　《宋書・顏延之傳》：「得酒必頹然
自得。」　執法　《史記・滑稽傳》：「髠曰：『賜酒大王之前，執法在旁，御史在後。』」

幽憤 《晉書·嵇康傳》：「東平呂安服康高致，康友而善之。後安以事繫獄，辭相證引，遂復收康。康性慎言行，一旦縲紲，乃作《幽憤詩》。」 阮生哭 《晉書·阮籍傳》：「時率意獨駕，不由徑路，車跡所窮，輒慟哭而反。」 箕踞 劉伶《酒德頌》：「奮髯箕踞，枕麴藉糟。」

永和宮詞

揚州明月杜陵花，夾道香塵迎麗華。舊宅江都飛燕井，新侯關內武安家。雅步纖腰初召入，鈿合金釵定情日。豐容盛鬋固無雙，蹴鞠彈棋復第一。上林花鳥寫生綃，禁本鍾王點素毫。楊柳風微春試馬，梧桐露冷暮吹簫。君王宵旰無歡思，宮門夜半傳封事。玉几金床少晏眠，陳娥衛豔誰頻侍。貴妃明慧獨承恩，宜笑宜愁慰至尊。皓齒不呈微索問，蛾眉欲蹙又溫存。本朝家法脩清宴，房帷久絕珍奇薦。敕使惟追陽羨茶，內人數減昭陽膳。維揚服制擅江南，小閣爐煙沈水含。私買瓊花新樣錦，自脩水遞進黃柑。中宮謂得君王意，銀鐶不妒溫成貴。早日艱難護大家，比來歡笑同良娣。奉使龍樓賈佩蘭，往還偶失兩宮歡。雖云樊嬺能辭令，欲得昭儀喜怒難。綠綈小字書成印，瓊函自署充華進。請罪長教聖主憐，含辭欲得君王慍。君王內顧恤傾城，故劍還存敵體恩。手詔玉人蒙詰問，自來階下拭啼痕。外家官拜金吾尉，平生遊俠多輕利。縛客因催博進錢，當筵便殺彈箏伎。班姬才調左姬賢，霍氏驕奢竇氏專。涕泣微聞椒殿詔，笑譚豪奪灞陵田。有司奏削將軍俸，貴人冷落宮車夢。永巷傳聞去玩花，景和門裏誰陪從。天顏不懌侍人愁，後促黃門召共遊。初勸官家伴不應，玉車早到殿西頭。兩王最小牽衣戲，長者讀書少者弟。聞道群臣譽定陶，獨將多病憐如意。豈有神君語帳中，漫云王母降離宮。巫陽莫救蒼舒恨，金鎖彫殘玉篋紅。從此君王慘不樂，叢臺置酒風蕭索。已報河南失數州，況經少子傷零落。貴妃瘦損坐匡床，慵髻啼眉掩洞房。荳蔻湯溫冰簟冷，荔支漿熱玉魚涼。病不禁秋淚沾臆，裴回自絕君王膝。苔沒長門有夢歸，花飛寒食應相憶。玉匣珠襦啟便房，薤歌無異葬同昌。君王欲制哀蟬賦，誄筆詞臣有謝莊。頭白宮娥暗顰蹙，庸知朝露非為福。宮草明年戰血腥，當時莫向西陵哭。窮泉相見痛倉黃，還向官家問永王。幸免玉環逢喪亂，不須銅雀怨興亡。自古豪華如轉轂，武安若在憂家族。愛子雖添北渚愁，外家已葬驪山足。夜雨椒房陰火青，杜鵑啼血濯龍門。漢家伏后知同恨，

止少當年一貴人。碧殿淒涼新木拱，行人尚識昭儀冢。麥飯冬青問茂陵，斜陽蔓草埋殘壘。昭丘松檟北風哀，南內春深擁夜來。莫奏霓裳天寶曲，景陽宮井落秋槐。

　　永和宮　《宮額殿名》：「永和宮，初名永安宮，在東二長街之東。」徐釚《續本事詩》注：「此詠明季田貴妃遺事也。」案：楊士聰《玉堂薈記》：「田貴妃居承乾宮。」陳維崧《婦人集》：「明思宗田貴妃，維揚人。性明慧，寡言笑，最得帝寵。甲申，李賊入燕都，妃先一年薨。」　**揚州明月**　毛奇齡《勝朝彤史拾遺記》：「田貴妃，西安人。世行估，居揚州。」杜牧《揚州》詩：「明月滿揚州。」　**杜陵花**　王幼學《綱目集覽》：「杜陵本杜縣，在長安東南，漢宣帝葬此，更名杜陵。」韓翃《贈張千牛》詩：「春衣夜宿杜陵花。」　**香塵**　王子年《拾遺記》：「魏文帝迎美人薛靈芸，京師數十里車徒填咽，塵起蔽天，故行者歌曰：青槐夾道多香塵。」　**麗華**　《南史·陳后妃傳》：「張貴妃，名麗華。兵家女也。後主為太子，以選入宮。即位後，拜為貴妃。」　**飛燕井**　伶元《飛燕外傳》：「趙飛燕父萬金。祖大力，理樂器，事江都王，為協律舍人。江都王孫女姑蘇主嫁江都中尉趙曼，曼幸萬金，萬金因得通趙主，生飛燕，遂冒趙姓。流轉至長安。」井字未詳。　**關內**　《漢書·百官公卿表》：「爵十九關內侯。」師古曰：「言有侯號而居京師，無國邑。」　**武安**　《史記·田蚡傳》：「蚡，孝景后同母弟也。封武安侯。」　**召入**　王譽昌《崇禎宮詞》注：「田妃選於朱陽館，周后親下聘禮，迎入，居承乾宮，在東。袁妃居翊坤宮，在西。袁與田同聘者也。」　**鈿合金釵**　陳鴻《長恨歌傳》：「定情之夕，授金釵鈿合以固之。」　**豐容盛鬋**　《後漢書·南匈奴傳》：「昭君豐容靚飾，光明漢宮。」《曲禮》：「不蚤鬋。」《注》：「鬋，髮垂長也。」《楚辭·招魂》：「盛鬋不同制，實滿宮些。」　**蹴鞠**　《劉向別傳》：「蹴鞠，黃帝所造，本兵勢也。或云起於戰國。鞠與毬同。」《崇禎宮詞》注：「宮眷喜蹴鞠之戲。田妃風度安雅，眾莫能及。」　**彈棋**　《世說·巧藝》篇：「彈棊，魏宮內裝盒戲也。」《崇禎宮詞》注：「田妃每與上奕，輒負二三子，未嘗盡其技也。」　**上林**　注見卷三。　**寫生綃**　《崇禎宮詞》注：「田妃工寫生，嘗作群芳圖進上，上留之御几，列時展玩焉。」　**禁本鍾王**　《崇禎宮詞》注：「妃幼習鍾王楷法，繼得禁本臨摹，遂臻能品。凡書畫卷軸，上每諭妃簽題之。」　**試馬**　《崇禎宮詞》注：「上嘗試馬於射場，知田妃之善騎也，命之騎。妃姿容既妙，回策如縈，名騎無以過之。」　**吹簫**　《崇禎宮詞》注：「田妃每當風日晴美，奏簫一曲，上極賞之，嘗曰裂石穿雲，當非虛語。」　**封事**　注見卷二。　**玉几金床**　注見前。　**陳娥衛豔**　富嘉謨《麗色賦》：「燕姬趙女，衛豔陳娥。」　**誰頻侍**　王世德《崇禎遺錄》：「庚辰辛巳間，國

事日棘，上日夜憂勤，妃嬪亦希得進御矣。」　家法　《明史·后妃傳》：「終明之代，宮壼肅清，論者謂其家法之善，超軼漢、唐。」　珍奇　《崇禎宮詞》注：「上每幸承乾宮，日夕供設，多江南器玩，上命罷之。」　陽羨茶　盧仝《謝孟簡惠茶歌》：「天子未嘗陽羨茶，百草不敢先開花。」《崇禎宮詞》注：「周皇親每歲貢陽羨茶。」　內人　崔令欽《教坊記》：「妓女入宜春院，謂之內人，亦曰上頭人，以常在上前頭也。」　減膳　《勝朝彤史拾遺記》：「帝以寇亂茹蔬。後見帝體瘁，具饌將進，而瀛國太夫人奏適至，曰：夜夢孝純太后歸，語帝瘁而泣，且曰：為我語帝，食毋過苦。帝追念孝純，且感后意，舉匕箸，相向而泣。」　昭陽　注見卷三。　服制　《崇禎宮詞》注：「周后籍蘇州，田貴妃籍揚州，皆習江南服，謂之蘇樣。」　小閣　《勝朝彤史拾遺記》：「田貴妃嘗厭宮闈過高迴，崇槓大牖，所居不適意，乃就廊房為低楹曲楯，蔽以敞槅，雜採揚州諸什器床簟供設其中。」　沈水　《南史·林邑國傳》：「沈水香，土人斫斷，積以歲年，朽爛而心節獨在，置水中則沈，故名沈水香。」　私買　《勝朝彤史拾遺記》：『宮中凡令節，宮人以插帶相餉。偶貴妃宮婢戴新樣花，他宮皆無有，中宮宮婢向上叩頭乞賜，上使中官出採辦，越數百里不能得。上以問妃，妃曰：『此象生花，出嘉興，有吳吏部家人攜來京，而妾買之。』上不悅。」　水遞　注詳卷十。　進黃柑　《崇禎宮詞》注：「妃性喜甘果，亦以非時進上。」　中宮　衛宏《漢官舊儀》：「皇后稱中宮。」　銀鐶　《詩》：「貽我彤管。」《傳》：「古者，后妃群妾得御於君，女史書其月日，授之以環以進，退之生子，月辰則以金環退之，當御者以銀環進之，著於左手；既御著於右手，事無大小，記以成法。」　溫成　《宋史·仁宗紀》：「貴妃張氏薨，追冊為皇后，賜諡溫成。」　艱難　《野史》：「上與周后舊在藩邸，艱難共歷。正位後，一日，后忤上意，上怒，罵之。后憤甚，連呼信王信王云。」　大家　王幼學《綱目集覽》：「大家猶言天家也。百官小吏不敢呼斥天子，故曰天家。親近侍從官稱天子曰大家。」　良娣　《南史·后妃傳·總論》：「良娣比開國侯。」　龍樓　注見卷二。　賈佩蘭　葛洪《西京雜記》：「賈佩蘭，戚夫人侍兒。後出為扶風人段儒妻。」《崇禎宮詞》注：「皇太子居興龍宮。一日，后賜皇太子茶果，宮人道徑承乾宮，戲推石獅子以為笑樂，驚貴妃晝寢，幾搆兩宮之釁。」樊嫕　伶元《飛燕外傳》：「樊嫕給事趙昭儀。昭儀嘗得罪后，樊嫕叩頭出血，扶昭儀拜，乃止。」　綠綈　《漢書·外戚傳》：「中黃門持詔記，盛綠綈方底。」師古曰：「綈，厚繒也。綠，其色也。方底，盛書囊，形若今之算勝。」　充華　《晉書·輿服志》：「淑妃、淑媛、淑儀、修華、修容、修儀、婕妤、容華、充華，是為九嬪。」　含辭　《明史·后妃傳》：「貴妃有寵而驕，后每裁之以禮。歲元日，寒甚，田妃來朝，翟車至廡下，后故良久

方進，御坐受其拜。拜已，遽下，無他言。而袁貴妃之朝也，相見甚歡，語移時。田聞而大恨，向帝泣。妃父弘遇教之上書，陽引愆，即用微詞為構。」　**故劍**　《漢書·外戚傳》：「宣帝與許后起微賤。及即位，大臣議立后，詔求微時故劍，大臣知旨，遂立許后。」　**敵體恩**　《通鑑綱目》：「周主贇將立五后，小宗伯辛彥之曰：『皇后與天子敵體，不宜有五。』」《明史·后妃傳》：「帝嘗在交泰殿與后語，不合，推后仆地。后憤不食。帝尋悔，使中使持貂裀以賜，且問起居，后乃勉進一餐。」　**外家**　《漢書·竇嬰田蚡傳》：「上曰：『俱外家。』」師古曰：「嬰，景帝從舅子。蚡，太后同母弟。故言俱外家。」　**金吾衛**　《明史·職官志》：「金吾、羽林等十九衛掌守衛巡警。」　**遊俠**　《明史·后妃傳》：「田貴妃父弘遇以女貴，官左都督，好俠遊，為輕俠。」　**博進**　《漢書·陳遵傳》：「祖父遂，字長子，宣帝微時與有故，相隨博弈，數負進。及宣帝即位，用遂，稍遷至太原太守，乃賜遂璽書曰：『官尊祿厚，可以償博進矣。』」師古曰：「進，勝也。帝博而勝，故遂有所負。」　**彈箏伎**　《晉書·王敦傳》：「王愷、石崇皆以豪侈相尚，愷嘗置酒，有女伎吹笛，小失聲韻，愷便毆殺之，一座改容。」　**班姬**　《漢書·外戚傳》：「成帝班健仔誦詩及窈窕、德象、女師之篇。每進見上疏，依則古禮。後以避讒，退居長信宮，作賦以自傷悼。」　**左姬**　《晉書·后妃傳》：「左貴嬪名芬，善綴文。武帝聞而納之。姿陋無寵，以才德見禮。」　**霍氏**　《漢書·霍光傳》：「宣帝許后崩，光女代立為后。初，霍氏奢侈。茂陵徐生曰：『霍氏必亡。』」　**竇氏**　《後漢書·皇后紀》：「和帝即位，竇后為皇太后。兄憲、弟篤、景，並顯貴，擅威權。」《唐書·武平一傳》：「竇氏專縱，丁鴻進諫。」　**椒殿詔**　《崇禎宮詞》注：「妃父弘遇恃寵橫甚，上知之，責妃曰：『祖宗家法，汝豈不知？行將及汝矣。』妃懼，戒其所親曰：『汝輩於外生事，已風聞大內矣。若上再問，我當自殺耳。』弘遇震懾，稍自輯。」椒殿，注詳下。　**豪奪**　《史記·魏其武安列傳》：「丞相田蚡嘗使籍福請魏其城南田。魏其大望曰：『老僕雖棄，將軍雖貴，寧可以勢奪乎！』不許。」　**貴人**　《後漢書·后妃傳·敘》：「光武中興，六宮稱號，唯皇后、貴人。」　**永巷**　《漢書·高后紀》注：「如淳曰：『《列女傳》：周宣姜后脫簪珥，待罪永巷，後改為掖庭。』師古曰：『永，長也。本謂宮中之長巷也。』」《後漢書·靈帝紀》注：「永巷，宮中署名也。」《勝朝彤史拾遺記》：「妃頗干預，每見上，輒為外家乞恩澤。而弘遇以妃故，官左都督，朝士附勢者爭相造請，每以外情輸宮禁，上頗厭之。會妃以構后故，上怏怏，本欲斥妃，以泄后憤。會上入不食，妃問之，上曰：『吾欲破格用朝臣，而朝臣中孰可用者？』妃曰：『聞霍維華好。』上出，而薦維華者適至。上大怒，摘妃冠，斥居啟祥宮省愆。」　**景和門**　蔣德璟《愨書》：「坤寧宮，皇后所居，左曰景和門，右曰

隆福門。」　**不懌**　樂史《太真外傳》:「妃子以忤旨還宅,上思之不食,舉動發怒,中官趨過者,或笞撻之。」　**召共遊**　《明史·后妃傳》:「田貴妃退居啟祥宮,三月不召。既而帝與后於永和宮看花,請召妃,上不應,后遽令以車迎之,乃相見如初。」　**兩王**　《明史·諸王傳》:「田貴妃生永王慈炤、悼靈王慈煥、悼懷王及皇七子。悼懷王生二歲殤。皇七子生三歲殤。」　**譽定陶**　《漢書·外戚傳》:「孝元傅昭儀,哀帝祖母也。男為定陶恭王。恭王薨,子代為王。多以珍寶賂遺趙昭儀及帝舅驃騎將軍王根,陰為王求漢嗣。皆見上無子,欲豫自結為久長計,更稱譽定陶王。」　**如意**　《史記·呂后紀》:「高祖愛幸戚姬,生趙王如意。嘗以如意類我,欲易太子者數矣。大臣固爭之,乃止。」　**神君**　《漢書·郊祀志》:「置壽宮神君,神君位最貴者曰太一,其佐曰大禁,司命之屬皆從之,非可得見,聞其言,言與人音等。時去時來,來則風肅然。居室帷中,時晝言,然常以夜。」　**王母降**　注見卷三。《崇禎宮詞》注:「十三年,上以乏餉,故諭戚臣輸助,首及神宗母慈寧太后之姪,命所司下獄嚴迫。時皇五子慈煥病痢,一日忽語云:『九蓮菩薩來。』即慈寧也。蓋慈寧親奉觀音大士,以此自號。上親祝之,語不可止,且曰:『官家薄於戚黨,天將降殃於兒女也。』上遽命停追,而皇五子竟殤,上痛念之,追封孺孝悼靈王、通玄妙應真君。」《明史·外戚傳》:「或云其言皆中人乳媼教皇五子言之也。」　**巫陽**　《楚辭·招魂》:「帝告巫陽:『有人在下,我欲輔之。』乃下招曰。」王逸曰:「女曰巫陽,受天帝之命,下招屈原之魂也。」　**倉舒**　注見卷三。　**玉箸**　《記事珠》:「鮫人之淚,圓者成明珠,長者成玉箸。」　**不樂**　《崇禎宮詞》注:「皇五子薨,田貴妃遂茹素焚修,上亦為之減膳,於宮中大作齋醮,蓋自是皇情少擇愉矣。」　**叢臺置酒**　《後漢書·馬武傳》:光武拔邯鄲,置酒高會,與武登叢臺。《一統志》:「叢臺,趙武靈王築,在廣平府邯鄲縣城東北。」　**河南**　《明史·莊烈帝紀》:「十四年春正月,李自成陷河南,福王常洵遇害。」　**少子**　謂悼靈。《勝朝肜史拾遺記》:「上至妃宮,思悼靈,值寇亂甚,河南諸王多被害,愴念骨肉間傷懷,呼宮婢能言宮中往事者,使言之。因言福王之國,神廟鍾愛,王出宮門,召還者三,且約三歲當入朝,上屈指曰:『三歲一千日,但恐皇父不待耳。』時上年高王,皇后稀進見。當大漸時,猶顧視貴妃,諄諄以河南為念,今何如矣。上唏噓而起。」　**匡床**　《莊子·齊物論》:「麗之姬,艾封人之子也。晉國之始得之也,涕泣沾襟;及其至於王所,與王同匡床。」陸德明《釋文》:「筐,本亦作匡。安床也。」　**慵髻啼眉**　《後漢書·梁冀傳》:「冀妻孫壽作愁眉、啼粧、墮馬髻。」　**荳蔻湯**　伶元《飛燕外傳》:「倢伃浴荳蔻湯。」　**玉魚涼**　王仁裕《開元天寶遺事》:「楊妃愛食荔枝,肺每病熱。因含一玉魚,藉其涼津沃肺。」　**君王膝**　《崇禎宮詞》注:「田貴

妃還至承乾宮，病篤，上數自臨視。十五年七月十六日，妃囑外家兄弟而歿。」　玉匣珠襦　葛洪《西京雜記》：「漢帝送葬，皆珠襦玉匣。匣形如鎧甲，連以金縷。」　便房　《漢書·霍光傳》：「光薨，上賜梓宮、便房、黃腸題湊各一具。」服虔曰：「便房，藏中便坐也。」　薤歌　崔豹《古今注》：「《薤露》，哀歌也。言人命奄忽，如薤上露，易晞滅也。」高承《事物紀原》：「漢武時，李延年為《薤露歌》，送王公貴人。」　同昌　蘇鶚《同昌公主傳》：「咸通初，同昌公主薨，上哀痛甚，遂自製輓歌，命百官繼和。」　哀蟬　注見卷三。　誄筆　見卷三注。　為福　《史記·越王句踐世家》：「由是觀之，何遽不為福乎？」　戰血腥　《明史·莊烈帝紀》：「十七年丁未三月昧爽，內城陷，帝崩於萬歲山。」　西陵　注見卷三。　窮泉　潘岳《悼亡詩》：「之子歸窮泉。」　永王　《明史·諸王傳》：「賊陷京師，永王不知所終。」《崇禎宮詞》注：「十五年三月二十一日，冊封皇四子為永王。王，田貴妃生也。年甫十齡，妃久病，請封，且曰：『恐不及見，故急慰之。』妃薨後，託懿安撫養。」　玉環　《太真外傳》：「楊貴妃小字玉環。天寶十五載，潼關失守，上幸巴蜀，貴妃從。至馬嵬，六軍不發，請誅妃以謝天下。帝知不免，乃賜縊於佛堂梨樹下。」　銅雀　陸機《弔魏武帝文》：「怨西陵之茫茫，登雀臺而群悲。」餘見卷三注。　家族　《史記·魏其武安列傳》：「蚡既死後，受淮南王金事發。上曰：『使武安侯在者，族矣。』」　北渚　《離騷經》：「帝子降兮北渚，目眇眇以愁予。」〔註6〕　驪山　注見前。　椒房　班固《西都賦》：「後宮則掖庭椒房。」《漢書注》：「師古曰：『椒房，殿名，皇后所居，以椒塗於壁上，取其溫潤而芳也。』」　濯龍門　《後漢書·明德馬皇后紀》：「前在濯龍門，上見外家，問起居者，車如流水，馬如遊龍。」《漢宮殿名》：「洛陽有濯龍門，在興慶宮左。」　伏后　《後漢書·伏皇后紀》：「曹操逼帝廢后，使御史大夫郗慮、尚書令華歆勒兵入宮收后，下暴室幽死。」　貴人　《後漢書·伏皇后紀》：「董承女為貴人，操誅承，而求貴人殺之。帝以貴人有姙，屢為請，不能得。」　昭儀冢　《漢書·外戚傳》：「昭儀位視丞相，昭其儀，尊之也。」《明史·莊烈帝紀》：「賊遷帝后梓宮於昌平。昌平人啟田貴妃墓以葬。大清兵破賊入京師，以帝禮改葬。」《逸史·趙一桂傳》：「崇禎甲申三月，一桂以省祭官署昌平州吏目，營葬思陵。事竣，列其狀申州，略曰：職於三月二十五日，奉順天府偽官李檄，昌平州官吏即動帑銀，雇夫穿田妃壙，葬先帝及周后。四月戊午朔，職用夫三十六名，舉先帝梓宮，夫十六名，舉周后梓宮至州。越三日庚申發引，翼日辛酉下窆。時會州庫如洗，又葬日促，監葬官偽禮部主事許作梅束手無策，職與義士孫繁祉、劉汝樸等十人，斂錢三百四十千，傭夫穿故妃壙，方

中羨道，長十三丈五尺，廣一丈，深三丈五尺。督工四晝夜，至四日寅時，羨道開通，始見壙宮石門，工匠以拐丁鑰匙啟門入。享殿三間，陳祭器。中設石案一，懸萬壽燈二，旁列紅紫錦綺繪幣五色具、左右列侍宮嬪生存所用器物、襲衣、奩具，皆貯以木筒，硃紅之。左旁石床，上疊氍毹五彩龍鳳衾褥龍枕。又啟中羨門，內大殿九間，正中石床，高一尺五寸，闊一丈，陳設衾褥如前殿。田妃棺槨厝其上。申時，帝后梓宮至陵，停席棚，陳牲牷粢盛金銀紙帛祭品，率眾伏謁，哭盡哀，奉梓宮下。職躬領夫役，奉移田妃柩於石床右，次奉周皇后梓宮於石床左，然後奉安先帝梓宮居中。田妃葬於無事之日，棺槨如制。職見先帝有棺無槨，遂移田妃槨用之。梓宮前各設香案祭器，職手然萬年燈，庶不減。久之事畢，拖中羨，閉外羨門，復土與地平。初六日癸亥，又率諸人祭奠，呼集西山口居民百餘人，畚土起冢。又築牆高五尺有奇。」 **麥飯冬青** 劉克莊《寒食》詩：「漢寢唐陵無麥飯。」冬青，注見前。 **茂陵** 注見卷三。 **昭丘** 王粲《登樓賦》：「北彌陶牧，西接昭丘。」李善曰：「《荊州圖記》：『當陽東南七十里有楚昭王墓。登樓則見所謂昭丘。』」 **南內** 《唐書·地理志》：「南內曰興慶宮，在東內之南。」 **夜來** 王子年《拾遺記》：「魏文帝改靈芸之名曰夜來。」 **霓裳** 樂史《太真外傳》：「進見之日，奏《霓裳羽衣曲》。」 **景陽井** 陳沂《金陵世紀》：「景陽井在臺城內，陳後主與張、孔二貴妃投其中，以避隋兵。亦曰胭脂井。」 **秋槐** 王摩詰《菩提寺口號》詩：「宮槐花落秋風起。」

琵琶行並序

去梅村一里，為王太常煙客南園，今春梅花盛開，予偶步到此，忽聞琵琶聲，出於短垣叢竹間，循牆側聽，當其妙處，不覺拊掌。主人開門延客，問向誰彈，則通州白在湄、子彧如。父子善琵琶，好為新聲。須臾花下置酒，白生為予朗彈一曲，乃先帝十七年以來事，敘述亂離，豪嘈淒切。坐客有舊中常侍姚公，避地流落江南，因言先帝在玉熙宮中，梨園子弟奏水嬉、過錦諸戲，內才人於暖閣齎鏤金曲柄琵琶，彈清商雜調。自河南寇亂，天顏常慘然不悅，無復有此樂矣。相與哽咽者久之。於是作長句紀其事，凡六百二言，仍命之曰《琵琶行》。

梅村 注見卷三。 **太常** 《漢書·百官公卿表》：「奉常，秦官，掌宗廟禮儀。景帝中六年，更名太常。」朱彝尊《明詩綜》：「王時敏，字遜之，太倉州人。太傅錫爵孫，承祖廕，官尚寶司丞。」《大清一統志》：「歷官太常卿。」 **南園** 《鎮洋縣志》：「南園在潮音庵北，大學士王錫爵別墅。」 **白在湄** 徐釚《續本事詩》：「白生雙

壁，名玨，通州人，琵琶第一手。吳梅村為作《琵琶行》者也。」《集覽》：「程迓亭曰：『白在湄，南通州人。其子或如，流落吾州，以琵琶法授賈二。賈二授李佳譽。今不傳。』」　**中常侍**　《續漢書·百官志》：「侍宦者秩比二千石，掌侍左右，從入內宮，顧問應對給事。」　**玉熙宮**　高士奇《金鰲退食筆記》：「玉熙宮在西長安里門街北金鰲玉蝀橋之西，神宗時選近侍三百餘名於此學習宦戲，歲時升座則承應。至愍帝猶幸之。」　**梨園子弟**　《唐書·禮樂志》：「明皇選坐部伎子弟三百，教於梨園，聲有誤者，帝必正之，號皇帝梨園弟子。」　**水嬉**　劉氏《蕪史》：「水嬉之制，削木為傀儡，高二尺餘，肖蠻王軍士男女之像，有臀無足，下安卯栒，用竹板承之，注水方木池，以錫為箱，支以木橛，用紗圍其下，取魚蝦萍藻躍浮水面，中官隱紗圍中，將人物用竹片託浮水上，游移轉動。一人鳴金，宣白題目，代宣文句。」　**過錦**　劉氏《蕪史》：「過錦之戲，拌雜劇故事及癡兒騃女市井馳儈之狀，約有百回，每四十餘人，各以兩旗引之登場，皆鍾鼓司承應。」　**才人**　《宋書·后妃傳》：「晉置才人，爵視二千石以下。」　**暖閣**　張合《宙載》：「暖閣在乾清宮後，凡九間，有上有下，上下共置床二十七張，天子隨時居寢，制度甚異。」　**清商**　《後漢書·仲長統傳》：「發清商之妙曲。」《韓非子》：「師涓鼓新聲，平公問師曠曰：『此何聲也？』曰：『此所謂清商也。』」王譽昌《崇禎宮詞》注：「上喜琵琶。庚午，辛才人於乾清宮西暖閣奮曲柄琵琶，彈清商雜調，歌舞太平，上傾聽不倦。自汴梁失守，而此樂不復再矣。」

　　琵琶急響多秦聲，對山慷慨稱入神。同時渼陂亦第一，兩人失志遭遷謫。絕調王康並盛名，崑崙摩詰無顏色。百餘年來操南風，竹枝水調謳吳儂。里人度曲魏良輔，高士填詞梁伯龍。北調猶存止絃索，朔管胡琴相間作。盡失傳頭誤後生，誰知卻唱江南樂。今春偶步城南斜，王家池館彈琵琶。悄聽失聲叫奇絕，主人招客同看花。為問按歌人姓白，家住通州好尋覓。褌褶新更回鶻裝，虬鬚錯認龜茲客。偶因同坐話先皇，手把檀槽淚數行。抱向人前訴遺事，其時月黑花茫茫。初撥鵾弦秋雨滴，刀劍相磨轂相擊。驚沙拂面鼓沉沉，春然一聲飛霹靂。南山石裂黃河傾，馬蹄迸散車徒行。鐵鳳銅盤柱摧塌，四條弦上煙塵生。忽焉摧藏若枯木，寂寞空城烏啄肉。轆轤夜半轉咿啞，嗚咽無聲貴人哭。碎珮叢鈴斷續風，冰泉凍壑瀉淙淙。明珠瑟瑟拋殘盡，卻在輕攏慢撚中。斜抹輕挑中一摘，漻慄飆飀憯肌骨。銜枚鐵騎飲桑乾，白草黃沙夜吹笛。可憐風雪滿關山，烏鵲南飛行路難。猵嘯鼺啼山鬼語，瞿塘千尺響鳴灘。坐中有客淚如霰，先朝舊直乾清殿。穿宮近侍拜長秋，咬春燕九陪遊燕。先皇駕幸玉熙宮，

鳳紙僉名喚樂工。苑內水嬉金傀儡，殿頭過錦玉玲瓏。一自中原盛豺虎，煖閣才人撒歌舞。插柳停搊素手箏，燒燈罷擊花奴鼓。我亦承明侍至尊，止聞鼓樂奏雲門。段師淪落延年死，不見君王賜予恩。一人勞悴深宮裏，賊騎西來趨易水。萬歲山前鼙鼓鳴，九龍池畔悲笳起。換羽移宮總斷腸，江村花落聽霓裳。龜年哽咽歌長恨，力士淒涼說上皇。前輩風流最堪羨，明時遷客猶嗟怨。即今相對苦南冠，升平樂事難重見。白生爾盡一杯酒，鬆來此伎推能手。岐王席散少陵窮，五陵召客君知否。獨有風塵潦倒人，偶逢絲竹便沾巾。江湖滿地南鄉子，鐵笛哀歌何處尋。

對山　無名氏《詩小傳》：「康海，字德涵，武功人。以救李夢陽落職家居，以聲伎自娛。間作樂府，使青衣被之管絃。嘗邀名姬百人為會，酒闌，各書小令一闋，曰：『此差勝錦纏頭也。』工琵琶楊侍郎廷儀在滻西，留飲甚歡，自起彈琵琶勸酒。楊言家兄在內閣，何不以尺書通之？德涵怒，擲琵琶撞之，走曰：『吾豈效王維作伶人討官做邪？』歸田三十餘年。其歿也，以山人巾服殮，囊橐蕭然。大小鼓卻有三百副，其風致如此。」　渼陂　《詩小傳》：「王九思，字敬夫，與德涵同里同官，同以黨瑾放逐沜東鄠杜之間，日夕過從，徵歌度曲，以相娛樂。敬夫將填詞，以厚貲募國工，杜門學琵琶三絃，習諸曲，盡其技而出之。」　崑崙　段安節《樂府雜錄》：「康崑崙，開元中琵琶第一手。」　摩詰　尤袤《全唐詩話》：「王維未冠，文章得名，尤善琵琶。微時於公主第自彈所製琵琶曲，曰《鬱輪袍》，主大奇之，遂取解頭登第。」　操南風　《左傳·成九年》：「晉侯見鍾儀，問其族，曰：『泠人也。』使與之琴，操南音。」　竹枝　《樂錄》：「竹枝之名起於巴蜀。唐人所作，皆蜀中風景。後人因效其體於各地為之。」　水調　《樂錄》：「水調歌始於隋煬帝，鑿汴河製此曲，唐後遂用其名。」王灼《碧雞漫志》：「予數見唐人說水調，各有不同。予因疑水調非曲名，乃俗呼音調之異名。」　吳儂　《廣韻》：「吳人自稱曰吳儂。」東坡詩：「語音猶自帶吳儂。」　度曲　張衡《西京賦》：「度曲未終。」臣瓚曰：「度曲歌終，更受其次，謂之度曲。」　魏良輔　陳僖《客窗偶筆》：「崑有魏良輔者，造曲律，世所謂崑腔者，自良輔始。」　填詞　《藝苑雌黃》：「柳三變，一名永，字耆卿。喜作小詞。然薄於操行，當時有薦其才者。上曰：『得非填詞柳三變乎？』」　梁伯龍　朱彝尊《明詩綜》：「《靜志居詩話》：梁辰魚，字伯龍，崑山人。雅善詞曲。所撰江東白苧，妙絕時人。時邑人魏良輔能喉囀音聲，始變弋陽、海鹽故調為崑腔。伯龍填《浣紗記》付之。王元美詩：『吳昌白面冶遊兒，爭唱梁郎豔雪詞。』同時又有陸九疇、鄭思笠、包郎郎、戴梅川輩，更迭唱和，清詞豔曲，流播人間，今已百年。傳奇家曲別本，弋陽子弟可以改調歌之，

惟《浣紗》不能，固是詞家老手。」　**北調**　《呂氏春秋》：「有娀氏有二佚女，為九成之臺。帝令燕往視，二女爭搏之。燕遺二卵，北飛遂不返，二女作歌，始為北音。」　**絃索**　元微之《連昌宮詞》詩：「夜半月高絃索鳴。」　**胡琴**　徐堅《初學記》：「琵琶本胡中馬上所鼓也，故名胡琴。」　**傳頭**　《史記・十二諸侯年表》：「七十子之徒口受其傳指。」　**褲褶**　注見前。　**回鶻**　《唐書・回鶻傳》：「德宗御延喜門，見回紇使者，時可汗上書恭甚，請易回紇曰回鶻，言捷鷔猶鶻也。」　**虬鬚**　《魏書・崔琰傳》：「虬鬚直視，若有所瞋。」　**龜茲**　《西域志》：「龜茲，西域國名。」《漢書注》：「龜茲音丘慈。」　**檀槽**　王仁裕《開元天寶遺事》：「開元中，有中官使蜀回，得琵琶以獻，其槽皆邏逤紫檀為之，溫潤如玉，光耀可鑒。」段安節《樂府雜錄》：「開元中，賀懷智善琵琶，以石為槽，以鶤雞筋為絃，以鐵撥彈之。」　**四條弦**　應劭《風俗通義》：「琵琶四絃法四時。」德清沈端蒙曰：「王建《宮詞》：『鳳皇飛出四條絃。』」　**摧藏**　計有功《唐詩紀事》：「董思恭《詠琵琶》云：『摧藏千里態，掩抑幾重悲。』」　**轆轤**　《廣韻》：「轆轤，圓轉木也。」李長吉詩：「井上轆轤床上轉。」　**碎珮叢鈴**　溫庭筠《郭處士擊甌歌》：「碎珮叢鈴滿煙雨。」　**瑟瑟**　注見卷三。　**桑乾**　注見卷一。　**瞿塘**　注見卷一。　**乾清殿**　孫承澤《春明夢餘錄》：「乾清門上則為乾清宮。」《明史・職官志》：「宦官有直殿監。」又：「御前近侍有乾清宮管事。」　**穿宮**　《明史・宦官傳》：「帝籍劉瑾家，得穿宮牌五百。」　**長秋**　《續漢書・百官志》：「長秋，皇后卿，掌宣宮中之命者。」〔註7〕　**咬春**　劉氏《蕪史》：「燕京立春日，宮中食生蘿蔔，曰咬春。」　**燕九**　劉侗《帝京景物略》：「白雲觀，元太極宮故墟，出西便門一里。觀中塑丘真人像。都人正月十九日致酹酒祠下，謂之燕九節。」　**傀儡**　《列子・湯問篇》：「周穆王時，巧人有偃師者，為木人，能歌舞。」案：此傀儡之始也。　**插柳**　宗懍《荊楚歲時記》：「江淮間，寒食日，家家折柳插門。今州里風俗，望日祭門，先以楊柳枝插門，隨枝所指，以酒餔飲食祭之。」　**搊箏**　《唐書・禮樂志》：「西涼伎有彈箏、搊箏各一。」　**燒燈**　劉昫《舊唐書・明皇紀》：「開元二十八年二月望日，御勤政樓，讌群臣，連夜燒燈。」　**花奴鼓**　樂史《太真外傳》：「汝陽王璡，小名花奴，尤善羯鼓。」王仁裕《開元天寶遺事》：「帝嘗聽琴，未絕，遽止之，曰：『速令花奴取羯鼓來，為我解穢。』」　**雲門**　《周禮・天官・大司樂》：「雲門之樂。」鄭玄《注》曰：「雲門，黃帝樂，言木中合抱，律呂之音也。」少陵《憶昔》詩：「宮中聖人奏雲門。」　**段師**　段安節《樂府雜錄》：「莊嚴寺僧段師善琵琶。」王仁裕《開

〔註7〕按：《漢書・百官公卿表上》：「將行，秦官。景帝中六年更名大長秋，或用中人，或用士人。」顏師古注：「秋者收成之時，長者恒久之義，故以為皇后官名。」

元天寶遺事》：「上欲遷幸花萼樓，置酒四顧，乃命進玉環，睿宗所御琵琶也，未嘗持用，至是命僧段師彈之。」　延年　注見卷一。　易水　王幼學《綱目集覽》：「易水源出易州南，閻山東，經霸州文安入淀。」　萬歲山　注見卷一。　九龍池　顧炎武《昌平山水記》：「九龍池在昭陵西南翠屏山下，鑿石為龍頭，泉出其吻，瀦而為池。」案：朱彝尊《日下舊聞》引曹靜照《宮詞》曰：「口勅傳宣幸玉熙，樂工先候九龍池。」似內苑亦有九龍池也。　力士　《唐書‧宦者傳》：「高力士，馮盎曾孫也。中人高延福養以為子，故冒其姓。先天中，為右監門衛將軍，知內侍省事。肅宗在東宮，兄事力士。帝或不名，而呼將軍。帝幸蜀，力士從，進齊國公。」　南冠　《左傳‧成九年》：「晉侯觀於軍府，見鍾儀，問之，曰：『南冠而縶者，誰也？』」　岐王　《唐書‧十一宗諸子傳》：「岐王名範，明皇弟。」少陵《逢李龜年》詩：「岐王宅裏尋常見。」　絲竹　《晉書‧王羲之傳》：「中年以來，傷於哀樂，正賴絲竹陶寫。」

雒陽行

　　詔書早洗雒陽塵，叔父如王有幾人。先帝玉符分愛子，西京銅狄泣王孫。白頭宮監鋤荊棘，曾在華清內承直。遭亂城頭烏夜啼，四十年來事堪憶。神皇倚瑟楚歌時，百子池邊嫋柳絲。早見鴻飛四海翼，可憐花發萬年枝。銅扉未啟牽衣諫，銀箭初殘淚如霰。幾年不省公車章，後來數罷昭陽宴。骨肉終全異母恩，功名徒付上書人。貴彊無取諸侯相，調護何關老大臣。萬歲千秋相訣絕，青雀投懷玉魚別。昭丘煙草自蒼茫，湯殿香泉暗嗚咽。析圭分土上東門，寶轂雕輪九陌塵。驪山西去辭溫室，渭水東流別任城。少室峰頭寫桐漆，靈光殿就張琴瑟。願王保此黃髮期，誰料遭逢黑山賊。嗟乎龍種誠足憐，母愛子抱非徒然。江夏漫栽脩柏賦，東阿徒詠豆箕篇。我朝家法踰前制，兩宮父子無遺議。廷論絲來責佞夫，國恩自是憂如意。萬家湯沐啟周京，千騎旌旗給羽林。總為先朝憐白象，豈知今日誤黃巾。鄒枚客館傷狐兔，燕趙歌樓散煙霧。茂陵西築望思臺，月落青楓不知路。今皇興念總帷哀，流涕黃封手自裁。殿內遂停三部伎，宮中為設八關齋。束薪流水王人戍，太牢加璧通侯祭。帝子魂歸南浦雲，玉妃淚灑東平樹。北風吹雨故宮寒，重見新王受詔還。唯有千尋舊松栝，照人落落嵩高山。

　　雒陽　《漢書‧地理志》：「河南郡縣雒陽。」師古曰：「魚豢云：漢火行，忌水，故去洛水而加隹。」《明史‧地理志》：「洛陽，萬曆二十九年十月建福王府。」《明史‧

諸王傳》：「福恭王常洵，神宗第三子。母鄭貴妃，最愛幸。故子亦鍾愛。萬曆二十九年封福王，四十二年始就藩洛陽。」　玉符　《史記·呂不韋傳》：「秦安國君為太子，愛幸華陽夫人。華陽夫人無子，承子於間，從容言子楚絕賢，願得立以為嗣，以託妾身。安國君許之，乃與夫人刻玉符，約以子楚為嫡嗣。」　愛子　注見卷一。　西京　《帝王世紀》：「長安為西京。」王溥《五代會要》：「晉天福三年，以洛陽為西京。」　銅狄　《後漢書·方術傳》：「蘇子訓者，不知何所由來也。後人於長安東霸城見之，與一老翁共摩挲銅人，相謂曰：『適見鑄此，而已近五百年矣。』」　泣王孫　少陵《哀王孫》詩：「可憐王孫泣路隅。」　華清　《唐書·地理志》：「天寶六載，改驪山溫泉宮曰華清宮，環山列宮室，置百司及十宅。」　烏夜啼　少陵《哀王孫》詩：「長安城頭頭白烏，夜向延秋門上呼。」　四十年　詳卷六注。　倚瑟　葛洪《西京雜記》：「高帝戚夫人善鼓瑟擊筑，帝嘗擁夫人倚瑟而歌，歌畢，每泣下流漣。」　百子池　葛洪《西京雜記》：「戚夫人侍兒賈佩蘭說在宮內，七月七日臨百子池，作于闐樂。樂畢，以五色縷相羈，謂為相憐愛。」　鴻飛　《史記·留侯世家》：「上愛趙王如意，欲廢太子而立之。四皓者，為太子輔。上曰：『羽翼已成，難動矣。』戚夫人泣。上曰：『為我楚舞，吾為若楚歌。』歌曰：『鴻鵠高飛，一舉千里。羽翮已就，橫絕四海。』歌闋，戚夫人噓唏流涕，上起去，竟不易太子。」　萬年枝　休寧朱奐曰：「寶厙《上陽宮感興》詩：『殘花猶發萬年枝。』」　銅扉　王延壽《魯靈光殿賦》：「遂排金扉而北入。」　牽衣諫　橫雲山人《明史稾·后妃傳》：「大內北上西門之西有大高元殿，鄭貴妃要帝謁神，設密誓，立其子為太子，因御書一紙，緘玉合中，賜妃為符契。」　銀箭　《〈周禮·挈壺氏〉注》：「漏之箭，晝夜共百刻，有四十八箭。」太白《烏棲曲》：「銀箭金壺漏水多。」案：二句皆指鄭妃也。　公車章　《續漢書·百官志》：「公車令一人，掌南宮闕門。凡吏民上章、四方貢獻及徵詣公車者。」《明史·諸王傳》：「萬曆十四年，鄭妃進封皇貴妃，而王恭妃如生皇長子已五歲矣，不益封，中外籍籍，疑帝將立愛。廷臣坐爭國本，竄謫者相踵。其後帝上畏太后，下迫輔臣葉向高、申時行、王錫爵等言，於二十九年始冊東宮。而封常洵為福王，婚費三十萬，營洛陽邸第二十八萬，十倍常制。廷臣請王之藩者數十百奏，置弗省。」　骨肉終全　《明史》：「萬曆二十六年，或撰《閨範圖說跋》，曰《憂危竑議》，謂妃欲易東宮。踰五年，太子已立，而疑者未已。復有《續憂危竑議》，時皆謂之妖書。四十一年，百戶王曰乾告變，言奸人孔學等為巫蠱，將不利於聖母及太子，語連貴妃、福王，帝大怒。大學士葉向高勸帝以靜處之，否則上驚聖母，下驚東宮，貴妃、福王皆不安，帝太息曰：『如此則吾父子兄弟全矣。』因用其言。於是太子、福王得相安。及四十三年，福王已就藩。

太子居慈慶宮，有男子張差持梃入宮，云：『打小爺。』付法司按問，詞連貴妃近侍，帝心動，諭貴妃善為計。貴妃窘，乞哀皇太子。太子以事連貴妃，亦大懼，請帝速具獄，毋株連，遂坐張差瘋癲，磔於市。」　**貴彊**　《史記·張丞相傳》：「趙堯侍高祖，高祖心獨不樂。堯請問曰：『非以趙王年少而戚夫人與呂后有郤邪？陛下獨宜為趙王置貴彊相，及呂后、太子、群臣素所敬憚者乃可。御史大夫昌，其人堅忍質直，自呂后、太子及大臣皆素敬憚之。獨昌可。』高祖曰：『善。』昌泣曰：『臣初起從陛下，獨奈何中道而棄之於諸侯乎？』」　**老大臣**　少陵《傷春》詩：「猶多老大臣。」　**訣絕**　《明史·葉向高傳》：「王曰乾之禍既寢，貴妃終不欲福王之國，言明年冬太后七十壽，王宜留慶賀。帝今內閣宣諭。向高留上諭弗宜，請今冬預行慶壽禮，如期之國。帝遣中使至向高私邸，必欲下前諭。向高封還手諭。帝不得已，從之。福王乃之國。」　**青雀投懷**　《唐書·褚遂良傳》：「上許立魏王泰為皇大子，詔侍臣曰：『昨日青雀投我懷中，云今日始得為陛下子。』」王幼學《綱目集覽》：「青雀，魏王泰小字。」　**玉魚**　《西京新記》：「宣政門內曰宣政殿，初成，每見數十騎馳突出。高宗使巫祝劉門奴問其所由，鬼曰：『我漢楚王戊太子，死葬於此。』門奴曰：『《漢書》：戊與七國反，誅死無後。焉得葬此？』鬼曰：『我當時入朝，以路遠不隨坐，病死，天子於此葬我。《漢書》自遺誤耳。』門奴因宣詔，欲為改葬，鬼曰：『出入誠不安，改葬幸甚。天子斂我玉魚一雙，勿見奪也。』及發掘，玉魚宛然，棺柩略盡。」　**昭丘**　注見前。　**湯殿**　樂史《寰宇記》：「溫泉在驪山下。」王建《宮詞》：「貴妃湯殿玉蓮開。」　**上東門**　《漢書·百官志》：「雒陽城十二門，一曰上東門。」酈道元《水經注》：「穀水又東屈而逕建春門石橋下，即上東門也。阮嗣宗《詠懷詩》曰『步出上東門』是也。」李善《文選注》：「《河南郡圖經》曰：『東有三門，最北頭曰上東門。』」　**溫室**　《三輔黃圖》：「溫室殿，武帝建。冬處之溫暖。」　**渭水**　《水經》：「渭水出隴西首陽縣渭首亭南鳥鼠山東，過長安縣北。」酈道元《注》：「渭水常東南流，不西北也。」　**任城**　《續漢書·郡國志》：「章帝元和元年，分東平為任城。」曹子建《贈白馬王彪詩序》：「黃初四年正月，白馬王、任城王與余朝京師。」《明史·諸王傳》：「福王常洵、瑞王常浩、惠王常潤、桂王常瀛同日封，後福王以年長先之國。」　**少室**　樂史《寰宇記》：「中嶽嵩山，東曰太室，西曰少室。」　**靈光**　注見卷二。　**黃髮期**　溫室比帝妃，任城比瑞王常浩等也。　《一統志》：「嵩山在開封府登封縣北，亦曰太室。其西曰少室。」《詩》：「椅桐梓漆。」　「靈光」，見《送施愚山》。《詩》：「爰伐琴瑟。」曹子建《贈白馬王彪詩》：「王其愛玉體，俱享黃髮期。」　**黑山賊**　注見卷一。《明史·流賊傳》：「崇禎十四年，自成攻河南，有營卒勾賊，城遂陷，福王常洵遇害。自

成汋王血，雜鹿醢嘗之，名福祿酒。」《明史・諸王傳》：「王遇害，兩承奉伏屍哭，賊捽之去。承奉呼曰：『王死，某不願生，乞一棺收王骸骨，齏粉無所恨。』賊義而許之桐棺一寸，載以斷車。兩人即其旁自絡死。」　龍種　少陵《哀王孫》詩：「高帝子孫皆隆準，龍種自與常人殊。」　母愛子抱　《史記・留侯世家》：「臣聞母愛者子抱，今戚夫人日夜侍御，趙王如意常抱居上前，嘗曰終不使不肖子居愛子之上，明乎其代太子必矣。」　脩柏賦　《齊書・諸王傳》：「江夏王鋒，以明帝知權，常忽忽不樂，著《修柏賦》以見志。帝後逼害之。江敩聞之流涕，曰：『芳蘭當門，不得不鋤，其修柏之賦乎！』」　豆萁篇　《世說・文學篇》：「文帝嘗令東阿王七步中作詩，不成者行大法。應聲曰：『煮豆釜然豆萁，豆在釜中泣。本是同根生，相煎何太急。』帝有慚色。」兩宮　《明史・王之寀傳》：「皇太子責諸臣曰：『我父子何等親愛，而外廷議論紛如。爾等為無君之臣，使我為不孝之子。』」　佞夫　《左傳・襄三十年》：「靈王崩，儋括欲立王子佞夫，佞夫弗知。五月癸巳，尹言多、劉毅、單蔑、甘過、鞏成殺佞夫。書曰『天王殺其弟佞夫』，罪在王也。」杜預曰：「佞夫，靈王子，景王弟。」　如意　見上注。　湯沐　《公羊傳》：「諸侯皆有湯沐之邑。」先生《綏寇紀略》：「賜王田四萬頃，所同爭之力，得減半。中州膄土不足，度山東、湖廣界以充。」　旌旗　《史記・梁孝王世家》：「得賜天子旌旗，出從千乘萬騎。」　羽林　簡文帝詩：「東方千騎從驪駒。」《〈漢書・百官公卿表〉注》：「師古曰：『羽林，宿衛之官，言其如羽之疾，如林之多也。』」　憐白象　《南史・齊長沙王晃傳》：「晃罷徐州還，私載數百人仗還都，為禁司所覺，投之江中。帝聞之，將糾以法，豫章王嶷曰：『晃罪誠不足宥，陛下當憶先朝念白象。』白象，晃小字也。」　黃巾　《後漢書・靈帝紀》：「中平元年，鉅鹿人張角自稱黃天，其部將有三十六萬，皆著黃巾，故又號黃巾。」　鄒枚　《史記・司馬相如傳》：「梁孝王來朝，從游說之士，齊人鄒陽、淮陽枚乘。」酈道元《水經注》：「梁孝王大治宮室，自宮連屬於平臺，與鄒、枚、司馬相如之屬，極遊於其上。」望思臺　《漢書・戾太子傳》：「上憐太子無辜，乃作思子宮，為歸來望思之臺。」師古曰：「言己望而思之，庶太子之魂歸來也。」　流涕　橫雲山人《明史彙・諸王傳》：「福王遇害，帝聞報大慟，袍袖盡濕，命河南有司改殯，具弔襚。」　三部伎　《唐書・百官志》：「大樂署三部伎，大部伎三年而成，次部伎二年而成，小部伎一年而成，皆入等。」　八關齋　宗懍《荊楚歲時紀》：「四月八日，釋氏下生之日，迦文成道之時，信捨之家建八關齋。」《毘婆娑論》：「夫齋者，以過中不食為體，以八事助成齋體，共相支持，名八支齋法，亦名八關齋。」《八關齋戒相》：「一不殺生，二不偷盜，三不淫慾，四不妄語，五不飲酒，六離花香瓔珞香油塗身，七離高勝床上坐，八離作倡伎

樂，故往視聽，九離非時食。」《儀範》云：「前八名關，後一名齋。關者，閉也。齋者，齊也。」　**太牢加璧**　郭璞《穆天子傳注》：「牛羊豕太牢。」《禮記》：「束帛加璧，尊德也。」先生《綏寇紀略》：「福王既遇害，事聞，上震悼，輟朝三日，泣謂群臣曰：『王，皇祖愛子，遭家不造，遘於閔凶，其以特羊一告慰定陵，特羊一告慰於皇貴妃之園寢，河南有司改殯王，具弔祭。世子在懷慶，授館餽餐，備凶荒之禮焉。』上發御前銀一萬，坤寧宮四千，承乾宮三千，翊坤宮三千，太子一千，慈慶懿安后一千，慈寧宮皇祖宣懿康昭妃五百，皇考溫定懿妃五百，俱著王裕民、冉興讓、葉高、栗標齋往，以慰恤福藩世子。」　**東平**　《漢書·宣元六王傳》注：「師古曰：『《皇覽》云：東平思王冢在無鹽。人傳王在國思歸京師，既葬，其冢上松柏皆西靡也。』」　**新王**　《明史·諸王傳》：「十六年秋七月，由崧襲封福王。」　**嵩高山**　《爾雅·釋山》：「山大而高，嵩。」今中嶽嵩高山，蓋以此名。劉熙《釋名》：「嵩或為崧。」班固《白虎通》：「中央之嶽獨如高字者何？以中央四方之中獨高，故曰嵩高山。」《嵩高山記》：「山高二千八百丈，周回七十五里。」

宮扇

宣皇清暑幸離宮，碧檻青疏十二重。七寶鑄銅薰鴨貴，千金磁翠鬥雞紅。玳瑁簾開南內宴，沉香匣啟西川扇。蟬翼描來雲母輕，冰紈製就天孫豔。丹霞瀲起駕雲軿，王母雙成絳節還。玉管鳳銜花萬壽，銀濤龍蹴海三山。芙蓉水殿琉璃徹，內家尚苦櫻桃熱。九華初御詠招涼，落葉回風若霜雪。峨眉萬里尚方船，雉尾千秋奏御箋。公主合歡嬌翡翠，昭容反影鬥嬋娟。遭逢召見南薰殿，思陵日昃猶揮汗。天語親傳賜近臣，先生進講豳風倦。黃羅帕捧出雕闌，畫筆丹青掌上看。俸薄買嫌燈市價，恩深攜謝閤門班。自離卷握秋風急，騫驢便面誰人識。聞道烽煙蔽錦城，齊紈楚竹無顏色。石榴噴火照皇都，再哭蒼梧愧左徒。舊內謾懸長命縷，新宮徒貼辟兵符。雨夜床頭搜廢篋，摩挲老眼王家物。半面猶存蛺蝶圖，空箱尚記霓裳疊。蠹粉黃侵瓊樹花，曲塵香損紫鸞車。珠衣五翟悲秦女，玉墜雙魚泣漢家。莫歎君恩長斷絕，比來舒卷仍鮮潔。乍可襟披宋玉風，不堪袖掩班姬月。

宮扇　李詡《戒菴漫筆》：「端午賜京官宮扇。」　**清暑**　張衡《西京賦》：「此焉清暑。」薛綜曰：「帝或避暑於甘泉宮，故云清暑。」《明史·輿服志》：「宣宗留意文學，建廣寒、清暑二殿。」　**鑄銅**　劉侗《帝京景物略》：「宣廟欲鑄鑪，問工銅以何法煉而佳，工奏煉至六次則現殊光寶色，異恒銅矣。上曰：煉十二次。煉已，鎔之，

置鐵銅篩格，赤炭鎔之，其清者先滴則以鑄鑪，存格上者以作他器云。」高濂《遵生八牋》：「宣鑪多用蠟茶、滲金二色。蠟茶以水銀浸捺入肉，薰洗為之；滲金以金鑠為泥，數列四塗抹，火炙成赤。所費不貲，非民間所能仿彿也。」　**鬥雞**　朱彝尊《曝書亭集・感舊集序》：「兒時見所用瓷盌，多宣德、成化款識，酒杯則畫芳草鬥雞其上，謂之雞缸。今非白金五鎰市之不可。」　**南內**　沈德符《野獲編》：「南內在禁垣內之巽隅，亦有首門、二門以及南掖門。內有前後兩殿，旁有兩廡。其他離宮及圓殿、石橋，則皆天順間所增飾。」　**西川扇**　《明史・謝傑傳》：「江右之磁，江南之紵，西蜀之扇，關中之絨。」高士奇《天祿識餘》：「西川李昭製扇最精，明時重之。」　**蟬翼**　崔豹《古今注》：「趙飛燕為皇后，上遣賜雲母扇、五明扇、九華扇、翟扇、蟬翼扇。」　**冰紈**　《芸窗小品》：「冰紈，紈細薄如冰也。」伊世珍《嫏嬛記》：「沈休文雨夜齋中獨坐，風開竹扇，有一女子攜絡絲具，入門便坐，風飄細雨如絲，女隨風引絡，絡繹不斷，若真絲焉。贈沈曰：『此為冰絲，贈君造以為冰紈。』沈後織成，製扇，當夏日，甫攜在手，不搖而自涼。」　**丹霞瀠起**　郭憲《洞冥記》：「漢武帝未誕之時，崇蘭閣上有丹霞蓊鬱而起。」　**王母雙成**　注見卷三。程《箋》：「以上皆謂川扇所繪。」案：張孝祥《于湖集》有《摺骨扇詞》。吳自牧《夢粱錄》：「小市周家摺疊扇鋪。」或謂摺扇始於明永樂中，非也。　**芙蓉殿**　蔣一葵《長安客話》：「玉泉山頂有金行宮芙蓉殿址，相傳章宗常避暑於此。」　**櫻桃熱**　王摩詰《謝賜櫻桃詩》：「飽食不須愁內熱。」　**九華**　曹子建《九華扇賦・序》：「先君常侍，得幸漢桓帝，帝賜尚方竹扇，不方不圓，其中織成文，名曰九華。」　**回風**　郭憲《洞冥記》：「武帝所幸宮人名麗娟，於芝生殿唱回風之曲，庭中樹葉為之翻落。」　**尚方**　注見卷三。　**雉尾**　《唐書・儀衛志》：「大繖二、雉尾扇八。」崔豹《古今注》：「雉尾扇起於殷世，高宗時有雊雉之祥，服章多用翟羽。周制以為王后夫人之車服。輿車有翣，即綴雉羽為扇翣，以障蔽風塵也。」　**合歡**　班健仔《怨詩》：「裁為合歡扇，團團似明月。」　**翡翠**　師曠《禽經》：「背有彩羽曰翡翠。」　**反影**　王嘉《拾遺記》：「周昭王時，塗修國獻丹鵠，夏至取鵠翅為扇三，一名施風，一名條翮，一名反影。」　**南薰殿**　《三輔黃圖》：「興慶宮之北有龍池，前有瀛洲門，內有南薰殿。」少陵《丹青引贈曹將軍霸》：「開元之中常引見，承恩數上南薰殿。」　**先生**　《明史・禮志》：「日講御文華殿，講讀官、內閣學士、侍班閣臣同侍於殿內，候帝口宣先生來同進。」《野獲編》：「京師最重端午，惟閣部大臣及經筵日講詞臣得拜川扇香果之賜。」案：先生於崇禎十年為東宮講讀官。　**箑**　揚雄《方言》：「扇自關而東謂之箑，自關而西謂之扇。」　**燈市**　謝肇淛《五雜組》：「京師每歲自正月初一至十八，於東華門外為市，陳設百

物，連亙十餘里，謂之燈市。」孫國敉《燕都遊覽志》：「燈市南北兩廛，珠玉寶器，日用微物，靡所不具，夜則然燈於其上，望之如星衢。今名燈市口。」 **閤門** 《宋史·職官志》：「東西上閤門使各三人，副使各二人，祗候十有二人。」 **蔡驢便面**《北齊書·楊愔傳》：「愔聰明強識，半面不忘。有選人魯漫漢，自言猥賤，獨不見識。愔曰：『卿前在元子思坊，騎禿尾驢，見我不下，以方麴障面，我何不識卿？』」《〈漢書·張敞傳〉注》：「師古曰：『便面所以障面，蓋扇之類也，不欲見人，以此自障面，則得其便，故曰便面。』」 **錦城** 注見卷一。 **再哭蒼梧** 案：甲申三月，北都亡。乙酉五月，南都又亡。故云。 **左徒** 《史記·屈原傳》：「為楚懷王左徒。」 **長命縷** 應劭《風俗通義》：「五月五日以五彩絲繫臂，辟鬼及兵，名長命縷，一曰續命縷。」 **辟兵符** 《抱朴子》：「或問辟五兵之道，答以五月五日作赤靈符著於心前，名辟兵符。」 **蛺蝶圖** 朱景元《畫錄》：「滕王元嬰，唐高宗子。工畫蛺蝶。」王建《宮詞》：「內中數日無宣喚，搨得滕王蛺蝶圖。」 **霓裳疊** 沈括《夢溪筆談》：「霓裳曲凡十三疊，前六疊無拍，至第七疊方謂之疊遍。」白樂天《和關盼盼燕子樓感事》詩：「自從不舞霓裳曲，疊在空箱二十年。」 **雙魚** 見前注。 **襟披** 宋玉《風賦》：「乃披襟而當之。」

宣宗御用戗金蟋蟀盆歌

宣宗在御升平初，便殿進覽豳風圖。煖閣才人籠蟋蟀，晝長無事為歡娛。定州花瓷賜湯沐，玉粒瓊漿供飲啄。戗金髹漆隱雙龍，果廠雕盆錦香褥。攲飛著翅逞腰身，玉砌軒翬試一鳴。性不近人須耿介，才堪卻敵在儦輕。君王暇豫留深意，棘門霸上皆兒戲。鬥雞走狗謾成功，今日親觀戰場利。坦顙長身張兩翼，鋸牙植股鬣如戟。漢家十二羽林郎，蟲達封侯功第一。臨淮真龍起風雲，二豪蜂蟻張與陳。草間竊伏竟何用，灶下廝養非吾群。大將中山獨持重，卻月城開立不動。兩目相當振臂呼，先聲作勢多操縱。應機變化若有神，儦突彷彿常開平。黃鬚鮮卑見股栗，垂頭折足亡精魂。獨身跳兔追且急，拉折攀翻只一擲。蟠蟠塞外蠕蠕走，使氣窮搜更深入。當前拔柵賭先登，奪采爭籌為主人。自分一身甘瓦注，不知重賞用黃金。君王笑謂當如此，楚漢雌雄何足齒。莫嗤超距浪輕生，橫草功名須致死。二百年來無英雄，故宮瓦礫吟秋風。一寸山河鬭蠻觸，五千甲士化沙蟲。灌莽微軀亦何有，捉生誤落兒童手。蟻賊穿塘負敗胔，戰骨雖香嗟速朽。涼秋九月長安城，黑鷹指爪愁雙睛。錦韝玉條競馳逐，

頭鵞宴上爭輸贏。鬥鴨欄空舞馬死，開元萬事堪傷心。祕閣圖書遇兵火，廠盒宣窰賤如土。名都百戲少人傳，貴戚千金向誰賭。樂安孫郎好古癖，剔紅填漆收藏得。我來山館見雕盆，蟋蟀秋聲增歎息。嗚呼！漆城蕩蕩空無人，哀蜚切切啼王孫。貧士征夫盡流涕，惜哉不遇飛將軍。

　　飷金　楊慎《丹鉛總錄》：「《唐六典》：十四種金，有飷金。」王志堅《名句文身表異錄》：「《詩》：『鞗革有鶬。』注：金飾貌。今之金工有名飷金者，本此。」　豳風圖　《明史》：「宣宗閱內庫書畫，得元趙孟頫所繪《豳風圖》，賦詩一章，命侍臣書圖右而揭諸便殿之壁。」　暖閣　注見前。　籠蟋蟀　王仁裕《開元天寶遺事》：「宮中每至秋時，妃妾以金籠閉置蟋蟀，真枕函畔。」陸佃《埤雅》：「蟋蟀似蝗而小，善跳，其鳴在股間。吳人取其雄而矯健者馴養以鬥。」程《箋》：「王世貞《國朝叢記》：「宣德九年七月，勅蘇州知府況鍾：比者內官安兒吉祥採取促織，今他所進數少，又多細小不堪，已勅後自運，要一千個。勅至，你可協同他幹辦，不要誤了，故勅。《明小史》：『宣宗酷好促織之戲，遣取之江南，價貴至數十金。楓橋一糧長以郡督遣，覓得一最良者，用所乘駿馬易之。妻謂駿馬所易必有易，竊視之，躍出，為雞啄食。懼，自縊死。夫歸，傷其妻，且畏法，亦自縊焉。』」　定州花瓷　田藝衡《留青日札》：「定窰有竹絲刷紋者曰北定窰、南定窰。有花者出南渡後。」東坡《試院煎茶》詩：「定州花瓷琢紅玉。」　髹漆　注見卷三。　果廠雕盆　高士奇《金鼇退食筆記》：「果園廠在櫺星門之西。永樂年製漆器於此。」詳見下注。　佽飛　《漢書·宣帝紀》：「發應募佽飛射士詣金城。」如淳曰：「周時度江，越人在船下負船，將覆之，佽飛入水殺之，漢因以材力名官。」〔註8〕師古曰：「取古勇力人以名官，亦因取其便利輕疾若飛，故號佽飛。」　著翅　《五代新說》：「周韓大將軍有勇略，破稽胡，胡憚其勁，號為著翅人。太祖曰：『著翅之名，何減飛將。』」　暇豫　《國語》：「優施飲里克酒。中飲，優施起舞，謂里克妻曰：『主孟啗我，我教茲暇豫事君。』乃歌曰：『暇豫之吾吾，不如鳥鳥。人皆集於菀，己獨集於枯。』」馬融《笛賦》：「遊閒公子，暇豫王孫。」棘門霸上　《史記·絳侯世家》：「文帝勞軍，至細柳營，歎曰：『此真將軍也。曩者棘門、霸上，皆兒戲耳。』」　鬥雞走狗　《史記·袁盎傳》：「袁盎家居，與閭里少年相隨行，鬥雞走狗。」　戰場利　少陵《驄馬行》：「猛氣猶思戰場利。」　羽林郎　《續漢書·百官志》：「羽林郎比三百石。掌宿衛侍從。常選漢陽、隴西、安定、北地、上郡、西河凡六郡良家補。」太白詩：「羽武林十二將，羅列應星文。」　蟲達

───────────────────────

〔註8〕檢《漢書》卷八《宣帝紀》，此乃「服虔曰」，而非「如淳曰」。《漢書注》依次為服虔曰、如淳曰、臣瓚曰、師古曰，《吳詩集覽》引「如淳曰」。

《漢書·功臣表》:「曲成圉侯蟲達從入漢,定三秦,以都尉破項籍陳下,侯四千戶。」
臨淮真龍 《明史·太祖紀》:「太祖諱元璋,字國瑞,姓朱氏。先世家沛,徙句容,
再徙泗州。父世珍,始徙濠之鍾離。」《一統志》:「鳳陽府,金元濠州。吳元年改臨濠
府臨淮縣,在府東少北二十里。」 **二豪螟蛉** 劉伶《酒德頌》:「二豪侍側焉,如
蜾蠃之與螟蛉。」 **張陳** 《明史·張士誠傳》:「張士誠,小字九四,泰州白駒亭人。
以操舟運鹽為業。至正十三年起兵,據高郵,自稱誠王,國號周,建元天祐。」《明史·
陳友諒傳》:「陳友諒,沔陽漁家子也。後為徐壽輝將。至正十八年,起兵據龍興路。
二十年,弒其主徐壽輝,自稱皇帝,國號漢,建元大義。」 **灶下廝養** 《後漢書·
劉元傳》:「其所授官爵者,皆群小賈豎,或有膳夫庖人,長安為之語曰:『灶下養,中
郎將。爛羊胃,騎都尉。爛羊頭,關內侯。』」《公羊傳》:「廝役扈養。」韋昭曰:「析
薪為廝,炊烹為養。」 **中山** 《明史·徐達傳》:「拜達大將軍。是時稱名將必推達、
遇春。遇春剽疾,敢深入。而達又長於謀略。」 **卻月城** 《南史·侯景傳》:「賊掘
城東南角,城內作迂城,形如卻月以捍之。」《唐書·李靖傳》:「築卻月城,延袤十餘
里。」 **先聲** 《史記·淮陰侯傳》:「兵固有先聲而後實者。」 **常開平** 見上及卷
二注。 **黃鬚鮮卑** 喻元順帝。劉敬叔《異苑》:「王敦頓軍姑孰,明帝躬往覘之。
敦晝寢,卓然警悟,曰:『營中有黃鬚鮮卑奴來,何不縛取?』帝所生母荀氏,燕國人,
故貌類焉。」 **跳** 《漢書·高帝紀》:「漢王跳。」如淳曰:「音逃,謂走也。」 **蠮
螉塞** 《晉書·慕容皝載記》:「率騎二萬,出蠮螉塞。」羅願《爾雅翼》:「蜾蠃,俗
呼為蠮螉。」《本草》:「蠮螉塞,謂塞上作土室以候望,如蠮螉捷土作房也。」 **蠕
蠕** 《北史·蠕蠕傳》:「蠕蠕姓郁久閭氏。大武以其無知,狀類於蟲,故改其號曰蠕
蠕。」案:此喻元順帝之逃奔應昌也。 **拔柵** 《唐書·李晟傳》:「賊伐木塞以拒戰,
史萬頃先登,拔柵以入。」 **瓦注** 《莊子·達生篇》:「以瓦注者巧,以鉤注者憚,
以金注者拙。」 **當如此** 《漢書·高帝紀》:「高祖常繇咸陽,縱觀秦皇帝,喟然太
息曰:『嗟乎,大丈夫當如此矣。』」 **楚漢雌雄** 《史記·項羽紀》:「楚漢久相持未
下,項王謂漢王曰:『天下匈匈數歲者,徒以吾兩人耳。願與漢王挑戰決雌雄。』」 **超
距** 《史記·王翦傳》:「荊兵日出挑戰。王翦日休士洗沐,而善飲食拊循之。久之,問
軍中戲乎。對曰:『方投石超距。』翦曰:『士卒可用矣。』」徐廣曰:「超一作拔。」
橫草 《漢書·終軍傳》:「軍無橫草之功。」師古曰:「言行草中,使草偃臥,故云橫
草也。」 **致死** 《左傳·昭二十一年》:「用少莫如齊致死。」 **一寸山河** 《金史·
左企弓傳》:「太祖既定燕,從初約,以與宋人。企弓獻詩,曰:『君王莫聽捐燕議,一
寸山河一寸金。』」 **蠻觸** 《莊子·則陽》篇:「有國於蝸之左角者曰觸氏,國於蝸

之右角者曰蠻氏，相與爭地而戰，伏屍數萬，逐北旬有五日而返。」　**沙蟲**　《抱朴子》：「周穆王南征，三軍之士，一朝盡化，君子為猿鶴，小人為沙蟲。」　**捉生**　姚汝能《安祿山史蹟》：「留張汝珪軍前，與史思明同為捉生將。」　**蟻賊**　《後漢書‧皇甫嵩傳》：「張角等一時俱起，皆著黃巾為標幟，時人謂之黃巾，亦各蛾賊。」《注》：「蛾音魚綺反，即蟻字也。喻賊眾多，故以為名。」　**速朽**　少陵《出塞》詩：「戰骨當速朽。」　**頭鵝宴**　《遼史‧營衛志》：「皇帝得頭鵝，薦廟。群臣各獻酒果致賀。」陶宗儀《輟耕錄》：「昔寶赤鷹房之執役，每歲以所養海東青有得頭鵝者，賞黃金一錠。頭鵝者，天鵝也，以首得之，又重過三十斤，故曰頭鵝。」　**鬪鴨欄**　《吳志‧陸遜傳》：「建昌侯慮於堂前作鬪鴨欄，頗施小巧。」　**舞馬**　鄭處晦《明皇雜錄》：「上嘗令教舞馬四百蹄，各有名稱，目為某家龍、某家驕。時塞外以善馬來貢者，上俾之教習，衣以文繡，絡以金鈴，飾其鬣間，雜以珠玉。其曲《傾盃樂》者數十回，奮首鼓尾，縱橫應節。又施三層板床，舞馬於上，抃轉如飛。或命壯士舉榻，馬舞於榻上，樂工數十人立於前後左右，皆衣淡黃衫，文玉帶，必求年少而姿白美秀者。安祿山亂，馬散落人間，田承嗣得之。一日，軍中大饗，馬聞樂而舞，承嗣以為妖而殺之。舞馬自此絕矣。」　**宣窯**　張應文《清秘藏》：「宣窯質料細厚，隱隱橘皮紋起。冰裂鱔魚紋者，幾與官汝窯敵。即暗花者，內燒絕細龍鳳暗花，底有大明宣德年製字。」　**百戲**　梁元帝《纂要》：「古有百戲，起於秦漢。」　**樂安孫郎**　《明一統志》：「青州府，金為益都府，元為青都路。樂安縣在城北九十里，金屬益都。」周亮工《尺牘新鈔》：「孫承澤，上林苑籍，山東益都縣人。」朱彝尊《經義考》：「孫承澤，字耳伯，號北海，晚自稱退翁。崇禎辛未進士，除陳留知縣，調祥符，擢刑科給事中，歷兵、吏二科。入本朝，官至吏部左侍郎、都察院左都御史。」　**剔紅填漆**　高士奇《金鰲退食筆記》：「果園廠漆器，以金銀錫木為胎，有剔紅、填漆二種。剔紅者，其法朱漆三十六次，鏤以細錦。底漆黑光，針刻大明永樂年製。宣德時，廠器終不逮前，工匠被罪，因私購內藏永樂年物，磨去細款，刀刻宣德大字，濃金填掩之，故宣款皆永器也。填漆款亦如之。填漆刻成花鳥，填彩稠漆，磨平如畫，久而愈新。其合製貴小，深者五色靈芝邊，淺者迴文戧金邊，價數倍於剔紅。二種皆廠器也。」　**漆城**　《史記‧滑稽傳》：「秦二世欲漆其城。優旃曰：『佳哉！漆城蕩蕩，寇來不能上。即欲就之，易為漆耳，顧難為蔭室。』二世笑之，以其故止。」　**王孫**　揚雄《方言》：「楚謂蜻蛚為蟋蟀，或謂之蛬，南楚謂之蚟孫。」《謝氏詩源》：「袁瓘《秋日詩》曰：『芳草不復綠，王孫今又歸。』人都不解。施肩見之，曰：『王孫，蟋蟀也。』」　**飛將軍**　《史記‧李將軍傳》：「廣為右北平太守，匈奴聞，號曰：此飛將軍也。避之。」

聽女道士卞玉京彈琴歌

鴛鵝逢天風，北向驚飛鳴。飛鳴入夜急，側聽彈琴聲。借問彈者誰，
云是當年卞玉京。玉京與我南中遇，家近大功坊底路。小院青樓大道邊，
對門卻是中山住。中山有女嬌無雙，清眸皓齒垂明璫。曾因內宴直歌舞，
坐中瞥見塗鴉黃。問年十六尚未嫁，知音識曲彈清商。歸來女伴洗紅妝，
枉將絕技矜平康，如此才足當侯王。萬事倉皇在南渡，大家幾日能枝梧。
詔書忽下選蛾眉，細馬輕車不知數。中山好女光徘徊，一時粉黛無人顧。
豔色知為天下傳，高門愁被旁人妒。盡道當前黃屋尊，誰知轉盼紅顏誤。
南內方看起桂宮，北兵早報臨瓜步。聞道君王走玉驄，犢車不用聘昭容。
幸遲身入陳宮裏，卻早名填代籍中。依稀記得祁與阮，同時亦中三宮選。
可憐俱未識君王，軍府抄名被驅遣。漫詠臨春瓊樹篇，玉顏零落委花鈿。
當時錯怨韓擒虎，張孔承恩已十年。但教一日見天子，玉兒甘為東昏死。
羊車望幸阿誰知，青冢淒涼竟如此。我向花間拂素琴，一彈三歎為傷心。
暗將別鵠離鸞引，寫入悲風怨雨吟。昨夜城頭吹篳篥，教坊也被傳呼急。
碧玉班中怕點留，樂營門外盧家泣。私更裝束出江邊，恰遇丹陽下渚船。
剪就黃絁貪入道，攜來綠綺訴嬋娟。此地縶來盛歌舞，子弟三班十番鼓。
月明絃索更無聲，山塘寂寞遭兵苦。十年同伴兩三人，沙董朱顏盡黃土。
貴戚深閨陌上塵，吾輩漂零何足數。坐客聞言起歎嗟，江山蕭瑟隱悲笳。
莫將蔡女邊頭麴，落盡吳王苑里花。

卞玉京　余懷《板橋雜記》：「卞賽，一曰賽賽，秦淮人。能詩，工小楷。年十
八，僑虎丘之山塘。後歸東中一諸侯，不得志，乞身下髮為女道士，號玉京道人。」
《梅村詩話》：「玉京臨雲裝。」　　駕鵝　司馬相如《上林賦》：「弋白鵠，連駕鵝。」
《漢書注》：「師古曰：『駕，野鵝也。音加。』」　　大功坊　注見卷二。　　青樓　曹
子建《美女篇》：「青樓臨大道。」《板橋雜記》：「舊院人稱曲中，前門對武定橋，後門
在鈔庫街。長板橋在院牆外數十步，鷲峰寺西夾之中山，東花園互其前，秦淮朱雀桁
遶其後。」　　對門　《古辭·東飛伯勞歌》：「誰家兒女對門居。」　　清眸皓齒　傅玄
《舞賦》：「盼船鼓則騰清眸，吐哇咬則發皓齒。」　　鴉黃　虞世南《嘲寶兒》詩：「學
畫鴉黃半未成。」　　清商　注見前。　　平康　孫棨《北里志》：「平康里入北門，東
面三曲，即諸妓所居也。」　　當侯王　《史記·外戚世家》：「褚先生曰：武帝時，尹
夫人與邢夫人並幸，有詔不得相見。尹夫人自請，願見邢夫人。帝令他夫人飾，為邢
夫人來前。尹夫人曰：『此非邢夫人也。視其身貌形狀，不足以當人主矣。』」　　南渡

《明史‧諸王傳》：「十七年三月，京師失守。四月，鳳陽總督馬士英等迎福王由崧入南京，稱監國。壬寅，自立於南京，偽號弘光。」　**枝梧**　《史記‧項羽紀》：「諸將皆慴伏，莫敢枝梧。」臣瓚曰：「小柱為枝，大柱為梧。今屋枝斜柱是也。」　**選蛾眉**　《欽定歷代通鑑集覽》：「時以母妃命選淑女，群奄藉端滋擾，隱匿者至鄰里連坐。兵科給事中陳子龍言：中使四出搜巷，凡有女之家，黃紙貼額，持之而去，閭井騷然。明旨未經有司，中使私自搜採訪，甚非法紀。御史朱國昌亦以為言。乃命禁訛言誆惑者。復使太監李國輔等分詣蘇杭採訪，民間嫁娶一空。」橫雲山人《明史稾‧三王傳》：「甲申八月庚辰，下詔命選淑女。」　**細馬**　《唐六典》：「凡馬有左右監，以別驪細，細則稱左，驪則稱右。」太白詩：「胡姬十五細馬馱。」　**黃屋**　《史記‧項羽紀》：「乘黃屋車，傅左纛。」《注》：「天子車以黃繒為蓋裏。」　**桂宮**　《南部煙花記》：「陳後主為張貴妃造桂宮於光照殿後。」　**北兵**　楊陸榮曰：「乙酉三月，大兵入儀封，破歸睢，進逼江北，直下淮潁。四月，左良玉以掃清君側為名，提兵下九江，遣靖南伯黃得功禦之，上游空虛。五月初九，大兵渡江，一技不施。」　**瓜步**　注見卷三。　**走玉驄**　注見卷一。少陵《丹青引》：「先帝天馬玉花驄。」　**犢車**　《隋書‧禮儀志》：「九嬪以下，並乘犢車，青幰珠絡網。」　**昭容**　《唐書‧百官志》：「九嬪，一曰昭容，正二品。」　**代籍**　《史記‧外戚世家》：「呂后出宮人，賜諸王，竇姬與在行中。姬家清河，欲如趙近家，請其主遣宦者吏，必欲置我籍趙之伍中。宦者忘之，置其伍代籍中。」程《箋》：「金陵選后徐氏，中山王女也，冊立有日，而大兵渡江，由崧走黃得功營。得功戰死，檻車北轅。某既歸順，謀復大宗伯原官，手進所選后徐氏於某，遂同毆去。」　**抄名**　王建《宮詞》：「總被抄名入教坊。」　**驅遣**　《文集‧玉京道人傳》：「道人曰：『吾在秦淮，見中山故第有女絕色，名在南內選擇中，未人宮而亂作，軍府以一鞭驅之去。』」　**臨春瓊樹**　《陳書‧后妃傳》：「後主製新曲，有《玉樹後庭花》、《臨春樂》。其略云：璧月夜夜滿，瓊樹朝朝新。大抵美張、孔之容色也。」　**張孔**　《陳書‧后妃傳》：「禎明三年正月辛未，韓擒〔註9〕率眾趨臺城，自南掖門入，後主乃逃於井。既而軍人以繩引之，乃與張貴妃、孔貴嬪同乘而上。」《大業拾遺記》：「後主云：每憶桃葉山前，乘戰艦與此子北渡，爾時麗華最恨，方倚臨春閣，試東郭燬毫筆，書小硯紅綃作答江令『璧月』句未終，見韓擒虎躍青驄馬，擁萬甲，直來衝入。」　**玉兒**　陸龜蒙《小名錄》：「齊東昏侯潘淑妃小字玉兒。」東坡《次韻楊濟公梅花》詩：「玉奴終不負東昏。」《北史‧斛律光傳》：「奴見大家心死。」　**羊車**　注見卷三。　**青冢**　《歸州圖經》：「胡中多白草，王昭君冢獨青，號曰青冢。」

〔註9〕按：此處脫「虎」字。

王士禎《居易錄》：「陳給事言：『青冢在歸化城南三十里，高三十餘丈，廣數畝。冢前尚存石虎二，其色黝黑；石師子一，色純白；石幢一，上刻蒙古書，豎幡其上。冢巔有小方亭，中藏畫佛。冢旁大柳一株，根分為二，相距三尺許，去地數尺，連而為一，皮存，若香片然。』」 **篳篥** 杜佑《通典》：「篳篥出於胡中，其聲悲。」 **教坊** 程大昌《演繁露》：「開元二年，玄宗以太常禮樂之司不應典優倡雜樂，乃更置左右教坊，以教俗樂。」崔令欽《教坊記》：「西京右教坊在光宅坊，左教坊在延政坊，右多善歌，左多工舞。東京兩教坊俱在明義坊，右在南，左在北。」余懷《板橋雜記》：「樂府統於教坊司，司設一官以主之。」 **點留** 王建《宮詞》：「弟子名中怕點留。」 **樂營** 羅虬《比紅兒》詩：「樂營門外柳如陰。」 **黃絁** 許慎《說文》：「絁，粗緒也。」長洲顧舜年曰：「張宏業《南都遺事錄》：『玉京既乞身著黃衣，作道人裝。』」 **綠綺**《古琴疏》：「司馬相如作《玉如意賦》，梁王悅之，賜以綠綺之琴。」傅玄《琴賦序》：「相如有綠綺琴，天下名器也。」 **山塘** 茹昂《虎丘山志》：「山塘舊多積水。太傅白公築之，始免病涉之患，又名白公堤。」《板橋雜記》：「玉京居虎丘，湘簾棐几，地無纖塵。見客初不甚酬對。若遇嘉賓，則諧謔間作。」 **沙董**《板橋雜記》：「沙才美而豔，善吹簫度曲。有妹曰嫩者，字未央，亦有姿色。居虎丘之半塘，人以二趙二喬目之。」董白，詳十八卷。 **蔡女**《後漢書·列女傳》：「蔡邕女，名琰，字文姬。夫亡遭亂，沒於南匈奴。曹操贖歸，重嫁董祀。追懷悲情，作詩二章。」郭茂倩《樂府詩集》：「蔡文姬善琴，能為離鸞別鶴之操。」

南生魯六真圖歌並引

　　山東南生魯官浙之觀察，命謝彬畫已像而劉復補山水，凡六圖。其一坐方褥，聽兩姬搊箏吹洞簫。其一焚香彈琴，流泉瀉階下，旁一姬聽倦倚石。一會兩少年蹴鞠戲，毬擲空中勢欲落。一圖書滿床，公左顧笑，有髯而秀者端拱榻前，若受書狀，則公子也。餘二圖：一則畫藤橋橫斷壑中，非人境，公黃冠㰖拂，掉首不顧；一則深巖枯木，有頭陀趺坐披布衲，即公也。予為作《六真圖歌》，鑱之石上，覽者可以知其志矣。

　　南生魯《山東通志》：「崇禎丁丑進士南源洙，濮州人，參議。」《杭州府志》：「分巡溫處道南洙源，順治八年任。」 **謝彬**《續圖繪寶鑑》：「謝彬，字文侯，上虞人。寓居錢塘。善寫小像。一經彼筆，世無俗面。」 **劉復**《昭文縣志》：「劉復隱於五渠，畫師董源。」 **方褥** 顏之推《家訓》：「梁時貴游子弟駕長簷車，躡高齒屐，坐棋子方褥，憑斑絲隱囊。」 **黃冠**《唐書·李淳風傳》：「棄家為道士，號黃

冠子。」　頭陀　王中《頭陀寺碑文》,《注》:「天竺言頭陀,此言抖擻也。斗擻煩惱,故曰頭陀。」　布衲　《智度論》:「五比丘曰:佛當著何等衣?佛言應著衲衣。」

明湖夜雨天涯客,握手停杯話疇昔。人生竟作畫圖看,拂卷生綃開數尺。長身玉立於思翁,美人促柱彈春風。一聲兩聲玉簫急,吹落碧桃無數紅。旁有一姝嬌倚扇,聽君手拂湘妃怨。抱琴危坐鬚飄然,知入清徽廣陵散。出門逐伴車如風,築毬會飲長安中。歸來閉門閒課子,石榻焚香列圖史。我笑此翁何太奇,彈琴蹴鞠皆能為。讀書終老豈長策,乘雲果欲鞭龍螭。神仙吾輩盡可學,六博吹笙遊戲作。不信晚年圖作佛,趺坐蒲團貪睡著。丈夫雄心竟若此,世事悠悠何足齒。興來展觀自掀髯,麈拂藤鞋自茲始。劉君水石謝君圖,解衣槃礴工揣摩。平生嗜好經想像,須臾點出雙清矑。置身其間真快樂,聲酒琴書資笑謔。縱然仙佛兩無成,如此溪山良不惡。吾聞宗少文,曾寫尚子平。阮生長嘯逢蘇門,祖孫妙筆多天真。君不見興宗年少香山老,不及丹青似舊人。

明湖　田汝成《西湖志》:「西湖,古明聖湖也。漢時金牛見湖中,人言明聖之瑞,遂稱明聖湖。」　於思　《左傳·宣二年》:「於周於思。」《注》:「多鬚貌。」　湘妃怨　《琴曲譜錄》:「上古琴弄名有《湘妃怨》,女英製。」陳暘《樂書》:「琵琶女夢異人授譜,後有《湘妃怨》、《哭顏回》二徽調。」　徽　李綽《尚書故實》:「蜀中雷氏斲琴,常自品第,上者以玉徽,次者以金徽,又次者螺蚌徽。」楊慎《升菴雜記》:「徽,琴的也。」　廣陵散　《晉書·嵇康傳》:「初,康嘗遊於洛西,宿華陽亭,引琴而彈。夜分忽有客詣之,稱是古人,與共談音律,因索琴彈之,而為《廣陵散》,聲調絕倫。」　車如風　元微之《連昌宮詞》:「楊氏諸姨車鬪風。」　築毬　韋莊《寒食醉吟》詩:「永日迢迢無一事,隔街聞築氣毬聲。」　六博　《楚辭·招魂》:「篦蔽象棋,有六簙些。」王逸曰:「投六箸,行六棊,故為六簙。」曹子建《仙人篇》:「仙人攬六箸,對博泰山隅。」　吹笙　注詳卷十四。　圖作佛　《晉書·何充傳》:「充性好釋典,阮裕曰:『我圖數千戶郡,尚未能得。卿圖作佛,不亦大乎?』」　解衣槃礴　《莊子·田子方篇》:「宋元君將畫圖,眾史皆至,受揖而立,舐筆和墨。一史後至,儃儃不趨,受揖不立,因之舍。公使人視之,則解衣槃礴臝。君曰:『可矣,是真畫者也。』」陸德明《釋文》:「般,一作槃,箕坐也。」　清矑　《晉書·顧愷之傳》:「每畫人,或數年不點目睛。人問其故,曰:『傳神寫照,正在阿堵中。』」揚雄《甘泉賦》:「玉女無所眺其清矑兮。」　尚子平　《後漢書·逸民傳》:「向長,字子平。」《注》:「《高士傳》作尚長。」餘見卷三注。　長嘯　《晉書·阮籍傳》:「籍嘗於蘇門

山遇孫登,與商界終古及樓神導氣之術,登皆不應,乃長嘯而反。」　祖孫妙筆　《南史‧隱逸傳》:「宗少文,南陽涅陽人。孫測,亦有祖風。欲遊名山,乃寫祖少文所作《尚子平圖》於壁上。長嘯不返。又嘗自圖阮籍遇蘇門於行障上,坐臥對之。」　興宗　《南史‧蔡興宗傳》:「興宗幼為父廓所重,與親故書曰:『小兒四歲,神氣似可,不入非類室,不與小人遊。故以興宗為之名,興宗為之字。』」　香山　《唐書‧白居易傳》:「構石樓香山,稱香山居士。嘗與高年不仕者繪為《九老圖》。」

後東皋草堂歌

　　君家東皋枕山麓,百頃流泉浸花竹。石田書畫數百卷,酷嗜平生手藏錄。隱囊塵尾寄蕭齋,鴻鵠高飛鷹隼猜。白社青山舊居在,黃門北寺捕車來。有詔憐君放君去,重到故鄉棲隱處。短策仍看屋後山,扁舟卻繫門前樹。此時鉤黨雖縱橫,終是君王折檻臣。放逐縱緣當事意,江湖還賴主人恩。一朝龍去辭鄉國,萬里烽煙歸未得。可憐雙戟中丞家,門帖淒涼題賣宅。有子單居持戶難,呼門吏怒索家錢。窮搜廢篋應無計,棄擲城南五尺山。任移花藥鄰家植,未剪松杉僧舍得。漁舟網集習家池,官道人牽到公石。石礎雖留不記亭,槿籬還在半無門。欹橋已斷連僵柳,醉壁誰扶倚瘦藤。尚有荒祠叢廢棘,豐碑草沒猶堪識。堦前田父早歌呼,陌上行人增歎息。我初扶杖過君家,開尊九月逢黃花。秋日溪山好圖畫,石田真蹟深諮嗟。傳聞此圖再易主,同時賓客知存幾。又見溪山改舊觀,雕欄碧檻今已矣。搖落深知宋玉愁,衡陽雁斷楚天秋。斜暉有恨家何在,極浦無言水自流。我來草堂何處宿,挑燈夜把長歌續。十年舊事總成悲,再賦閒愁不堪讀。魏寢梁園事已空,杜鵑寂寞怨西風。平泉獨樂荒榛裏,寒雨孤村聽暝鐘。

　　東皋草堂　《蘇州府志》:「東皋在常熟縣北郭外拂水橋左。少參瞿汝說所構,子式耜增拓之,築浣溪草堂、貫清堂、鏡中水諸勝,為邑中亭園之冠。」《明史‧瞿式耜傳》:「式耜,字起田,常熟人。舉萬曆四十四年進士。」《梅村詩話》:「瞿稼軒逮就獄,余時在京師。所謂《東皋草堂歌》者,贈稼軒於請室也。後數年,余再至東皋,則稼軒倡義粵西,其子伯升門戶是懼,故山別墅皆荒蕪斥賣,無復向者之觀,余為作《後東皋草堂歌》。」　石田書畫　唐志契《繪事微言》:「沈周,字啟南,號石田,又號白石翁。姑蘇人。博學,為詩新奇。山水宗大癡,為明世第一。」《蘇州府志》:「中丞酷愛沈石田畫,一縑片紙,搜訪不遺。搆一齋,名耕石,藏弄其中。」　隱囊　注見

前。　**麈尾**　《晉書·王衍傳》:「每捉玉柄麈尾,與手同色。」陸佃《埤雅》:「鹿之大者曰麈,群鹿隨之,皆視麈尾所轉為準。於文主鹿為麈。古之談者揮之,良是也。」**蕭齋**　張宏靖《蕭齋記》:「隴西李約於江南得蕭子雲壁書飛白,蕭字與俱,載舟還洛陽仁風里第,遂建精舍,陷列於壁。蕭齋之名與此字俱傳矣。」　**鷹隼猜**　尤袤《全唐詩話》:「張九齡為李林甫所忌,作《燕》詩與林甫,有云:『無心與物競,鷹隼莫相猜。』林甫覽之,知其有退意,恚怒稍解。」　**白社**　注見卷一。　**黃門北市**　注見卷一。《明史·瞿式耜傳》:「式耜為戶科給事中,矯矯立名,所建白多當帝意。然搏擊權豪,大臣多畏其口。會延推閣臣,失溫體仁指,坐貶謫。後又以事貶秩,廢於家。久之,常熟奸民張漢儒希體仁指,訐式耜貪肆不法。體仁主之,下法司逮治。巡撫張國維、巡接路振飛交章白其冤,不聽。比就獄,體仁已去位,獄稍解,坐徒贖。後言官疏薦,不納。」程《箋》:「逮問在丙子,獄解在丁丑。」　**鉤黨**　注見卷二。　**折檻**　《漢書·朱雲傳》:「雲見帝,願賜上方斬馬劍,斷張禹。帝大怒。御史將雲下,雲攀檻,檻折。後不治檻,曰:『以旌直臣。』」　**萬里烽煙**　《明史·瞿式耜傳》:「十七年,福王於南京起式耜右僉都御史,巡撫廣西。明年夏,甫抵梧州,聞南京破。唐王監國,擢式耜兵部右侍郎,協理戎政。大清順治三年,式耜與丁魁楚等擁立永明王由榔,進式耜東閣大學士,尋請留守桂林,進封臨桂伯。」餘詳卷十二。　**雙戟**　謝維新《事類合璧》:「蕭銑尚太宗女襄城公主,門列雙戟。」　**中丞**　《漢書·百官公卿表》:「御史大夫有兩丞,一曰中丞。」徐炬《事物原始》:「唐制,御史中丞,今左右僉都。」　**賣宅**　《齊書·庾杲之傳》:「杲之接魏使,使問:『齊國百姓那得家家題門帖賣宅。』答曰:『朝廷欲掃蕩京洛,克復神州,所以家家賣宅耳。』魏使縮鼻而不答。」　**有子**　《集覽》:「稼軒子嵩錫,字伯升,崇禎壬午舉人。」　**尺五**　鄭樵《通志》:「韋曲,韋安石別業。杜曲,杜岐公別業。韋杜二氏俱貴族。諺曰:城南韋杜,去天尺五。」　**習家池**　《晉書·山簡傳》:「習家池,漢習郁所鑿。簡鎮襄陽,每出遊池上,置酒輒醉,名曰高陽池。」　**到公石**　《南史·到溉傳》:「溉山池有奇石,長一丈六尺,武帝與奕棋,賭之,溉輸焉,迎置華林園。移石之日,都人縱觀到公石。」**魏寢梁園**　岑參《送鄭少府之滏陽》詩:「若到銅臺上,應憐魏寢荒。」《御覽》:「《圖經》:『梁孝王好宮室苑囿之樂,結修竹園,園中竹木,天下之選。』」　**平泉**　《賈氏談錄》:「李贊皇平泉莊周回十里,建堂樹百餘所,今基址猶存。天下奇花異草、珍松怪石靡不畢具其間,故德裕有《平泉草木記》。」　**獨樂**　《元城語錄》:「溫公居洛,於國子監之側得故營地,創獨樂園,自傷不得與眾同也,公自撰記,略云:熙寧中,迂叟始家洛。六年,買地二十畝於尊賢坊北關以為園。中有堂,曰讀書堂。堂北為沼,

沼北曰種竹齋。沼東曰菜圃。圃南為六六欄，北為澆花亭。又於園中築臺作屋曰見山臺。合而名之曰獨樂園。」

汲古閣歌

　　嘉隆以後藏書家，天下毗陵與琅邪。整齊舊聞收放失，後來好事知誰及。比聞充棟虞山翁，里中又得小毛公。搜求遺逸懸金購，繕寫精能鏤板工。綜來斯事推趙宋，歐虞楷法看飛動。集賢院印校讎精，太清樓本裝潢重。損齋手跋為披圖，蘇氏題觀在直廬。館閣百家分四庫，巾箱一幅盡三都。本朝儒臣典制作，累代縹緗輸秘閣。徐廣雖編石室書，孝徵好竊華林略。兩京太學藏經史，奉詔重脩賜金紫。高齋學士費飡錢，故事還如寫黃紙。釋典流傳自洛陽，中官經廠護焚香。諸州各請名山藏，總目難窺內道場。南湖主人為歎息，十年心力恣收拾。史家編輯過神堯，律論流通到羅什。當時海內多風塵，石經馬矢高丘陵。已壞書囊縛作褲，復驚木冊摧為薪。君家高閣偏無恙，主人留宿傾家釀。醉來燒燭夜攤書，雙眼摩挲覺神王。古人闚書借三館，羨君自致五千卷。又云獻書輒拜官，羨君帶索躬耕田。伏生藏壁遭書禁，中郎秘惜矜談進。君獲奇書好示人，雞林巨賈爭摹印。讀書到死苦不足，小學雕蟲置廢簏。君今萬卷盡刊訛，邢家小兒徒碌碌。客來詩酒話生平，家近湖山擁百城。不數當年清閟閣，亂離蹤跡似雲林。

　　汲古閣　程《箋》：「《確庵文集》：『虞山之陽，星橋之偏，望之巍然傑出者，汲古閣，昆湖毛子晉藏書處也。』」子晉，見卷一。　　**毗陵**　《明史・唐順之傳》：「順之，字應德，武進人。家多藏書，於學無所不窺。大則天文、樂律、地理、兵法，小則勾股、弧矢、壬奇、禽乙，莫不究極原本。盡取古今載籍，剖裂補綴，區分部居，為左、右、文、武、儒、稗六編，儒者不能測其奧也。」　　**琅邪**　王世貞《弇山園記》：「有樓五楹，藏書三萬卷，榜之曰小酉。」　　**充棟**　柳宗元《陸文通墓表》：「其為書，處則充棟宇，出則汗牛馬。」案：謂絳雲樓。　　**小毛公**　鄭氏《詩譜》：「魯人大毛公為《詁訓傳》於其家。河間獻王得而獻之，以小毛公為博士。」　　**懸金購**　東坡《送劉道原歸觀南康》詩：「百金購書收散亡。」　　**繕寫**　《封氏聞見錄》：「漢武帝置寫書之官。」　　**鏤板**　沈括《夢溪筆談》：「鏤板書籍，唐人尚未盛為之。自馮瀛王始印《五經》已後，典籍皆為板本。」　　**推趙宋**　張應文《清祕藏》：「藏書者貴宋刻，大都書寫肥瘦有則，佳者絕有歐柳筆法，紙質勻潔，墨色清純為可愛耳。」　　**集賢院**　《宋

史·職官志》：「元祐初，祕書省復置集賢院校理。五年，置集賢院學士，並校對黃本書籍官員。詔禮部本省長貳定校讎之課，月終具奏。」　**校讎**　劉向《別錄》：「校讎者，一人讀其上下，得謬誤為校；一人持本，一人讀書，若怨家相對為讎。」陳騤《中興館閣錄》：「校讎式：諸字有誤者，以雌黃塗訖別書；或多字以雌黃圈之，少者於字側添入；或字側不容注者，即用朱圖，仍於本行上下空紙上標寫；倒者於兩字間書乙字。點校訖，每冊末各書臣某校正。」　**太清樓**　《宋史·仁宋紀》：「天聖三年，詔三館繕書，藏太清樓。」王明清《揮麈錄》：「真宗咸平三年，令三館寫四部書二本，一置禁中之龍圖閣，一匳後苑之太清樓，以便觀覽。」　**裝潢**　《芥隱筆記》：「裝潢，染黃紙修治之名。《唐·百官志》注：『熟紙裝潢匠八名。』」高士奇《天祿識餘》：「《唐六典》有裝潢匠。注：音光，上聲，謂裝成而以蠟潢紙也。今人多作平聲讀。」　**損齋**　潛說友《咸淳臨安志》：「紹興二十八年十一月，諭宰執曰：朕宮中嘗闢一室，名為損齋。屏去聲色玩好，置經史古書其中，朝夕燕坐。」　**四庫**　注見卷二。　**巾箱**　戴埴《鼠璞》：「今之刊印小冊，謂之巾箱本，起於南齊衡陽王鈞手寫五經置巾箱中。賀玠曰：『家有墳索，何須蠅頭細書？』答曰：『檢閱既易，且手寫不忘。』諸王從而傚之。古未有刊本，雖親王亦手自抄錄。今巾箱刊本，無所不備。嘉定間，從學官楊璘之奏，禁燬小板。今又盛行，第挾書非備巾箱之藏也。」　**三都**　《晉書·左思傳》：「思欲賦三都，構思十年，門庭藩溷盡著紙筆。」　**秘閣**　沈懋孝《東湖先生傳》：「中祕書在文微閣約二萬餘部，近百萬卷。」彭時《可齋筆記》：「文淵閣在午門內迤東，文華殿南。」朱彝尊《曝書亭集·文淵閣書目跋》：「宋靖康二年，金人索秘書監文籍，節次解發，見丁特起《孤臣泣血錄》。而洪容齋《隨筆》亦云：『宣和殿、太清樓、龍圖閣所儲書籍，靖康蕩析之餘，盡歸於燕。』」元之平金也，楊中書惟中於軍前收伊、洛諸書，載送燕都。及平宋，王承旨構首請輦送三館圖籍。至元中，又徙平陽經籍所於京師，且括江西諸郡書板。又遣使杭州，悉取在官書籍板刻至大都。明永樂間，勅翰林院，凡南內所儲書，各取一部。於時修撰陳循督舟十艘，載書百櫝送北京。又嘗命禮部尚書鄭賜擇通知典籍者，四出購求遺書，皆儲之文淵閣內。相傳雕本十三、抄本十七，蓋合宋、金、元之所儲而匯於一。縹緗之富，古未有也。」　**徐廣**　《宋書·徐廣傳》：「徐廣，字野民，東莞姑幕人也。晉孝武帝以廣博學，除為秘書郎，校書秘閣。」　**石室書**　《漢書·司馬遷傳》：「遷為太史令，紬史記石室金鐀之書。」師古曰：「石室，以石為室，重緘封之保，慎之至也。」《文淵閣書目》：「正統六年六月，少師兵部尚書兼華蓋殿大學士楊士奇、翰林院侍講學士馬愉、侍講曹鼐上言：文淵閣見貯書籍，未有完整書目。臣等逐一點勘，編置字號，輯成《文淵閣書目》，請用

廣運之寶鈐識，仍藏於文淵閣，永遠備照，庶無遺失。」　**華林略**　《北齊書·祖珽傳》：「祖珽，字孝徵。徵為秘書丞。文襄州客至，請賣《華林徧略》。文襄多集書人，一日一夜寫畢，退其本，曰：『不須也』。珽以《徧略》數帙質錢樗蒱，文襄杖之四十。文宣作相，珽又盜官《徧略》一部。事發，付推檢。」《武宗實錄》：「正德十年十一月，大學士梁儲等言內閣藏書，年久殘闕，必須專官管理，方可次第修補。誥勅房辦事中書舍人胡順、典籍劉偉同原管主事李稱先管理前項書籍，從之。由是其書為維先所盜，亡失者多矣。」王肯堂《鬱岡齋筆麈》：「文淵閣藏書皆宋元秘閣所遺，因典籍多，貲生既不知愛重，閣老亦漫不檢省，往往為人竊去。今所存僅千百之一矣。」　**重脩**　顧炎武《日知錄》：「嘉靖初，南京國子監祭酒張邦奇等請校刻史書。萬曆中，北板又刻《十三經》、《二十一史》，校勘不精，舛譌彌甚，且有不知而妄改者。」　**高齋學士**　《南史·庾肩吾傳》：「為晉安王國常侍，被命與劉孝威等十人撰眾集。豐其果饌，號高齋學士。」《襄陽記》：「襄陽刺史宅有高齋。梁簡文為晉安王，鎮襄陽日，引劉孝威等於此齋綜纂詩集，時號為高齋學士。」　**湌錢**　《漢書·高后紀》：「丞相平言：『臣等議列侯，幸得賜餐錢。』」應劭曰：「餐與湌同。」韋昭曰：「熟食曰餐，酒肴曰錢。」師古曰：「餐錢，賜廚膳錢也。」　**黃紙**　《晉書·劉卞傳》：「試經為臺四品吏。訪問令寫黃紙一鹿車，卞曰：『劉卞非為人寫黃紙者也。』」　**經廠**　《金鼇退食筆記》：「大藏經廠在玉熙宮西，即司禮監經廠也，貯經書典籍及釋藏諸經。」　**名山藏**　《漢書·司馬遷傳》：「或一家言，藏之名山。」師古曰：「藏於山者，備亡失也。」　**總目**　《明史·藝文志》：「《釋藏目錄》四卷，佛經六百七十八函。」　**內道場**　注見卷三。　**編輯過神堯**　《漢書·司馬遷傳》：「卒傳陶唐以來，至于麟止。」案：神堯乃唐高祖謚，此借用。　**律論流通**　《魏書·釋老志》：「帝幸徐州白塔寺，顧謂諸王曰：『此寺近有名僧嵩法師，受戒《寶論》於羅什，在此流通。』」案：紫柏大師刻大藏方冊於吳中，卷帙未半，子晉為續成之。　**石經**　《後漢書·儒林傳》：「熹平四年，靈帝詔諸儒定五經，刊於碑，謂之石經，立太學門外。」楊龍驤《洛陽記》：「碑凡四十六枚，高一丈許，廣四尺，駢羅相接，瓦屋覆之，四面欄障，開門於南。」　**馬矢**　《左傳·文十八年》：「殺而埋之馬矢之中。」　**書囊**　《後漢書·儒林傳·序》：「董卓移都之際，辟雍、東觀、蘭臺、石室、宣明、鴻都諸藏典策文章，競共割散。其縑帛圖書，大則連為帷蓋，小則製為縢囊。」《隋書·牛弘傳》：「孝獻移都，吏民擾亂，圖書縑帛皆取為帷囊。」　**木冊**　《集覽》：「冊乃竹簡。今書鏤板，故云木冊。」朱彝尊《日下舊聞》：「崇禎甲申之變，散佚轉多，秘本罕得，欲復香廚四庫之藏，戞戞乎其難矣。」　**闚書**　《晉書·皇甫謐傳》：「自表就帝借書，帝送一車書與之。」陳騤《中興館閣錄》：

「紹興元年，詔秘閣書除供禁中外，並不許本省官及諸處關借。」　**三館**　熊克《職略》：「宋以昭文、集賢、史館為三館，皆寓崇文院。」歐陽修《歸田錄》：「唐兩京皆有三館，而各為之所，逐館命修撰文字。而本朝三館合為一，竝在崇文院中。」　**五千卷**　《北史・崔儦傳》：「儦以讀書為務，負恃才地，大署其門曰：不讀五千卷書者無得入此室。」　**獻書拜官**　《宋史・藝文志》：「徽宗時購求士民藏書，其有所秘未見之書，足備觀覽者，仍命以官。」　**帶索**　《列子・天瑞篇》：「榮啟期鹿裘帶索，鼓琴而歌。」　**藏壁**　見卷一注。　**談進**　袁山松《後漢書》：「王充所作《論衡》，蔡邕入吳始得之，恒秘翫，以為談助。其後王朗為會稽太守，又得其書。及還許下，時人稱其才進。或曰：不見異人，當得異書。問之，果以《論衡》之益，由是遂見傳焉。」　**雞林**　元微之《白氏長慶集序》：「雞林賈人購其詩，曰：『本國宰相率一篇易一金，其偽者輒能辨之。』」餘詳卷十八。　**邢家小兒**　《北齊書・邢邵傳》：「袁翻以邵藻思華瞻，深共嫉之。每告人曰：『邢家小兒當客作章表，自買黃紙寫而送之。』」　**百城**　《魏書・李謐傳》：「謐棄產營書，手自刪訂，每欺曰：『大丈夫擁書萬卷，何假南面百城！』」　**清閟閣**　《明史・隱逸傳》：「倪瓚，字元鎮，無錫人。家雄於貲，工詩善書畫。所居有閣曰清閟，自號雲林居士。至正初，海內無事，忽散其貲，人咸怪之。未幾兵興，富家悉被禍，而瓚獨不罹患。」

送志衍入蜀

去年秋山好，君走燕雲道。今年春山青，君去錦官城。秋山春山何處可為別，把酒欲問橫塘月。人影將分花影稀，鐘聲初動簫聲咽。我昔讀書君南樓，夜寒擁被譚九州。動足下床有萬里，駑馬伏櫪非吾儔。當時東國賤男子，傲岸平生已如此。今朝乘傳下西川，賨戶巴人負弓矢。黃牛喘怒噴銀濤，崩剝蒼崖化跡勞。石斷忽穿風雨過，山深日見魚龍高。江頭老槎偃千尺，接手猿猱擲橡栗。雲移斷壁層波見，月上危灘遠峰出。縹緲樓臺白帝城，月明吹角唱花卿。棧連子午愁烽堠，水落東南洗甲兵。摩訶池上清明火，蹲鴟山下巴渝舞。豈有居人浣百花，依然風俗輸銅鼓。有日登臨感客遊，楚天飛夢入江樓。五湖歸思蒼波闊，十月懷人木末愁。別時曾折閶門柳，相思應寄郫筒酒。末下鹽豉誰共嘗，蜀中蒟醬君知否。愧予王粲老江潭，愁絕空山響杜鵑。乞我瀼西園數畝，依君好種灌溪田。

志衍　注見卷一。　**錦官城**　注見卷一。　**南樓**　《集覽》：「公幼即從父約齋先生讀書志衍家之五桂樓。樓在州城西南隅。」　**動足下床**　《南史・垣榮祖傳》：

「齊高帝欲奔廣陵起事，榮祖諫曰：『公今動足下床，恐遂有叩臺門者，大事去矣。』」
萬里 《世說·言語篇》：「袁彥伯為謝安南司馬，都下諸人送至瀨鄉。將別，既自悽惻，歎曰：『江山遼落，居然有萬里之勢。』」　**東國賤男子** 《南史·袁昂傳》：「梁武帝起兵，手書諭之，昂答曰：自揆庸素，文武無施，直是陳國男子耳。後為臨江王參軍，啟謝曰：臣東國賤人，學行何取。」　**乘傳** 《史記·司馬相如傳》：「馳四乘之傳。」《漢書·京房傳》：「乘傳奏事。」《集覽》：「《群碎錄》：『乘傳，傳以木為之，長五寸。書符信其上，又以一板封之，又封以御史印章，所以為信也。』」　**賨戶** 何法盛《晉中興書》：「賨者，廩君之苗裔。巴氏子務相乘土船而浮，眾異之，立為廩君，子孫列巴中。秦併天下，薄其賦稅。巴人謂賦為賨，因謂之賨戶。」樂史《寰宇記》：「古賨國城在宕渠流江縣東北七十里。」　**負弓矢** 《史記·司馬相如傳》：「至蜀，蜀太守以下郊迎，縣令負弩矢先驅。」　**黃牛** 酈道元《水經注》：「黃牛山下有灘，名黃牛灘，重嶺疊起，江湍縈紆，最為險絕。」　**縹緲樓臺** 少陵《題白帝城最高樓》詩：「獨立縹緲之飛樓。」　**白帝城** 《元和郡縣志》：「公孫述至魚復，有白龍出井中，自以為承漢土運，因號魚復為白帝城。」　**唱花卿** 少陵作《花卿歌》：「成都猛將有花卿。」楊慎《丹鉛總錄》：「唐人樂府，多唱詩人絕句，王少伯、李太白為多。杜子美七言絕近百，錦城妓女獨唱其《贈花卿》一首，所謂『錦城絲管日紛紛，半入江風半入雲。此曲只應天上有，人間能得幾回聞』也。蓋花卿在蜀，頗僭用天子禮樂，子美作此諷之，而意在言外，最得詩人之旨。當時妓女獨以此詩入歌，亦有見哉！」
棧 鄭樵《通志》：「棧道在褒斜谷中。」　**子午** 《辛氏三秦記》：「長安之南，山名秦嶺，谷曰子午。」　**洗甲兵** 少陵《洗兵馬》詩：「安得壯士挽天河，淨洗甲兵常不用。」注：《六韜》：「武王問太公：『雨，輜事至軫，何也？』曰：『洗甲兵也。』」
摩訶池 樂史《寰宇記》：「污池，一名摩訶池，音蕭摩訶所置，在錦城西。」《元和郡縣志》：「摩訶池在州中城西。」　**蹲鴟山** 《史記·貨殖傳》：「卓氏曰：『吾聞汶山之下，沃野，下有蹲鴟，至死不饑。』」《正義》曰：「蹲鴟，大芋也。」　**巴渝舞** 注見卷一。　**浣花** 《成都風土記》：「浣花溪在府城西南，一名百花潭。任大人微時，見一僧墜污渠，為濯其衲，百花滿潭，因名曰浣花溪。」　**銅鼓** 《桂海器物志》：「銅鼓，古蠻人所用。南邊土中時有掘得者。」陸次雲《峒溪纖志》：「銅鼓多馬伏波及武侯所製，故稱曰諸葛鼓。大苗峒方有之，大者如鐘，長笛三十六乳，重百餘斤，中空無底。亦有土中掘得如坐墩者，周簇細花紋，極工緻，四角有小蟾蜍，兩人舁行，以手拊之，聲如鞺鼓。」　**閶門** 《吳越春秋》：「立閶門者，以象天門，通閶闔風也。閶闔欲破楚，楚在西北，故立閶門，以通天氣，復名破楚門。」盧熊《蘇州府志》：「西

北門也。」　**郫筒酒**　注見卷一。　見《哭志衍》。　**末下鹽豉**　高士奇《天祿志餘》：「北人問陸機曰：『羊酪之美，江東何物可並？』機云：『千里蓴羹，末下鹽豉。』千里，湖名。末下，地名。皆蘇州境。後人流末為未也。」　**蒟醬**　《史記·西南夷傳》：「蜀出蒟醬。」嵇含《南方草木狀》：「蒟，蓽茇也。」田雯《黔書》：「蒟花如流藤，葉如蓽撥，子如桑椹。西域之種。其味辛香，瀝其油，醃為醬，曰蒟醬。」一作拘，音窶。　**瀼西**　《少陵年譜》：「大曆二年三月，遷居瀼西北園。」陸游《入蜀記》：「土人謂山澗之流通江者曰瀼。在瀼之西，故曰瀼西。」　**灌溪**　《永康軍記》：「漢文翁為蜀郡守，穿湔江水，堰流以灌平陸，春耕之際，需之如金，號曰金灌口。」

清風使節圖吾郡先達徐仲山中丞以武部郎奉命封鄭藩當時諸賢贈行作也中丞於先參政為同年勿齋先生屬予記其事勿齋敕使益府予亦有大梁之役兩家子弟述先志揚祖德其同此君歲寒矣

豫章夾日吟高風，歲久蟠根造物功。吾祖先朝豫州牧，早年納節東溪翁。舅家仲珪案：仲珪疑是仲昭。擅畫竹，歸老山莊看亦足。至今遺墨滿縹緗，掛我青溪草堂曲。此圖念出同年生，當時意氣稱徐卿。非買玉環思適鄭，暫持翠節解司兵。吾祖一麾方出守，不獲諸公同載酒。把臂曾看韋曲花，贈行不及漳河柳。誰人尺幅寫篔簹，影入清郎四牡裝。千里故園存苦節，百年舊澤養新篁。今皇命使臨江右，絳幡人識中丞後。江左龍孫篠蕩長，淇園鳳質琅玕瘦。嶻谷千尋鸞鳥呼，彭城一派雨風多。願將十丈鵝溪絹，再作青青玉筍圖。

徐仲山　《蘇州府志》：「徐源，字仲山，居長洲之瓜涇。成化十一年進士，授工部主事，改兵部。歷職方員外郎、武選郎中，出為廣東參政，遷浙江右布政、湖廣左布政，擢右副都御史，巡撫山東。」　**參政**　《蘇州府志》：「吳愈，字惟謙，崑山籍，太倉人。」本集《京江送遠圖歌序》：「公諱愈，字惟謙，一字遯庵。成化乙未進士。授南京刑部主事。進郎中。出守敘州。終河南參政。」　**勿齋**　《明史·徐汧傳》：「徐汧，字九一，長洲人。崇禎元年進士，改庶吉士，授檢討，遙右庶子。奉使益王府，便道還家。居久之，京師陷，福王召為少詹事，尋移疾歸。明年，南京失守，汧投虎丘新塘橋下死。」　**大梁之役**　本集《感舊贈蕭明府詩序》：「余年三十有一，以己卯七月奉命封延津、孟津兩王於禹州。過汴梁，登梁孝王臺。」　**此君**　《晉書·王徽之傳》：「嘗寄居空宅中，便令種竹。曰：『何可一日無此君！』」　**豫章夾日**　司馬相如《上林賦》：「梗楠豫章。」少陵《贈蜀僧閭丘師兄》詩：「吾祖詩冠古，同年蒙

主恩。豫章夾日月，歲久空深根。」　**納節**　《世說補》：「陳恭公生日，姪世修獻范蠡遊五湖圖，公即日納節。」　**仲珪**　《集覽》：「程氏曰：『元吳鎮，字仲珪。』然無吳氏之舅家復姓吳之理。況時代亦迥不相接。此仲珪當是仲昭之誤。」王穉登《丹青志》：「夏㫤字仲昭，崑山人。官太常。工畫竹。」　**青溪**　陳沂《金陵世紀》：「吳赤烏四年，鑿東渠，名青溪，通北塹，以泄玄武湖水，南接秦淮。自楊溥城金陵，青溪遂斷而湮塞矣。」《一統志》：「青溪有九曲，連綿數十里。」《上元縣志》：「今自舊內旁邊出淮清橋，與秦淮河合者，是青溪之一曲也。」案：此詩應是官南司業時所作，故云青溪草堂。　又：「仙李蟠根大。」子瞻《喜雨亭記》：「造物不自以為功。」《左傳·昭十七年》：「吾祖也，我知之。」子建《與楊德祖書》：「昔揚子雲，先朝執戟之臣耳。」《書》：「荊河惟豫州。」　**玉環**　《左傳·昭十六年》：「晉宣子有玉環，其一在鄭商。宣子謁諸鄭伯，子產弗與。」　**翠節**　少陵詩：「幾時來翠節。」　**司兵**　《唐書·百官志》：「諸府兵曹司兵參軍掌武官，選兵甲器欣等。」案：中丞時為武選郎，故云。　**一麾**　顏延之《五君詠》：「一麾乃出守。」沈括《夢溪筆談》：「顏延之謂『一麾出守』者，乃指麾之麾，非旌麾之麾。自杜牧之有『擬把一麾江海去』，始謬用一麾，自此遂為故事。」　**韋曲花**　少陵《奉陪鄭駙馬韋曲》詩：「韋曲花無賴。」注：《雍錄》：「呂圖韋曲在明德門外，韋后家在此，蓋皇子陂之西，所謂城南韋杜者也。」《遊城南記》注：「韋曲在韓鄭莊之北，逍遙公讀書臺猶在。《通志》：『韋曲在樊川，唐韋安石別業。』」　**漳河**　注見卷一。　**篔簹**　左思《吳都賦》：「其竹則篔簹林於。」東坡《篔簹谷詩》，施氏注：「《異物志》：『篔簹生水邊，長數丈，圍一尺五六寸，一節相去六七尺，盧陵界有之，始興以南尤多。』」　**清郎**　《北史·袁聿修傳》：「初，聿修為尚書郎，未嘗受升酒之遺。尚書邢邵每省中語戲，常呼為清郎。」　**龍孫**　范鎮《東齋紀事》：「辰州有一種小竹曰龍孫，生山谷間，高不盈尺，細如鍼。」　**淇園**　注詳卷六。　**嶰谷**　注見卷一。　**彭城一派**　東坡《文與可畫竹記》：「與可以書遺予曰：『近語士大夫，吾畫竹一派，近在彭城，可往求之。』」　**鵝溪絹**　《東坡詩注》：「鵝溪在梓州鹽亭，出絹甚良。」楊氏《六帖補》：「蜀東川鵞溪出畫絹。」任淵《山谷內集注》：「鵞溪在今潼川，畫絹所出。」　**玉筍**　《唐書·李宗閔傳》：「宗閔典貢舉，所取多知名士，世謂之玉筍班。」

梅村詩集箋注　卷第五

長洲吳翌鳳撰　滄浪吟榭校定本

七言古詩

東萊行自注：「為姜如農、如須兄弟作也。」

　　漢皇策士天人畢，二月東巡臨碣石。獻賦凌雲魯兩生，家近蓬萊看日出。仲孺召入明光宮，補過拾遺稱侍中。叔子輶軒四方使，一門二妙傾山東。同時里人官侍從，左徒宋玉君王重。就中最數司空賢，三十孤卿需大用。君家兄弟俱承恩，感時危涕長安門。侍中叩閣數彊諫，上書對仗彈平津。天顏不懌要人怨，衛尉捉頭捽下殿。中旨傳呼赤棒來，血裹朝衫路人看。愛弟棄官相追從，避兵盡室來江東。本為逐臣溝壑裏，卻因奉母亂離中。三年流落江湖夢，茂陵荒草西風慟。頭顱雖在故人憐，髀肉猶為舊君痛。我來扶杖過山頭，把酒論文遇子由。異地客愁君更遠，中原同調幾人留。司空平昔耽佳句，千首詩成罷官去。戰鼓東來白骨寒，二勞山月魂何處。左氏勳名照汗青，過江忠孝數中丞。孺卿也向龍沙死，柴市何人哭子卿。只君兄弟天涯客，漂零尚是煙霜隔。思歸詩寄廣陵潮，憶弟書來虎丘石。回首風塵涕淚流，故鄉蕭瑟海天秋。田橫島在魚龍冷，欒大城荒草木愁。當日竹宮從萬騎，祀日歌風何意氣。斷碑年月記乾封，柏梁侍從誰承制。魯連蹈海非求名，鴟夷一舸寧逃生。丈夫淪落有時命，豈復悠悠行路心。我亦滄浪釣船繫，明日隨君買山住。

　　東萊　《漢書·地理志》：「東萊郡，高帝置。」師古曰：「故萊子國也。」《明史·

地理志》：「登州府萊陽縣，元屬萊州，洪武九年來屬。」　二姜　朱彝尊《明詩綜》：「姜埰，字如農。崇禎辛未進士。垓字如須。崇禎庚辰進士。萊陽人。」王士禎《池北偶談》：「萊陽姜如農、如須兄弟齊名，時稱二姜。如農崇禎末謫戍宣城衛。鼎革後，兄弟遂卜居吳都，不歸鄉里。」　天人　《漢書‧董仲舒傳》：「武帝建元元年，舉賢良方正極言敢諫之士，上親策問之。廣川董仲舒對曰：『臣謹按《春秋》之中，視前世已行之事，以觀天人相與之際，甚可畏也。』」　臨碣石　《漢書‧武帝紀》：「元封元年，行自泰山，復東巡，至碣石。」文穎曰：「在遼西絫縣。此石著海旁。」　凌雲　《史記‧司馬相如傳》：「相如奏大人之賦，天子大說，飄飄然有凌雲之意。」　魯兩生　注見卷二。　蓬萊　《史記‧封禪書》：「使人入海，求蓬萊、方丈、瀛洲。」《山海經》：「蓬萊山在海中。」　看日出　《尸子》：「泰山上有三峰，東曰日觀。雞鳴時，見日出。」召入　《明史‧姜埰傳》：「初授密雲知縣，調儀真，內遷禮部主事。十五年，擢禮科給事中。」　明光宮　《漢書‧武帝紀》：「太初四年，起明光宮。」程大昌《雍錄》：「漢有明光宮三：一在北宮，與長樂相連；一在甘泉中，為尚書奏事之地。」補過拾遺　《漢書‧汲黯傳》：「臣願為中郎，出入禁闥，補過拾遺，臣之願也。」《明史‧職官志》：「六科掌侍從規諫，補過拾遺。」　侍中　《史記‧呂后紀》：「張辟疆為侍中。」應劭曰：「入侍天子，故曰侍中。」　輶軒　揚雄《答劉歆書》：「嘗聞先代輶軒之使。」《明史‧姜埰傳》：「弟垓為行人，見署中題名碑，崔呈秀、阮大鋮與魏大中並列，立拜疏，請去二臣名。」　二妙　《晉書‧衛瓘傳》：「瓘為尚書令，與尚書郎索靖俱善草書，時人號為一臺二妙。」　侍從　《漢書‧嚴助傳》：「勞侍從之事。」程大昌《演繁露》〔註1〕：「漢世之謂侍從者，以職掌近君也。行幸則隨從，在宮則陪侍，故總撮凡最而以侍從名之也。」《明史‧職官志》：「翰林院以侍從人少，詔採方正有學術者以充其選。」　司空　《明史‧宋玫傳》：「宋玫，字文玉，萊陽人。天啟五年進士，歷大理卿、工部侍郎。」《文集‧書宋九青逸事》：「九青姿望吐納，天下無二，通經術，能文章，尤工五言詩。少為進士。及歷官司農卿，年未三十〔註2〕也。」　上書　《明史‧姜埰傳》：「周延儒再相，盡反溫體仁及薛國觀所為，廣引清流，言路亦蜂起論事。忌者乃造二十四氣之說，以指朝士二十四人，直達御前。帝適下詔戒諭百官，責言路。上諭有『代人規卸，為人出缺』之語。先是，給事中方士亮論密雲巡撫王繼謨不勝任，保定參政錢天錫因夤緣給事中楊枝起、廖國遴，以屬延儒，及廷推，遂得俞旨。適帝有『為人出缺』諭，蓋舉廷臣積習告誡之，非為天錫發也。埰探之未

〔註1〕按：此語見程大昌《雍錄》卷八《職官‧侍從一》。
〔註2〕「三十」，《梅村集》作「四十」。

審，謂帝實指此事，倉猝拜疏，反覆詰難，若深疑於帝者。帝遂大怒，下詔獄考訊，且謂：『二十四氣之說，類匿名文書，見即當毀，何故累騰奏牘？其速按實以聞。』」
對仗　注見卷一。　**平津**　《漢書·公孫弘傳》：「元朔中，封丞相弘為平津侯。」　**衛尉**　《明史·職官志》：「錦衣衛掌侍衛緝捕刑獄之事。」　**捽下殿**　《漢書·金日磾傳》：「日磾捽胡，投何羅殿下。」晉灼曰：「胡，頭也。捽其頸而投殿下也。」　**赤棒**
《北齊書·琅邪王傳》：「其或遲違，則赤棒棒之。」《明史·姜埰傳》：「帝怒埰甚，密旨下錦衣衛，令潛斃之獄。後帝亦不欲殺諫臣，遂中止。鎮撫再上埰獄，供無異詞。帝命移刑部定罪。部擬遣戍。帝意猶未足，乃逮埰至午門，杖一百，謫戍宣州衛。」
姜宸英《明·刑法志》：「刑法有創之自明而前代所未有者，廷杖與東西廠、錦衣衛、鎮撫司獄是已。是二者，殺人最慘而不麗於法，舉朝野之命一聽於武夫宦豎之手，可歎也！故事：凡杖者，以繩縛兩腕，囚服逮赴午門外。每入一門，門扇隨闔至杖所，列校百人，衣襞衣，執木棍林立。司禮監宣駕帖訖，坐午門西墀下左，錦衣衛使坐右。其下緋而趨走者，數十人。須臾縛囚定，左右屬聲喝。喝閣棍，則一人持棍出，閣於囚股上。喝打，則行杖。杖之一，則喝令著實打。或伺上意不測，曰用心打，則囚無生理矣。五杖而易一人，喝如前。每喝，環列者群和之，喊聲動地，聞者股慄。凡杖，以布承囚，四人舁之。杖畢，舉布擲諸地，幾絕者十恒八九。」　**奉母**　《明史·姜埰傳》：「埰杖畢已死，弟垓口溺灌之，乃復蘇。後聞鄉邑破，父殉難，一門死者二十餘人。垓請代兄繫獄，釋埰歸葬，不許。即日奔喪，奉母南走蘇州。」　**罷官**　《文集·書宋九青遺事》：「得旨廷推，閣臣旦夕備召，而驟逢上怒，並下於理，以譴歸。」
白骨寒　文姬《胡笳十八拍》：「沙場白骨兮刀痕箭瘢。」昌黎《留題驛梁》詩：「草殯荒山白骨寒。」《文集·書宋九青遺事》：「山東破，兵旁躪東萊，九青率家人登陴守，城陷，不屈死。嫂夫人亦死，宗人殲焉。」　**二勞**　于欽《齊乘》：「大小勞山在即縣東南六十里，岸海名山。」　**照汗青**　文文山《零丁洋》詩：「人生自古誰無死，留取丹心照汗青。」　**中丞**　《明史·左懋第傳》：「左懋第，字蘿石，萊陽人。崇禎四年進士。屢遷刑科左給事中。福王立，擢右僉都御史，巡撫應天、徽州諸府。尋拜兵部右侍郎。遣使與大清議和。順治二年閏月十二日，以不降被誅。」餘詳卷八。　**孺卿**　《漢書·蘇建傳》：「孺卿從祠河東后土。」張晏曰：「武弟賢。」《急就篇注》：「漢有蘇賢字孺卿。」《明史·左懋第傳》：「其從弟懋泰先為吏部員外郎，降賊，後歸本朝授官矣，來謁懋第。懋第曰：『此非吾弟也。』叱出之。」靳氏曰：「詩言設使懋泰亦死，則何人收取懋第骸骨乎？故云『柴市何人哭子卿』。」　**龍沙**　《後漢書·班超傳·贊》：「坦步蔥雪，咫只龍沙。」《注》：「蔥嶺，雪山。龍堆，沙漠也。」　**柴市**　注

見卷一。　廣陵潮　枚叔《七發》:「將以八月之望,觀濤於廣陵之曲江。」詳見卷十二。　虎丘　朱長文《吳郡圖經續記》:「虎丘山在吳縣西北九里。」餘詳卷七。　田橫島　《明一統志》:「田橫島在即墨縣東北一百里,四面環海,去岸二十五里,橫眾五百人死於此。」　欒大城　《史記·封禪書》:「拜欒大為五利將軍。又以衛長公主妻之,齎金萬斤,更名其邑曰當利公主。」《一統志》:「當利故城在萊州府掖縣西南,漢武帝置。」　竹宮　《史記注》:「竹宮,甘泉祠宮名。」衛宏《漢舊儀》:「郊泰時,皇帝平旦出竹宮,朝東向揖日,夕西向揖月。」　祀日歌風　《史記·封禪書》:「八神。七曰日主,祠成山。」漢武帝《秋風辭》:「秋風起兮雁南飛。」　乾封　《史記·封禪書》:「公孫卿曰:『黃帝時封則天旱,乾封元封〔註3〕三年。』乃下詔曰:『天旱,意乾封乎?』」　柏梁　《漢書·武帝紀》:「元鼎二年春,起柏梁臺。」《三輔黃圖》:「武帝起柏梁臺,嘗置酒其上,命群臣和詩。」　鴟夷一舸　注見卷二。　買山　《世說新語·排調》篇:「支道人因人就深公買印山,深公曰:『未聞巢、由買山而隱。』」

鴛湖曲

　　鴛鴦湖畔草黏天,二月春深好放船。柳葉亂飄千尺雨,桃花斜帶一溪煙。煙雨迷離不知處,舊堤卻認門前樹。樹上流鶯三兩聲,十年此地扁舟住。主人愛客錦筵開,水閣風吹笑語來。畫鼓隊催桃葉伎,玉簫聲出柘枝臺。輕靴窄袖嬌糚束,脆管繁絃競追逐。雲鬟子弟按霓裳,雪面參軍舞鸜鵒。酒盡移船曲榭西,滿湖燈火醉人歸。朝來別奏新翻曲,更出紅妝向柳堤。歡樂朝朝兼暮暮,七貴三公何足數。十幅蒲帆幾尺風,吹君直上長安路。長安富貴玉驄嬌,侍女薰香護早朝。分付南湖舊花柳,好留煙月伴歸橈。那知轉眼浮生夢,蕭蕭日影悲風動。中散彈琴竟未終,山公啟事成何用。東市朝衣一旦休,北邙抔土亦難留。白楊尚作他人樹,紅粉知非舊日樓。烽火名園竄狐兔,畫閣偷窺老兵怒。寧使當時沒縣官,不堪朝市都非故。我來倚棹向湖邊,煙雨臺空倍惘然。芳草乍疑歌扇綠,落英錯認舞衣鮮。人生苦樂皆陳跡,年去年來堪痛惜。聞笛休嗟石季倫,銜杯且效陶彭澤。君不見白浪掀天一葉危,收竿還怕轉船遲。世人無限風波苦,輸與江湖釣叟知。

　　鴛湖　王象之《輿地紀勝》:「鴛鴦湖在嘉興郡,南湖多鴛鴦,故以名之,亦名南湖。」　主人　徐釚《續本事詩》:「鴛湖主人,禾中吳昌時吏部也。吏部家居時,極

〔註3〕《封禪書》無「元封」二字。此引自《吳詩集覽》,同其誤。

聲伎歌舞之樂，後以事見法。」《明史‧周延儒傳》：「延儒信用文選郎吳昌時。昌時有幹才，頗為東林效奔走。然為人墨而傲，通廠衛，把持朝官，同朝咸嫉之。」　**桃葉伎**　釋智匠《古今樂錄》：「桃葉，王子敬妾名。」詳見卷六。白樂天詩：「坐依桃葉伎。」　**柘枝**　《樂錄》：「羽調有柘枝曲。此舞因曲為名，用二女童，帽施金鈴，抃轉有聲。其來也，於二蓮花中藏花，拆而後見，對舞相占，真舞中神妙者也。」《瑣碎錄》：「柘枝舞，本北魏拓跋之名。易拓為柘，易跋為枝。」　**霓裳**　注見卷四。　**參軍**　段安節《樂府雜錄》：「開元中，優人黃旛綽、張野狐弄參軍，始自漢館陶令石耽。耽有贓犯，和帝惜其才，免罪。每宴樂，即令衣白衫，令優伶戲弄辱之，經年乃放。」廖瑩中《江行雜錄》：「女優有弄假官戲，其綠衣秉簡者，謂之參軍椿。」　**舞鸜鵒**《晉書‧謝尚傳》：「司徒王導辟為掾。始到府通謁，導謂曰：『聞君能作鸜鵒舞，一坐傾想。』尚起著衣幘，令坐上擊節為應，旁若無人。」　**七貴三公**　潘安仁《西征賦》：「窺七貴於漢廷。」《注》：「漢廷七貴，呂、霍、上官、丁、趙、傅、王並后族也。」《官制考》：「西漢以大司馬、大司徒、大司空為三公。東漢以太尉、司徒、司空為三公。」　**十幅蒲帆**　李肇《國史補》：「舟船之盛，盡於江西。編蒲為帆，大者數十幅。」薩都剌《過秀州南湖》詩：「十幅蒲帆掛春水。」　**薰香**　應劭《漢官儀》：「尚書郎入直臺中，給女侍史二人，執香爐燒薰以從入臺中，給使護衣。」　**分付**　王伯厚《困學紀聞》：「分付二字出《漢書‧原涉傳》。」　**中散彈琴**　《晉書‧嵇康傳》：「康字叔夜，譙國銍人也。拜中散大夫。時刑東市，索琴彈之，曰：『昔袁孝尼嘗從吾學《廣陵散》，吾每靳之，《廣陵散》於今絕矣！』」　**山公啟事**　《晉書‧山濤傳》：「濤為吏部尚書，前後選舉周徧。每一宮缺，輒啟擬數人。濤所奏舉無失才。甄拔人物，各為題目，時稱山公啟事。」　**東市**　《史記‧鼂錯傳》：「吳楚七國反，以誅錯為名。上令錯朝衣，斬東市。」花村看行侍者《談住〔註4〕》：「崇禎十四年，周延儒再相，信用吳昌時，特擢為文選郎中。十六年六月，延儒歸里。西臺蔣拱宸疏糾昌時同延儒朋黨為奸，招權納賄，贓私鉅萬。七月二十五日，帝御文華殿，親鞫情事。昌時銅夾圻脛，一一承認。帝憤恨氣塞，拍案款噎，推翻案桌，迅爾回宮。錦衣官廬時覆審，悉繫之獄。至十二月初七日五更，昌時棄市，延儒亦賜自盡。」　**北邙**　《十道志》：「邙山在洛陽北十里。楊佺期《洛陽記》：『邙山，古今東洛九原之地也。』」《明一統志》：「北邙山綿互四百餘里。東漢諸陵及唐宋名臣多在此。」　**白楊、紅粉**　白樂天《和關盼盼燕子樓感事詩》：「今春有客洛陽回，曾到尚書墓上來。見說白楊堪作柱，爭教紅粉不成灰。」餘詳卷六注。　**縣官**　司馬貞《史記索隱》：「謂國家為縣官

〔註4〕按：「住」係「往」之誤。

者，畿內縣即國都也。王者官天下，故曰縣官也。」 **煙雨臺** 《一統志》：「煙雨樓在嘉興府鴛鴦湖上，吳越錢元璙建。」 **聞笛** 向秀《思舊賦‧序》：「余與嵇康、呂安居止接近，其人並有不羈之才。後各以事見法。嵇博綜技藝，於絲竹特妙，臨當就命，顧視日影，索琴而彈之。余逝將西邁，經其舊廬。於時日薄虞淵，寒冰淒然。鄰人有吹笛者，發聲寥亮。追思曩昔遊宴之好，感音而歎，故作賦云。」 **石季倫** 《晉書‧石崇傳》：「石崇，字季倫。財產豐積，室宇宏麗。後房百數，盡當時之選。有妓曰綠珠。孫秀求之，不許。遂矯詔收崇，被害。」 **銜杯** 《晉書‧陶潛傳》：「以為彭澤令。性嗜酒。」劉伶《酒德頌》：「銜盃漱醪。」

項黃中家觀萬歲通天法帖

王氏勳名自始興，後人書法擅精能。江東將相傳家在，翰墨風流天下稱。前有琅邪今檇李，項氏由來堪並美。襄毅旂常戰伐高，墨林書畫聲名起。當時海內號收藏，秘閣圖書玉軸裝。近代丹青推董巨，名家毫素重鍾王。鍾王妙蹟流傳舊，貞觀在御窮搜購。盡隨萬乘入昭陵，人間一字無遺漏。碑石猶存腕鋒出，風摧雨剝苔文脫。棗木鐫來波磔非，箋麻拓就戈鋩失。君家此書何處傳，云是萬歲通天年。則天酷嗜二王法，詔求手跡千金懸。從官方慶拜表進，臣祖羲獻與僧虔。生平行草數十紙，龍蛇盤蹙開天顏。賜官五階帛百疋，仍敕能手雙鉤填。裝成用寶進御府，不知何事流人間。我思羲之負遠略，北伐貽書料強弱。惜哉徒令書畫傳，誓墓功名氣蕭索。江東無事富山水，興來灑筆臨池樂。足知文采賴升平，父子優游擅家學。只今海內無高門，稽山越水烽煙作。春風掛席由拳城，夜雨君齋話疇昨。嗚呼吾友雅州公，舒毫落紙前人同。一官烏撒沒抔土，萬卷青箱付朔風。少伯湖頭鼙鼓動，尚書第內煙塵空。可憐累代圖書盡，斷楮殘編墨林印。此卷仍逃劫火中，老眼縱橫看筆陣。君真襄毅之子孫，相逢意氣何相親。即看書畫與金石，訪求不屑辭家貧。嗟乎！世間奇物戀故主，留取縹緗傲絕倫。

萬歲通天法帖 朱彝尊《曝書亭集‧書萬歲通天帖舊事》：「《萬歲通天帖》一卷，用白麻紙雙鉤書，句法絕妙，鋒神畢備，而用墨濃淡，不露纖痕，正如一筆獨寫。識者謂非薛稷、鍾紹京不能，洵墨寶也。相傳武后從王方慶家索其先世手蹟，得二十八人書，取而玩之，謂曰：『此卿家世守，朕奪之不仁。』乃命善書者廓填成卷。仍命方慶正書標二十八人官世，設九賓，觀於武成殿，而以墨蹟卷還方慶。蓋秘府儲藏，

故罕題識。第有宋高宗用小璽，其後岳珂、張雨、王鏊、文徵明跋者四人而已。是卷向藏鄉先生項子長家。子長諱篤壽，嘉靖壬戌進詞林。子德楨，萬曆丙戌進士；夢原，萬曆己未進士。德楨子鼎鉉，萬曆辛丑進士；聲國，崇禎甲戌進士。」案：黄中蓋鼎鉉字。　**始興**　《晉書·王導傳》：「明帝伐王敦，進封導始興郡公，邑三千戶。」　**琅琊**　謂王弇州。　**檇李**　慎蒙《名勝志》：「檇李城在嘉興府城西南，地產佳李，故名。《越絕書》作就李。又云：吴王曾醉西施於此，號檇李。」　**襄毅**　《明史·項忠傳》：「項忠，字藎臣，嘉興人。正統七午進士。天順初，歷官陝西巡撫，屢立戰功。累拜兵部尚書。卒，拜太子太保，諡襄毅。」　**旂常**　《周禮·春官·司常》：「日月為常，畫日月於旌旂也。」　**墨林**　《嘉興府志》：「項元汴，字子京。國子生。雅好古，善別名人翰墨，尤精繪事，自號墨林山人。」姜紹書《韻石齋筆談》：「墨林工繪事，山水法黄子久、倪雲林，蘭竹松石，饒有別韻。」　**收藏**　姜紹書《韻石齋筆談》：「墨林生嘉、隆承平之世，資力雄贍，享素封之樂，出其緒餘，購求法書名畫及鼎彝奇器，三吳珍秘歸之如流。王弇州與之同時，主盟風雅，蒐羅名品，不遺餘力，然所藏不及墨林遠甚。」朱彝尊《書萬歲通天帖舊事》：「子京以善治生產，富能鑒別古人書畫金石文玩物，所居天籟閣坐質庫估價，海內珍異十九多歸之，顧嗇於財。交易既退，予價或浮，輒悔，至憂形於色，罷飯不噉。」　**董巨**　郭若虛《圖畫見聞志》：「董源，字叔達，事南唐，為後苑副使。善畫山水，水墨類王維，設色如李思訓。」夏土良《圖繪寶鑑》：「僧巨然，鍾陵人，善畫山水，筆墨秀潤，善為煙巒氣象，最得董源正傳，世號董巨。」　**鍾王**　《晉書·王羲之傳·贊》：「伯英臨池之妙，無復餘蹤；師宜懸帳之奇，罕有遺蹟。逮乎鍾、王以降，略可言焉。」《東坡題跋》：「鍾王之跡，蕭疏簡遠，妙在筆墨之外。」　**貞觀**　唐太宗年號。按：觀字當作去聲。　**窮搜購**　盧元卿《法書錄》：「貞觀中，搜訪王右軍真蹟，出御府金帛，重為購賞，人間古本，紛然畢集。太宗令魏少師、虞永興、褚河南等，定其真偽。凡得真行二百九十紙，裝為七十卷；草書二千紙，裝為八十卷。以貞觀印印縫及卷之首尾。」　**入昭陵**　李綽《尚書故實》：「太宗酷好書法，有大王真蹟三千六百紙，率以一丈二尺為一軸，寶惜者獨《蘭亭》為最，置於座右，朝夕觀覽。嘗一日附耳語高宗曰：『吾千秋萬歲後，與吾《蘭亭》將去也。』及奉諱之日，用玉匣貯之，藏於昭陵。」東坡《墨妙亭》詩：「蘭亭繭紙入昭陵。」　**棗木**　陶宗儀《南村輟耕錄》：「淳化中出御府所藏，命王著臨搨，以棗木鏤刻。」少陵《李潮八分小篆歌》：「棗木傳刻肥失真。」　**波磔**　黄伯思《東觀餘論》：「凡草書分波磔者名章草，非此者但謂之草。」　**箋麻**　太白《懷素草書歌》：「牋麻素絹排數廂。」注：牋、麻，皆紙也。以五色染成，或砑光，或金銀泥畫花式

者，為箋。其以麻為之者，為麻。唐時詔書用黃麻、白麻是也。　**戈鈇**　《法書苑》：「唐太宗學虞監隸書，每患難於戈法。一日書戩字，空其戈，世南取筆填之，以示魏鄭公。鄭公曰：『仰窺聖作，內戈法逼真。』帝賞其藻識。」　**萬歲通天**　《舊唐書·儀衛志》：「天冊萬歲二年，重造明堂成，號為通天宮。四月朔日，又行親享之禮，大赦，改元為萬歲通天。」　**則天**　《唐書·武后紀》：「長安五年正月丙午，皇帝復於位，上后號曰則天大聖皇帝。」　**二王法**　《南史·張融傳》：「融善草書，常自美其能。帝曰：『卿書殊有骨力，但恨無二王法。』答曰：『非恨臣無二王法，亦恨二王無臣法。』」　**拜表進**　朱長文《墨池編·王方慶進書疏》：「神功元年五月，上謂鳳閣侍郎王方慶曰：『卿家多書，合有右軍遺跡。』方慶奏曰：『臣十代再從伯祖羲之書，先有四十餘卷。貞觀十二年，太宗購求，先臣並以進訖，唯有一卷現在。今進臣十一代祖導、十代祖洽、九代祖珣、八代祖曇首、七代祖僧綽、六代祖仲寶、五代祖騫、高祖規、曾祖褒，並九代三從伯祖晉中書令獻之已下二十八人書，共十卷。』上御武成殿示群臣，仍令中書舍人崔融為寶章集以敘其事，以復賜方慶，當時為榮。」　**羲獻**　僧虔《錄古今能書人姓名》：「王羲之，晉右將軍，會稽內史。博極群法，特善草隸，古今莫二。王獻之，羲之第七子。晉中書令。善隸藁，骨勢似不及父，而媚趣過之。」　**僧虔**　《南史·王僧虔傳》：「弱冠善書。時孝武擅書名，僧虔不敢顯跡，常用掘筆，以此見容。後齊高帝與僧虔賭書畢，謂曰：『誰為第一？』對曰：『臣書第一，陛下亦第一。』帝笑曰：『卿善為辭。』」　**行草**　陸子淵《書輯》：「後漢劉伯升小變楷法，謂之行書。草書者，後漢徵士張芝所造。」　**五階**　《魏書·孝莊帝紀》：「詔從太原王督將軍士，普加五階。」　**雙鉤**　《潛確類書》：「六朝人尚字學，模臨特盛。其曰廓填者，即今之雙鉤。謂以游絲筆圈卻字畫，填以濃墨，然圈影猶存，其字並無精彩。」朱彝尊《曝書亭集》：「項氏《千金帖》有三。一為唐雙鉤《萬歲通天帖》。」**北伐貽書**　《晉書·王羲之傳》：「殷浩與桓溫不協，將北伐，羲之以為必敗，貽書止之。浩不從，果為姚襄所敗。」　**書畫傳**　少陵《觀薛稷書畫壁》詩：「惜哉功名忤，但令書畫傳。」　**誓墓**　《晉書·王羲之傳》：「王述為揚州刺史，撫察會稽。羲之恥為之下，稱病去郡，於父母墓前自誓曰：『自今以後，貪冒苟進，是有無尊而不子也。信誓之誠，有如皦日。』朝廷以其誓苦，不復徵之。」　**臨池**　《晉書·王羲之傳》：「張芝臨池學書，池水盡黑。」　**家學**　《晉書·杜預傳》：「備成一家之學。」　**掛席**　謝靈運《遊赤石進泛海詩》：「掛席拾海月。」　**由拳城**　《明一統志》：「由拳故城在嘉興府城南。《搜神記》曰：『始皇東巡，望氣者言五百年後江東有天子氣。始皇令囚徒十萬餘人，掘污其地表，以惡名，故曰由拳。』」　**雅州公**　朱彝尊《書萬歲

通天帖舊事》：「項聲國，字仲展。崇禎甲戌進士，除知雅州事，卒於京師。」《明一統志》：「雅州隸四川布政司。」　**烏撒**　《明史·地理志》：「烏撒軍民府，唐宋時為蠻部所據，元為烏蠻撒路。洪武十四年為烏撒府，隸雲南布政司。十六年改軍民府，屬四川。」　**青箱**　《宋書·王淮之傳》：「曾祖彪之，博聞多識，練習朝儀，自是家世相傳，並諳江左舊事。有纂述，緘之青箱，世謂之王氏青箱學。」　**少伯湖**　劉應鈳《嘉興府志》：「范蠡湖在城西金銘寺南，相傳范蠡曾隱於此，有范蠡祠。」　**圖書盡**　姜紹書《韻石齋筆談》：「乙酉歲，兵至嘉禾，項氏累世之藏盡為千夫長汪六水所驚，蕩然無遺。」　**劫火**　《觀佛三昧經》：「天地始終，謂之一劫。劫盡壞時，火災將起。」朱彝尊《書萬歲通天帖舊事》：「乙酉之亂，項氏長物盡失，惟此卷納諸枕中，亂定依然完好，余恒得縱觀。」　**筆陣**　曹昭《格古要論》：「筆陣圖，王右軍行書，間有草字，其書神妙，為世所重。」高士奇《天祿識餘》：「筆陣圖乃羊欣作，李後主續之。今陝西刻石，李後主書也。以為羲之，誤矣。」　**金石**　《史記·秦始皇紀》：「刻於金石，以為表經。」

送徐次桓歸胥江草堂

春來放楫鴛湖遊，杉青牐畔登高樓。褐裘徐郎最年少，坐中搖筆煙霞收。裝隨到我海濱去，雞黍流連別何遽。雲過胥江舊草堂，乃父淒涼讀書處。滄山突兀枕江濆，伍相祠荒對夕曛。我是故人同季子，十年相識憶徐君。只今孺子飄零客，蘆中窮士無人識。掛劍雖存舊業非，吹簫未遇吾徒惜。歸去還登漁父船，南枝越鳥竟誰憐。投金瀨在王孫泣，白馬江聲繞舍邊。

徐次桓　《集覽》：「徐次桓，亦於之子也。《嘉興府志》：『秀水徐彬臣，字亦於。好奇負志節。崇禎丙子舉於鄉。仲子賚，西銘張溥奇其才，以姪女妻之。季子維以俠聞。』今按：賚《胥山草堂詩》有『孺子飄零直至今』之句，即用梅村詩中語，知次桓即賚也。」　**鴛湖**　注見前。　**杉青牐**　王圻《續文獻通考》：「嘉興府城東北有杉青堰，一名杉青閘。」歙縣鮑廷博曰：「《宋史·孝宗紀》：秀王夫人張氏以建炎元年生帝於秀州杉青牐之官舍，即此。」　**滄山**　《括異志》：「嘉興有胥山，高一十五丈，周回二里。舊經云：伍子胥伐越，經營於此。」《嘉興府志》：「胥山在府治東二十五里。」朱彝尊《胥山題壁》：「嘉禾四望無山，近府治者，胥山一簣而已。《至元嘉禾志》稱一名張山，則胥山之名未必出於古也。」　**伍相祠**　《嘉興府志》：「胥王廟在嘉興縣東胥山。」　**孺子**　《貧士傳》：「徐稺，字孺子。」　**蘆中窮士**

《吳越春秋》:「伍員至江,有漁父乘船從下方泝水而上。子胥呼之,謂曰:『漁父渡我。』漁父欲渡之,適會旁有人窺之,因歌曰:『日月昭昭乎侵已馳,與之期兮蘆之漪。』子胥即止蘆之漪。漁父又歌曰:『日已夕兮,予心憂悲。月已馳兮,何不渡為。事浸急兮,當奈何。』子胥入船。漁父乃渡之。既渡,漁父視有饑色。謂曰:『子俟我此樹下,為子取餉。』漁父去後,子胥疑之,乃潛身深葦之中。有頃,父來,持麥飯、鮑魚羹、盎漿,求之樹下,不見,因歌而呼之,曰:『蘆中人,蘆中人,豈非窮士乎?』子胥乃出。」　**掛劍**　《史記·吳世家》:「季札之初使,北遇徐君。徐君好季札劍,口弗敢言。季札心知之,為使上國,未獻。還至徐,徐君已死,於是仍解其劍,繫之徐君冢樹而去。」　**吹簫**　注見卷四。　**南枝越鳥**　《古詩》:「越鳥巢南枝。」　**投金瀨**　《吳越春秋》:「子胥過溧陽瀨水之上,乃長太息曰:『吾嘗饑,於此乞食於一女子,女子飼我,遂投水而亡。將欲報以百金而不知其家。』乃投金水中而去。」周應合《景定建康志》:「溧水,一名瀨水,東流為永陽江。江上有渚,曰瀨渚。即子胥乞食投金處。又名投金瀨。」　**白馬**　酈道元《水經注》:「文種沒後,錢塘於八月望見有銀濤白馬依期往來。」

畫蘭曲

畫蘭女子年十五,生小琵琶怨春雨。記得妝成一見時,手撥簾帷便爾汝。蜀紙當窗寫晼蘭,口脂香動入毫端。腕輕染黛添芽易,釵重舒衫放葉難。似能不能得花意,花亦如人吐猶未。珍惜沉吟取格時,看人只道儂家媚。橫披側出影重重,取次腰肢向背同。昨日一枝芳砌上,折來雙鬢鏡臺中。玉指縴停弄絃索,漫攏輕調似花弱。殷勤彈到別離聲,雨雨風風聽花落。花落亭皋白露溥,舊根易土護新寒。可憐明月河邊種,移入東風碧玉欄。聞道羅幃怨離索,麝媒鵝絹閒嘗作。又云憔悴非昔時,筆床翡翠多零落。今年掛械洞庭舟,柳暗桑濃罨綺樓。度曲佳人遮鈿扇,知書侍女下瓊鉤。主人邀我圖山色,宣索傳來畫蘭筆。輕移牙尺見勻棧,側偎銀毫憐吮墨。席上回眸惜雁箏,醉中適口認魚羹。茶香黯淡知吾性,車馬雍容是故情。常時對面憂吾瘦,淺立斜窺訝依舊。好將獨語過黃昏,誰堪幽夢牽羅袖。歸來開篋簡啼痕,腸斷生綃點染真。何似杜陵春禊飲,樂遊原上採蘭人。

亭皋　柳惲《搗衣》詩:「亭皋木葉下。」　**麝媒鵝**　韓偓《橫塘》詩:「蜀紙麝媒添筆媚。」鵝絹,注見卷四。　**筆床**　徐陵《玉臺新詠序》:「翡翠筆床,無時離

手。」　**圖山色**　張庚《畫徵錄》：「吳偉業，字駿公，號梅村。山水得董、黃法，清疏韻秀，風神自足。」　**雁箏**　張先《詠箏詞》：「雁柱十三絃。」　**魚羹**　四水潛夫《五陵舊事》：「時有宋五嫂，善為魚羹。」　**杜陵**　注見卷四。　**禊飲**　《歲時記》：「上巳賜宴曲江，都人於江頭禊飲。」王元融《三月三日曲水詩序》：「禊飲之日在茲。」注：「禊者，絜也。仲春之日於水上盥絜也。」　**樂遊原**　宋敏求《長安志》：「樂遊園亦曰樂遊原。」《三輔黃圖》：「樂遊園在杜陵西北。」《西京記》〔註5〕：「樂遊原，漢宣帝所立。唐長安中，太平公主於原上置亭遊賞。每三月上巳，九月重陽，士女戲，就此祓禊登高。」

送杜公弢武歸浦口

　　將軍威名著關隴，紫面虬髯鋒骨竦。西州名士重人豪，北地高門推將種。起家二十便登壇，氣壓三河震百蠻。夜半旌旗度青海，雪中笳鼓動蕭關。當時海內稱劉杜，死事忠勳君叔父。黃砂磧上起豐碑，李氏功名何足數。君為猶子有家風，都護防秋杖節同。白帝傳烽移劍外，黃巾聞警出榆中。功敗垂成謀不用，十年心力堪悲痛。只今天地滿風塵，餘生淪落江南夢。江南煙雨長菰蒲，蟹舍魚莊家有無。醉裏放歌衰鬢短，狂來搖筆壯心蘇。自言少年好詩酒，學佛求仙遍師友。床頭真訣幸猶在，肘後陰符復何有。嗟餘憔悴臥江潭，騎省哀傷初未久。君來一見即論文，謂結婚姻商不朽。蹉跎此意轉成空，自恨愆期負若翁。非是雋君辭霍氏，終然丁掾感曹公。此後相逢輒悲歡，秦關何處鄉書斷。苦憶江南欲住難，羇棲老病無人看。三經出塞五專征，一卷詩書記姓名。奴僕旌旄多甲第，親朋兵火剩浮生。重向天涯與我別，憑欄把酒添淒咽。煙水蘆花一雁飛，回頭卻望江南月。

　　杜弢武　《明史·杜桐傳》：「杜桐，崑山人，從延安衛。子文煥，字弢武。由蔭敘，歷延綏游擊將軍，累進至延綏鎮總兵。以疾歸。天啟元年，再鎮延綏。奢崇明圍成都，總督張我續請令文煥赴救。至則圍已解，偕諸軍復重慶。崇明遁永寧。擢總理，盡統川、貴、湖廣軍。尋坐前再鎮延綏失事罪，戍邊。七年，起鎮寧夏。錦州告警，詔文煥馳援，俄令分鎮寧遠。進右都督，調守關門。尋引疾去。崇禎三年，陝西群盜起。令文煥署延鎮事，兼督固原軍。四年，御史吳牲劾其殺延川難民冒功，給事中張承詔復劾之，下獄褫職。十五年，用總督楊岳薦，以故官討賊。無功，復謝病歸。國

變後，歸崑山原籍，卒。」無名氏《杜弢武全集序》〔註6〕：「弢武束髮從戎，每戰克捷，七佩將印，十六命提督總兵官。所蒞省八、鎮九，恢復一郡、四縣、十三寨〔註7〕，俘馘套虜流賊五萬有奇。歷官至左柱國、特進、光祿大夫、太子太保。崇功殊錫，於諸鎮無兩。敏而好學，被服儒素，以其先征南為法。」　浦口　《明一統志》：「浦子口渡在江浦縣東三十里，由江北渡江南處。」程《箋》：「杜公易姓後，居於崑。未幾，往浦口，依其故部曲以居。」　西州　《唐書‧地理志》：「西州交河郡，貞觀十四年置。」　北地　《水經》：「河水又北過北地富平縣。」酈道元注：「秦置北地都尉，治縣城。」　將種　《史記‧齊悼惠王世家》：「劉章自請曰：『臣將種也。』」　登壇　劉長卿《獻淮寧軍節度李相公》詩：「三十登壇眾所尊。」　三河　《漢書‧高帝紀》：「收三河士。」韋昭曰：「河南、河東、河內也。」　青海　注見卷二。　蕭關《括地志》：「隴山關在原州，即古蕭關。」《一統志》：「蕭關在平涼府固原州東南三十里。」　劉杜　《明史‧劉綎傳》：「劉綎，字省吾。都督顯子，勇敢有父風，蔭為指揮使。以戰功累擢至四川鎮總兵官，進左都督。萬曆四十六年，帝念遼警，召為左府僉書。明年二月，經略楊鎬令綎合杜松、李如柏、馬林四路出師。與大清兵戰於登阿布達里岡，兵潰，戰死。」案：杜謂杜松。　死事　《明史‧杜桐傳》：「弟松，字來清。由舍人從軍，累功。以總兵官鎮山海關。萬曆四十六年，張承廕戰歿，詔松馳援遼陽。明年二月，楊鎬議四路出師。以撫順最衝，令松以六萬兵當之。松勇而無謀，剛愎使氣。三〔註8〕月二十九日，夜出撫順關，日馳百餘里，抵渾河。半渡，流急，不能盡渡。松醉，促之，將士多溺河中。松遂以前鋒進，連克二小砦，松喜。三月朔，乘勢趨撒爾湖谷口。時大清方築城界凡山上，役夫萬五千，以精騎四百護之。聞松軍至，精騎則盡伏谷口以待。松軍過將半，伏兵尾擊之，追至界凡渡口，與築城夫合據山旁吉林崖。明日，松引大軍圍崖，別遣將營撒爾湖山上。松軍攻崖，方戰，大清益千人助之，已又續遣二旗兵趨界凡以為援，而遣六旗兵攻松別將於撒爾湖山。明日，六旗兵大戰，破撒爾湖山軍，死者相枕藉。所遣助吉林崖者，自山馳下擊松軍，二旗兵亦直前夾擊，松兵大敗，松與總兵趙夢麟、王宣皆歿於陣。大清兵逐北二十里而還。馬林、劉綎兩軍亦敗，獨李如柏一軍遁還。事聞，朝議多咎松輕進。天啟中，贈少保、左都督，世廕千戶，立祠賜祭。」　李氏功名　《明史‧李成梁傳》：「自俺答款宣、大，薊門設守固，而遼獨被兵。成梁遂擅戰功，至剖符受封，震耀一時。列戟擁麾，

〔註6〕按：此序出錢謙益《牧齋有學集》卷十六。
〔註7〕「十三寨」，《牧齋有學集》作「五十三寨」。
〔註8〕按：「三」，《明史》卷二百三十九《杜桐傳》作「二」。

－162－

世傳將種。」　都護　《漢書‧鄭吉傳》：「吉既破車師，降日逐，威震西域，遂並護車師以西北道，故號都護。」師古曰：「並護南北二道，故謂之都。都，猶大也，總也。」　防秋　《唐書‧陸贄傳》：「北邊歲調河南江淮兵，謂之防秋。」《宋史‧兵志》：「熙寧三年經略使蔡挺請以涇渭儀原四州義勇分五番，番三千人，防秋以八月十五日止，十月罷；防春以正月十五日止，三月罷，周而復始。詔從之。」《晉書‧王珣傳》：「謝玄為桓溫掾，溫曰：『謝掾年四十，必擁旄杖節。』」《杜桐傳》：「文煥由蔭敘歷延綏游擊將軍，進參將，副總兵，擢都督僉事，寧夏總兵官。《綱目三編》：「明神宗四十四年，套虜犯延綏，總兵官杜文煥破降之。」　白帝　注見卷一。　劍外　少陵《聞官軍收河南河北》詩：「劍外忽傳收薊北。」朱鶴齡《注》：「蜀在劍門之外，故曰劍外。」黃巾　注見卷四。　榆中　《漢書‧枚乘傳》：「北備榆中之關。」師古曰：「即今所謂榆關也。」在金城郡。　十年心力　《宋史‧岳飛傳》：「飛方指日渡河，而檜議畫江為界，乞令班師。飛憤惋泣下，東向再拜，曰：『十年之功，廢於一旦。』遂班師。」真訣　太白《送賀監歸四明》詩：「真訣自從茅氏得。」　陰符　《史記‧蘇秦傳》：「得周書陰符，伏而讀之。簡鍊以出揣摩。」《索隱》：「《戰國策》云：『得太公陰符之謀。』則陰符是太公之兵書也。」　江潭　《楚辭‧漁父》：「屈原既放，遊於江潭，顏色顦顇。」　騎省　潘岳《秋興賦序》：「予寓直於散騎之省。」案：岳有《悼亡詩》。辭霍氏　《漢書‧雋不疑傳》：「不疑名聲重於朝廷，大將軍霍光欲以女妻之，不疑固辭不敢當。」師古曰：「雋，字兗切，又辭兗切。」《廣韻》：「雋，徂兗切，鳥肥也。又姓，漢有雋不疑。」　丁掾　《〈魏志‧陳思王傳〉注》：「《魏略》曰：『丁儀，字正禮，沛郡人也。太祖聞其為令士，欲以女妻之，以問五官將，五官將曰：女人觀貌，而正禮目不便，誠恐愛女未必悅也。尋別許，辟儀為掾，到與議論，嘉其才朗，曰：丁掾好士，即使其兩目盲，尚當與女，何況但眇！是吾兒誤我。時儀亦以不得尚主為深恨云。』」　記姓名　《史記‧項羽紀》：「書足記名姓而已。」　奴僕旌旄　少陵《避地》詩：「奴僕且旌旄。」

蘆洲行

　　江岸蘆洲不知里，積浪吹沙長灘起。云是徐常舊賜莊，百戰勳名照江水。祿給朝家禮數優，子孫萬石未云酬。西山詔許開煤冶，南國恩從賜荻洲。江水東流自朝暮，蘆花瑟瑟西風渡。金戈鐵馬過江來，朱門大第誰能顧。惜薪司按先朝冊，勳產蘆洲追籽粒。已共田園沒縣官，仍收子弟徵租入。我家海畔老田荒，亦長蘆根豈賜莊。州縣逢迎多妄報，排

年賠累是重糧。丈量親下稱蘆政，鞭笞需索輕人命。胥吏交關橫派徵，差官恐喝難供應。江南尺土有人耕，踏勘終無豪占情。徒起冉科民力盡，卻虧全課國租輕。自注：積年升科老田，本遭白重課，指為無糧侵佔，故有重糧再科。後重糧去而定為蘆課，視原額反少減矣。甚言害民而又損國，其無益如此。詔書昨下知民病，解頭使用今朝定。早破城中數百家，蘆田白售無人問。休嗟百姓困誅求，憔悴今看舊五侯。只好負薪煨馬矢，敢誰伐荻上漁舟。君不見舊洲已沒新洲出，黃蘆收盡江潮白。萬束千車運入城，草場馬廄如山積。樵蘇猶向鍾山去，軍中日日燒陵樹。

　　賜莊　《明史·食貨志》：「太祖賜勳臣、公侯、丞相以下莊田，多者百頃。」　萬石　《史記·石奮傳》：「石君及四子皆二千石，號奮為萬石君。」杜氏《通典》：「漢制：三公號稱萬石，其俸月各三百五十斛。《風俗通》云『三公一歲共食萬石』是也。」　惜薪司　《明史·職官志》：「惜薪司掌用薪炭之所。」　縣官　注見前。　排年　王圻《續文獻通考》：「明太祖洪武十四年，詔定編賦役黃冊之制，以一百一十戶為一里，推其中丁糧多者十人列為里長，餘者百戶分為十甲。歲役里長一人，管攝一里之事。城中曰坊，近城曰廂，鄉都曰里，編為一冊，冊首總為一圖。里長輪役，十年終而復始，故曰排年。里長依次充當。」　丈量　《漢書·枚乘傳》：「夫銖銖而稱之，至石必差；寸寸而度之，至丈必過。石稱丈量，徑而寡失。」　蘆政　《大清會典》：「順治三年，差滿漢部員管理蘆政。七年，令各督撫遴委屬員，將沿江蘆洲舊額新漲詳查報官，如有徇情隱漏，督撫一併議處。」　卻虧全課　《寶山縣志》：「明時，長江一帶蘆洲悉屬勳產，不在州縣衛額之中。順治間，添設蘆政司，專理此事。是時蘆政並撫院臨縣查勘，不拘漕額盈虧，將吳松江、劉河淤、漲沙塗及七八都加科糧米概於[註9]蘆課，題報課銀一千二百八兩。其後坍漲不常。十三年、十六年，遞為增減。至康熙五年，奉工部差員臨縣復行查勘，升漲除坍，題定軍民額課一千五百七兩四分五釐零，課田分定上中下三等，課蕩派定蘆地泥灘水影五則，其後裁汰蘆政銀歸布政司，壓年徵解。自是額外之蘆課日增，額內之坍糧日缺矣。」　五侯　注見卷一。　伐荻　李垕《南北史續世說》：「宋武帝伐荻新洲。」　鍾山　《明史·地理志》：「應天府東北有鍾山，山南有孝陵衛。」王象之《輿地紀勝》：「鍾山在上元縣東北十八里。」

〔註9〕「於」，《寶山乾隆縣志》卷五上《田賦志上》作「入」。（上海古籍出版社2012年版，第101頁）

捉船行

官差捉船為載兵，大船買脫中船行。中船蘆港且潛避，小船無知唱歌去。郡符昨下吏如虎，快槳追風搖急櫓。村人露肘捉頭來，背似土牛耐鞭苦。苦辭船小要何用，爭執洶洶路人擁。前頭船見不敢行，曉事篙師斂錢送。船戶家家壞十千，官司查點候如年。發回仍索常行費，另派門攤云雇船。君不見官舫嵬峨無用處，打鼓插旗馬頭住。

背似土牛　《魏書・甄琛傳》：「趙修小人，背如土牛，殊耐鞭杖。」　門攤　王圻《續文獻通考》：「金制額外課三十有二，其七曰門攤。」

馬草行

秣陵鐵騎秋風早，廄將圉人索芻槀。當時磧北起蒲梢，今日江南輸馬草。府帖傳呼點行速，買草先差人打束。香芻堪秣飽驊騮，不數西涼誇苜蓿。京營將士導行錢，解戶公攤數十千。長官除頭吏乾沒，自將私價儌車船。苦差常例須應免，需索停留終不遣。百里曾行幾日程，十家早破中人產。半路移文稱不用，歸來符取重裝送。推車挽上秦淮橋，道遇將軍紫騮鞚。轅門芻豆高如山，長衫沒髁看奚官。黃金絡頸馬肥死，忍令百姓愁飢寒。回首當年開僕監，龍媒烙字麒麟院。天閑蜷逸起黃沙，遊牝三千滿行殿。蔣山南望獵痕燒，放牧秋原見射雕。寧蓺雕胡供伏櫪，不堪極目草蕭蕭。

秣陵　虞溥《江表傳》：「張紘謂孫權曰：秣陵，楚武王所置，名為金陵地勢，岡阜連石頭，問故老，云：昔秦始皇東巡會稽，經此縣，望氣者曰金陵地形有王者都邑之氣，故掘斷連岡，改名秣陵。」　廄將圉人　《漢書・張良傳》：「拜良為廄將。」《注》：「官名也。」《周禮・夏官》：「圉人掌養馬芻牧之事。」　芻槀　《史記・秦始皇紀》：「下調郡縣，轉輸菽粟芻槀。」　蒲梢　《史記・樂書》：「伐大宛，得千里馬，名蒲梢。」　點行　少陵《兵車行》：「行人但云點行頻。」　西涼　《晉書・地理志》：「漢改周之雍州為涼州，蓋以地處西方，常寒涼也。」宋之問《為許揚州讓表》：「西涼本六部之樞。」　苜蓿　《史記・大宛傳》：「宛以蒲桃為酒，馬嗜苜蓿，漢使取其實來，離宮別館旁盡種，蒲桃、苜蓿盈望。」　京營　《明史・職官志》：「永樂二十二年，置三大營：曰五軍營，曰神機營，曰三千營。」　導行錢　《後漢書・光武帝紀》：「於是大饗將士。」又，《宦者傳》：「每郡國貢獻，先輸中署，名為導行錢。」《注》：「貢獻外別有所入，以為所獻希之導引也。」　乾沒　《史記・張湯傳》：「湯始為小

吏乾沒。」如淳曰:「得利為乾,失利為沒。」 **中人產** 《史記・文帝紀》:「百金,中民十家之產。」 **秦淮橋** 陳沂《金陵世紀》:「鎮淮橋在南門裏,今聚寶門內跨秦淮者。舊志云:即吳朱雀航處。」 **奚官** 東坡《韓幹十四馬》詩:「老髯奚官騎且顧,前身作馬通馬語。」 **馬肥死** 《史記・滑稽傳》:「楚莊王之時,有所愛馬病肥死。」 **僕監** 歸有光《馬政志》:「洪武六年,置太僕寺於滁州。七年,設群牧監。十三年,增置滁陽、儀真、香泉、六合、天長五牧監。二十三年,定為十四牧監。二十八年,廢牧監,始令民間孳牧。三十年,置北平及遼東、山西、陝西、甘肅等處行太僕寺。永樂元年,改北平行太僕寺為北京行太僕寺。四年,應天、太平、鎮江、揚州、盧州、鳳陽州縣,各增設判官、主簿一員,專理馬政。設陝西、甘肅二苑馬寺,又設北京、遼東二苑馬寺。五年,增設北京苑馬寺監。六年,增設甘肅苑馬寺監。」 **龍媒** 《漢書・禮樂志》:「武帝《天馬歌》曰:『天馬徠,龍之媒。』」 **烙字** 《明史・職官志》:「三歲偕御史一人印烙,選其健良而汰其羸弱。」 **麒麟院** 程大昌《演繁露》:「古有麟麟,非馬也。至《淮南子》始曰『應龍生建馬,建馬牛麟麟,麟麟生庶獸,凡毛者皆生於庶獸』。則漢世已用馬之上品配麒麟,而加馬其旁矣。故唐廄遂以祥麟院為名。」 **遊牝** 《唐六典》:「凡馬以季春遊牝,其駒犢在牧。三歲別群馬,牧牝馬,四遊五課。」 **蔣山** 王象之《輿地紀勝》:「漢末,秣陵尉蔣子文逐盜死此,吳大帝立廟祀之。本名鍾山,子文祖諱鍾,因改蔣山。」 **雕胡** 注見卷二。

題志衍所畫山水

畫君故園之書屋,午榻茶煙蒔花竹。著我溪邊岸葛巾,十年笑語連床宿。畫君蜀道之艱難,去家萬里誰能還。戎馬千山西望哭,杜鵑落月青楓寒。今之此圖何者是,黯澹蒼茫惟一紙。想像雲山變滅中,其人與筆寧生死。我思此道開榛蕪,東南畫脈疑作派。多蕭疏。君嘗展卷向予說,得及荊關老輩無。巫山巫峽好粉本,一官大笑誇吾徒。此行歸來掃素壁,把腹滿貯青城圖。只今猶是江南樹,憶得當時送行處。楊柳青青葭菼邊,雙槳搖君此中去。

岸葛巾 王幼學《綱目集覽》:「露頜曰岸。曾鞏詩:『隤然岸巾幘。』箋云:『岸幘,頹其巾也,以示嫺散。』」 **荊關** 湯垕《畫鑑》:「荊浩山水為唐宋之冠,關仝嘗師之。」餘見卷三注。 **巫山巫峽** 酈道元《水經注》:「江水歷峽,東逕新崩灘。其下十餘里,有大巫山,非惟三峽所無,乃當抗峰岷、峨,偕嶺衡、疑。其閒首尾一百六十里,謂之巫峽,蓋因山為名也。自三峽七百里中,兩岸連山,略無闕處,重巖

疊嶂，隱天蔽日，自非亭午夜分，不見曦月。」　**粉本**　張懷瓘《畫斷》：「玄宗天寶中忽思蜀中嘉陵江山水，遂假吳生驛遞往寫之。回奏云：『臣無粉本，並記在心。』遣於大同殿圖之，一日而畢。」夏士良《圖繪寶鑑》：「古人畫稾，謂之粉本，前輩多寶蓄之。」　**青城**　《玉匱經》：「青城山，黃帝封為五嶽丈人。一月之內，群仙再朝。六時灑泉，以代暑漏。」樂史《寰宇記》：「山在青城縣西北三十二里。」

題蘇門高士圖贈孫徵君鍾元自注：容城人。孝廉。

　蘇門山水天下殊，中有一人清且癯。龐眉扶杖白髭鬚，鶡冠野服談詩書。定州城北滱水潴，白沙村畔為吾廬。少年蹀躞千金駒，獻策天子來皇都。腰鞬三矢玉鹿盧，幽州臺上為歡娛。日暮酒酣登徐無，顧視同輩誰能如。十人五人居要樞，拖金橫玉當朝趨。今我不第胡為乎，有田一廛書百廚。雞泉馬水吾歸歟，七徵不起乘柴車，當時猶是升平餘。一朝鐵騎城南呼，長刀斫背將人驅。里中大姓高門閭，鞭笞不得留須臾。叩頭莫敢爭高腴，乞為佃隸租請輸。牽爺擔子立兩衢，問言不答但欷歔。先生閉門出無驢，僵臥一榻絕朝餔。弟子二人昇籃輿，百門書院今空虛。此中聞是孫登居，太行秀色何盤紆。橿楠榛栗松杉儲，風從中來十萬株。嘯臺遺址煙霞俱，流泉百道穿堦除。幅巾短髮不用梳，彈琴橫卷心安舒。微言妙旨如貫珠，考鍾擊磬吹笙竽。古文屋壁闖禹謨，異人手授先天圖。談仁講義追堯夫，後來姚許開榛蕪，斯文不墜須吾徒。誰傳此圖來江湖，使我一見心踟躕。即今絕學誰能扶，屈指耆舊堪嗟籲。蘇門山下有碩儒，中原學者多沾濡。百年文獻其存諸，我往從之歌黃虞。

　蘇門　注見卷一。　**徵君**　《後漢書·黃憲傳》：「初舉孝廉，又辟公府，皆無所就，天下號曰徵君。」　**孫鍾元**　惠棟《精華錄訓纂》：「鍾元先生名奇逢，字啟泰，保定容城人。」程《箋》：「湯斌《孫氏墓誌》：『先生少時，慷慨有大志。天啟末，逆奄竊柄，左、魏、周三君子相繼被逮。過白溝，緹騎森布。先生與門人張果中拮据調護，供其橐饘。其子弟僕從，廠衛嚴緝，莫敢舍者，先生與鹿太公為寄頓。左嘗督學三輔，又屯田，有惠政。時誣坐熊經略贓。先生設匭建表於門曰：願輸金救左督學者，聽。左既考死，則又按籍俵散。當獄急時，遣弟奇彥同鹿公子馳闕門，上書高陽相求救援。公即上疏，請陛見。都門喧傳公興晉陽之甲，閽夜繞御床而泣。公抵通州，則急降旨勒公回，而諸君子不可為矣。蓋正人，國之元氣，非徒急友難也。事之不成，則天也。而世但以節俠視之，過矣！』」　**鶡冠**　陸佃《鶡冠子序》：「鶡冠子，楚人

也。居於深山，以鶡為冠，號曰鶡冠子。」　定州　《明史·地理志》：「定州，元中山府。洪武二年正月，改曰定州。」　滱水瀦　《一統志》：「唐河即滱水也，源出山西大同府，逕完縣西北、唐縣西南界，又東南過定州。」《禹貢》蔡《傳》：「水蓄而復流曰瀦。」　獻策　王晫《今世說·德行》篇：「孫鍾元年十七，舉於鄉，既乃屏棄不事。」　腰鞬　《漢書·韓延壽傳》注：「師古曰：『鞬，弓衣也。』」《舊唐書·薛仁貴傳》：「腰鞬張弓，大呼先入。」　玉鹿盧　《漢書·雋不疑傳》晉灼注：「古長劍首以玉作井鹿盧形，上刻木，形如蓮花初生未敷狀。今大劍木首，其形如此。」《宋書·樂志》：「《艷歌·羅敷行》：『腰中鹿盧劍。』」　幽州臺　任昉《述異記》：「燕昭王為郭隗築臺，在今幽州燕王故城中，土人呼為賢士臺。」餘見卷二注。　徐無　《魏志·田疇傳》：「疇得北歸，遂入徐無山中。」酈道元《水經注》：「水出右北平徐無縣北塞中，南流歷徐無山。」顧祖禹《方輿紀要》：「山在玉田縣東北二十里。」　一廛　《漢書·揚雄傳》：「有田一廛，有宅一區。」晉灼曰：「周禮：上地，夫一廛，一百畝也。」　雞泉馬水　《明一統志》：「雞距泉在保定府城西三十里。泉水噴流，狀如雞距。夏秋之交，芰荷如繡，水禽下上，遊人共樂焉。」酈道元《水經注》：「馬溺水出上曲陽城，東北流逕伏亭，又東流入於滱。」《一統志》：「馬溺水在唐縣西。」　高腴　案《大清會典》，國初有圈田之令，所以去容城而之新鄉。　七徵不起　劉體仁《七頌堂文集》：「容城鍾元孫先生，今隱蘇門，大臣論薦，詔徵不起，年七十有七矣。」湯斌《孫氏墓誌》：「兩朝徵聘十一次，堅臥不起，故天下稱為徵君。」　柴車　注見卷四。　出無驢　昌黎《符讀書城南》詩：「不見三公後，寒饑出無驢。」　僵臥　《汝南先賢傳》：「洛陽令至袁安門除雪，入戶，見安方僵臥。」　籃輿　《晉書·陶潛傳》：「素有腳疾，乘籃輿，令門生二兒共轝之。」　百門書院　《明一統志》：「百泉亭在蘇門山百門泉上，金明昌間建。元儒許衡嘗與門生遊詠於此。」魏裔介《孫鍾元先生傳》：「公慕百門泉之勝，為宋邵康節、元姚、許諸儒高尚講學之地，遂家焉。闢兼山堂，讀易其中，率子若孫躬耕自給，門人日進。」　孫登居　《晉書·孫登傳》：「孫登，字公和，汲郡共人也。無家屬，於郡北山為土窟居之。」王存《九域志》：「蘇門山，晉孫登隱於此，號蘇門先生。」　太行　《明一統志》：「太行山在輝縣西五十里一帶，峰麓雖各有名，然總呼為太行。」《一統志》：「蘇門山即太行之支山也。」　嘯臺　《明一統志》：「嘯臺在蘇門山上，即孫登隱居長嘯之所。」　流泉百道　李濂《河南通志》：「百門泉源出蘇門，山泉通百道，故名。《衛風》『泉源在左，淇水在右』即此。」　先天圖　《宋史·道學傳》：「邵雍，字堯夫，事北海李之才，受河圖洛書、宓羲八卦六十四卦圖像，遂衍宓羲先天之旨，著書十萬餘言行於世。」　姚許　《元

史・姚樞傳》：「姚樞，字公茂，永平柳城人。棄官來輝州，築室蘇門山，奉孔子及宋儒周敦頤等像，讀書鳴琴，若將終身。」《元史・許衡傳》：「許衡，字平仲，懷之河內人也。往來河洛間，從姚樞得程氏、朱氏書，遂大有得。尋居蘇門，與樞及竇默相講習，慨然以道為己任。」　**絕學**　《漢書・儒林傳》：「上愍其學且絕。」　**碩儒**　《後漢書・荀淑傳》：「遂稱為碩儒。」王晫《今世說・德行》篇：「孫徵君潛心濂洛諸儒之學，家庭雍睦，如見三代氣象。」湯斌《孫氏墓誌》：「先生幼當梁谿、吉水講學都門之日，與鹿忠節公交修默證，以聖賢相期許。忠節既沒，獨肩斯道者四十年。」

壽總憲龔公芝麓

丈夫四十致卿相，努力公孤方少壯。握手開尊話疇昔，故人一見稱無恙。當初海內苦風塵，解褐才名便絕倫。官守蘄春家近楚，賊窺江夏路通秦。書生年少非輕敵，擐甲開門便迎擊。詩成橫槊指黃巾，戰定磨崖看赤壁。我同宋玉適來遊，多士名賢共校讎。此地異才為亂出，論文高話鎖廳秋。別後相思隔江水，黑山鐵騎如風雨。聞道黃州數被兵，讀書長嘯重圍裏。荏苒分飛十八年，我甘衰白老江邊。那知風雪嚴城鼓，重謁三公棨戟前。即君致身已鼎足，正色趨朝勤補牘。異書捫腹五千卷，美酒開顏三百斛。月明歌舞出簾櫳，刻燭分題揮灑中。談笑阮生青眼客，文章王掾黑頭公。卻思少小經離亂，銅駝荊棘尋常見。側身天地竟何心，過眼風光有誰羨。楚水吳山思不禁，朝衫欲脫主恩深。待看賀監歸來歲，勾漏丹砂本易尋。

龔芝麓　《大清一統志》：「龔鼎孳，字孝升，江南合肥人。崇禎甲戌進士，歷官兵科給事中。本朝召用，累遷左都御史，再謫再起，歷刑、兵、禮三部尚書。卒，諡端毅。」王士禎《感舊集》補傳：「生時，庭產紫芝，因自號芝麓。」　**蘄春**　《漢書・地理志》：「江夏郡縣蘄春。」案：今為蘄水縣，屬黃州府。芝麓初任蘄水知縣。　**江夏**　《一統志》：「漢置沙羨縣，屬江夏郡。隋開皇中，廢郡改縣曰江夏。」先生《綏寇紀略》：「崇禎十年，江夏賊呂瘦子等煽動齊安、興國、大冶山中亡命，遏絕行旅。臨藍之賊入湘鄉，以窺衡州。黃州賊攻蘄水甚急。知縣龔鼎孳設守有方略，賊不能陷。」　**擐甲**　《左傳・成二年》：「擐甲執兵。」杜預曰：「擐，貫也。」《湖廣通志》：「龔鼎孳令蘄水，值流寇猖獗，籌畫方略，調度兵餉，修城池，登陴防禦不少休。」　**橫槊**　《南史・垣榮祖傳》：「曹操、曹丕上馬橫槊，下馬談論。」東坡《赤壁賦》：「橫槊賦詩。」　**赤壁**　《明一統志》：「赤壁山在黃州府城西北漢川門外，屹立江濆，截然如

壁，而有赤色，因名。以為曹操敗走之處，非是。周瑜與操遇於赤壁，在武昌府樊口之上，江之南岸。」案：《水經注》：「江水又東逕赤鼻山。」蓋此山本名赤鼻，若曹操敗走之處，乃在今嘉魚縣境，相距甚遠。　**宋玉**　謂宋九青。《文集·盧公神道碑》：「丙子歲，偉業被命偕給諫萊陽宋公九青典校湖廣鄉試。」　**鎖廳**　《宋史·選舉志》：「凡命士應舉，謂之鎖廳試。」《文集·龔芝麓詩集序》：「九青鎖闈論文，江行紀勝，與我輩三人同事於楚。」靳氏《集覽》：「詩意似芝麓時為同考官也。」　**黑山**　注見卷一。　**棨戟**　崔豹《古今注》：「棨戟，殳之遺象也。《詩》所謂『伯也執殳，為王前驅』之器也。以木為之。後世滋偽，無復典型。以赤油韜之，亦謂之油戟，亦謂之棨戟，王公以下通用之。」　**鼎足**　注見卷一。　**補牘**　《宋史·趙普傳》：「太祖怒，裂奏牘，擲地，普顏色不變，跪而拾之以歸。他日補綴舊紙，覆奏如初。」　**五千卷**　東坡《試院煎茶》詩：「不用撐腸拄腹文字五千卷。」　**三百斛**　阮步兵事。注見卷二。　**刻燭**　《南史·王泰傳》：「每預朝宴，刻燭賦詩，文不加點。」　**青眼**　《晉書·阮籍傳》：「籍能為青白眼。見禮俗之士，以白眼對之。」　**黑頭公**　《晉書·王珣傳》：「珣與謝玄為桓溫掾，俱為溫所敬重，嘗謂人曰：『謝掾年四十，必擁旄仗節，王掾當作黑頭公。』」　**銅駝荊棘**　《晉書·索靖傳》：「靖知天下將亂，指洛陽宮門銅駝歎曰：『會見妝在荊棘中耳。』」　**賀監**　《唐書·隱逸傳》：「賀知章遷太子賓客，授秘書監，請為道士還鄉里，詔許之。」　**勾漏**　《晉書·葛洪傳》：「欲煉丹，聞交趾出丹砂，求為勾漏令。帝從之。」

王郎曲

王郎十五吳趨坊，覆額青絲白皙長。孝穆園亭常置酒，風流前輩醉人狂。同伴李生柘枝鼓，結束新翻善財舞。鎖骨觀音變現身，反腰貼地蓮花吐。蓮花婀娜不禁風，一斛珠傾宛轉中。此際可憐明月夜，此時脆管出簾櫳。王郎水調歌緩緩，新鶯嚦嚦花枝暖。慣拋斜袖卸長肩，眼看欲化愁應懶。摧藏掩抑未分明，拍數移來發曼聲。最是囀喉偷入破，殢人腸斷臉波橫。十年芳草長洲綠，主人池館惟喬木。王郎三十長安城，老大傷心故園曲。誰知顏色更美好，瞳神剪水清如玉。五陵俠少豪華子，甘心欲為王郎死。寧失尚書期，恐見王郎遲。寧犯金吾夜，難得王郎暇。坐中莫禁狂呼客，王郎一聲聲頓息。移床歆坐看王郎，都似與郎不相識。往昔京師推小宋，外戚田家舊供奉。只今重聽王郎歌，不須重把昭文痛。時世工彈白翎雀，婆羅門舞龜茲樂。梨園子弟愛傳頭，請事王郎教絃索。

恥向王門作伎兒，博徒酒伴貪歡謔。君不見康崑崙、黃旛綽，承恩白首華清閣。古來絕藝當通都，盛名肯放優閒多，王郎王郎可奈何！自跋：王郎名稼，字紫稼。於勿齋徐先生二株園中見之，髫而晳，明慧善歌。今秋遇於京師，相去已十六七載。風流儇巧，猶承平時故習。酒酣，一出其伎，坐上為之傾靡。余此曲成，合肥龔公芝麓口占贈之曰：「薊苑霜高舞柘枝，當年楊柳尚如絲。酒闌卻唱梅村曲，腸斷王郎十五時。」

　　王郎　尤侗《艮齋雜說》：「予幼時所見王紫稼，妖豔絕世，舉國趨之若狂。年已三十，遊於長安，諸貴人猶惑之。吳梅村作《王郎曲》云云，而龔芝麓復題贈云云，其傾靡可知矣。後李琳枝御史按吳，錄其罪，立枷死。」徐釚《續本事詩》：「王郎為江南御史某杖殺。」　**吳趨坊**　范成大《吳郡志》：「吳趨坊，皋橋西。」　**孝穆園亭**　《陳書・徐陵傳》：「徐陵，字孝穆。」《蘇州府志》：「徐文靖公汧宅在周五郎巷。宅後有二株園，一名尹樹園。」陳鼎《東林列傳》：「徐汧為園於盧旁，中有垂柳二株，因以陸慧曉事，名曰二株園。」　**柘枝鼓**　白樂天詩：「雷槌柘枝鼓。」　**善財舞**　未詳。《高齋詩話》：「白樂天《琵琶行》曰：『曲罷常教善才服。』姓名不見於傳記。後見《琵琶錄》云：『元和中，曹保有子善才，能琵琶。』」　**鎖骨**　《續玄怪錄》：「延州有婦人，甚有姿色，少年子悉與之狎。數歲而沒，葬之道左。大曆中，有胡僧敬禮其墓，曰：『此乃鎖骨菩薩。』開墓，視其骨，鉤結皆如鎖狀。」　**反腰貼地**　《南史・羊侃傳》：「侃妾姬人孫荊玉能反腰貼地，銜得席上玉簪，謂之弓腰。」　**水調**　注見四卷〔註10〕。　**花枝暖**　元微之《何滿子歌》：「紅粧逼坐花枝暖。」　**曼聲**　《列子・湯問篇》：「韓娥曼聲長歌。」　**囀喉**　繁欽《與魏文帝牋》：「都尉薛訪車子，年始十四，能喉囀引聲，與笳同音。」　**入破**　郭茂倩《樂府詩集》：「水調凡十一疊，前六疊為歌，後五疊為入破。」張端義《貴耳集》：「唐天寶後，曲遍繁聲，皆名入破。」　**㾮**　《玉篇》：「㾮，呼計切，極困也。」　**臉波橫**　韋莊《漢州》詩：「臨岐無限臉波橫。」　**長洲**　《漢書・枚乘傳》：「長洲之苑。」服虔曰：「吳苑。」孟康曰：「以江水為苑也。」韋昭曰：「長洲在吳東。」王應麟《困學紀聞》：「余仕於吳郡，嘗見長洲宰，其圃扁曰茂苑，蓋取諸《吳都賦》。余曰：『長洲非此地也。』問其故，余曰：『吳王濞都廣陵。《漢・郡國志》：廣陵郡東陽縣有長洲澤，吳王濞太倉在此。東陽，今盱眙縣。故枚乘說吳王曰：長洲之苑。服虔以為吳苑，韋昭以為長洲在吳東，蓋謂廣陵之吳也。』曰：『它有所據乎？』余曰：『隋虞綽撰《長洲玉鏡》，蓋煬帝在江都時所作也。長洲之名縣，始於唐武后時。』」　**瞳神**　李長吉《唐兒歌》：「一雙瞳神剪

_____

〔註10〕「四卷」，似當作「卷四」。

秋水。」　五陵俠少 《漢書·原涉傳》：「郡國諸豪及長安五陵諸為氣節者皆歸慕之。」師古曰：「五陵謂長陵、安陵、陽陵、茂陵、昭陵也。」　甘心 《左傳·莊九年》：「請受而甘心焉。」　尚書期 《漢書·陳遵傳》：「遵，字孟公。每大飲賓客，輒關門，取客車轄投井中，雖有急，不得去。有部刺史奏見，過遵，值其方飲，刺史大窮，候遵霑醉時，突入見遵母，叩頭白曰：當對尚書，有期會狀。母乃令從後閤出去。」應瑒〔註11〕《與滿公琰書》：「孟公不顧尚書之期。」　金吾夜 注見卷四。少陵《陪李金吾花下飲》詩：「醉歸應犯夜，可怕執金吾。」　聲頓息 段安節《樂府雜錄》：「開元中，賜大酺於勤政樓，觀者喧聚，莫得魚龍百戲之音。高力士請命永新出樓歌一曲，必可止喧。上從之。永新乃撩鬢舉袂，直奏曼聲，至是廣場寂寂，若無一人。」」　小宋 未詳。程《箋》：「小宋名玉郎，陝西人。崇禎甲戌至京師。見《觚賸》。」　昭文 《莊子·齊物論》篇：「昭文之鼓琴也。」　白翎雀 陶宗儀《輟耕錄》：「白翎雀者，國朝教坊大曲也。雀生於烏桓沙漠之地，雌雄和鳴，世皇因伶人製曲。」　婆羅門舞 《唐書·禮樂志》：「睿宗時，婆羅門國獻人倒行以足舞，仰植銛刀，俯身就鋒，歷臉下，復植於背，觱篥者立腹上，終曲而不傷。又伏伸其手，二人躡之，周旋百轉。」　龜茲樂 《西域記》：「龜茲國人於山間聽風水之聲，約節成音，後翻入中國，如伊州、涼州、甘州皆龜茲境也。」　梨園子弟 注見卷四。　王門伎兒 《晉書·戴逵傳》：「太宰、武陵王晞聞其善鼓琴，使人召之，逵對使者破琴，曰：『戴安道不為王門伶人。』」《齊書·沈文季傳》：「豫章王北宅後堂集會，文季與褚彥回並善琵琶，彥回酒闌，取樂器為《明君曲》。文季便下席，大唱曰：『沈文季不能為伎兒。』」　博徒酒伴 《史記·袁盎傳》：「安陵富人謂盎曰：『吾聞劇孟博徒，將軍何自通之？』」孟襄陽《宴張明府宅》詩：「列筵邀酒伴。」　康崑崙 注見卷四。　黃旛綽 注見卷一。　華清 注見卷四。　奈何 《世說新語·任誕》篇：「桓子野每聞清歌，輒呼奈何。」

楚兩生行並序

蔡州蘇崑生、維揚柳敬亭，其地皆楚分也，而又客於楚。左寧南駐武昌，柳以談、蘇以歌為幸舍重客。寧南沒於九江舟中，百萬眾皆奔潰。柳已先期東下，蘇生痛哭，削髮入九華山，久之出從武林汪然明；然明亡，之吳中。吳中以善歌名海內，然不過嘽緩柔曼為新聲。蘇生則於陰

〔註11〕按：應瑒，字德璉。《吳詩集覽》作「應德璉」。此承其誤。《與滿公琰書》實為應瑒之弟應璩（字休璉）所作。

—172—

陽抗墜，分刌比度，如崑刀之切玉，叩之栗然，非時世所為工也。嘗遇虎丘廣場大集，生睨其旁，笑曰：某郎以某字不合律。有識之者曰：彼傖楚乃竊言是非。思有以挫之，間請一發聲，不覺屈服。顧少年耳剽日久，終不肯輕自貶下，就蘇生問所長。生亦落落難合，到海濱，寓吾里。蕭寺風雪中，以余與柳生有雅故，為立小傳，援之以請曰：吾浪跡三十年，為通侯所知，今失路憔悴而來過此，惟願公一言，與柳生並傳足矣。柳生近客於雲間帥，識其必敗，苦無以自脫，浮湛敖弄，在軍政一無所關，其禍也幸以免。蘇生將渡江，余作《楚兩生行》送之，以之寓柳生，俾知余與蘇生遊，且為柳生危之也。

　　蔡州　注詳卷七。　**蘇崑生**　本集《贈蘇崑生絕句》自注：「蘇生，固始人。」案：固始縣，明屬汝寧府，故唐之蔡州，故此云蔡州。　**柳敬亭**　《文集·柳敬亭傳》：「柳敬亭者，揚之泰州人，蓋曹姓。年十五，獷悍無賴，名已在捕中。走之盱眙，困甚。挾稗官一冊，非所習也。耳剽久，妄以其意抵掌盱眙市，則已傾其市人。久之過江，休大柳下，生攀條泫然，已撫其樹，顧同行數十人曰：『嘻！我今氏柳矣。』後二十年，金陵有善談論柳生，所到皆驚，有識之者曰：此固向年過江時休柳下者也。」　**楚分**　靳氏《集覽》：「蔡州，春秋為沈、蔡二國地。蔡為楚所滅。而揚州府，戰國時屬楚，故云『其地皆楚分也』。」　**左寧南**　《明史·左良玉傳》：「良玉，寧崑山，崑山臨清人。封寧南伯。」餘見卷二注。　**幸舍**　《史記·孟嘗君傳》：「馮驩彈其劍而歌，孟嘗君遷之幸舍。」《文集·柳敬亭傳》：「良玉奉詔守楚，駐皖城待發。守皖者杜將軍弘域，於生為故人。寧南嘗奏酒，思得一異客，杜既已泄之矣。會兩人用軍事，不相中，念非生莫能解者，乃檄生至，進之左，以為此天下辨士，欲以觀其能。帳下用長刀遮客，引就席，坐客咸震慴失次。生拜訖，索酒，詼啁諧笑，旁若無人。左大驚，自以為得生晚也。」　**九江**　注詳卷八。《明史·左良玉傳》：「傳檄討馬士英，疾已劇，至九江，嘔血數升，是夜死。」　**九華山**　太白《九華山聯句詩序》：「青陽縣南有九子山，高數千丈，上有九峰，如蓮華子，乃削其舊號，加以九華之目。」《明一統志》：「九華山在池州府青陽縣南。」　**武林**　《漢書·地理志》：「會稽郡錢塘縣武林山，武林水所出。」　**汪然明**　《江南通志》：「汪汝謙，字然明，歙人，移居武林，招集勝流，為湖山詩酒之會。或稱其鉤探風雅，編次金石，刌度律呂，雖專門肉譜，不能與爭云。」　**分刌**　《漢書·元帝紀·贊》：「自度曲，被歌聲，分刌節度，窮極幼眇。」蘇林曰：「刌，度也，知度之終始節度也。」韋昭曰：「刌，切也，謂能分切句絕，為之節制也。」　**虎丘**　注見前。　**蕭寺**　蘇鶚《杜陽雜編》：「梁武帝

好造浮屠，命蕭子雲飛白大書，曰蕭寺。」 **雲間帥** 謂馬提督。詳後注。余懷《板橋雜記》：「柳敬亭，自寧南已敗，又遊松江馬提督軍中，鬱鬱不得志，年已八十餘矣。」 **敖弄** 《史記·游俠傳》：「與世浮沉。」《漢書·東方朔傳》：「朔皆敖弄，無所為屈。」丁度《集韻》：「湛同沉，敖同傲。」

　　黃鵠磯頭楚兩生，征南上客擅縱橫。將軍已沒時世換，絕調空隨流水聲。一生拄頰高談妙，君卿唇舌淳于笑。痛哭長因感舊恩，詼嘲尚足陪年少。途窮重走伏波軍，短衣縛褲非吾好。抵掌聊分幕府金，褰裳自把江村釣。一生嚼徵與含商，笑殺江南古調亡。洗出元音傾老輩，疊成妍唱待君王。一絲縈曳珠盤轉，半黍分明玉尺量。最是大隄西去曲，累人腸斷杜當陽。憶昔將軍正全盛，江樓高會誇名勝。生來索酒便長歌，中天明月軍聲靜。將軍聽罷據胡床，拊髀百戰今衰病。一朝身死豎降旛，貔狖散盡無橫陣。祁連高冢泣西風，射堂賓客嗟蓬鬢。羈棲孤館伴斜曛，野哭天邊幾處聞。草滿獨尋江令宅，花開閒弔杜秋墳。鶡絃屢換尊前舞，鼉鼓誰開江上軍。楚客祗憐歸未得，吳兒肯道不如君。我念邗江頭白叟，滑稽幸免君知否。失路徒貽妻子憂，脫身莫落諸侯手。坎壈繇來為盛名，見君寥落思君友。老去年來消息稀，寄爾新詩同一首。隱語藏名代客嘲，姑蘇臺畔東風柳。

　　黃鵠磯 《元和郡縣志》：「黃鵠山蛇引而西吸於江，其首隆然，黃鶴樓枕焉，其下有黃鵠磯。」《明一統志》：「黃鵠山在武昌府城西南隅，一名黃鶴山。」 **征南** 《晉書·羊祜傳》：「咸寧初，拜征南大將軍。」 **拄頰** 《晉書·王徽之傳》：「為車騎桓沖騎兵參軍。沖嘗謂之曰：『卿在府日久，比當相料理。』徽之初不酬答，直高視，以手版拄頰云：『西山朝來，致有爽氣。』」 **君卿唇舌** 《漢書·游俠傳》：「樓護，字君卿，齊人。是時王氏方盛，賓客滿門，護與谷永俱為五侯上客，長安號曰：『谷子雲筆劄，樓君卿唇舌。』言其見信用也。」 **淳于笑** 《史記·滑稽傳》：「淳于髡仰天大笑，冠纓索絕。」 **詼嘲** 《漢書·東方朔傳》：「朔嘗與枚皋、郭舍人俱在左右，詼啁而已。」師古曰：「啁與嘲同。」 **伏波** 《後漢書·馬援傳》：「璽書拜援伏波將軍。」余懷《板橋雜記》：「自寧南侯已歿，柳敬亭又遊松江馬提督軍中，鬱鬱不得志，年已八十餘矣。」 **短衣** 《史記·叔孫通傳》：「通儒服，漢王憎之。乃變其服，服短衣，楚制，漢王喜。」 **縛褲** 《南史·沈慶之傳》：「上開門召慶之，慶之戎衣屣鞾，縛袴入見。」《舊唐書·輿服志》：「車駕親戎則縛袴，不舒散也。」 **玉尺** 《世說·術解》篇：「荀勗正雅樂，阮咸心為之不調。後有一田父耕於野，得周時玉尺，便

是天下正尺。苟試以校已所訂鍾鼓金石絲竹，皆覺短一黍，於是服阮神識。」　**大隄**
釋智匠《古今樂錄》：「《清商西曲·襄陽樂》云：『朝發襄陽城，莫至大隄宿。大隄諸
女兒，花艷驚郎目。』梁簡文帝由是有《大隄曲》。」樂史《寰宇記》：「大隄城，今宜
城縣城也。其俗相傳，呼為大隄，至今不改。」靳氏《集覽》：「《明史·左良玉傳》：
『馬士英、阮大鍼用事，慮東林倚良玉為難，築阪磯城為西防。良玉歎曰：今西何所
防，殆防我耳。』『大隄』二句正指此事。」　**杜當陽**　《晉書·杜預傳》：「預代羊祜
都督荊州諸軍事，以平吳功進爵當陽侯。」　**軍聲靜**　少陵《後出塞》詩：「中天懸
明月，令嚴夜寂寥。」　**胡床**　《晉書·庾亮傳》：「亮在武昌，諸佐吏乘秋夜往共登
南樓，俄而亮至，便據胡床，談詠竟坐。」　**拊髀**　《漢書·馮唐傳》：「乃拊髀。」
《蜀志·先主傳》：「備住荊州數年，嘗於劉表坐起至廁，見髀裏肉生，慨然流涕。還
坐，表問故，備曰：『吾常身不離鞍，髀肉皆消。今不復騎，髀裏肉生。日月如馳，老
將至矣，而功業不建，是以悲耳。』」　**衰病**　《文集·柳敬亭傳》：「左出所畫已像二，
其一則關隴破賊圖也，攬鏡自照，曰：『良玉天下健兒也，而今衰。』」　**豎降旛**　昌
黎《元和聖德詩》：「降旛夜豎。」《明史·左良玉傳》：「良玉死，諸將推其子夢庚為留
後。軍東下，朝命黃得功渡江防剿。時大清兵已下泗洲，逼儀真矣。夢庚遂以眾降
於九江。」　**貔貅**　《晉書·熊遠傳》：「令貔貅之士鳴橃前驅。」韓琦《答孫太傅後
園宴射》詩：「帳下貔貅十萬師。」　**橫陣**　何承天詩：「橫陣亙野若雲屯。」　**祁
連高冢**　《漢書·霍去病傳》：「為高冢，象祁連山。」《元和郡縣志》：「祁連山在張
掖縣西南二百里。」　**射堂**　庾子山《春賦》：「分朋入射堂。」　**江令宅**　《金陵
故事》：「南朝鼎宅多夾青溪。江總宅尤占勝地。」韋莊《上元縣》詩：「殘花舊宅悲江
令。」　**杜秋**　杜牧之《杜秋詩序》：「杜秋，金陵女也。年十五，為李錡妾。後錡
叛滅，籍之入宮，有寵於景陵。穆宗即位，命秋為皇子保姆。皇子壯，封漳王。鄭
注用事，誣丞相欲去已者，指以為根，王被罪廢削。秋因賜歸故鄉。予過金陵，感
其窮且老，為之賦詩。」　**鶺絃**　注見卷四。　**江上軍**　《史記·淮陰侯傳》：「信
建大將旗鼓，鼓行出井陘口，趙開壁擊之，大戰良久。信佯棄旗鼓，走水上軍。水
上軍開入之。」　**邗江**　《左傳·哀九年》：「吳城邗溝通江淮。」樂史《寰宇記》：「昔
吳王夫差北霸中國，自廣陵城東南築形城，下掘深溝，渭之邗江，亦名邗溝。」　**滑
稽**　司馬貞《史記索隱》：「《楚辭》云：『將突梯滑稽。』」按：崔浩云：『滑音骨。滑
稽，注酒器也。轉注吐酒，終日不已。』言出口成章，辭不窮竭，若滑稽之吐酒。故
揚雄《酒賦》云『鴟夷滑稽，腹大如壺，盡日盛酒，日夜藉沽』是也。又，姚察云：
『滑稽猶俳諧也。滑讀如字，稽音計也。言諧語滑利，其知計疾出，故云滑稽。』」　**坎**

壞　少陵《丹青引》:「但看古來盛名下,終日坎壞纏其身。」　隱語　《漢書·東方朔傳》:「舍人因曰:『臣願復問朔隱語。』」　姑蘇臺　《越絕書》:「吳王築姑蘇之臺,五年乃成,高二百丈。」

茸城行

朝出胥門塘,暮泊佘山麓。旁帶三江襟扈瀆,五茸城是何王築。汊塔霜高稻葉黃,澱湖雨過蓴絲綠。百年以來誇勝事,丹青圖卷高珠玉。學士揮毫清秘樓,徵君隱几逍遙谷。前輩風流書畫傳,後生賢達聲華續。給事才名矯若龍,山公人地清如鵠。汗簡銷沉又幾秋,滄江屢建高牙纛。不知何處一將軍,到日雄豪炙手薰。羊侃後房歌按隊,陳狶賓客劍成群。刻金為漏三更箭,錯寶施床五色文。異物江淮嘗月進,新聲京雒自天聞。承恩累賜華林宴,歸鎮高談橫海勳。未見尺書收草澤,徒誇名字得風雲。此地江湖綰鎖鑰,家擅陶朱戶程卓。千箱布帛運輈車,百貨魚鹽充邸閣。將軍一一數高貲,下令搜牢遍墟落。非為仇家告併兼,即稱盜賊通囊橐。望屋遙窺室內藏,算緡似責從前諾。敢信黔婁脫網羅,早看猗頓填溝壑。窟室飛觴傳箭催,博場戲責橫刀索。縱有名豪解折行,可堪小戶勝狂藥。將軍沉湎不知止,箕踞當筵任頤指。拔劍公收伍伯妻,鳴髇射殺良家子。江表爭猜張敬兒,軍中思縛盧從史。枉破城南十萬家,養士何無一人死。貪財好色英雄事,若輩屠沽安足齒。君不見夫差獵騎何翩翩,五茸春草城南天。雉媒飛起發雙矢,西施笑落珊瑚鞭。湖山足紀當時勝,歌舞猶為後代傳。陸生文士能為將,勳名三世才難量。河橋雖敗事無成,睥睨千秋肯誰讓。代有文章占數公,煙霞好處偏神王。兵火燒殘萬卷空,大節英聲未凋喪。一朝邅落老兵手,百里溪山復何有。已見衣冠拜健兒,苦無丘壑安窮叟。茸城楊柳鬱婆娑,欲繫扁舟奈晚何。盤龍浦上行人少,唳鶴灘頭戰艦多。我望嚴城聽街鼓,鱸魚沽酒扣舷歌。側身回視忽長笑,此亦當今馬伏波。

茸城行　長洲顧舜年曰:「此詩為提督馬逢知而作。」案:《江南通志》:「松江提督馬逢知,順治十二年任。案:逢知本名進寶,降後改名。」董含《三岡志略》:「馬逢知起家群盜,由浙移鎮雲間,貪橫僭侈。民殷實者械至,倒懸之,以醋灌其鼻,人不堪,無不傾其所有,死者無算。復廣估〔註12〕民廬,縱兵四出劫掠。時海寇

〔註12〕「估」,《三岡識略》卷三《馬鎮圖逆》作「占」。

未靖，逢知密使往來，江上之變，先期約降，要封王爵，反形大露。科臣成公肇毅特疏糾之，朝廷恐生他變，溫旨徵入，繫獄，妻子發配象奴。未幾，與二子俱伏法。當逢知之入覲也，珍寶二二十餘船，金銀數百萬，他物不可勝計。及死，無一存者。」茸城，注詳下。　**胥門**　《吳越春秋》：「越王追吳王，欲入胥門。」盧熊《蘇州府志》：「西門也。」　**佘山**　《明一統志》：「佘山在松江府城北二十五里。舊傳為佘姓人養道於此，故名。」　**三江**　注見卷一。　**扈瀆**　《明一統志》：「扈瀆在松江府城西北六十里。松江東瀉海而靈怪者曰扈瀆。《廣韻》：『扈，水名。』《白虎通》：『發源而注海者曰瀆。』皮日休詩：『全吳臨滄溟，百里到扈瀆。』」梁簡文帝《吳郡石像記》：「吳郡婁縣界松江之下，號曰扈瀆。」　**五茸城**　《明一統志》：「吳王獵場在松江府城南華亭谷東。唐陸龜蒙詩：『五茸春草雉媒嬌。』注：謂五茸者，吳王獵，所茸各有名，故稱五茸城。」　**泖塔**　王逢《題泖塔》詩：「何年窣堵聳奇觀，勢若蛟龍上糾蟠。」**澱湖**　《宋史・河渠志》：「秀州西南則澱山湖，自蘆歷浦入於海。」《名勝志》：「薛澱湖一名澱山湖，以其中有澱山也。」《明一統志》：「澱山湖在松江府城西七十二里，受三泖及西南諸港水，自大盈、趙屯二浦以瀉於松江。」　**蓴絲**　賈思勰《齊民要術》：「蓴五六月間葉舒長足，名曰蓴絲。」　**學士**　《明史・文苑傳》：「董其昌，字元宰，華亭人。萬曆十七年進士。歷官太常卿、侍讀學士，拜禮部尚書。以太子太保致仕。天才俊逸，少負重名。書法米芾，參以晉唐諸帖而變化之，自成一家，名聞外國。其畫集宋元諸家之長，行以己意，瀟灑出塵，非人力所及也。」　**清閟**　注見卷四。　**徵君**　《明史・隱逸傳》：「陳繼儒，字仲醇，華亭人。屢奉詔徵用，皆以疾辭。」　**逍遙谷**　《唐書・隱逸傳》：「潘師正者居逍遙谷。」《嵩山志》：「逍遙谷在金壺峰下，一名承天谷，即紫虛谷也。唐潘師正隱居處。」　**給事**　謂陳黃門子龍。見卷一注。　**山公**　謂夏考功允彝。見卷一注。山公，注見前。　**汗簡**　《〈後漢書・吳祐傳〉注》：「以火炙簡，令汗，取其青易書，復不蠹，謂之殺青，亦謂汗青。」**牙纛**　昌黎《獻山南鄭相公》詩：「帝諮女子往，牙纛前坌拂。」歐陽永叔《晝錦堂記》：「高牙大纛，不足為公榮。」　**炙手**　《唐書・崔鉉傳》：「鉉為尚書左僕射兼門下侍郎，所善鄭魯、楊紹復、段瓌、薛蒙頗參議論，時語曰：鄭楊段薛，炙手可熱。」少陵《麗人行》：「炙手可熱勢絕倫。」　**羊侃後房**　《南史・羊侃傳》：「性豪侈，善音律。姬妾列侍，窮極奢靡。」　**陳豨賓客**　《史記・陳豨傳》：「豨嘗告歸過趙，趙相周昌見豨賓客隨之者千餘乘，邯鄲官舍皆滿。豨所以待賓客，如布衣交，皆出豨下。」**漏箭**　《周禮》挈壺氏《疏》：「漏之箭，晝夜共百刻，冬夏之間有長短焉。太史立成法，有四十八刻。」《後漢書・律曆志》：「孔壺為漏，浮箭為刻。」梁簡文帝詩：「金

壺漏已催。」　**錯寶床**　葛洪《西京雜記》:「武帝為七寶床。」　**月進**　《唐書‧食貨志》:「江西觀蔡使李兼有月進。」　**自天聞**　少陵《贈花卿》詩:「此曲祇應天上有,人間能得幾回聞。」　**華林宴**　《南史‧王儉傳》:「高帝幸華林園宴集,使各效伎。於時王敬則奮臂拍張,叫動左右。」《洛陽圖經》:「華林園在城內東北隅。」　**橫海**　《史記‧衛將軍傳》:「將軍韓說以待詔為橫海將軍,擊東吳。」　**草澤**　左思《詠史詩》:「何世無奇才,遺之在草澤。」　**陶朱**　注見卷二。　**程卓**　注見卷一。　**軺車**　《〈史記‧季布傳〉注》:「軺車謂輕車,一馬車也。」　**陶朱**　程大昌《演繁露》:「為邸為閣,貯糧也。」杜佑《通典》:「後魏於水運處立邸閣八所,俗名為倉。」　**搜牢**　《後漢書‧董卓傳》:「卓縱放兵士,剽虜資物,謂之搜牢。」　**併兼**　《史記‧平準書》:「摧浮淫併兼之徒。」《漢書‧食貨志》:「遣博士褚大、徐偃等分行郡國,收併兼之徒守相為利者。」　**通囊橐**　《漢書‧張敞傳》:「冀州部中有大賊。天子引見敞,拜為冀州刺史,誅其渠帥。廣川王姬昆弟及王同族宗室劉調等通行,為之囊橐。敞自將郡國吏圍守王宮,搜索調等,果得之殿屋重輧中。」　**望屋**　賈誼《過秦論》:「鉏耰白梃,望屋而食。」　**算緡**　注見卷四。　**黔婁、猗頓**　注見卷四。　**窟室**　《左傳‧襄三十年》:「鄭伯有耆酒,為窟室而夜飲酒。」杜預曰:「窟室,地室。」　**名豪**　《漢書‧敘傳》:「班伯為定襄太守,諸所賓禮皆名豪。」　**折行**　《宋史‧李方子傳》:「學官李道傳折官位輩行,具刺就謁。」許有孚詩:「頗恨交友稀,往往折輩行。」　**小戶**　注見卷一。　**狂藥**　《晉書‧裴楷傳》:「長水校尉孫季舒嘗與石崇歡飲,慢傲過度,崇欲表免之。楷曰:『足下飲人狂藥,責人正禮,不亦乖乎?』崇乃止。」　**伍伯妻**　《後漢書‧宦者傳》:「曹節弟破石為越騎校尉。越騎營五百妻有美色,破石從求之,五百不敢違,妻執意不肯行,遂自殺。」韋昭《辨釋名》曰:「五百字本為伍伯。伍,富也。伯,道也。使之導引,當道陌中,以驅除也。」崔豹《古今注》:「伍伯,一伍之長也。五人曰伍,五長為伯,故稱伍伯。一曰戶伯。漢制:兵吏,五人一戶灶,置一伯,故云戶伯,亦曰火伯,以為一灶之主也。」　**髉**　黃公紹《韻會》:「髉,鳴鏑也。本作髇。」　**良家子**　《史記‧李廣傳》:「以良家子從軍擊胡。」少陵《後出塞》詩:「我本良家子。」　**張敬兒**　《南史‧張敬兒傳》:「敬兒便弓馬,多膂力。除雍州刺史,加都督,封襄陽侯。居官貪殘,人間一物堪用,莫不奪取。以四方寧謐,益不得志。為謠言,使小人歌曰:『天子在何處,宅在赤谷口。天子是阿誰,非豬即是狗。』以所居宅前有地名赤谷,而敬兒初名狗兒,其弟名豬兒也。事聞,伏誅。」《晉書‧虞溥傳》:「溥撰《江表傳》,元帝詔藏於秘府。」《南齊書‧張敬兒傳》:「南陽冠軍人也,封襄陽侯。太祖崩,敬兒心疑,遣使與蠻中交關。世祖疑其有異志。」　**盧**

從史　《通鑑》：「盧從史為昭義軍節度使，寢恣不道。成德節度使王士真子承宗自為留後，從史時遭父喪，請以本軍討承宗，詔起復金吾大將軍，而以吐突承璀為招討使。從史隱與承宗通謀，上惡之。會從史遣牙將王翊元入奏事，裴垍引與語，為言君臣之義，微動其心。翊元遂輸誠，言從史陰謀及可取之狀。垍乃言於上曰：『從史必為亂，今與承璀對營而不設備，失今不取，雖興大兵，未可以歲月計也。』上許，承璀乃召從史入營，與之語，伏壯士擒縛之，馳詣京師。」　貪財好色　《史記‧項羽紀》：「沛公居山東時，貪於財貨，好美姬。」　雉媒　徐爰《射雉賦》注：「媒者，少養雉子，長而狎人，能招引野雉。」　勳名三世　《晉書‧陸機傳》：「陸機，字士衡。吳郡華亭人。祖遜，吳丞相。父抗，吳大司馬。機少有異才，文章冠世。抗卒，領父兵，為牙門將。太安初，成都王穎起兵討長沙王乂，假機後將軍、河北大都督，將兵二十餘萬人。機以三世為將，道家所忌，固辭，不許。始臨戎而牙旗折，意甚惡之。列軍自朝歌至於河橋，鼓聲聞數百里。長沙王乂奉天子與機戰於鹿苑，機軍敗，死者如積。宦人孟玖譖於成都王穎，殺之。」　睥睨　《〈史記‧魏其武安侯傳〉注》：「睥睨，邪視也。」　老兵　《蜀志‧費詩傳》：「大丈夫終不與老兵同列。」　婆娑　《晉書‧殷仲文傳》：「此樹婆娑，無復生意。」　盤龍浦　《松江府志》：「盤龍浦在崧子浦東，其入江處曰盤龍匯，介華亭、崑山之間。步其境，纔十許里，而迴沍迂緩，逾四十里，加龍之蟠，故名。」　唳鶴灘　《名勝志》：「湖中有唳鶴灘，即陸機所云聽華亭鶴唳者。」《松江府志》：「西湖在府西南二里，周圍三里，一名瑁湖。東有灘，曰唳鶴。鶴飲此水，其聲則清。」　嚴城　《後漢書‧任光諸人傳‧贊》：「任邳識幾，嚴城解扉。」《抱朴子‧詰鮑篇》：「鮑生曰：『人君恐奸釁之不虞，故嚴城以備之。』」　扣舷　郭璞《江賦》：「詠採菱而扣舷。」　馬伏波　注見前。

贈吳錦雯兼示同社諸子

　　吾家季重才翩翩，身長七尺虹鬚髯。投我新詩百餘軸，滿床絹素生雲煙。自言里中有三陸，長衫拂髀矜豪賢。弟先兄舉致身早，我亦挾策遊長安。其餘諸子俱嶽嶽，感時上策愁祁連。會飲痛哭岳祠下，聞者大笑驚狂顛。皋亭山頭金鼓震，萬騎蹴踏東南天。貽書訣別士龍死，嗚呼吾友非高官。餘或脫身棄妻子，西興潮落無歸船。我因老親守窮巷，買山未得囊無錢。息心掩關謝時輩，五年不到西溪邊。比因訪客過山寺，故人文酒相盤桓。手君詩篇令我讀，使我磊落開心顏。豈甘不死愧良友，欲使奇字留人間。跳刀拍張雖將相，有書一卷吾徒傳。吾聞其語重歎息，

平生故舊空茫然。不信扁舟偶乘興，丁儀吳質追隨歡。酒酣對客作長句，十紙謖謖松風寒。後來此會良不易，況今海內多艱難。安得與君結廬住，南山著述北山眠。

　　吳錦雯　《杭州府志》：「吳百朋，字錦雯，錢塘人。崇禎壬午舉於鄉。司李蘇州，中考功法，得白，補肇慶司李，會裁職，補南和令。」王士禎《感舊集》補傳：「吳錦雯百朋與柴虎臣紹炳、陳際淑廷會、孫宇臺洽、張祖望綱、孫沈去矜謙、毛稚黃先舒、丁飛濤澎、虞景明黃昊、陸麗京圻齊名，稱西泠十子。」　**社**　《集覽》：「程氏曰：『錢塘社名莊社。』」　**季重**　《三魏志‧王粲傳》：「吳質，字季重，濟陰人。以文才為文帝所知，封列侯。」　**百軸**　《獨異記》：「陳子昂初入京，不為人知。以其文百軸徧贈會者，一日之內，聲華溢都。」　**三陸**　《錢塘縣志》：「陸圻字麗京，培字鯤庭，堦字梯霞，兄弟三人以文章領袖一時，號稱三陸。」　**弟先兄舉**　《後漢書‧列女傳》：「袁隗妻，馬融女，有才辯。隗曰：『弟先兄舉，世以為笑。今處姊未適，先行可乎？』對曰：『妾姊高行殊邈，未遭良匹，不似鄙薄，苟然而已。』」案：此指鯤庭之於麗京也。　**嶽嶽**　《漢書‧朱雲傳》：「五鹿充宗論《梁丘易》，諸儒莫能抗。雲與論難，連拄五鹿君，諸儒語曰：『五鹿嶽嶽，朱雲折其角。』」　**祁連**　見前注。　**岳祠**　《西湖志》：「岳武穆祠在棲霞嶺下岳墓之側。」　**皋亭山**　潛說友《咸淳臨安志》：「皋亭山，《唐書‧地理志》：『錢塘縣有皋亭山。』《祥符圖經》云：『今屬仁和縣，在縣東二十里。』」　**士龍死**　《晉書‧陸雲傳》：「孟玖深惡雲、機之敗也，並譖取雲殺之。」《大清一統志》：「陸培，字鯤庭，錢塘人。少負俊才，有文名，行誼修謹。舉進士，為行人。奉使事竣，歸省。南都覆，謀結壯士保鄉土。聞潞王降，遂自經死，年二十九。」　**脫身**　此指陸麗京也。王士禎《感舊集》補傳：「陸圻，字麗京，一字景宣，號講山，錢塘人。」朱彝尊《明詩綜》：「麗京兵後賣藥長安市上，晚因史禍牽連。既得釋，訪澹公於丹霞精舍，入武當為道士，不知所終。」　**西興**　施宿《會稽志》：「西陵城在蕭山縣西二十里，吳越改為西興。」郎士元《送李遂之越》詩：「西陵待潮信，落日滿孤舟。」　**窮巷**　《史記‧陳丞相世家》：「家乃負郭窮巷。」　**買山**　《何氏語林》：「于頓鎮襄陽廬山，符載齎書，就于乞買山錢百萬，于即時與之。」溫飛卿《春日訪李十四處士》詩：「自是無錢可買山。」　**西溪**　《明一統志》：「西溪在武林山西。」　**跳刀拍張**　《南史‧王敬則傳》：「敬則善拍張，帝使敬則跳刀，高出白虎幢五六尺，接無不中，仍拊髀拍張。」　**丁儀**　《魏志‧王粲傳》：「沛國丁儀等亦有文采。」餘見前注。案：此指丁飛濤也。　**吳質**　見上注。　**長句**　少陵《蘇端薛復筵簡薛華醉歌》詩：「近來海內為長句，汝與山東李白好。」　**謖謖**　注見卷一。

蕭史青門曲

　　蕭史青門望明月，碧鸞尾掃銀河闊。好時池臺白草荒，扶風邸舍黃塵沒。當年故后媖好家，槐市無人噪晚鴉。卻憶沁園公主第，春鶯啼殺上陽花。嗚呼先皇寡兄弟，天家貴主稱同氣。奉車都尉誰最賢，鞏公才地如王濟。被服依然儒者風，讀書妙得公卿譽。大內傾宮嫁樂安，光宗少女宜加意。正值官家從代來，王姬禮數從優異。先是朝廷啟未央，天人寧德降劉郎。道路爭傳長公主，夫婿豪華勢莫當。百兩車來填紫陌，千金檻送出雕房。紅窗小院調鸚鵡，翠館繁箏叫鳳皇。白首傅璣阿母飾，綠轎大袖騎奴裝。灼灼夭桃共穠李，兩家姊妹驕紈綺。九子鸞雛鬮玉釵，釵工百萬恣求取。屋裏薰爐瀁若雲，門前鈿轂流如水。外家肺腑數尊親，神廟榮昌主尚存。話到孝純能識面，抱來太子輒呼名。六宮都講家人禮，四節頻加戚里恩。同謝面脂龍德殿，共乘油壁月華門。萬事榮華有消歇，樂安一病音容沒。莞蒻桃笙朝露空，溫明秘器空堂設。玉房珍玩宮中賜，遺言上獻依常制。卻添駙馬不勝情，至尊覽表為流涕。金冊珠衣進太妃，鏡奩鈿合還夫婿。此時同產更無人，寧德來朝笑語真。憂及四方宵旰甚，自家兄妹話艱辛。明年鐵騎燒宮闕，君后倉黃相訣絕。仙人樓上看灰飛，織女橋邊聽流血。慷慨難從鞏公死，亂離怕與劉郎別。扶攜夫婦出兵間，改朔移朝至今活。粉礧脂田縣吏收，糚樓舞閣豪家奪。曾見天街羨璧人，今朝破帽迎風雪。賣珠易米返柴門，貴主淒涼向誰說。苦憶先皇涕淚漣，長平嬌小最堪憐。青萍血碧它生果，紫玉魂歸異代緣。盡歡周郎曾入選，俄驚秦女遽登仙。青青寒食東風柳，彰義門邊冷墓田。昨夜西窗仍夢見，樂安小妹重歡讌。先後傳呼喚捲簾，貴妃笑折櫻桃倦。玉階露冷出宮門，御溝春水流花片。花落回頭往事非，更殘燈灺淚沾衣。休言傅粉何平叔，莫見焚香衛少兒。何處笙歌臨大道，誰家陵墓對斜暉。只看天上瓊樓夜，烏鵲年年它自飛。

　　蕭史青門曲　劉向《列仙傳》：「蕭史者，秦穆公時人也。善吹簫，能致孔雀、白鶴於庭。穆公有女，字弄玉，好之，公遂以女妻焉。日教弄玉吹簫作鳳鳴。居數年，吹似鳳聲，鳳凰來止其屋，公為作鳳臺。夫妻止其上，不下數年。一旦皆隨鳳凰飛去。」《三輔黃圖》：「長安霸城門，其色青，故曰青門。」徐釚《續本事詩》：「《蕭史青門曲》為劉駙馬作也。劉尚寧德公主。國變後，劉與公主猶流落人間。」《明史·公主傳》：「寧德公主，光宗女，下嫁劉有福。」　　**好時**　熊方《後漢書·

年表》：「嗣好時侯耿良，弇曾孫，延光中尚安帝妹漢陽長公主。」《漢書·地理志》：「右扶風縣好時。」　扶風　《漢書·地理志》：「故秦內史，武帝太初元年更名主爵都尉，為右扶風。」《後漢書·竇融傳》：「融，扶風平陵人。子穆，尚內黃公主。弟友子固，亦尚光武女涅陽公主。」　故后婕妤　靳氏曰：「故后指周后。婕妤指田、袁二妃也。」見卷四注。　槐市　注見卷四。　沁園公主　《後漢書·竇憲傳》：「憲恃女弟為皇后，以賤直請奪沁水公主園田。」《注》：「沁水公主，明帝女。」吳頌《代郭令公謝男尚公主表》：「門開魯館，地列沁園。」　上陽花　《唐書·地理志》：「東都上陽宮在禁苑之東。上元中置。」雍陶《天津橋春望》詩：「宮鶯銜出上陽花。」　先皇　謂熹宗。　奉車都尉　《漢書·百官公卿表》：「奉車都尉掌御乘輿車。武帝初置。」《明史·職官志》：「凡尚大長公主、長公主、公主，並曰附馬都尉。」詳下注。　鞏公　《明史·公主傳》：「光宗女樂安公主下嫁鞏永固。」餘見卷一注。　才地　《晉書·王恭傳》：「自負才地高華。」　王濟　《晉書·王濟傳》：「王濟，字武子，少有逸才。尚常山公主。官侍中。與孔恂、王恂、楊濟同列，為一時秀美。」　儒者風　《明史·公主傳》：「永固好讀書，負才氣。崇禎十六年上疏，請肄業太學，帝褒答之。」　傾宮　《後漢書·周舉傳》：「武王入殷，出傾宮之女。」從代來　用漢文帝事。莊烈帝以信王入即帝，故云。　未央　注見卷二。　天人　少陵《八哀詩》：「汝陽讓帝子，眉宇真天人。」　長公主　《後漢書·皇后紀》：「漢制：帝女為公主，帝姊妹為長公主，帝姑為大長公主。」　雕房　葛洪《西京雜記》：「戚夫人侍兒賈佩蘭說在宮內時，四〔註13〕月四日，出雕房北戶，竹下圍棋。」　傳璣　注見卷四。　阿母　《史記·扁鵲倉公列傳》：「故濟北王阿母。」《注》：「阿母，王之嬭母也。」　綠韝　《後漢書·馬皇后紀》：「蒼頭衣綠韝，領袖正白。」《注》：「韝，臂衣。今之臂韝。以縛左右手，於事便也。」　騎奴　《史記·田叔傳》：「褚先生曰：任安為衛將軍舍人，與田仁俱為舍人，居門下。衛將軍從此兩人過平陽公主，主家令兩人與騎奴同席而食。」　兩家　謂鞏與劉。　玉釵　蘇鶚《杜陽雜編》：「咸通中，同昌公主下降，有九玉釵，上刻九鸞，皆九色，上有字曰玉兒，工妙巧麗，殆非人制。或有得於金陵者，因以獻公主，公主酬之甚厚。一日，主晝寢，夢絳衣奴致語云：『南齊潘淑妃取九鸞釵。』及覺，以夢中之言告左右。後公主薨，其釵亦亡。或曰：玉兒，潘妃小字也。」　百萬　洪遂《侍兒小名錄》：「東昏侯潘淑妃嘗市琥珀釵，一枚直一百七十萬。」　流如水　見卷四注。　肺腑　《史記·武安侯傳》：「天下幸而安樂無事，蚡得為肺腑。」《索隱》曰：「言如肺腑之相附。」

〔註13〕　「四」，《西京雜記》卷三作「八」。

榮昌　《明史·公主傳》：「榮昌公主，神宗女，下嫁楊元春〔註14〕。元春早卒，主孤煢高行，帝深重之。」　孝純　注見卷一。　太子　《明史·諸王傳》：「太子慈烺，莊烈帝第一子。」　六宮　《周禮·天官·內宰》：「以陰禮教六宮。」《注》：「後五前一，王者后一宮，三夫人一宮，九嬪一宮，二十七世婦一宮，八十一女御一宮，凡百二十人。」　面脂　王建《宮詞》：「公主人家謝面脂。」　龍德殿　劉氏《蕪史》：「皇史宬之西過觀心殿，射箭處稍南則嘉樂觀也。其北曰丹鳳門，內有正殿曰龍德。」　月華門　孫承澤《春明夢餘錄》：「東暖閣曰昭仁殿，西暖閣曰宏德殿，左曰日精門，右曰月華門。」　莞蒻桃笙　注見卷四。　溫明秘器　《漢書·霍光傳》：「東園溫明。」服虔曰：「溫明形如方漆桶，一面漆畫之，以鏡置其中，以懸殿〔註15〕上，大斂並蓋之。」《後漢書·和熹鄧皇后紀》：「新野君薨，贈以長公主赤綬、東園秘器。」《注》：「東園，署名。主作凶器，故言秘也。」《齊書·竟陵王子良傳》：「及薨，詔給東園溫明秘器。」　駙馬　杜佑《通典》：「駙馬都尉，漢武帝元鼎二年置，秩比二千石，掌駙馬。梁、陳以後，皆尚公主者為之。」《〈漢書·百官公卿表〉注》：「駙，副馬也。非正駕車皆為副馬。一曰：駙，近也，疾也。」《行營雜錄》：「皇女為公主，其夫必拜駙馬都尉，故謂之駙馬。宗室女封郡主者謂其夫曰郡馬，縣主者為縣馬，不知何義。」　太妃　《明史·后妃傳》：「神宗宣懿康昭劉妃嘗居慈寧宮，掌太后璽。年八十六，至崇禎十五年薨。」　訣絕　《明史·后妃傳》：「崇禎十七年三月十八日暝，都城破，帝泣語后曰：『大事去矣。』后頓首曰：『妾事陛下十有八年，卒不聽一語，至有今日。』帝令后自裁。后入宮，先帝縊死。帝尋崩。」　仙人樓　《史記·封禪書》：「公孫卿言仙人好樓居。」李邕《奉和初春幸太平公主南莊應制》：「織女橋邊烏鵲起，仙人樓上鳳凰飛。」　織女橋　《白氏六帖》：「烏鵲填河成橋而渡織女。」　粉磑脂田　劉昫《舊唐書·郭子儀傳》：「曖尚昇平公主。大曆十三年，有詔毀除白渠水支流碾磑。昇平有脂粉磑兩輪，郭子儀私磑兩輪，所司未敢毀撤。公主見代宗訴之，帝謂公主曰：『吾此詔，蓋為蒼生，爾豈不識吾意耶？可為眾率先。』公主即日命毀。」《晉書·安帝紀》：「罷臨沂湖熟皇后脂澤田。」　糚樓舞閣　沈佺期《侍宴安樂公主新宅應制》詩：「糚樓翠幌教春住，舞閣金鋪借日懸。」　璧人　《衛玠別傳》：「玠鬌齔時，乘白羊車入市，咸曰：『誰家璧人？』」　賣珠　少陵《佳人》詩：「侍婢賣珠回。」《晉書·陶璜傳》：「商賈往來，以珠貨來。」〔註16〕　長平　《明史·公主

〔註14〕按：《明史》卷一百二十一《公主傳》作「楊春元」。

〔註15〕「殿」，《漢書》卷六十八《霍光傳》作「屍」。

〔註16〕按：《晉書》卷五十七《陶璜傳》：「商賈去來，以珠貿米。」

傳》：「長平公主，莊烈帝女。年十六，選周顯尚主。將婚，以寇警暫停。城陷，帝入壽寧宮，主牽帝衣哭。帝曰：『汝何故生我家？』以劍揮斫之，斷左臂。越五日，復甦。大清順治二年上書言：『九死臣妾，踽踽高天，願髡緇空門，稍申罔極。』詔不許。命顯復尚故主，土田邸第金錢車馬錫予有加。主涕泣。踰年病卒。賜葬廣寧門外。」　青萍　陳琳《與東阿王牋》：「秉青萍干將之器。」　血碧　《莊子‧外物》篇：「萇弘死於蜀，藏其血，三年而化為碧。」　紫玉魂歸　干寶《搜神記》：「吳王夫差小女名曰紫玉才貌俱美。悅童子韓重，欲嫁之，王不許。紫玉飲氣而死，葬閶門外。三年，重遊學歸，感其意，乃具帛幣弔於墓前。玉魂出冢，即重流涕，相與還冢，留宴三日，盡夫婦之禮。臨出，贈以徑寸珠，並白玉壺。延頸而歌曰：『南山有鳥，北山張羅。意欲從君，讒言孔多。悲結成疹，殞命黃壚。命之不造，冤如之何！羽族之長，名為鳳凰。一日失雄，三年感傷。雖有眾鳥，不為匹雙。故見鄙姿，逢君輝光。身遠心近，何當暫忘。』重既出，詣王自陳其事。王大怒，疑其發冢盜物，假託鬼神，趣收重。重脫走，至玉墓訴之。玉曰：『無傷。今歸白王。』王梳妝，忽見玉，悲喜。問曰：『爾緣何生？』玉跪，方自陳說。夫人聞之，遽出相抱之，玉如煙然。」　秦女登仙　見上注。　彰義門　周篔《析津日記》：「彰義，金之正西門。新城築於明嘉靖中，其西門曰廣寧，而都人至今以彰義呼之。」徐乾學《日下舊聞序》：「今廣寧門即金彰義門，今只稱彰義，何也？曰：金正西門為彰義，即與今廣寧相近耳。」　何平叔　魚豢《魏略》：「何晏，字平叔。美姿儀，面純白。明帝疑其傅粉。夏月，以湯餅食之。汗出，以朱衣拭面，色轉皎然。」　衛少兒　《漢書‧衛青霍去病傳》：「衛媼長女君孺，次女少兒，次女子夫。少兒先與霍仲孺通，生去病。及衛皇后尊，少兒更為陳掌妻。」

董山兒

董山兒，兒生不識亂與離。父言急去牽兒衣，母言乞火為兒炊作糜。父母忽不見，但見長風白浪高崔嵬。將軍下一令，軍中那得聞兒啼。樓船何高高，沙岸多崩摧。榜人不能移，舉手推墮之。上有蒲與蓷，下有潯與泥，十步九倒迷東西。身無褲褕，足穿蒺藜，叩頭指口惟言饑。將船送兒去，問以鄉里記憶還依稀。父兮母兮哭相認，聲音雖是形骸非。傍有一老翁，羨兒獨來歸。不知我兒何處喂遊魚，或經略賣遭鞭笞。垂頭涕下何纍纍。吾欲竟此曲，此曲哀且悲。茫茫海內風塵飛，一身不自保，生兒欲何為。君不見董山兒。

　　董山　《一統志》:「赤堇山在會稽縣東南三十里。」　將軍下一令　《集覽》:「程《箋》:『乙酉,官兵入浙,縱肆淫掠。總鎮聞之,梟示數十人,令搜各船所掠婦女,給還本夫。兵士畏法,逐以其所掠者沈之江。』」　喂遊魚　《梁書·扶南國傳》:「有罪者輒以餵猛獸及鱷魚。」　略賣　《史記·外戚傳》:「竇少君年四五歲,家貧,為人所略賣。」

梅村詩集箋注　卷第六

長洲吳翌鳳撰　滄浪吟榭校定本

七言古詩

送沈繹堂太史之官大梁

雲間學士推二沈，布衣召見登華省。多少金閨榜墨新，科名埋沒聲華冷。青史流傳有弟兄，衣白山人披賜錦。一代才名並玉珂，百年絹素垂金粉。自注：「宣廟時，雲間有大小沈學士，以布衣善書入翰林，皆著名蹟。大學士名度，小學士名粲。繹堂為壬辰第三人，官編修，擢授大梁道，亦有書名，小學士後也。」知君門胄本能文，易世遭逢更絕倫。射策紫裘臚唱出，馬蹄不動六街塵。曲江李杜無遺恨，留取花枝待後人。即今藝苑多供奉，八分草隸清曹重。署額新宮十丈懸，韋郎體勢看飛動。其餘作者何紛紛，爭來待詔鴻都門。圍棋賭墅王長史，丹青畫馬曹將軍。君也讀書致上第，傳家翰墨閒遊戲。迸落長空筆陣奇，縱橫妙得先人意。頓挫沉雄類壯夫，雙瞳剪水清矓異。臥疾蕭齋好苦吟，平生雅不為身計。唯留詩句滿長安，清切長宜禁近官。秋雨直廬分手處，忽攜書卷看嵩山。嗚呼！男兒不入即當出，生世諧為二千石。黃紙初除左馮翊，腰間兩綬開顏色。君不見沈侍中，圖書秘閣存家風。匹夫徒步拜侍從，況今淋漓御墨宮袍紅。一麾去聽梁園鐘，軒車路出繁臺東。杯酒意氣何雍容，簿領豈足羞英雄。安能低眉折腰事鉛槧，蹉跎白首從雕蟲。

沈繹堂　《大清一統志》：「沈荃，字貞蕤，華亭人。順治壬辰進士第三人，授派

─187─

修。十三年，出為河南按察司副使，分巡大梁道，有政績。歷官詹事。卒諡文恪。書法尤有名。」　**大梁**　樂史《寰宇記》：「開封府，戰國時為魏都。《史記》云：『魏惠王自安邑徙都大梁。今西面濬儀縣故城是也。漢文帝封皇子武為梁王，都大梁。』」　**雲間**　注見卷一。　**二沈**　《明史‧文苑傳》：「沈度，字民則。沈粲，字民望。松江華亭人。兄弟皆善書。度以婉麗勝，粲以遒逸勝。成祖初即位，詔簡能書者入翰林，遂同與選。度累遷侍讀學士。粲進階大理少卿。時號大小學士。」　**華省**　潘岳《秋興賦》：「獨展轉於華省。」　**金閨**　江淹《別賦》：「金閨之諸彥。」李善曰：「金閨，金馬門也。」　**榜墨**　王定保《摭言》：「進士榜黏黃紙四張，以淡墨氈筆書禮部貢院四字。」楊慎《藝林伐山》：「唐人進士榜，必於夜書之，必以淡墨。或曰名第者，陰注陽受。以淡墨書者，若鬼神之跡也。」　**衣白山人**　詳卷十一。　**賜錦**　葛洪《西京雜記》：「相如遂作《大人賦》以獻之，賜錦四匹。」《明史‧沈度傳》：「兄弟並賜織金衣，鏤姓名於象簡，泥之以金。」　**射策**　注見卷一。　**臚唱**　沈括《夢溪筆談》：「進士在集英殿，唱第日，皇帝臨軒，宰相進一甲三名卷子，讀畢，拆視姓名，則曰某人。由是閤門承之以傳於階下，衛士凡六七人，皆齊聲傳其名而呼之，謂之臚傳。」程大昌《演繁露》：「《漢書》臚傳，古今不曾究極其義。按：《儀禮‧士冠禮》：『主人將筮，反之筮人。筮人還，東西旅占，卒，進告吉。』鄭氏《注》云：『旅，眾也。古人旅作臚。』予因讀此，始悟臚傳曰旅傳也。今之臚傳，自殿上至殿下，皆數人抗聲相接，使所唱之語聯續遠聞。則臚傳之為旅傳，其已審矣。鴻臚寺主典賓客，亦取大眾會集，以為名寺之義。」胡鳴玉《訂譌雜錄》：「《史記‧叔孫通傳》：『大行設九賓臚句傳。』《索隱》曰：『向秀注《莊子》云：從上語下曰臚。臚音閭。』又按：《宛委餘編》曰：『大鴻臚，古音為鴻廬。』今若依古音稱之，當作一笑也。」　**曲江**　李肇《國史補》：「新進士大宴於曲江亭子，謂之曲江會。」　**花枝**　張邦基《墨莊漫錄》：「徐遹特奏名魁，戲題云：『留得宮花醒後看。』」《秦中記》：「唐進士杏園初會謂之探花宴，以少俊二人為探花使。」《集覽》：「李白舉有道不應，杜甫舉進士不第。」詩意以李、杜之不預曲江宴比二沈，言以科第待繹堂耳。　**供奉**　《唐書‧百官志》：「明皇初置翰林待詔，以張說、陸堅、張九齡等為之，以掌四方表疏批答應和文章。既而以中書事劇，文章多壅滯，仍選文學之士號翰林供奉，與集賢院學士分掌制誥書勑。」　**八分**　張懷瓘《書斷》：「八分書，上谷王次仲所作。」郭忠恕《佩觿》：「八分書者，八分篆法，二分隸文。」周越《法書苑》：「書有八體，蔡邕於八體之外又分此法，故云八分。或謂以勢如八字，有偃波之文，得名非也。」吾衍《學古編》：「八分者，漢隸之未有挑法者也。」　**草隸**　張懷瓘《書斷》：「草書者，後漢徵士張伯英所造也。

庾肩吾書品：草書起於漢時，解散隸法，用以赴急，本因草創之義，故曰草書。」《〈漢書·藝文志〉注》：「隸書，程邈所獻。」陸子淵《書輯》：「自程邈以降，謂之秦隸。賈魴《三蒼》、蔡邕《石經》所作，謂之漢隸。鍾、王變體，謂列之今隸。合秦漢謂之古隸。庾元威造為散隸，謂以散筆作隸書也。」　**署額**　張懷瓘《書斷》：「韋誕，字仲將，京兆人。諸書並善，尤精題署。魏明帝凌雲臺成，誤先釘榜，未題署，以籠盛誕，轆轤長組引上，使就榜題，臺去地二十五丈，因致危懼，頭鬢皆白。即下戒子孫，毋為大字楷法。」　**紛紛**　少陵《醉歌行》詩：「總角草書又神速，世上兒子徒紛紛。」　**待詔**　注見卷三。　**鴻都門**　《後漢書·靈帝紀》：「光和元年春，始置鴻都門學生。」《注》：「鴻都，門名也。」　**王長史**　劉禹錫《觀棋歌》：「自從仙人遇樵子，直到開元王長史。」案：王長史謂王積薪也。圍棋賭墅，晉謝安事，與王長史無涉，此蓋牽合用之耳。王鏊《震澤長語》：「翰林衙門百藝皆可入，故琴工畫史及善弈者皆得待詔其中。」　**曹將軍**　張彥遠《歷代各畫記》：「曹霸，魏曹髦之後。髦畫稱於魏代。霸在開元中已得名，天寶末，每詔畫御馬及功臣，官至左武衛將軍。」　**上第**　《唐書·選舉志》：「每問經十條，對策二道，皆通者為上第。」　**筆陣**　注見卷五。　**先人**　謂二沈也。　**蕭齋**　注見卷四。　**身計**　注見卷二。　**清切**　沈括《夢溪筆談》：「舊翰林學士地勢清切，皆不兼他務。」上官儀《萬年宮晚景寓直懷友》：「清切丹禁地。」　**嵩山**　注見卷四。　**不入即出**　《南史·劉穆之傳》：「穆之子瑀，性凌物，甚不得意，謂所親曰：『仕宦，不出當入，不入當出，安得常居戶限上？』」　**生世諧**　《後漢書·儒林傳》：「周澤嘗臥病齋宮，其妻闚問所苦。澤以妻干犯齋禁，收送詔獄謝罪。當世為之語曰：『生世不諧，作太常妻。』」　**二千石**　《漢書·宣帝紀》：「詔曰：庶民所以安其田里而無愁歎之聲者，政平訟理也。與我共此者，其良二千石乎！」《續漢書·百官志》：「二千石，俸月百二十斛。」　**黃紙除**　樂天《劉十九同宿》詩：「黃紙除書無我名。」　**左馮翊**　《漢書·地理志》：「左馮翊，故秦內史，武帝太初元年更名左馮翊。」《漢書·百官公卿表》：「左馮翊，與右扶風、京兆尹，同為三輔。」　**兩綬**　崔顥《古遊俠》詩：「腰間帶兩綬，轉盼生光輝。」　**沈侍中**　《梁書·沈約傳》：「沈約，字休文。十三遭家難，篤志讀書，博通群籍。後官至特進、中軍將軍、丹陽尹，加侍中。」　**一麾**　注見卷四。　**梁園**　注見卷四。　**繁臺**　《東京記》：「汴城東有繁臺，本吹臺也。有繁姓者居側，因名焉。」《玉篇》：「繁，蒲波切，姓也。」　**杯酒意氣**　鮑明遠《代雉朝飛》詩：「握君手，接杯酒，意氣相傾死何有。」　**簿領**　《梁書·王瞻傳》：「每飲竟日，而精神益朗，不廢簿領。」　**低眉折腰**　太白《夢遊天姥吟》：「安能摧眉折腰事權貴。」　**鉛槧**　葛洪《西京雜記》：「揚子雲好事，嘗懷鉛

提椠,從諸計吏,訪殊方絕域之語。」劉熙《釋名》:「椠,板長三尺者也。」　**雕蟲**
注見卷四。

通玄老人龍腹竹歌

通玄老人來何方,碧矑頳面拳毛蒼。手披地圖向我說,指點西極天
微茫。視彼萬里若咫尺,使我不得悲他鄉。京師公卿誰舊識,與君異國
同周行。九州喪亂朋友盡,此道不絕留扶桑。床頭示我龍腹竹,夜半風
雨疑騰驤。尾燒鱗蛻飛不得,蒼皮倔強膚微張。此中空洞亦何有,得無
頷下驪珠藏。漢家使者通大夏,仍來邛蜀搜簹簹。更踰蔥嶺訪異種,攜
歸上苑棲鸞皇。我欲裁之作龍笛,水底老蛟吟不得。縱使長房投葛陂,
此龍僵臥難扶策。可是天教產竹郎,八荒奇事誰能識。一從海上西南來,
中原筱簜多良材。淇園已竭蒼生痛,會稽正採征夫哀。天留異質在無用,
任將拋擲生塵埃。若有人兮在空谷,束素娟娟不盈帉。盡道腰肢瘦勝肥,
此君無乃非其族。雪壓霜欺直幹難,輪囷偃蹇忘榮辱。邴君豈出子魚下,
高人磊砢遭題目。玉筍新抽漸拂雲,摩挲自倚東牆曲。苦節長同處士饑,
寬心好耐湘妃哭。吁嗟乎崑崙以外流沙西,當年老子驅青犢。手中竹杖
插成林,殺青堪寫遺經讀。君不見猶龍道德五千字,要言無過寧為腹,
何可一日無此竹。

地圖　《明史·外國傳》:「意大里亞居大西洋中,自古不通之國。萬曆時,其國
人利瑪竇至京師,為萬國全圖,言天下有五大洲,第一曰亞細亞洲,中凡百餘國,而
中國居其一;二曰歐羅巴洲,中凡七十餘國,而意大里亞居其一;三曰利未亞洲,六
百餘國;四曰亞墨利加洲,地更大,以境土相連,分為南北二洲,最後得墨瓦臘泥加
洲為第五,而域中大地盡矣。」　**西極**　《淮南子》:「禹使大章步,自東極至於西極,
二億三萬三千五百里;使豎亥步,自北極至於南極,二億三萬三千五百里七十五步。」
若咫尺萬里　《南史·齊竟陵王子昭冑傳》:「子同弟賁,字文奐。能書善畫,於扇上
圖山水,咫尺之內,便覺萬里為遙。」　**扶桑**　《山海經》:「暘谷上有扶桑,十日所
浴。」東方朔《十洲記》:「扶桑在碧海之中,地多林木,葉皆如桑。又有椹樹,長者
數千丈,徑大二千餘圍,樹兩兩同根偶生,更相依倚,是以名為扶桑。仙人食其椹,
而一體皆作金光。」　**此中空洞**　注詳卷十四。　**驪珠**　《莊子·列禦寇》篇:「河
上有家貧恃緯蕭而食者,其子沒於淵,得千金之珠。父謂其子曰:『夫珠,必在驪龍頷
下,子得之,必遭其睡也。使驪龍而寤,子尚奚微之有哉!』」　**大夏**　《史記·大宛

傳》：「大夏在大宛西南二千餘里，其東南有身毒國。張騫曰：『臣在大夏時，見邛竹枝、蜀布，問曰：安得此？大夏國人云：吾賈人往市之身毒。』《注》：「邛都邛山出此竹，因名邛竹。節高實中，可為杖。」　**簞簞**　注見卷四。　**蔥嶺**　《漢書‧西域傳》：「東則接漢，陜以玉門、陽關，西則限以蔥嶺。」師古曰：「《西河舊事》：『蔥嶺其山高大，上悉生蔥，因以名焉。』」　**龍笛**　馬融《長笛賦》：「龍吟水中不見已，伐竹吹之聲相似。」王摩詰《新竹》詩：「樂府裁龍笛。」　**投葛陂**　《後漢書‧方術傳》：「費長房者，汝南人也。市中有老翁賣藥，懸一壺於肆頭。及肆罷，輒跳入壺中。長房遂欲求道，於是從入深山。及辭歸，翁與一竹杖，曰：『騎此任所之，則自至矣。既至，可以杖投葛陂中也。』長房乘杖，須臾來歸，即以杖投葛陂，顧視則龍也。」**竹郎**　《後漢書‧西南夷傳》：「夜郎者，初有女子浣於遯水，有三節大竹流入足間，聞其中有號聲。剖竹視之，得一男兒，歸而養之。及長，有才武，自立為夜郎侯，以竹為姓。武帝元鼎六年，平南夷，置牂柯郡，侯迎降，賜以印綬。後殺之。夷獠思之，求為立後。乃封其三子為侯。今夜郎縣有竹王三郎神是也。」　**八荒**　劉向《說苑》：「八荒之內有四海，四海之內有九州。」　**淇園**　《史記‧河渠書》：「天子自臨決河，令群臣從官皆負薪寘決河。是時東郡燒草，以故薪柴少，而下淇園之竹以為楗。」晉灼曰：「淇園，衛之苑也。多竹篠。」　**會稽**　《爾雅‧釋地》：「東南之美者，有會稽之竹箭焉。」　**無用**　《莊子‧山木》篇：「莊子行於山中，見大木枝葉茂盛，伐木者止其旁而不取也，問其故，曰無所可用。」　**束素**　宋玉《登徒子好色賦》：「腰如束素。」　**瘦勝肥**　《南史‧沈慶之傳》：「孫昭略嘗過王約，張目視之曰：『何乃肥而癡。』約曰：『何乃瘦而狂。』昭略撫掌大笑曰：『瘦乃勝肥，狂又勝癡。』」　**此君**　注見卷四。　**邴君**　《邴原別傳》：「邴原，字根矩，北海朱虛人。以操尚稱。齊公孫度累聘不就。度歎曰：『邴君雲中白鶴，非燕雀之網所能羅也。』」　**子魚**　《三國‧魏志‧華歆傳》：「華歆，字子魚，平原高堂人。」魚豢《魏略》：「歆與邴原、管寧俱遊學，三人相善，時人號三人為一龍，歆為龍頭，原為龍腹，寧為龍尾。」　**磊砢**　《世說‧賞譽篇》：「庾子嵩目和嶠森森如千丈松，雖磊砢有節目，施之大廈，有棟樑之用。」**題目**　《晉書‧山濤傳》：「各為題目。」　**玉筍**　注見卷四。　**崑崙**　《〈書‧禹貢〉疏》：「王肅云：『崑崙在臨羌西，鄭以崑崙為山。』」樂史《寰宇記》：「崑崙在肅州酒泉縣西南八十里。」　**流沙**　劉昫《舊唐書‧吐谷渾傳》：「西北有流沙數百里。」王伯厚《地理通釋》：「流沙在沙洲八十里，其沙隨風流行。」　**青犢**　《關中記》：「老子西遊，關令尹喜先見其氣，知有真人過，敕門吏曰：『若有老公從東來，乘青牛車者，勿聽度關。』是日果來。吏白之，喜曰：『道今來矣。』相與俱至流沙之西服巨勝，實

莫知所終。」 **手中竹杖** 王嘉《拾遺記》:「老聃在周之末,居反景日室之山,與世人絕跡,唯有黃髮老叟五人,或乘鴻鶴,或衣羽毛,手握青筠之杖,與聃共談天地之數。」 **成林** 《山海經》:「夸父逐日,渴,飲河渭不足。北飲大澤,未至,道渴而死。棄其杖,化為鄧林。」 **殺青** 注見卷五。 **猶龍道德** 《史記·老莊列傳》:「孔子曰:『吾今日見老子,其猶龍邪?』後老子度關,關令尹喜強之著書,於是老子乃著書上下篇,言道德之意五千餘言而去。」 **為腹** 《老子》:「聖人為腹不為目。」

送舊總憲龔孝升以上林苑監出使廣東

與君對酒庾樓月,君逼干戈我離別。與君藉地燕山草,君作公孤我潦倒。亦知窮老應自疏,識君意氣真吾徒。門前車馬多豪俊,躡衣上坐容衰鬢。我持半勺君一斗,我吟一篇君百首。每逢高會輒盡歡,把我新詩不容口。今日他鄉再送君,地角天涯復何有。山川有靈交有命,延津會合真難定。如君共事曹侍郎,百僚彈壓風裁正。握手論文海內推,交遊京洛聲華盛。秋風吹向越王臺,後先蹤跡誰能信。不見蘭臺連柏府,卻過劍浦來珠郡。相贈雖無陸賈金,相看何必周昌印。丈夫豁達開心期,悠悠世上無人知。三仕三已總莫問,一貴一賤將奚為。別君勸君休失意,碧水丹山暫遊戲。客路扁舟好著書,故園九日堪沈醉。烏桕霜紅少婦樓,桄榔雨黑行人騎。獨有飄零老伏生,不堪衰白困將迎。祇因舊識當塗少,坐使新知我輩輕。花發羅浮夢君處,躑躅悲歌不能去。

上林苑監 《大清會典》:「順治元年,設上林苑監,正七品衙門。」《明一統志》:「上林苑監,在文德坊玉河橋西,典簿廳附焉。外有蕃育、嘉蔬、冰鑒、川衡、林衡、良牧、左典察、右典察、前典察、後典察十署,亦隸之。」《欽定貳臣傳·龔鼎孳傳》:「上以鼎孳自擢任左都御史,每於法司章奏倡作別議,事涉滿漢,意為重輕。下部議,應革職,詔改降八級調用,尋再降三級。順治十三年四月,補上林苑蕃育署署丞。」案:龔即於是年奉使廣東。 **庾樓月** 《晉書·庾亮傳》:「在武昌,諸佐吏殷浩之徒乘秋夜往共登南樓,俄而不覺亮至,諸人將起避之,亮徐曰:『諸君少住,老子於此處興復不淺。』」少陵《寄題鄭監湖上亭》詩:「月靜庾公樓。」 **百首** 《文集·龔芝麓詩集序》:「嘗為子張樂,置飲授簡,各賦一章。歌舞詼笑,方雜沓於前,而先生涉筆已得數紙。坐者未散,傳誦者早徧於遠近矣。」 **不容口** 《史記·袁盎傳》:「諸君譽之皆不容口。」 **延津會合** 《晉書·張華傳》:「雷煥為豐城令,掘獄,入地四丈餘,得石函,有雙劍,並刻題,一曰龍泉,一曰太阿。送一與華,留一自佩。華得

劍，寶愛之，報煥書曰：『詳觀劍文，乃干將也。莫邪何復不至？雖然，天生神物，終當合耳。』華誅，失劍所在。煥卒，子華為州從事，持劍行經延平津，劍忽於腰間躍出墮水。使人沒水取之，但見兩龍各長數丈，光彩照水，波浪驚沸。」　**曹侍郎**　王士禛《感舊集》補傳：「曹溶，字鑒躬，號秋岳，別號金陀老圃。浙江秀水人。崇禎丁丑進士，官戶部侍郎。」　**越王臺**　《一統志》：「越秀山在廣州府城內稍北，上有越王臺故址。昔趙佗因山為之。」　**後先蹤跡**　案：時秋岳由侍郎出為廣東布政使。程《箋》：「秋岳視學畿輔，最稱得士，而馴致口語外遷。」　**蘭臺**　《漢官解詁》：「建武以來，省御史大夫官屬入蘭臺，特置中丞一人以總之，其權次尚書。」杜佑《通典》：「御史臺亦謂之蘭臺寺。」　**柏府**　《漢書·朱博傳》：「御史府中列柏樹。」　**劍浦**　陳陶《送沈次魯南浦》詩：「劍浦羅浮東。」　**珠郡**　《漢書·賈捐之傳》：「武帝征南越，立儋耳、珠厓郡，皆在南方海中洲居，廣袤可千里。」《三國·吳志·孫權傳》：「黃武七年，改合浦為珠官郡。」　**陸賈金**　《史記·陸賈傳》：「高祖使陸賈賜尉佗印，為南越王。佗賜陸生橐，中裝直千金。他送亦千金。」　**周昌印**　《史記·周昌傳》：「上徙御史大夫周昌為趙相，既行久之，高祖持御史大夫印，弄之曰：『誰可以為御史大夫者？』熟視趙堯曰：『無以易堯。』遂拜堯為御史大夫。」　**一貴一賤**　《史記·汲鄭列傳·贊》：「始翟公為廷尉，賓客填門；及廢，門外可設雀羅。翟公復為廷尉，賓客欲往，翟公乃大署其門曰：『一死一生，乃見交情。一貧一富，乃見交態。一貴一賤，交態乃見。』」　**碧水丹山**　楊億《談苑》：「碧水丹山，珍木靈草，平生所愛，不覺行路之遠。」　**烏桕**　《晉西州曲》：「風吹烏桕樹。」王康宇《群芳譜》：「烏桕，一名鴉臼。樹高數仞，葉似小杏葉而微薄，淡綠色。五月開花，色黃白。實如雞頭。南方平澤甚多。」　**少婦**　謂橫波夫人也。余懷《板橋雜記》：「芝麓顧夫人，即金陵舊院中所稱眉樓顧媚者是也，字眉生，因以名樓。後歸龔，善畫蘭，款稱橫波夫人。後受誥封，改姓徐。龔作《白門秋》傳奇行世。」　**桄榔**　注見卷一。　**伏生**　注見卷一。　**將迎**　《莊子·知北遊》篇：「顏回曰：『無有所將，無有所迎。』」《注》：「將者，承奉之義。迎者，邀致之義。」　**羅浮**　《羅浮山記》：「羅浮者，山之總稱。羅，羅山也。浮，浮山也。二山合體，謂之羅浮。」鄒師正《羅浮指掌圖記》：「山高二千六百丈，袤直五百里，週三百餘里，峰巒四百三十二，嶺十五，石室七十二，瀑布九百八十，有大小石樓，相去五里，皆高出雲表，登之可望滄海，夜半見日出。」

雁門尚書行並序

　　《雁門尚書行》，為大司馬白谷孫公作也。公代州人，地故雁門郡。

長身伉爽，才武絕人。其用秦兵也，將憑巖關為持久，且固將吏心。秦士大夫弗善也，累檄趣之戰。不得已，始出。天淫雨，糧糧不繼，師大潰。潼關陷，獨身橫刀衝賊陣以沒。從騎俱散，不能得其屍。公之出也，自念必死，顧語張夫人。夫人曰：「丈夫報國耳，無憂我！」西安破，率二女、六妾沈於井，揮其八歲兒以去。兒踰垣避賊，墮民舍中。有老翁者，善衣食之。二年，公長子世瑞重跐入秦，得夫人屍，貌如生。老翁歸，以弟相扶還，見者泣下。蓋公素有德秦人云。余門人馮君訥生，公同里人，作《潼關行》紀其事。余曾識公於朝，因感賦此什。公死，而天下事以去。然其敗由趣戰，且大雨、糧絕。此固天意、抑本廟謨，未可專以責公也。公之參佐，惟監軍道喬公以明經奏用，能不負公。潼關之破，同日死。名元柱，定襄人。

雁門尚書 《漢書・地理志》：「雁門郡，秦置。」《明一統志》：「代州，春秋時晉地。後屬趙。秦為雁門郡。」《明史・孫傳庭傳》：「孫傳庭，字伯雅。」趙吉士《盧宜續表忠記》：「孫傳庭，字白谷，代州振武衛人。魁岸多大略。秦撫甘學闊不能討賊，秦之士大夫譁於朝，乃推邊才用傳庭。崇禎九年三月受代。傳庭涖秦，嚴徵發期會，一從軍興法。又清理屯田地，籍丁壯為軍糧徵屯，課以濟軍需。秦中士大大惡其害己，愛之不如洪督。然其才自足辦賊。與楊武陵不協，又與中官忤武陵，以欺罔中之議革職逮問，下獄長繫。十五年三月，自成再圍開封。帝聽宜興言，出傳庭於獄，命將禁旅，往援河南。改督關中。十月，汴城陷，援師亦敗。傳庭上書自劾，詔令圖功自贖，特賜上方劍以重其權。傳庭歸陝，力主固守潼關，扼京師上游。且以我軍新集，不欲速戰。而關中歲饑，駐大軍，餉告匱，士大夫方厭苦傳庭之用法嚴也，不樂其在秦，復譁於朝曰：『督師玩寇糜餉。』咸上書迎帝意催戰，且傳危語恫脅之，曰：『督師不出關，收者至矣。』帝亦望其亟奏蕩平，晉尚書，鑄督師七省印授之。催戰益急，傳庭頓足歎曰：『吾固知戰未必捷，然大丈夫豈能再對獄吏乎！』疏報師期，識者危之。十六年八月，出師潼關，旌旗兵甲連絡數十里。次汝州，偽都尉迎降。再破賊寶豐，斬偽州牧陳可新等，遂擣唐縣。賊家口盡在唐，自成發精騎來援，官軍已入城，殺賊家口盡，賊滿營痛哭。轉戰至郟縣，擒偽果毅將軍謝君友，幾獲自成。賊大懼，謀降。自成曰：『我殺王焚陵，罪大矣。姑決一死戰。不勝，則殺我而降，未晚也。』時大軍露宿，與賊相持。天復大雨，濘深數尺，糧車日行不及三十里，士馬多饑。郟為賊守，攻破之，獲馬騾數百，噉之立盡。雨七日夜不止。九月十七日，後軍譁於汝州，賊騎大至。我師饑且困，流言四起。不得已，還師迎糧。前軍既移，陳永福督後隊皆亂。

賊追至南陽，我師還戰，破其陣三重矣。賊之驍騎死鬬，我師陣稍動。推火車者怖曰：『師敗矣。』脫輠轕而奔，傾輴塞道，馬絓於衡者不得前。賊之鐵騎凌而騰之，步賊手白梃遮擊，中者首與兜俱碎。賊空壁攝我，一日夜官兵狂奔四百里。死者四萬餘，失亡兵器輜重數十萬。賊乘勢破潼關、華陰，追及於渭南。十月初六日，傳庭與監軍副使喬遷高躍馬大呼而沒於陣，從騎俱散，傳庭屍竟不可得。傳庭死，文武吏民皆為奪氣，關以內無堅城矣。」案：公名傳庭，或譌作傳庭，非是。　**持久**　《戰國策》：「粟不如者，勿與持久。」　**潼關**　注見卷二。　**八歲兒**　《明史·孫傳庭傳》：「初，傳庭之出師也，自分必死，顧語繼妻張夫人曰：『爾若何？』夫人曰：『丈夫報國耳，勿憂我。』及西安破，張率二女三妾沈於井，揮其八歲兒世寧遁避賊去之。兒踰牆，墮民舍中，一老翁收養之。」案：序作六妾，史作三妾，互異。　**重趼**　《莊子·天道》篇：「百舍重趼而不敢息。」陸德明《音義》：「趼，胝也。」《廣韻》：「趼與䟼同，皮起也。」　**馮訥生**　《欽定國朝詩別裁集》：「馮雪驤，字訥生，代州振武衛人。順治乙未進士。」《山西通志》：「訥生，方伯如京子，歷官四川提學僉事。」《傳庭傳》：「傳庭死而明亡矣。」　《宋史·曹彬傳》：「仗天威，遵廟謨。」　**監軍喬公**　《山西通志》：「喬遷，高定襄人。由拔貢生授直隸永平府通判，遷陝西鞏昌府同知、本府知府、按察司副使，監孫傳庭軍事。關城破，挺劍巷戰，大聲呼曰：『我監軍道喬某也。』手刃數人，知不支，遂伏劍死。」案：《明史·孫傳庭傳》及《山西》、《陝西通志》，參軍名俱作遷高，惟《馮訥生潼關行序》作元柱，互異。　**明經**　《唐書·選舉志》：「唐設取士之科，其目有明經。」顧炎武《日知錄》：「今人但以貢生為明經。」　**定襄**　《明史·地理志》：「山西忻州縣定襄，在州東少北。」

　　雁門尚書受專征，登壇顧盼三軍驚。身長八尺左右射，坐上咄叱風雲生。家居絕塞愛死士，一日費盡千黃金。讀書致身取將相，關西鼠子方縱橫。長安城頭揮羽扇，臥甲韜弓不忘戰。持重能收壯士心，沈機好待凶徒變。忽傳使者上都來，夜半星馳馬流汗。覆轍寧堪似往年，催軍還用松山箭。尚書得詔初沈吟，蹶起橫刀忽長歎。我今不死非英雄，古來得失誰由算。椎牛誓眾出潼關，墟落蕭條轉餉難。六月炎蒸驅萬馬，二崤風雨斷千山。雄心慷慨宵飛檄，殺氣憑陵老據鞍。掃簜謀成頻撫劍，量沙力盡為傳餐。尚書戰敗追兵急，退守巖關收潰卒。此地乘高足萬全，只今天險嗟何及。蟻聚蜂屯已入城，持矛瞋目呼狂賊。戰馬嘶鳴失主歸，橫屍撐距無能識。烏鳶啄肉北風寒，寡鵠孤鸞不忍看。願逐相公忠義死，一門恨血土花斑。故園有子音書絕，勾注烽煙路百盤。欲走雲中穿紫塞，

別尋奇道訪長安。長安到日添悲哽，繭足荊榛見眢井。轆轤繩斷野苔生，幾尺枯泉浸形影。永夜曾歸風露清，經秋不化冰霜冷。二女何年駕碧鸞，七姬無冢埋紅粉。複壁藏兒定有無，破巢窮鳥問將雛。時來作使千兵勢，運去流離六尺孤。傍人指點牽衣袂，相看一慟真吾弟。訣絕難為老母心，護持始識遺民意。回首潼關廢壘高，知公於此葬蓬蒿。沙沉白骨魂應在，雨洗金瘡恨未消。渭水無情自東去，殘鴉落日藍田樹。青史誰人哭蘇碑，赤眉銅馬知何處。嗚呼！材官鐵騎看如雲，不降即走徒紛紛。尚書養士三十載，一時同死何無人，至今唯說喬參軍。

　　左右射　《左傳》：「子南戎服入，左右射。」《隋書·虞慶則傳》：「身長八尺，有膽氣，左右馳射。」　**咄叱**　《梁書·元帝紀》：「咄叱則風雲興起。」　**死士**　《左傳·哀十六年》：「吾聞勝也，好復言而求死士。」　**鼠子**　《〈三國志·董卓傳〉注》：「李傕等在陜，皆擁兵自守。胡文才、楊整修皆涼州大人，而司徒王允素所不善也。及李傕之敗，允乃呼文才、整修使東解釋之，不假藉以溫顏，謂曰：『關東鼠子，欲何為邪？卿往呼之。』於是二人往，實召兵而還。」　**揮羽扇**　《晉書·顧榮傳》：「廣陵相陳敏反，周玘與榮及甘卓、紀瞻潛謀起兵攻敏。榮發檄，斂舟南岸。敏率萬餘人出，不獲濟，榮揮以羽扇，其眾潰亂。」　**催軍**　《明史·丘瑜傳》：「因召對，言督師孫傳庭出關，安危所繫，慎勿促之輕出，俾鎮定關中，猶可號召諸將，相機征剿，帝不能從。」《明史·金毓峒傳》：「孫傳庭治兵關中，吏民苦徵繕，日夜望出關，天子亦屢詔督趣。毓峒獨謂將驕卒悍，未可輕戰。抗疏爭，帝不納。」　**松山箭**　《明史·莊烈帝紀》：「崇禎十四年，督師洪承疇與大清兵戰於松山，敗績。」詳見後注。　**二崤**　《元和郡縣志》：「崤山一名嶔崟山，自東崤至西崤三十五里，在秦關之東，漢關之西。」　**據鞍**　《後漢書·馬援傳》：「年六十二，自請曰：『臣尚能披甲上馬。』帝令試之。援據鞍顧盼，以示可用。」　**掃籜**　《晉書·苻堅載記》：「鼓行而摧遺晉，若商風之隕秋籜。』」　**量沙**　《宋書·檀道濟傳》：「道濟伐魏，食盡引還，士降魏者告之，魏人追之。道濟夜唱籌量沙，以所餘米覆其上。及旦，魏軍見之，謂道濟糧資有餘，不敢追。」　**傳餐**　《史記·淮陰侯傳》：「信令其裨將傳餐，曰：『今日破趙會食！』」如淳曰：「小飯曰餐。言破趙後乃當飽食也。」　**退守巖關**　《山西通志·孫傳庭傳》：「會天久雨道濘，糧車不得前。傳庭乃與高傑以數千人走河北，從山西渡河，轉入潼關。傑請徑入西安。傳庭曰：『賊一入關，則全秦糜沸，秦人尚為我用乎？』不納。」　**天險**　《水經注》：「陟黃卷阪以升潼關，歷北出東崤，通謂之函谷關。邃岸天高，空谷幽深，澗道之狹，車不方軌，號曰天險。

故《西京賦》曰：『巖險周固，衿帶易守。』所謂秦得百二，併吞諸侯也。」　**狂賊**
江淹《平賊表》：「狂賊沈攸之，棄天犯紀，毀禮滅緯。」少陵《苦戰行》詩：「去年
南行討狂賊。」　**戰馬歸**　《宋史·謝枋得傳》：「張忠孝〔註1〕中流矢死，馬奔歸，
枋得坐敵樓見之，曰：『馬歸，忠孝敗矣。』」　**撐距**　文姬《悲憤詩》：「屍骸相掌
拒。」　**烏鳶啄肉**　《莊子·寓言》篇：「在上為烏鳶食。」太白《戰城南》詩：「烏
鳶啄人腸，銜飛上掛枯樹枝。」　**相公**　顧炎武《日知錄》：「魏王粲《從軍行》：
『相公征關右，赫怒震天威。』《羽獵賦》：『相公乃乘輕軒，駕四駱。』相公二字似
始見此。」　**勾注**　《史記·趙世家》：「羊腸之西，勾注之南。」如淳曰：「勾注山
在代州西北。」《明史·地理志》：「代州勾注山在西，亦曰陘，亦曰雁門山。」　**雲
中**　《漢書·地理志》：「雲中郡，秦置。」《明一統志》：「山西大同府，秦雲中郡地。」
紫塞　崔豹《古今注》：「秦築長城，土色紫。漢塞亦然。一云雁門草皆色紫，故曰
紫塞。」　**奇道**　《史記·吳王濞傳》：「兵屯聚而西，無佗奇道。」　**長安**　《漢書·
地理志》：「京兆尹縣，長安高帝五年置。」班固《西都賦》：「漢之西都，實在雍州，
名曰長安。」　**繭足**　《戰國策》：「足重繭而不休息。」注：「足傷皮皺，如蠶繭也。」
瞀井　《左傳·宣十二年》：「目於瞀井而拯之。」林堯叟曰：「井無水也。」　**七姬**
《正德姑蘇志》：「七姬冢在郡城東北隅潘氏後園。」張羽《七姬權厝志》：「七姬皆
良家子，事江浙行省左丞滎陽潘公，為側室。時外難方興，敵抵城下，公日臨戰。
一旦歸，召七姬謂曰：『我受國重寄，義不顧家，脫有不宿誠，若等當自引決，毋為
人恥也。』一姬跪而前曰：『主君遇妾厚，妾終無二心。請及君時死以報，毋令君疑
也。』遂趨入室，以其帨自經死。六人者，亦相繼經死。實至正丁未七月五日也。
以世難弗克葬，乃斂其屍，焚之，以其遺骸葬於後園，合為一冢。七姬者，程氏、
翟氏、徐氏、羅氏、卞氏、彭氏、段氏。公名元紹，字仲昭。」　**複壁**　注見卷二。
破巢窮鳥　《後漢書·趙壹傳》：「竊為《窮鳥賦》一篇。」破巢，見卷一注。　**渭
水**　注見卷四。　**藍田**　《漢書·地理志》：「京兆尹縣藍田。」　**赤眉**　《後漢書·
劉盆子傳》：「樊崇恐眾與莽兵亂，乃朱其眉以相別，號曰赤眉。」　**銅馬**　《《後漢
書·光武帝紀》注》：「號別賊帥銅馬等，各領部曲數百萬眾，所在寇掠。」注：「銅
馬賊帥東山荒禿、上淮況等。」　**材官**　《漢書·韓安國傳》：「為材官將軍。」應劭
曰：「材官，有材力者。」　**鐵騎**　太白《發白馬》詩：「鐵騎若雪山，飲酒涵灕沱。」
齊賢曰：「淝水之戰，苻堅曰：『吾以鐵騎蹙而殺之。』」士贇曰：「《後漢書》：『公孫
瓚與子書曰：屬五千鐵騎於北隰之中。』」

〔註1〕「張忠孝」，《宋史》卷四百二十五《謝枋得傳》作「張孝忠」。

贈馮訥生進士教授雲中

　　并州馮郎長吳越，桐江風雪秦淮月。不烹羊酪敵蓴羹，肯拈蘆管吹桃葉。才同顧陸與溫邢，俠少風流擅絕倫。名士有誰甘作諾，丈夫何必尚專城。乞得一氈還故土，欲化邊人作鄒魯。余笑謂君且歸去，不信廣文今廣武。絳帳懸弓設豹侯，講堂割肉摻鼉鼓。擊磬新調塞上歌，投壺卻奏軍中舞。文籍先生上谷儒，遊閒公子河東賈。亂定初聞闕里鐘，時清不用平城弩。雁門太守解將迎，馬邑名豪通訓詁。烏桓年少挾雕弧，射得黃羊供束脯。男兒作健羞帬屐，拂雲堆上吹橫笛。低頭博士為萬卷，撫掌封侯空四壁。憶昔扁舟醉石頭，別來幾夢南徐客。隱囊塵尾燒卻盡，長鋏純鉤看自惜。學就吳趨恐未工，注成晉問無人識。嗚呼！五湖煙水憶鱸魚，落木天高好寄書。塞雁不歸花又發，故人消息待何如。

　　馮訥生　注見前。　**雲中**　注見前。　**并州**　《周禮‧夏官‧職方氏》：「正北曰并州。」　**桐江**　《明一統志》：「桐江在嚴州府桐廬縣北三里，亦名桐溪，源出天目山。」　**秦淮**　注見卷一。**羊酪蓴羹**　見卷一注。　**蘆管**　《籟紀》：「邊笛者，胡人捲蘆葉吹之以作聲也。」李益《夜上受降城聞笛》詩：「不知何處吹蘆管，一夜征人盡望鄉。」　**桃葉**　釋智匠《古今樂錄》：「《桃葉歌》者，王子敬所作也。」餘詳後注。　**顧陸溫邢**　左思《吳都賦》：「顧陸之裔。」李善曰：「顧，顧榮。陸，陸遜。」《北齊書‧邢邵傳》：「邵辭致宏遠，獨步當時。與濟陰溫子昇為文士之冠，世謂之溫邢。」　**作諾**　《南史‧張緒傳》：「緒又遷侍中，嘗私謂客曰：『一生不解作諾。』有以告袁粲、褚彥回者，由是出為吳郡太守。緒初不知也。」　**專城**　《樂府‧陌上桑》：「四十專城居。」　**一氈**　陳基詩：「廣文方築招賢館，肯使先生老一氈。」　**廣文**　《唐書‧鄭虔傳》：「虔坐謫，十年還京師。明皇愛其才，置廣文館，以虔為博士。虔聞命，不知廣文曹司所在，訴宰相。宰相曰：『上增國學，置廣文館以居賢者，令後世言廣文博士自君始，不亦美乎？』虔乃就職，時號鄭廣文。」　**廣武**　《一統志》：「廣武故城在代州西十五里。」餘見卷九。　**絳帳**　《後漢書‧馬融傳》：「常坐高堂，施絳紗帳，前授生徒，後列女樂。」　**豹侯**　《儀禮‧鄉射禮》：「大夫布侯，畫以虎豹。」　**擊磬**　《後漢書‧桓榮傳》：「拜榮為博士，車駕幸太學，詔諸生雅吹擊磬，盡日乃罷。」　**塞上歌**　《南齊書‧蘇侃傳》：「上在兵中，嘗作《塞客吟》以喻志，曰：『粵擊秦中之築。』因為塞上之歌。」　**投壺**　《後漢書‧祭遵傳》：「遵為將軍，取士皆用儒術，對酒設樂，必雅歌投壺。」　**軍中舞**　《史記‧項羽紀》：「項莊入為壽，畢，曰：『君王與沛公飲，軍中無以為樂，請以劍舞。』」　**文籍先生**　《晉書‧王沈傳》：「魏高

貴鄉公好學，有文才，引沈及裴秀數於東堂講燕屬文，號沈為文籍先生，秀為儒林丈人。」　**上谷**　酈道元《水經注》：「上谷，故燕地，秦始皇置上谷郡。」《漢書·地理志》：「上谷郡，屬幽州。」《晉地道志》：「郡在谷之頭，故因以上谷名焉」。　**遊閒公子**　《漢書·貨殖傳》：「宛孔氏之先，梁人也，用鐵冶為業。秦滅魏，遷孔氏南陽，大鼓鑄，規陂田，連騎遊諸侯，因通商賈之利，有遊閒公子之名。」　**河東賈**　注見卷四。《漢書·地理志》：「河東郡，秦置。」《明一統志》：「山西平陽府，秦漢皆為河東郡地。」　**闕里**　《〈後漢書·明帝紀〉注》：「孔子宅在今兗州曲阜縣故魯城歸德門內闕里之中。」酈道元《水經注》：「孔廟東南五百步有雙石闕，故名闕里。」　**平城**　《漢書·匈奴傳》：「漢步兵三十二萬，北逐冒頓。高帝先在平城，步兵未盡到，冒頓縱精兵三十餘萬騎圍高帝於白登七日。」馮智舒《綱目質實》：「平城，秦縣名，屬雁門郡，在大同府東五里。」　**雁門太守**　注詳卷九。　**將迎**　注見前。　**馬邑名豪**　《通鑑綱目》：「漢武帝元光二年，雁門馬邑豪聶壹上言。」王幼學《集覽》：「張晏曰：『豪帥也。』」干寶《搜神記》：「秦築長城於武川塞，將成而崩者數矣，忽有馬馳走其地，以築城而不崩，故名馬邑。」《括地志》：「在雁門郡。」　**訓詁**　注見卷一。　**烏桓**　注見卷四。　**黃羊**　莊綽《雞肋編》：「關右塞上有黃羊，無角，色同麞鹿。」令狐楚《少年行》：「驊騮蕃馬射黃羊。」　**幂屐**　《北史·邢巒傳》：「蕭深藻幂屐少年，未洽政務。」　**拂雲堆**　《雲中志》：「拂雲堆在古豐州西六十里。」杜牧《題木蘭廟》詩：「拂雲堆上祝明妃。」　**石頭**　注見卷一。　程《箋》：「謂訥生入南太學也。」案：《明史·志》：「每歲，天下按察使選生員二十以上、厚重端秀者送監，蓋崇禎時猶行此制，無分於南北也。」案：訥生為先生國子門人。　**南徐**　祝穆《方輿勝覽》：「晉元帝渡江，於京口置南徐州。宋以南徐治京口。隋文帝於南徐置潤州，取潤浦以名。唐因之。」　**燒卻**　《南史·陳顯達傳》：「顯達子休尚為鄩府主簿，過九江拜別。顯達曰：『凡奢靡者，鮮有不敗。麈尾蠅拂，是王謝家物，不須捉此自隨。』即取於前燒除之。」　**長鋏純鉤**　《楚辭·九辨》：「帶長鋏之陸離。」王逸曰：「長鋏，劍名也。其所握長劍，楚人名曰長鋏也。」《莊子》曰：「韓魏為鋏。」注云：「鋏，把也。」《文選注》云：「鋏，刀身劍鋒也。有長鋏短鋏。」〔註2〕《越絕書》：「客有能相劍者，名薛燭，越王召而問之曰：『吾有寶劍五，請以示之。』乃召掌者取純鉤。薛燭聞之，忽如敗。有頃，懼如悟。下而深惟，簡衣而坐望之。手振拂揚，其華淬如蓉芙始出。觀其鉏，爛如列星之行；觀其光，渾渾如水之溢於塘；觀其斷，巖巖如瑑石；觀其才，煥煥如冰釋。『此謂純鉤。』王曰：『是矣。』」　**吳趨**　崔豹《古今注》：

─────────────────

〔註 2〕按：吳翌鳳以為此上皆為王逸注，實出《楚辭補注》。

「《吳趨行》，吳人以歌其地。」　　**晉問**　柳子厚《晉問》：「吳子問於柳先生曰：『先生晉人也，晉之故宜知之。』曰：『然。』『然則吾願聞之，可乎？』曰：『可。』」　　**憶鱸魚**　《晉書‧張翰傳》：「齊王辟為大司馬東曹掾，因秋風起，思吳中菰菜蓴羹、鱸魚膾，曰：『人生貴得適意，何為羈宦數千里以要名爵乎？』遂命駕歸。」

雕橋莊歌並序

　　高邑趙忠毅公為《雕橋莊記》曰：「吾郡梁太宰有雕橋莊，在郡西十五里大茂諸山之東，前臨滹沱、西韓二水，東為大門，表之曰尚書里，有樓曰蓮渚仙居，有堂曰壽槐。槐可四十圍，相傳數百年物。太宰功成身退，徜徉於此者二十年。今其孫慎可讀書其中，自號為西韓生云。」此忠毅家居時所作也。公後拜吏部尚書，視梁公以同郡為後繼，竟因黨禍戍代州死。慎可以孝廉入中翰，余始識之，知其為趙公交，尋以離齲去，相別十餘年。今起官水部，家門蟬冕，當代莫與比焉。余以其名山別墅，亂後獨全，高門遺老，晚節最勝，雕橋盛事，自太宰以來百餘年於此矣，是可歌也。為作《雕橋莊歌》。

　　雕橋　《畿輔通志》：「雕橋在真定縣城西十五里韓河上。」曹學佺《名勝志》：「橋下有穴十數，狀似雕鑿，泉湧不息，環流於城，故名。」　　**趙忠毅**　《明史‧越南星傳》：「越南星，字夢白，高邑人。萬曆二年進士。稍遷吏部考功郎中。以大計失政府，指斥為民。光宗立，起官。尋代張問達為吏部尚書。魏忠賢矯旨，責南星等朋謀結黨，南星求去。復矯旨，切責放歸。尋以汪文言獄詞連及，戍南星代州。莊烈帝登極，有詔赦還。巡撫牟志夔，忠賢黨也，故遲遣之，竟卒於戍所。崇禎初，贈太保，諡忠毅。」　　**梁太宰**　《明史‧梁夢龍傳》：「梁夢龍，字乾吉，真定人。嘉靖三十二年進士。萬曆十年，以兵部尚書改吏部。踰月，御史江東之劾夢龍，浼徐爵賄馮保得吏部，以孫女聘保弟為子婦，帝諭留，御史鄧練、趙楷復劾之，遂令致仕。家居十九年卒。天啟中，趙南星頌其邊功，贈少保。崇禎末，追諡貞敏。」　　**大茂山**　《括地志》：「北嶽恒山亦名大茂山，在曲陽縣北。」《一統志》：「大茂山在真定府阜平縣東北七十里。」　　**滹沱**　《禮記》：「晉人將有事於河，必先有事於惡池。」《注》：「惡當為呼，聲之誤也。」《釋文》：「惡音呼，又音虖，好故反。池，大河反。一作虖沱。」《周禮‧夏官‧職方氏》：「正北曰并州，其川惡池、嘔夷。」《注》：「惡池出鹵城，一作呼池。」《宋史‧河渠志》：「虖池河源於西山，由真定、深州、乾寧，與御河合流。」按：池同沱。　　**西韓**　《畿輔通志》：「西韓河在真定縣西二十里，源出大鳴泉，流經縣界，

入濾沱。」 **西韓生** 《文集·梁公西韓先生墓誌》:「公諱惟樞,字慎可,別號西韓生。太宰貞敏公之孫。雋乙卯京闈,用吏部銓考,授內閣撰文中書。晉尚寶司丞副。罷歸。以吳橋范公薦,擢任工部主事。皇清定鼎,即舊官錄用。補營繕郎。陞山東按察司僉事。甫一載,乞養,歸,卒於家。私諡文孝先生。」 **家門蟬冕** 潘岳《秋興賦》:「珥蟬冕而襲紈綺特之士。」李善曰:「蔡邕《獨斷》云:『侍中、中常侍加貂附蟬。』」王士禎《池北偶談》:「真定梁公清寬、清遠、清標兄弟相繼為吏部侍郎。清標歷戶、禮、兵、刑四部尚書,大拜。清寬、清標皆給事中維本子。清遠,山東僉事維樞子。皆前史部尚書夢龍曾孫。」

　　常山古槐千尺起,雕橋西畔尚書里。傴蓋青披大茂雲,扶疏響拂韓河水。水部山莊繞碧渠,彈琴長嘯脩篁裏。今年相見在長安,據鞍卻笑吾衰矣。盡道新枝任棟梁,不知老幹經風雨。自言年少西韓生,幽幷豪俠皆知名。酒酣箕踞聽鼓瑟,射麋擊兔邯鄲城。天生奇質難自棄,一朝折節傾公卿。當時海內推高邑,趙公簡重稱相得。才地能交大父行,襟期雅負名賢識。公曾過我讀書處,笑倚南樓指庭樹。歸田太宰昔同遊,廿載林泉共來去。此是君恩憂老臣,後來吾輩應難遇。每思此語輒泫然,知己投荒絕塞天。同是冢臣恩數異,傷心非復定陵年。黃巾從此成貽禍,青史誰來問斷編。鉤黨幾家傳舊業,干戈何地著平泉。我有山莊幸如故,老樹吟風自朝暮。磐石寧容蟲蟻穿,斧斤不受樵蘇誤。鈴索高齋擁賜書,名花異果雕欄護。綠葯紅渠水面開,門前即是鳴騶路。子弟傳呼千騎歸,不教鞍馬驚鷗鷺。年年細柳與新蒲,糚點溪山入畫圖。四海烽煙喬木在,一匃燈火故人無。相逢只有江南客,頭白尊前伴老夫。

　　常山 《漢書·地理志》:「常山郡,高帝置。」張晏曰:「本名恒山,避文帝諱,改常山。」案:即今真定府。 **彈琴** 摩詰《竹里館》詩:「獨坐幽篁裏,彈琴復長嘯。」 **相見** 《文集·梁公西韓先生墓誌》:「余與公定交於先朝,比去京師十五年,宿素已盡,惟公迎閣握手,高談盡日。余疲苶不任趨拜,而公善飲噉,據鞍躍馬,能勤於其官。」 **射麋擊兔** 《文集·梁公西韓墓誌》:「為余言年少時,射麋擊兔於茂山之下,韓河之濱,極望平蕪,登高長嘯,慕袁絲、鄭莊之為人。」 **邯鄲城** 注見卷二。 **簡重** 《後漢書·孔融傳》:「河南尹李膺以簡重自居。」 **大父行** 《史記·鄭當時傳》:「其遊知交皆其大父行,天下有名之士也。」《廣韻》:「行,又戶浪切,輩行也。」 **襟期** 少陵《醉時歌贈廣文館博士鄭虔》:「時赴鄭老同襟期。」 **名賢識** 《文集·梁公西韓墓誌》:「時高邑趙忠毅公,以小選家居講道,指授生徒,公執

經往侍,遂為入室弟子。每著書,必命校讎,丹黃接席。得所詠韓河諸什,撫卷歎曰:『風雅不墜,復見之梁生矣。』其愛重如此。」　**冢臣**　馬融《忠經·冢臣章》:「冢臣於君,可謂一德。」案:吏部尚書稱大冢宰,故曰冢臣。　**定陵**　孫國敉《燕都遊覽志》:「神宗皇帝陵曰定陵。」　**鳴騶**　楊衒之《洛陽伽藍記》:「高陽王雍出則鳴騶御道。」《文集·梁公西韓墓誌》:「先生之諸子鳴騶夾道。」　**千騎歸**　駱賓王《帝京篇》:「羅敷使君千騎歸。」　**新蒲細柳**　少陵《哀江頭》詩:「細柳新蒲為誰綠。」康駢《劇談錄》:「曲江池入夏則菰蒲蔥翠,柳陰四合,碧波紅蕖,湛然可愛。」

海戶曲 自注:南海子周環一百六十里,有海戶千人。

大紅門前逢海戶,衣食年年守環堵。收稟腰鐮拜嗇夫,築場貰酒從樵父。不知占籍始何年,家近龍池海眼穿。七十二泉長不竭,御溝春暖自涓涓。平疇如掌催東作,水田漠漠江南樂。駕鵝鶬鶒滿煙汀,不枉人呼飛放泊。自注:南海子有水泉七十二處,元之飛放泊也。後湖相望築三山,兩地神州咫尺間。自注:以西苑後湖名海子,故此云南。遂使相如誇陸海,肯教王母笑桑田。蓬萊樓閣雲霞變,晾鷹臺上何王殿。自注:晾鷹臺,元之仁虞院也。當使大學士提調之,鷹墜皆用先朝舊璽改作。傳說新羅玉海青,星眸雪爪飛如練。自注:玉海青即白鷹也。詐馬筵開酮酒香,自注:元有詐馬宴。割鮮夜飲仁虞院。二百年來話大都,平生有眼何曾見。頭白經過是舊朝,春深慣鎖黃山苑。自注:叶。典守唯聞中使來,樵蘇輒假貧民便。芳林別館百花殘,廿四園中爛漫看。自注:南海子有二十四園,係明時制。記得上方初薦品,東風鈴索護雕欄。葡萄滿摘傾筠籠,蘋果新嘗捧玉盤。賜出宮中公主謝,分遺闕下倚臣餐。一朝剪伐生荊杞,五柞長楊悵已矣。野火風吹螞蟻墳,自注:海子東南有螞蟻墳,每清明日,數萬皆聚於此。枯楊月落蝦蟆水。自注:玉泉一名蝦蟆泉,流入海子。盡道千年苑囿非,忽驚萬乘車塵起。雄圖開國馬蹄勞,將相風雲劍槊高。帳殿行程三十里,旌旗獵獵響鳴鞘。朝鮮使者奇毛進,白鷹刷羽霜天勁。舊跡凌歊好放雕,荒臺百尺登臨勝。俊鶻重經此地飛,黑河講武當年盛。弔古難忘百戰心,掃空雉兔江山淨。新豐野老驚心目,縛落編籬守麋鹿。兵火摧殘淚滿衣,升平再睹修茅屋。衰草今成御宿園,豫遊只少千章木。上林丞尉已連催,灑掃離宮補花竹。人生陵谷不須哀,蘆葦陂塘雁影來。君不見鄠杜西風蕭瑟裏,丹青早起濯龍臺。

　　海戶　彭時《可齋筆記》：「南海子闢四門，繚以崇墉，其中獐鹿雉兔不可數計，籍戶千餘守視。每獵，則海戶合圍，縱騎士馳射於中，所以訓武也。」高士奇《扈從西巡日錄》：「南紅門內海子，元時為飛放泊。我朝建新宮二宮，東西對峙，相去二十里，仍設海戶一千八百人守，視人給地二十四畝，自食其力。」　南海子　《大清一統志》：「南海子在京城永定門外二十里，亦名南苑，方一百六十里。元為下馬飛放泊。明永樂中增廣其地，以為蕃養禽獸、種植蔬果之所。」《明一統志》：「南海子周圍凡一萬八千六百六十丈，中有海子三，以禁城北有海子，故別名南海子。」　收橐　詳後注。　腰鐮　鮑照《代東武吟》：「腰鐮刈葵藿。」　嗇夫　蔡沈《書集傳》：「嗇夫，小臣出。漢有上林嗇夫。」《史記·張釋之傳》：「上問上林尉諸禽獸，簿尉不能對。虎圈嗇夫代尉對，上欲拜嗇夫為上林尉。」　貰酒　《史記·高祖紀》：「常從王媼、武負貰酒。」《索隱》曰：「《廣雅》：『貰，賒也。』《說文》云：『貰，貸也。』」　占籍　《漢書·宣帝紀》：「流民自占八萬餘口。」師古曰：「占者，謂自隱度其戶口而著戶籍也。」　海眼　少陵《石筍行》：「古老相傳是海眼。」　駕鵝　注見卷四。　鸊鵜　《爾雅·釋鳥》：「鷉，須贏。」郭璞曰：「鷉，鸊鷉，似鳧而小，膏中瑩刀。鷉與鵜同音梯。」阮一閱《詩話總龜》：「鸊鵜，水鳥也。」　飛放泊　《元史·兵志》：「舊制：冬春之交，天子親幸近郊，縱鷹隼摶擊，以為遊豫之度，謂之飛放。」　後湖　孫國敉《燕都遊覽志》：「太液池在子城西乾明門外，周遭凡數里，其源自玉泉山合西北諸水，流入都城德勝門，滙為積水潭，亦名海子。至北安門水關，流入西苑，人呼西海子。」　三山　《史記·秦始皇紀》：「徐市言海中有三神山，曰蓬萊、方丈、瀛洲。」《漢書·揚雄傳》：「武帝營建章鳳闕，漸臺泰液，象海水周流方丈、瀛州、蓬萊。」神州　《史記·孟荀列傳》：「騶衍以為中國名曰赤縣神州。」　陸海　《漢書·東方朔傳》：「天下陸海之地。」師古曰：「高平曰陸。關中山川物產饒富，是以謂之陸海也。」班固《西都賦》：「陸海珍藏。」　桑田　葛洪《神仙傳》：「麻姑謂王方平曰：『接待以來，見東海三為桑田。』」　晾鷹臺　劉侗《帝京景物略》：「南海子中有殿，殿旁晾鷹臺，臺臨三海子，築七十二橋以渡，元之舊也。」　新羅　《南史·新羅國傳》：「新羅在百濟東南五十餘里，東濱大海，南北與高麗、百濟接。」杜佑《通典》：「新羅國，其先本辰韓種。」　玉海青　柯九思《官詞》：「元戎承命獵郊坰，勅賜新羅玉海青。」　詐馬筵　周伯琦《詐馬行·序》：「乘輿北幸上京，歲以六月吉日。命大臣及近侍服所賜只孫，珠翠金寶，衣冠腰帶，盛飾名馬，各持綵仗，列隊馳入禁中。上御殿臨觀。乃大張宴，名之曰只孫宴。俗呼曰詐馬筵。」楊允孚《灤河雜詠》自注：「每年六月三日，詐馬筵席，盛陳奇獸，亦曰灑馬。」　桐酒　《漢書·禮樂志》：「師

樂百四十二人，其七十二人給大官挏馬酒。」李奇曰：「以馬乳為酒，撞挏乃成也。」
師古曰：「挏音動。馬酪，味如酒，而飲之亦可醉，故呼馬酒也。」　仁虞院　《元史·
武宗紀》：「至大元年二月，立鷹坊為仁虞院。」劉侗《帝京景物略》：「元時有仁虞院，
蓄獸之地，即今南海子。」　大都　朱彝尊《日下舊聞》：「元世祖十年，克燕，初為
燕京路總管大興府。至元元年，加號上都，尋改中都。九年，改大都。」　黃山苑
《漢書·霍光傳》：「雲當朝請，數稱病私出，多從賓客，張圍獵黃山苑中。」　假貧
民　《漢書·宣帝紀》：「又詔池籞未御幸者，假與貧民。」　芳林別館　張衡《東京
賦》：「濯龍芳林。」《注》：「芳林，苑名。」司馬相如《上林賦》：「離宮別館，彌山跨
谷。」　廿四園　高士奇《扈從西巡日錄》：「南海子，明永樂年設二十四園，以供花
果。」　鈴索　王仁裕《開元天寶遺事》：「寧王春時紐紅絲為繩，綴金鈴，繫花梢上，
以驚鳥鵲，號護花鈴。」　葡萄　王康宇《群芳譜》：「葡萄，一名蒲桃，一名賜紫櫻
桃。」詳見卷九。　蘋果　王康宇《群芳譜》：「蘋果出北地，燕趙者尤佳，如梨而圓
滑，生青，熟則半紅半白，或全紅。」　五柞　注見卷一。　長楊　《三輔黃圖》：
「長楊本秦舊宮，漢修之，以備巡幸。宮中有垂楊，蔭數畝，故名。」　螞蟻墳　劉
侗《帝京景物略》：「海子西北隅，每歲清明日，蟻集成丘。中一丘高丈，旁三四丘亦
數尺，竟日乃散去，土人目為螞蟻墳。」　玉泉　戴洵《司成集》：「玉泉在京城西三
十里西山之麓，有石洞泉自中而出，洞門刻玉泉二字。」　鳴鞘　太白詩：「金鞭拂
雪插鳴鞘。」　朝鮮　《明史·外國傳》：「朝鮮，箕子所封國。漢以前曰朝鮮。漢末
改曰高麗，又曰高句麗。洪武二十五年，命仍古號曰朝鮮。」《大清一統志》：「朝鮮在
盛京東一千八百里，其貢道自鳳皇城至京師，三千九十六里。」　奇毛　少陵《白鷹》
詩：「不惜奇毛恣遠遊。」　凌歊　《明一統志》：「凌歊臺在太平府黃山上。陸游《入
蜀記》：遊黃山，登凌歊臺，臺正如鳳皇、雨花之類，特因山顛名之。宋高帝所營，面
勢虛曠，高出塵埃之表。南望青山、龍山、九井諸峰，如在几席。」　黑河　《元史·
阿塔海傳》：「祖塔海拔都兒，驍勇善戰，常從太祖同飲黑河水。」洪皓《松漠紀聞》：
「黑水發源於長白山，舊名粟末河。契丹德光破晉，改名混同江。」《大清一統志》：
「里遂黑河在牧廠東南界，土人名額伯里遂黑河。外遂黑河在牧廠東北界，土人名阿
祿遂黑河。」　新豐　《漢書·地理志》：「新豐，故驪戎國。高祖七年置。太上皇思
東歸，於是高祖改築城市街里以象豐，徙豐民以實之，故曰新豐。」葛洪《西京雜記》：
「既作新豐，衢巷棟宇物色惟舊，士女老幼，相攜路首，各知其室，放犬羊雞鴨於通
塗，亦競識其家，匠人吳寬所營也。」白樂天《新樂府》：「新豐老人八十八。」　縛
落　《漢書注》：「落，外蕃也。以竹葭相連，遮落之也。」　御宿　《漢書·百官公卿

表》：「水衡都尉屬官有上林御羞。」如淳曰：「御羞，地名也。《揚雄傳》謂之御宿。」師古曰：「御宿則今長安城南御宿川也。羞、宿聲相近，故或云御羞，或云御宿耳。羞者，珍羞所出。宿者，止宿之義。」梁元帝《芳樹》詩：「交柯御宿園。」　　千章　《史記·貨殖列傳》：「木千章。」《注》：「《漢書音義》曰：『章，材也。舊將作大匠掌材曰章曹掾。』」少陵《遊何將軍園林》詩：「千章夏木清。」　　上林丞尉　《漢書·百官公卿表》：「上林有八丞十二尉。」應劭曰：「古山林之官。」　　離宮　衛宏《漢舊儀》：「上林苑中離宮七十所，容千乘萬騎。」　　鄠杜　《漢書·地理志》：「秦地有鄠杜竹林。」師古曰：「杜屬京兆，鄠屬扶風。」　　濯龍　　張衡《東京賦》，《注》：「《洛陽圖經》曰：『濯龍，池名。』」

退谷歌 自注：贈同年孫公北海。

　　我家乃在莫釐之下，具區之東，洞庭煙鬟七十二，天際杳杳聞霜鐘。豈無巢居子，長嘯呼赤松。後來高臥不可得，無乃此世非洪濛。元氣茫茫鬼神鑿，黃虞既沒巢由窮。逆旅逢孫登，自稱北海翁，攜手共上徐無峰。仰天四顧指而笑，此下即是宜春宮。若教天子廣苑囿，吾地應入甘泉中。丈夫蹤跡貴狡獪，何必萬里遊崆峒。君不見抱石沉，焚山死，被髮佯狂棄妻子。匡廬峰，成都市，欲逃名姓竟誰是。少微無光客星暗，四皓衣冠只如此。使我山不得高，水不得深，鳥不得飛，魚不得沉。武陵洞口聞野哭，蕭斧斫盡桃花林。仙人得道古來宅，劫火到處相追尋。不如三輔內，此地依青門，非朝非市非沉淪。鄠杜豈關蕭相請，茂陵不厭相如貧。飲君酒，就君宿，羨君逍遙之退谷。花好須隨禁苑開，泉清不讓溫湯浴。中使敲門為放鷹，羽林下馬因尋鹿。我生亦胡為，白頭苦碌碌。送君還山識君屋，庭草彷彿江南綠，客心歷亂登高目。噫嘻乎歸哉！我家乃在莫釐之下，具區之東，側身長望將安從。

　　退谷　孫承澤《退谷小志》：「京西之山為太行第八陘，自西南蜿蜒而來。近列為香山，諸峰乃層層，東北轉至水源頭，一澗最深，退谷在焉。後有高嶺障之，而臥佛寺及黑門諸剎環蔽其前，岡阜回合，竹樹深蔚，幽人之宮也。」丁煒《問山集》：「臥佛寺旁即孫北海先生退谷。」王崇簡《孫公行狀》：「愚溪因子厚而名，退谷待北海而著。噫！山林亦俟知己邪！」　　孫北海　見卷四注。　　莫釐　《正德姑蘇志》：「莫釐山以在洞庭之東稱東洞庭山，周回八十里。」《重修蔡昇震澤編》：「莫釐峰，東洞庭之最高者。」　　具區　《周禮·夏官·職方氏》：「東南曰揚州，其澤藪曰具區。」《漢書·

地理志》：「吳縣具區澤，古人以為震澤。」范成大《吳郡志》：「太湖曰具區，三萬六千頃。」　**煙鬟七十二**　李宗侗《蘇州圖經》：「具區接蘇、常、湖、秀四州界，內有大小山七十二，洞庭居其一焉。」王鏊《七十二山記》：「太湖之山，其發源自天目而來，奔騰至宜興入太湖，融為諸山。湖之西北為山十有四，馬跡最大；又東為山四十有一，西洞庭最大；又東為山十有七，東洞庭最大。馬跡、兩洞庭，望之渺然如世外之境，即之茂林平野，閭巷井舍，各數千家；仙宮梵宇，往往而是。馬跡之北，津里、夫椒為大，夫差敗越處也。西洞庭之東，禹期、黿山，其北橫山、陰山、葉余、長沙為大。長沙之西，沖山、漫山為大。東洞庭之東北山，北則余山，西南三山、厥山、澤山為大。此其上亦有居人數百家，或數十家。馬跡、兩洞庭分峙湖中，其餘諸山或遠或近，若浮若沉，隱見出沒於波濤之間。馬跡之西北，有若積錢者，曰錢堆。稍東曰大軋、小軋。與錫山連，中斷為太湖。舟行其中，曰獨山。有若二梟相向者，曰東鴨、西鴨。中為三峰，稍南大隋、小隋，與夫椒相對而差小為小椒，為杜圻、范蠡所嘗止也。西洞庭之北貢湖中有兩山相近，曰大貢、小貢。有若五星聚者，曰五石浮，曰茆浮，曰思夫山。有若兩梟飛欲止者，曰南烏、北烏。其西，兩山南北相對而不相見，見即有風雷之異，曰大雷、小雷。稍北曰大幹、小幹。與二幹相近【曰紹、曰□、曰瞳浮】〔註3〕，曰東獄、西獄，【世傳吳王於此置男女二獄也。】〔註4〕其前為粥山，云吳王飼囚者也。其若琴者，曰琴山；若杵，杵山。有對秩者，曰大竹、小竹，與衝山近。有若物浮水面可見者，曰長浮、癩頭浮、殿前浮。其東與黿山相對而差小者，為龜山。有二女娟好相對立者，曰謝姑、小謝姑。有若石柱巖巒者峰，玉柱；稍卻，金庭。其南為峧山，為歷耳。中高而旁下者，筆格；驤首若逝者，石蛇；若螺者，青浮。與黿山、龜山南北相對曰鼉山，旁曰小鼉。二鼉之間若隱若見，曰驚籃。東洞庭之南，首銳而末岐者，曰箭浮。若屋敧者，曰王舍浮、苧浮，又南為白浮。澤、厥之間，有若笠浮水面者，蒻帽。有逸於前，後追而及之者，曰貓鼠山。有若穹碑立者，曰石牌。是為七十二山。然其最大而名者，兩洞庭也。」　**霜鐘**　郭璞《山海經注》：「霜降則鐘鳴。」太白《聽蜀僧彈琴》詩：「餘韻入霜鐘。」　**巢居子**　謝靈運《山居賦·序》：「古巢居穴處曰巖棲。」王康琚《反招隱》詩：「昔在太平時，亦有巢居子。」　**赤松**　《史記·留侯世家》：「良曰：『願棄人間事，從赤松子游耳。』」葛洪《神仙傳》：「赤松，神農時雨師。」　**洪濛**　注見卷三。　**孫登**　注見卷五。　**徐無峰**　注見卷五。　**宜春宮**　《三輔黃圖》：「宜春宮，本秦離宮，在長安城東南杜縣

〔註3〕【　】內文字，《七十二山記》作「曰瞳浮，曰紹山」。
〔註4〕【　】內文字，《七十二山記》為注文。

東，近下杜。又有宜春下苑，在京城東南隅。」《括地志》：「宜春宮在萬年縣西南三十里。」　**廣苑囿**　《漢書・東方朔傳》：「廣狐菟之苑。」　**甘泉**　《三輔黃圖》：「甘泉苑，武帝置，周回五百四十里，中起宮殿樓臺百餘所。」　**狡獪**　葛洪《神仙傳》：「麻姑以米擲地，皆成丹砂。王方平笑曰：『姑固年少也。吾老矣，不喜作如此狡獪變化也。』」　**崆峒**　張守節《史記正義》：「《括地志》云：『空桐山在肅州祿福縣東南。《抱朴子》云：黃帝過空桐，從廣成子受自然之理，即此。』《括地志》又云：『笄頭山，一名崆峒山，在原州平陽西百里。《輿地志》云：或即雞頭山也。酈道元云：蓋大隴山異名也。《莊子》云：廣成子學道崆峒山，黃帝問道於廣成子。蓋在此。』按：二處崆峒皆云黃帝登之，未詳孰是。」　**抱石沉**　《史記・屈原傳》：「於是懷石，遂自投汨羅以死。」蔡邕《祭屈原文》：「卒壞覆而不振兮，顧抱石其何補。」　**焚山死**　韓鄂《歲華記麗》：「晉文公反國，皆封從臣，獨忘介子推。子推隱於綿上，文公求之不得，乃焚山，子推燒死。」　**被髮**　《吳越春秋》：「子胥之吳，被髮佯狂。」　**匡廬峰**　《南史・隱逸傳》：「周續之入廬山，事沙門慧遠，連徵不起，武帝歎曰：『真高士也。』時劉遺人遁跡廬山，陶淵明亦不應徵命，謂之潯陽三隱。」　**成都市**　嚴君平事，見卷一注。　**少微客星**　俱見卷一注。　**四皓**　《〈漢書・張良傳〉注》：「四人謂園公、綺里季、夏黃公、甪里先生，所謂商山四皓也。」餘見卷三注。　**武陵洞**　見《桃花源記》。　**蕭斧**　桓譚《新論》：「以強秦之勢伐弱韓，譬猶礦蕭斧以伐菌也。」　**得道**　《淮南子》：「昔者馮夷得道，以潛大川。紺且得道，以處崑崙。」　**三輔**　注見前。　**青門**　注見卷五。　**鄠杜**　注見前。　**蕭相請**　《史記・蕭相國世家》：「相國為民請曰：『長安地狹，上林中多空地，棄，願令民得入田，收藁為禽獸食。』」　**茂陵**　注見卷三。　**溫湯**　《唐書・高祖紀》：「武德六年二月庚戌，幸溫湯。壬子，獵於驪山。甲寅，至自溫湯。」宋敏求《長安志》：「驪山在臨潼縣東南二里，溫湯在山下。」

贈文園公沈歸愚師曰：「同揆，字輪菴，江南吳縣人。滄桑後，逃於禪。所為詩，皆人倫日用盛衰興廢之感。墨名儒行，斯人有焉。」

　　君家丞相人中龍，屈伸時會風雲空。廬陵忠孝兩賢繼，待詔聲名累葉同。致主絲綸三月罷，傳家翰墨八分工。汝父翩翩相公弟，詞場跌宕酣聲伎。才大非關書畫傳，門高不屑公卿貴。老向長安作布衣，主知特達金門戲。先帝齋居好鼓琴，相如召入賜黃金。大絃張急宮聲亂，識是君王宵旰心。為君既難臣亦苦，龜山東望思宗魯。左徒憔悴放江潭，忠愛惓惓不忘楚。可惜吾家有逐臣，曲終哀怨無人補。欲譚治道將琴諫，

審音先取宮商辨。怡神玉几澹無為，雲門樂作南薰殿。君臣朋友盡和平，四海熙然致清晏。聖主聞聲念舊臣，名家絕藝嗟稱善。歸來臥疾五湖雲，垂死干戈夢故君。綠綺暗塵書卷在，脊令原上戴顒墳。雍門歌罷平陵曲，報韓子弟幾湛族。竺隖祠堂鬼火紅，閶門池館蒼鼯宿。汝念先人供奉恩，抱琴長向荒江哭。滿目雲山入舊圖，只今無地安茅屋。誰將妙跡享千金，後人餒死空山麓。與君五世通中表，相國同朝悲宿草。尋山結伴筍輿遊，汝父平生與我好。看君才調擅丹青，畫舫相逢話死生。君不見信國悲歌青史裏，古來猶子重家聲。

　　文園公　王士禎《居易錄》：「輪庵和尚名同揆，明相國文文肅弟啟美之子。少為諸生。名果，字園公。」尤侗《奏對備忘錄跋》：「鼎革之後，棄家出遊，足跡殆徧天下。晚至滇南，從事戎幕。臨陣，幾為礮傷，於是翻然薙髮，參禪受荊於南嶽退翁。」　**丞相**　《明史·文震孟傳》：「文震孟，字文起，吳縣人，待詔徵明曾孫也。弱冠舉於鄉，十赴會試，至天啟二年殿試第一。崇禎八年，擢禮部左侍郎，兼東閣大學士。斥歸，尋卒。福王時，追諡文肅。」　**人中龍**　《晉書·宋纖傳》：「馬岌嘗訪纖，不得見，歎曰：『名可聞，身不可見，人中龍也。』」　**廬陵忠孝**　《宋史·文天祥傳》：「厓山破，張弘範曰：『國亡，丞相忠孝盡矣。』」　**兩賢**　汪琬《文文肅公傳》：「先世自衡屢遷，始定居於蘇。有諱林者，偕其弟森，後先舉進士。林官至溫州知府，森巡撫都御史。而文之族始大。」　**待詔**　《明史·文苑傳》：「文徵明，長洲人。初名璧，以字行。更字徵仲，別號衡山。正德末，巡撫李充嗣薦之朝，會徵明亦以歲貢生詣吏部試，奏授翰林院待詔。尋致仕。四方乞詩文書畫者接踵於道，文筆徧天下。嘉靖三十八年卒，年九十矣。」　**累葉**　《明史·文苑傳》：「長子彭，字壽丞。次子嘉，字休丞。並能詩，工書畫篆刻。」汪琬《文文肅公傳》：「林生翰林待詔徵明，徵明生國子博士彭，彭生衛輝同知元發，元發生公。」　**三月罷**　《明史·文震孟傳》：「震孟既入閣，剛方貞介，有古大臣風，惜三月而斥，未竟其用。」汪琬《文文肅公傳》：「廷推閣員，公資淺，不在推中，特旨命吏部取公年籍、履歷進，遂拜禮部左侍郎，兼東閣大學士，入閣辦事。公之為史官也，值北兵甫退，吏部將借邊才以翻逆案，公再疏爭之，群小已相與側目。繼又上疏請改正《光宗實錄》。因條次所宜改正者，其目凡五。疏入，大忤溫體仁輩意，而帝獨心善其言，手公疏示閣臣。而體仁及王應熊兩人猶斷斷力持之。詰問良久，兩人者辭窮，無以對。由是益與體仁輩忤。既入直，應熊去位，而體仁深中多數，乃力求所以中傷公者。會都給事中許公譽卿及公婚家福建右布政申紹芳得罪，公竟以是罷去。其事絕無左驗，蓋陰藉以傾公也。歸里甫半載而

歿。公性方嚴，不苟合，以是數忤小人。在內閣不滿三月，雖屢見寵顧，而受同官排陷，訖未有所設施。」　**翰墨**　《文氏族譜》：「文肅書蹟徧天下，一時碑版題署與待詔埒。」　**翩翩**　《史記·平原君傳·贊》：「翩翩濁世之佳公子也。」　**相公弟**　《詩小傳》：「文震亨，字啟美，閣學文起之弟也。風姿隱秀，詩畫咸有家法。為中書舍人，給事武英殿。踰年請告歸，遇亂而卒。」朱彝尊《明詩綜》：「詩話：啟美，相君介弟，名掛黨人之籍。王覺斯有言：湛持憂讒畏譏。而啟美浮沉金馬，吟詠徜徉，世無嫉者，由其處世固有道焉。」　**金門**　《史記·滑稽傳》：「褚先生曰：方朔酒酣，歌曰：『陸沉於俗，避世金馬門。』金馬門者，官署門也。旁有銅馬，故曰金馬門。」揚子雲《解嘲》：「今吾子幸得歷金門，上玉堂蓋有日矣。」　**好鼓琴**　陸啟浤《客燕日記》：「崇禎戊寅，上於宮中鳴琴，製《於變時雍》等曲，取《尚書》語為之。內局造琴五百床，內監張姓者主琴務，徧訪知音之士。」　**召入**　《明詩綜》：「詩話：啟美以善琴供奉思陵。」同揆《鼎湖篇·序》：「丁丑、戊寅間，先公受知於烈皇帝，遵旨改撰琴譜，宣定五音正聲，被諸郊祀。上自製《五建皇極》、《百僚師師》諸曲，命先公付尹紫芝內翰，翻譜鉤剔。時司其事者，內監琴張，張奉命出宮嬪褚貞娥等，禮內翰為師，指授琴學，頒賜紫花御書、酒果縑帛之屬，極一時寵遇。」　**大絃急**　《琴操》：「《龜山操》，孔子所作也。季桓子受齊女樂，孔子欲諫不得，退而望魯龜山，作此曲，以喻季氏之蔽魯也。」　**不忘楚**　《史記·屈原傳》：「睠顧楚國，繫心懷王，不忘欲反。」　**雲門**　注見卷四。　**南薰殿**　注見卷四。　**和平**　齊己《聽彈琴》詩：「人心盡如此，天下自和平。」　**清晏**　王嘉《拾遺記》：「河清海晏，至聖之君以為瑞。」　**綠綺**　注見卷四。　**戴顒**　《南史·隱逸傳》：「戴顒，字仲若，譙郡銍人也。父逵，善琴書。顒及兄勃竝受琴於父。出居吳下，吳下士人共為築室。」　**雍門**　劉向《說苑》：「雍門周以琴見孟嘗君，孟嘗君曰：『先生鼓琴，能令我悲乎？』周曰：『所能令悲者，先貴後賤，先富後貧。今足下千乘之君，雖有善琴，不能使足下悲也。然千秋萬歲之後，高臺傾，曲池塹，墳墓既以平，嬰兒牧子樵採者，躑躅而歌其上，曰：夫以孟嘗君尊貴，乃若是乎！』引琴而歌之，孟嘗君涕泣增哀，下而就之曰：『聞先生琴，立若破國亡邑之人也。』」　**平陵曲**　注見卷一。　**報韓**　注見卷一。　**幾湛族**　《漢書·鄒陽傳》：「軻湛七族。」應劭曰：「湛，沒也。讀曰沈。」《明史·文震孟傳》：「震孟二子：秉、乘。乘遭國變，死於難。」《集覽》：「文乘字印符，吳縣諸生。文肅公門下士。吳易起兵吳中，時偶來通問，事泄，被收，土國寶命殺之。」　**竺隝**　汪琬《文文肅公傳》：「長子秉隱居竺塢之丙舍。」　**池館**　陳維崧《湖海樓集》：「藝圃，其先為文文肅公清瑤嶼。」汪琬《文文肅公傳》：「嘗抵其讀書之所，所謂青瑤嶼者，

俛清沼，攀修柳，慨然久之。」《蘇州府志》：「香草垞在閶門內高師巷，中書文震亨即
馮氏廢圃以構，中有四嬋娟堂、繡鋏堂、籠鵞閣、斜月廊、嘯臺、玉局齋，喬柯奇右，
方池曲沼，鶴樓鹿柴，魚牀燕幕，以至纖筠弱草，盎峰盆卉，無不被以嘉名。」 **享
千金** 魏文帝《典論》：「里語曰：『家有敝帚，享之千金。』」 **五世中表** 案：待
詔為先生高祖諱愈之壻，則先生與啟美為中表兄弟。自待詔至園公，正五世也。 **信
國** 《宋史‧文天祥傳》：「益王殂，衛王繼立，加天祥少保、信國公。」 **猶子** 《集
覽》：「阮氏曰：『信國與其弟璧同榜進士。弟仕元，至安撫使。空坑之敗，信國子失去
無存，後以弟子為嗣。元仁宗以信國盡節，官其子集賢。』」

畫中九友歌

華亭尚書天人流，墨花五色風雲浮。至尊含笑黃金投，殘膏剩馥雞
林求。玄宰。太常妙跡兼銀鉤，樂郊擁卷高堂秋。真宰欲訴窮雕鎪，解衣
盤礴堪忘憂。煙客。誰其匹者王廉州，神姿玉樹三山頭，擺落萬象煙霞
收。尊彝斑剝探商周，得意換卻千金裘。元照。檀園著述誇前脩，丹青餘
事追營丘。平生書畫置兩舟，湖山勝處供淹留。長蘅。阿龍北固持雙矛，
披圖赤壁思曹劉。酒醉灑墨橫江樓，蒜山月落空悠悠。龍友。姑蘇太守今
僧繇，問事不省張兩眸。振筆忽起風颼颼，連紙十丈神明遒。爾唯。松圓
詩老通清謳，墨莊自畫歸田遊。一犁黃海鳴春鳩，長笛倒騎烏牸牛。孟
陽。花龕巨幅千峰稠，小景點出林塘幽。晚年筆力凌滄洲，幅巾鶴髮輕
王侯。潤甫。風流已矣吾瓜疇，一生迂癖為人尤，僮僕竊罵妻孥愁。瘦如
黃鵠閒如鷗，煙驅墨染何曾休。僧彌。

華亭尚書 見卷五注。 天人 魚豢《魏略》：「邯鄲淳見曹植才辯，歎為天
人。」《莊子‧天下》篇：「不離於宗，謂之天人。」 至尊含笑 少陵《丹青引贈
曹將軍霸》：「至尊含笑催賜金。」 殘膏剩馥 《唐書‧杜甫傳‧贊》：「他人不足，
甫乃厭餘，殘膏賸馥，沾丐後人。」 雞林 注見卷四。 太常 王士禛《芝廛集
序》：「太常公以風流宏長，巍然為江左文獻，尤擅者六法，寸縑尺素，流傳海外，世
之論者以比黃公望，而年壽亦如之，此非煙雲供養者不能。」《文集‧王煙客七十壽
序》：「先朝論畫，取元四大家為宗，繇石田山人後。宗伯為集其成，而奉常略與相亞。」
銀鉤 周越《書苑》：「晉索靖草書絕代，名曰銀鉤蠆尾。」《續畫鑑》：「太常工山水，
尤長八分書。」 樂郊 《文集‧王煙客七十壽序》：「江南故多名園，其最者曰樂郊。
煙巒洞壑，風亭月榭，經營位置，有若天成。」 解衣盤礴 注見卷四。 王廉州

《續圖繪寶鑑》：「王鑑，字元照，太倉人。善畫山水，仿董、巨者居多。」鄧孝威《詩觀初集》：「元照乃弇州先生之曾孫，舊任廉州太守。」　檀園　《詩小傳》：「李流芳，字長蘅，嘉定南翔里人。其讀書處曰檀園，因以為號。萬曆丙午舉於鄉。詩宗斜川、香山，書宗東坡，畫出入元人，尤嗜吳仲圭。性好山水，中歲於西湖尤數云。」　營丘　湯垕《畫鑑》：「李成，營丘人。世業儒，胸次磊落。善畫山水竹木，當時稱為第一。」王士禎《居易錄》：「畫家有兩李。營丘北宋李成，人皆知之。南宋李永，亦稱營丘，知之者殊少。太原王穉登云：『李營丘以山水擅名，為宋畫院第一。』謂永也。」　兩舟　黃山谷《贈米元章》詩：「滄江夜靜虹貫月，定是米家書畫船。」任淵注：「米元章為江淮發運，揭牌行舫之上，曰米家書畫船。」　阿龍　《明史·楊文驄傳》：「楊文驄，字龍友，貴陽人。萬曆末舉於鄉。崇禎時，官江寧知縣。福王立，累擢右僉都御史，巡撫蘇松。南京破，唐王拜為兵部右侍郎，提督軍務，援衢州。大清兵至，被獲，不屈死。」余懷《板橋雜記》：「龍友以書畫擅名，董文敏公劇賞之。」　北固　祝穆《方輿勝覽》：「京口北固山，勢臨長江，地險固。蔡謨起樓其上，以置軍實。梁武帝登望，改曰北顧。」《明史·楊文驄傳》：「以兵部郎中監軍京口，以金山踞大江中，控制南北，請築城以資守禦。及大清兵臨江，文驄駐金山，扼大江而守。尋擢巡撫，兼督沿海諸軍，乃還駐京口，合鄭鴻逵等兵南岸，與大清兵隔江相持。」　赤壁　《通鑑綱目》：「曹操東下，孫權遣周瑜、魯肅等與劉備迎擊於赤壁，大破之。」餘見卷五。　蒜山　《圖經》：「蒜山在潤州西二里，與金山對，俗名銀山。」劉楨《京口記》：「蒜山無峰嶺，北懸臨江中。魏文帝南望而致歎。」曹畋《潤州類槀》：「蒜山在江上，說者曰山多澤蒜，故名。一說謂周瑜、諸葛亮會此，議拒曹操，當作計算之算。」　姑蘇太守　《續圖繪寶鑑》：「張學曾，字爾唯，會稽人。中書舍人出任吳郡太守。自幼好書畫，重交遊。凡有技能者，莫不友善。書學蘇長公，畫仿元人筆。」《蘇州府志》：「知府張學曾，字約庵，副榜，順治十二年任。」　僧繇　夏士良《圖繪寶鑑》：「張僧繇，吳人，梁天監中歷官至右將軍、吳興太守，以丹青馳譽於時。世謂之僧繇畫氣骨奇偉，當與顧、陸並驅爭先。」　松圓詩老　《明史·文苑傳》：「程嘉燧，字孟陽，休寧人。工詩善畫，人稱曰松圓詩老。」周亮工《讀畫錄》：「孟陽善畫山水，兼能寫生。」　墨莊　張邦基《墨莊漫錄自序》：「僕性喜藏書，隨所寓，榜曰墨莊。」　一犁　懷寧楊邦直曰：「馮辰詩：『東風花外錦鴻啼，喚起東山雨一犁。』」　黃海　王存《九域志》：「山有雲，如海，稱黃海，一稱雲海。」《黃山志》：「山時有鋪海之期，白雲四合，彌望如海。」　烏犉牛　《晉書·王獻之傳》：「桓溫使畫扇，誤落筆，因畫作烏駁犉牛。」《魏書·胡叟傳》：「恒乘一犉牛。」《廣韻》：「牝牛也。」　花龕　《蘇

州府志》：「卞文瑜，字潤甫，長洲人。工書山水，不名一家。生平無定居，藥爐茗椀，到處自隨。」　　**瓜疇**　《文集·邵山人墓誌》：「邵彌，字僧彌，長洲人。清羸奇秀，好學多才藝，於詩宗陶、韋，於畫仿宋元，於草書出入大小米，而楷法逼虞、褚，稱絕工。平生揮灑小幀尺幅，人皆藏弆以為重。性舒緩，有潔癖，整拂巾屐，經營几硯，皆人所不急，而君為之煩數纖悉，僮僕患苦，妻子竊罵，終其身不改。」　　**煙驅墨染**《南史·庾肩吾傳》：「徒以煙墨，不言受其驅染。紙札無情，任其搖襞。」

銀泉山

　　銀泉山下行人稀，青楓月落魚燈微。道旁翁仲忽聞語，火入空壙燒寶衣。五陵小兒若狐兔，夜穴紅牆縣官捕。玉**椀**珠襦散草間，云是先朝鄭妃墓。覆雨翻雲四十年，專房共輦承恩顧。禮數縶來母后殊，至尊錯把旁人怒。承直中宮侍宴回，血裏銀環不知數。豈有言辭忤大家，蛾眉薄命將身誤。宮人斜畔伯勞啼，聲聲為怨驪姬訴。盡道昭儀殉夜臺，萬歲千秋共朝暮。宮車一去不相隨，當時枉信南山錮。只今雲母似平生，皓齒明眸向誰妬。選侍陵園亦已荒，移宮事蹟更茫茫。兩朝臺諫孤忠在，一月昭陽舊恨長。總為是非留信史，卻憐恩寵異前王。路人尚說東西李，
自注：二李寢園亦在山下。指點飛花入壞牆。

　　銀泉山　汪懷德《燕邸紀聞》：「神宗皇貴如鄭氏葬銀泉山。」王在晉《國朝山陵考》：「銀泉山在昭陵之西，去九龍池五里。」　　**魚燈**　注見卷四。　　**翁仲**　《〈魏志·明帝紀〉注》：「景初元年，大發銅，鑄作銅人二：一曰翁仲，一曰君何足，列坐於司馬門外。」劉克莊《朝陵》詩：「夜聞翁仲草間哭。」　　**寶衣**　注見卷四。　　**紅牆**　，顧炎武《昌平山水記》：「凡陵及諸妃嬪諸王之墓及上所御殿，其外垣皆塗以紅土。」　　**縣官**　注見卷三。　　**玉椀珠襦**　《漢武故事》：「鄠縣有一人於市貨玉杯，吏疑其御物，欲吹之，因忽不見。縣送其器推問，乃茂陵中物也。光自呼吏問之，說市人形貌如先帝。」沈炯《行經通天臺弔漢武帝表》：「甲帳珠廉，一朝零落。茂陵玉椀，遂出人間。」珠襦，注見卷四。　　**鄭妃**　《明史》：「恭恪皇貴妃鄭氏，大興人，萬曆初入宮，封貴妃。生皇三子福王，進封皇貴妃，帝寵之。外庭疑妃有立己子謀，群臣爭言立儲事，章奏累數千百，皆指斥宮闈，攻擊執政，帝槩置不問，由是門戶之禍大起。神宗崩，遺命封皇后，禮部侍郎孫如遊爭之乃止。及光宗崩，有言妃與李選侍同居乾清宮謀垂簾聽政者，久之始息。崇禎三年七月薨。」　　**覆雨翻雲**　少陵《貧交行》：「翻手為雲覆手雨。」　　**專房共輦**　《晉書·后妃傳》：「武帝胡貴嬪最蒙愛幸，

有專房之寵。」《漢書‧外戚傳》：「武帝〔註5〕遊於後庭，嘗欲與班婕妤同輦載。」　血裹銀環　《史記‧袁盎傳》：「上幸上林，皇后慎夫人從其在禁中，常同席坐。及坐，袁盎引卻慎夫人坐，曰：『臣聞尊卑有序則上下和。今陛下既已立后，慎夫人乃妾，妾主豈可與同坐哉？』」按：「禮數緣來母后殊」，暗用此事。禮數，見《青門曲》。　《明史‧丁元薦傳》：「員外郎於玉立疏言：陛下寵幸貴妃，宴逸無度，恣行威怒，鞭笞群下，宮人奄豎無辜死者千人。」銀環，注見卷四。　宮人斜　陸元輔《菊隱紀聞》：「古葬宮人之所，謂之宮人斜。京城阜寧門外五里許，有靜樂堂，磚甃二井，屋以塔。南通方尺門，謹閉之。井前結石為洞，四方通風，凡宮人病死，非有名稱者，例不賜墓，則出之禁城。後順貞門，旁右門，承以殮具，舁出元武門，經北上門，北中門，達安樂堂，授其守者，召本堂土工，移北安門外，易以朱棺，禮送之靜樂堂火葬塔井中。凡宮人，故必請旨。每出，必以銅符，合符乃遣。嘉靖末，有貴嬪捐貲易民地數畝，其焚爐不願井者，悉內地中。」　伯勞　《左傳》「伯趙氏」《注》：「伯趙，伯勞也，以夏至鳴，冬至止。」　驪姬　《左傳‧莊二十八年》：「晉伐驪戎，驪戎男女以驪姬歸，生奚齊。其娣生卓子。驪姬嬖，欲立其子，賂外嬖梁五與東關五，使言於公。二五卒與驪姬譖群公子而立奚齊。」　宮車　江淹《恨賦》：「一旦魂斷，宮車晚出。」《注》：「《史記》：『王稽謂范雎曰：宮車一日晏駕，是事之不可知也。』」　不相隨　樂天《感故張僕射諸妓》詩：「一朝身去不相隨。」　南山錮　注見卷四。　雲母　《本草綱目》：「華容方台山出雲母，土人候雲所出之處，其下掘取，無不大獲。李時珍曰：昔人言雲母壅屍，亡人不朽。盜發馮貴人冢，形貌如生，有雲母壅之故也。」　選侍　《明史‧后妃傳》：「康妃李氏，光宗選侍也。最有寵，嘗撫視熹宗。光宗即位，不豫，召大臣入，帝御暖閣，憑几，命封選侍為皇貴妃。選侍趣熹宗出，曰：『欲封后。』帝不應。既而帝崩，選侍尚居乾清宮。外庭恟懼，疑選侍欲聽政，大學士劉一燝、吏部尚書周嘉謨、兵科都給事中楊漣、御史左光斗等上疏力爭，選侍移居仁壽殿。」《楊忠烈公墓誌》〔註6〕：「光宗崩，李選侍踞乾清宮，群奄教選侍閉皇長子，不聽。出度外庭，無可如何。楊公漣首定大計，大行在乾清，群臣哭，臨畢，即擁皇長子升文華殿，呼萬歲，暫御慈慶宮，須選侍移宮而復，則群奄之計格矣。初詣乾清宮，奄人持梃誰何，公大罵奴才，手挺卻之。將及宮門，內侍傳李娘娘命，追呼拉還者至再。公復手格叱退之。皇長子既居慈慶，選侍猶踞乾清，不肯去，宣言將垂簾。公抗論於朝房，於掖門，於殿廷者，日以十數；叱小豎于麟趾門者一，叱閣臣方從哲及大奄於朝者再，選侍乃

〔註5〕按：「武帝」乃「成帝」之誤。《吳詩集覽》正作「成帝」。
〔註6〕見錢謙益《牧齋初學集》卷五十。

－213－

移一號殿,而天子復還乾清。移宮之日,奮髥叫呼,聲淚迸咽,言選侍能於九廟前殺我則已,今日不移宮,死不出矣。聲徹御座,殿陛皆驚,帝語近侍:『鬍子官真忠臣也。』」 **一月昭陽** 《集覽》:「光宗在位一月。所云『一月昭陽舊恨長』者,西李居乾清之月也。」 **東西李** 秦徵蘭《天啟宮詞》注:「光廟選侍,李姓者有二。其一即光廟彌留時,固邀封后,后封康妃者,宮中稱西李娘娘。其一為莊妃,烈皇帝嬰年失恃,奉神廟旨,託命保護,同居勖勤宮者也,宮中稱東李娘娘。位列西宮右,而寵眷不逮。」

田家鐵獅歌

　　田家鐵獅屹相向,舓舑蹲夷信殊狀。良工朱火初寫成,四顧諸嗟覺神王。先朝異物徠西極,上林金鎖攀楹出。玉關罷獻獸圈空,刻畫丹青似爭力。武安戚里起高門,欲表君思示子孫。鑄就銘詞鐫日月,天貽神獸守重闍。第令監奴睛閃爍,老熊當路將人攫。不堪此子更當關,鉤爪張眸吐銀齶。七寶香猊玉辟邪,嬉遊牽伴入侯家。圉人新進天閑馬,御賜仍名獅子花。假面羌胡裝雜伎,獀猊突出拳毛異。跳擲聲聲畫鼓催,條支海上何縣致。異材逸獸信超群,其氣無乃如將軍。將軍豈是批熊手,瞋目哮呼天下聞。省中忽唱田蚡死,青犢明年食龍子。蝦蟇血灑上陽門,三十六宮土花紫。此時鐵獅絕可憐,兒童牽挽誰能前。橐駝磨肩牛礪角,霜催雨蝕枯藤纏。主人已去朱扉改,眼鼻塵沙經幾載。鎖鑰無能護北門,畫圖何處歸西海。吾聞滄洲鐵獅高數丈,千年猛氣難凋喪。風雷夜半戲人間,柴皇戰伐英靈壯。蘆溝城雉對西山,橋上征人竟不還。枉刻蹲獅七十二,桑乾流水自潺潺。秋風吹盡連雲宅,鐵鳳銅烏飛不得。卻羨如來有化城,香林獅象空王力。扶雀犀牛見太平,月支使者貢西京。并州精鐵終南冶,好鑄江山莫鑄兵。

　　田家鐵獅 陳奮永《寄齋集》:「禁城後之交衢有鐵獅焉,巷即以名。明戚里田氏物。自田怙寵時,卿大夫之車馬日盤桓其間。明亡,田氏死,垂二十年無過者。」 **舓舑蹲夷** 王延壽《魯靈光殿賦》:「玄熊舓舑以齗齗,卻負戴而蹲跠。」李善曰:「舓舑,吐舌貌。蹲跠,踞也。」 **朱火寫** 《晉書‧樂志》:「蘊朱火,燎芳薪。」《越語》:「王令工以良金寫范蠡之像。」《注》:「謂以善金鑄其形也。」 **神王** 《莊子‧養生主》篇:「神雖王,弗善也。」《御覽》:「臧榮緒《晉書》曰:『庾顗參太傅軍事,從子亮少時見顗,怪太傅府中多名士,舉一世秀異。顗處其中,每自神王。』」 **異物徠西極** 《明史‧西域傳》:「撒馬兒罕成化十九年貢二獅,帝遣中使迎之。獅日噉

生羊二。」《漢書‧禮樂志》：「西極天馬歌：『天馬徠從西極。』」　**罷獻**　《明史‧西域傳》：「撒馬兒罕弘治二年貢獅子、鸚鵡諸物。帝曰：『珍禽奇獸，朕不受獻，其即卻還。』明年，又偕土魯番貢獅子。帝曰：『每獻日給一羊，不得妄費。』」　**爭力**　《荀子》：「君子力如牛，不與牛爭力。」　**神獸**　虞世南《獅子賦》：「有絕域之神獸，因重譯而來擾。」　**第令監奴**　《南史‧王偰傳》：「第令必凡庸下才監奴皆葭萌愚豎。」《〈漢書‧霍光傳〉注》：「監奴謂奴之監知家務者。」　**老熊當道**　案：熊當作羆。《北史‧王羆傳》：「神武遣韓軌、司馬子如襲羆。軌眾乘梯入城。羆袒身露髻徒跣，持一白棒，大呼而出，曰：『老羆當道臥，貉子那得過。』敵見，驚退。」　**香猊**　洪芻《香譜》：「香獸以塗金為狻猊，空中以然香，使煙自口中出，以為玩好。」　**辟邪**　《〈後漢書‧靈帝紀〉注》：「鄧州南陽縣北有宗資碑，旁兩石獸，鐫其膊，一曰天祿，一曰辟邪。」《漢書‧西域傳》：「烏弋國有桃拔、師子、犀牛。」孟康曰：「桃拔，一名符拔，似鹿，長尾。一角者或為天鹿，兩角者或為辟邪。拔，布葛反。」王士禎《居易錄》：「天祿、辟邪皆獸名，總謂之桃拔。」　**圉人**　《周禮‧夏官》：「圉人掌養馬芻牧之事。」　**獅子花**　少陵《韋諷錄事宅觀曹將軍畫馬圖歌》：「近時郭家師子花。」注：「《杜陽雜編》：『代宗自陝還，命以御馬九花虯並紫玉轡以賜郭子儀。九花虯身被九花文。亦有師子驄，皆其類也。』《天中記》載杜詩注：『師子花即九花虯也。』」　**假面**　《隋唐佳〔註7〕話》：「高齊蘭陵王長恭面類美婦人，乃著假面以對敵，與周師戰於金墉城下，勇冠三軍，齊人壯之，乃為舞以傚其指揮擊刺之容，即今人面是也。」　**狻猊**　《爾雅‧釋獸》：「狻猊狀如虦貓，食虎豹。」郭璞《注》：「即師子也。」《穆天子傳》：「狻猊日走五百里。」　**條支海**　《史記‧大宛傳》：「條枝在安息西數千里。」《漢書‧西域傳》：「條支國臨西海而有桃拔、師子、犀牛。」餘見卷四。　**批熊**　張協《七命》〔註8〕：「批熊碎掌。」　**哮呼**　虞世南《獅子賦》：「哮呼則江河振盪。」　**省中**　《〈漢書‧昭帝紀〉注》：「蔡邕云：『禁中，避元后父名，改曰省中。』」　**田蚡死**　張守節《史記正義》：「武帝元光三年四月〔註9〕己卯，田蚡薨。」　**青犢**　《後漢書‧光武帝紀》：「別號諸賊青犢等各領部曲眾，合數萬人，所在寇掠。」　**食龍子**　《晉書‧五行志》：「西海公〔註10〕初生皇子，百姓歌曰：『鳳皇生一雛，天下莫不喜。本言是馬駒，今定成龍子。』」《南齊書‧武十七王傳》：「太子長懋一日臥小殿中，夢

〔註7〕「佳」當作「嘉」。
〔註8〕按：此出曹植《七啟》。《集覽》正作「子建《七啟》」。
〔註9〕「三年四月」，《史記正義》、《吳詩集覽》作「四年三月」。
〔註10〕「西海公」，《晉書》卷二十八《五行志中》、《宋書》卷三十一《五行志二》、《吳詩集覽》作「海西公」。

見金翅鳥飛下，搏食小龍無數。後蕭鸞篡位，太子子孫無遺焉。」 **蝦蟇** 《史記·龜策傳》：「褚先生曰：月為刑而相佐，見食於蝦蟆。」陸佃《埤雅》：「蝦蟇，一名蟾蜍，亦名詹諸。」 **上陽** 注見卷五。 **橐駝** 《山海經》：「陽光之山，其獸多橐駝，善行流沙中，日三百里，負千斤。」羅願《爾雅翼》：「古語謂之橐駝。橐，囊也。駝，索的昌黎石負也。今名駱駝，蓋橐音之轉。」 **牛礪角** 昌黎《石鼓歌》：「牧童敲火牛礪角。」 **朱扉改** 先生《綏寇紀略》：「賊破京城，劉宗敏居田弘遇第。」 **鎖鑰** 《宋史·寇準傳》：「準鎮大名，北使至，語準曰：『相公望重，何故不在中書？』答曰：『主上以朝廷無事，北門鎖鑰非準不可。』」 **滄洲鐵獅** 《明一統志》：「滄州在河間府城東一百五十里。」案：本朝割河間之青縣、靜海等七州縣置天津府，滄州屬焉。《大清一統志》：「開元寺在舊滄州城內，有鐵獅子，高一丈七尺，長一丈六尺，相傳周世宗時有罪人鑄以贖罪。今寺廢，鐵獅亦殘矣。」 **柴皇戰伐** 《五代史·周本紀》：「世宗皇帝本姓柴氏。顯德五年乙巳朔，取瀛州。」案：今天津府，唐為瀛、滄二州地。 **盧溝城雉** 《破夢閒談》：「盧溝曉月為畿輔八景之一。崇禎三年後，風景蕭條，議者謂此畿輔咽喉，宜設兵防守，又須築城以衛兵。於是當橋之北，規里許為斗城，局制雖小，而崇墉百雉，儼若雄關。城名拱北，二門，南曰永昌，北曰順治，刱於崇禎丁丑，特設參將控制之。」《左傳·隱元年》：「都城過百雉。」杜氏曰：「一雉之牆，長三丈，高一丈。」 **西山** 注見卷一。 **蹲獅** 《戴司成集》：「盧溝本桑乾河，俗曰渾河，在都城西南四十里。有石橋橫跨，長二百餘步，橋上兩旁皆石欄，雕刻石獅，形狀奇巧。金明昌間所造。」 **桑乾** 徐貞明《潞水客談》：「桑乾水發源於渾源州，經保安之境，則自懷來夾山而下，至盧溝橋。」餘見卷一。 **連雲宅** 潘岳《秋興賦》：「高閣連雲。」太白詩：「連雲升第宅。」 **鐵鳳銅烏** 王勃《九成宮頌序》：「銅烏對霤，鐵鳳連甍。」 **如來** 《淨名妙義鈔》：「梵語維摩詰，此云淨名。過去成佛，號金粟如來。」晁迥《道院集》：「本覺為如，今覺為來，故曰如來。」 **化城** 徐陵《與李那書》：「二乘斯悟，同免化城；六道知歸，皆踰火宅。」《法華經》：「法華道師多諸方便，於險道中化作一城，是時疲極之眾前入大城，生已度想，生安穩想。」**香林師象** 見後注。 **空王** 《圓覺經》：「佛為萬法之王，號曰空王。」《觀佛三昧經》：「過去久遠，有佛出世，號曰空王。」 **扶雀犛牛** 《山海經》：「荊山其中多犛牛。」郭璞曰：「犛，牛屬也，黑色，出南徼外。犛音貍，一音來。」扶雀，未詳。 **月支** 《後漢書·章帝紀》：「章和元年，月支國遣使獻扶拔師子。」 **并州鐵** 任華《懷素草書歌》：「勁直渾似并州鐵。」 **鑄兵** 《左傳·僖十八年》：「鄭伯始朝於楚，楚子賜之金，既而悔之，與之盟曰：『無以鑄兵。』」

題崔青蚓洗象圖

　　嗚呼顧陸不可作，世間景物都蕭索。雲臺冠劍半無存，維摩寺壁全
凋落。開元名手空想像，昭陵御馬通泉鶴。燕山崔生何好奇，書畫不肯
求人知。仙靈雲氣追恍惚，宓妃雒女乘龍螭。平生得意圖洗象，興來掃
筆開屏障。赤羇如披洱海裝，白牙似立含元仗。當時駕幸承天門，鸞旗
日月陳金根。雞鳴鐘動雙闕下，巋然不動如昆崙。崔生布衣懷紙筆，道
衝驄哄金吾卒。仰見天街馴象來，歸去沉吟思十日。眼前突兀加摩娑，
非山非屋非陂陀。昔聞阿難騎香象，旃檀林內頻經過。我之此圖無乃是，
貝多羅樹金沙河。十丈黃塵向天闕，霜天夜踏宮牆月。芻豆支來三品料，
鞭梢趨就千官謁。材大寧堪世人用，徒使低頭受羈緤。京師風俗看洗象，
玉河春水涓流潔。赤腳烏蠻縛雙帚，六街士女車填咽。叩鼻殷成北闕雷，
怒蹄捲起西山雪。圖成懸在長安市，道旁觀者呼奇絕。性癖難供勢要求，
價高一任名豪奪。十餘年來人事變，碧雞金馬爭傳箭。越人善象教象兵，
扶南身毒來酣戰。惜哉崔生不復見，畫圖未得開生面。若使從軍使趙佗，
蒼梧城下看如練。更作昆明象戰圖，止須一疋鵝溪絹。嗟嗟崔生餓死長
安陌，亂離荒草埋殘骨。一生心力付兵火，此卷猶存堪愛惜。君不見武
宗供奉徐髯仙，豹房夜直從游畋。青熊蒼兕寫奇特，至尊催賜黃金錢，
只今零落同雲煙。古來畫家致身或將相，丹青慘澹誰千年。

　　崔青蚓　朱彝尊《曝書亭集·崔子忠傳》：「崔子忠，字開予，一名丹，字道母，
別字青蚓。先世萊陽人，居京師，補順天府學生。具通五經，能詩，尤善畫，華亭董
尚書其昌異之，謂非近代所有。子忠益自重。有以金帛請者，槩不應也。李自成陷京
師，子忠出奔，鬱鬱不自得。會人有觸其意者，走入土室中，匿不出，遂餓而死。」
孫承澤《畿輔人物志》：「崔子忠青蚓，工畫人物，細描設色，自出新意。居京師閭閻
中，蓬蒿翳然，凝塵滿席，興至則解衣盤磚。一妻二女，皆從點染。間出以贈相善者。
若庸夫俗子，用金帛相購，雖窮餓掉頭勿顧也。」〔註11〕　**洗象**　蔣一揆《長安客
話》：「象房在宣武門西城牆北，每歲六月初伏，官校用旗鼓迎象出宣武門，濠內洗濯。」
顧陸　《晉書·文苑傳》：「顧愷之，字長康。博學有才氣，尤善丹青，圖寫特妙，謝
安以為有蒼生已來未之有也。」陸探微，注詳卷七。　**雲臺**　注見卷二。　**維摩寺
壁**　《唐瓦官寺維摩詰畫像碑》：「瓦官寺變相乃晉虎頭將軍顧愷之所畫。」張彥遠《古
今名畫記》：「興寧中，瓦棺寺初置僧眾，設剎會，請朝賢鳴剎注錢。其時士大夫莫有

〔註11〕按：此傳早見周亮工《因樹屋書影》卷五。

過十萬者。至長康打刹,注錢百萬。長康素貧,眾以為大言。後寺僧請勾疏,長康曰:『宜備一壁。』遂閉戶。往來一月餘,日所畫維摩詰一軀。工畢,將點眸子。乃謂寺僧曰:『第一日觀者,請施十萬;二日可五萬;三日可任例責施。』及開戶,光照一寺,施者填咽,俄而得百萬錢。」　**開元**　唐玄宗年號。　**昭陵御馬**　王溥《唐會要》:「高宗欲闡揚先帝徽烈,乃刻石為常所乘破敵馬六匹於昭陵闕下。」宋敏求《長安志》:「昭陵六馬,其一曰拳毛騧,黃馬,黑喙,平劉黑闥時所乘,前中六箭,背中三箭;其二曰什伐赤,純赤色,平王世充時所乘,前中四箭,背中一箭;其三曰白蹄烏,純黑色,四蹄俱白,平薛仁杲時所乘;其四曰特勒驃,黃白色,喙微黑,平宋金剛時所乘;其五曰颯霧紫燕騮,平東都時所乘,前中一箭;其六曰青騅,蒼白雜色,平竇建德時所乘,前中五箭。」　**通泉鶴**　少陵有《通泉縣署屋壁後薛少保畫鶴》詩。案:《一統志》:「通泉廢縣在四川潼川府射洪縣東南。」　**罽**　《爾雅·釋言》:「氂,罽也。」郭璞《注》:「毛氂所以為罽。」邢昺《疏》:「氂,所謂毛罽也。胡人績羊毛而作衣。然則罽者,織毛為之,若今之毛氍毹也。」　**洱海**　注見卷一。　**含元**　唐殿名。　**立仗**　姚旅《露書》:「今朝廷午門立仗及乘輿鹵簿皆用象,不獨取以壯觀,以其性亦馴警,不類它獸也。象以先後為序,皆有位號、食幾、品料,每朝則立午門之左右。駕未出時,縱遊齕草。及鐘鳴鞭響,則肅然翼侍。俟百官入畢,則以鼻相交而立,無一人敢越而進者。朝退,則復如常矣。」　**承天門**　《明史·輿服志》:「正南曰承天門。」徐學聚《明典彙》:「午門之南為承天門。」《憲宗實錄》:「成化元年三月,命工部尚書白圭董造承天門。」　**金根**　《後漢書·輿服志》:「殷端〔註12〕山車,金根之色。」《注》:「殷人以為大路,始皇作金根之車。殷曰乘根,始皇改曰金根。」　**雙闕**　子建《五遊篇》:「閶闔啟丹扉,雙闕曜朱光。」　**騄駬**　注見卷二。　**馴象**　《漢書·武帝紀》:「南越獻馴象。」應劭曰:「馴者,教能拜起周章從人意也。」　**阿難**　注見卷一。　**香象**　《雜寶藏經》:「提醯國王有大香象。」《涅槃經》:「如彼駛流,能漂香象。」　**旃檀**　段成式《酉陽雜俎》:「一木五香,根曰旃檀,節曰沉香,花曰雞舌,葉曰藿,膠曰薰陸。」　**貝多羅樹**　注見卷一。　**金沙河**　王中《頭陀寺碑》:「脫屣金沙。」《注》:「拔河,一名金沙河。」　**三品料**　《唐書·李林甫傳》:「不見夫立仗馬乎?終日無聲,而食三品芻豆。」　**受羈緤**　范成大《桂海虞衡志》:「象形雖大而不勝痛,故得以數寸之鉤馴焉。馴之久者,見象奴來,則低首跪前膝,人踏之以登,則奮而起行。」《左傳注》:「羈,馬羈。緤,馬韁。」　**玉河**　孫國敉《燕都遊覽志》:「玉河即西苑所受玉泉,注入西湖,透迤從御溝流而東,以注於大通

河者。」　**烏蠻**　《梁益州記》:「巂州巂山,其地接諸蠻部,有烏蠻、秋蠻。」　**碧雞金馬**　楊慎《雲南山川志》:「金馬山在雲南府城東二十五里。碧雞山在城西南三十里。」　**扶南**　《南史‧海南諸國傳》:「扶南國,日南郡之南,海西大灣中,去日南可七千里。在林邑西南三千餘里。」《藝文類聚》:「吳時《外國傳》曰:『扶南王盤況少而雄桀,聞山林有大象,輒生捕取之,教習乘騎,諸國聞而伏之。』」　**身毒**　《史記‧大宛傳》:「身毒在大夏東南可數千里,其人民乘象以戰。」　**酣戰**　《韓非子》:「楚、晉人戰於鄢陵,酣戰之時,子反渴而求飲。」　**開生面**　少陵《丹青引贈曹將軍霸》:「將軍下筆開生面。」**使趙佗**　《史記‧南越尉佗傳》:「南越王尉佗者,真定人也,姓趙氏。自立為南越武王。漢十一年,遣陸賈立佗為南越王。高后時,佗自立為南越武帝。孝文帝元年,以賈習使南越,乃召賈以太中大大往使。」　**蒼梧**　《史記‧南越尉佗傳》:「南越平,遂為九郡。」徐廣曰:「儋耳,珠崖,南海,蒼梧,九真,鬱林,日南,合浦,交趾。」《漢書‧地理志》:「蒼梧郡,武帝元鼎六年開。」　**昆明**　注見卷一。　**象戰圖**　《唐書‧真臘傳》:「有戰象五千。」郭若虛《圖書見聞志》:「涿郡高益有《南國鬥象圖》。」　**徐髯仙**　《松江府志》:「徐霖,字子仁,自號九峰道人,或呼為髯仙。」夏士良《圖繪寶鑑》:「徐髯仙善書畫,得之者莫不愛之。」尤侗《明史樂府》注:「徐霖居金陵,築快園,極遊觀聲伎之樂。武宗南巡,臧賢薦入行宮,應製詞曲。扈從還京,宿御榻前,授官,固辭。會上賓,歸里。」　**豹房**　《明史‧武宗紀》:「正德二年八月丙戌,作豹房。」《武宗實錄》:「正德二年八月,蓋造豹房、公、前後廳房並左右廂歇房。上朝夕處此,不復入大內矣。七年,添修豹房,屋二百餘間,費銀二十四萬餘兩。」孫國籹《燕都遊覽志》:「豹房在西苑太液池西北隅。」　**雲煙**　周亮工《因樹屋書影》:「東坡《寶繪堂記》:『煙雲之過眼,百鳥之感耳。』為留意書畫者發也。元周密記所見書畫,著《雲煙過眼錄》四卷,本坡公語也。」　**將相**　《宣和畫譜》:「李思訓,唐宗室也,妙極丹青,官至左武衛大將軍。其子昭道,於此亦不凡。故人云大李將軍、小李將軍。」《唐者‧閻立本傳》:「以立以畫見名。既輔政,時姜恪以戰功擢左相,故時人有『左相宣威沙漠,右相馳譽丹青』之嘲。」　**慘澹**　少陵《丹青引贈曹將軍霸》:「意匠慘澹經營中。」

松山哀

　　拔劍倚柱悲無端,為君慷慨歌松山。盧龍蜿蜒東走欲入海,屹然揩拄當雄關。連城列障去不息,茲山突兀煙峰攢。中有壘石之軍盤,白骨撐距凌巑岏。十三萬兵同日死,渾河流血增奔湍。豈無遭際異,變化須

臾間。出身憂勞致將相，征蠻建節重登壇。還憶往時舊部曲，喟然歎息摧心肝。嗚呼！玄菟城頭夜吹角，殺氣軍聲振寥廓。一旦功成盡入關，錦裘跨馬征夫樂。天山回首長蓬蒿，煙火蕭條少耕作。廢壘斜陽不見人，獨留萬鬼填寂寞。若使山川如此閒，不知何事爭強弱。聞道朝廷念舊京，詔書招募起春耕。兩河少壯丁男盡，三輔流移故土輕。牛背農夫分部送，雞鳴關吏點行頻。早知今日勞生聚，可惜中原耕戰人。

  松山 《御製通鑑綱目三編》：「崇禎十五年春二月戊午，我大清兵克松山，洪承疇降，遂下錦州。」《大清一統志》：「松山在錦州府錦縣南十八里。舊松山所城在其西。」《明史·曹變蛟傳》：「崇禎十三年五月，錦州告急，變蛟以東協總兵從總督洪承疇出關。十四年三月，命變蛟及楊國柱、王樸、唐通、白廣恩、馬科、吳三桂、王廷臣凡八大將、兵十三萬、馬四萬並駐寧遠，承疇主持重，而朝議以兵多餉艱。職方郎張若騏趣戰，承疇錦州總兵祖大壽被圍久，議急救錦州。七月二十八日，諸軍次松山營西北岡，數戰，圍不解。八月，國柱戰歿，以山西總兵李輔明代之。承疇命變蛟營松山之北、乳峰山之西，而列七營兩山間，環以長壕。俄聞我太宗文皇帝親臨督陣，大懼。及出戰，又數敗，餉道又絕，諸將遂謀潛遁。八月二十一日初更，樸先走，通、科、三桂、廣恩、輔明亦走。自杏山迤南沿海，東至塔山，為大清兵邀擊，溺海死者無算，餘悉被戮。惟三桂、樸奔入杏山。變蛟、廷臣聞敗，馳至松山，與承疇固守。居數日，三桂、樸欲自杏山達寧遠。至高橋遇伏，大敗，僅以身免。先後喪士卒凡五萬三千七百餘人。自是錦州圍益急，而松山亦被圍，應援俱絕矣。明年二月，副將夏成德為內應，松山遂破，承疇、變蛟、廷臣及巡撫丘民仰、故總兵祖大樂、兵備道張斗、姚恭、王之楨、副將江翥、饒勳、朱文德等十一人、參將以下百餘人皆被執見殺，承疇降。三月，大壽遂以錦州降。杏山、塔山連失，京師大震。」 盧龍 《明一統志》：「盧龍即秦右北平地。曹操北征，田疇自盧龍引軍出塞，塹山湮谷五百餘里，即此也。」 雄關 《明一統志》：「山海關在永平府撫寧縣東，其北為山，其南為海，相距不數里許，實險要之地。本朝魏國公徐達移榆關於此，改今名。」 十三萬兵 《大清一統志》：「豫郡王多鐸，太祖高皇帝第十五子。明洪承疇率十三萬眾來援錦州，敗走，王設伏以待明兵，殲焉。」 渾河 《一統志》：「渾河源出長嶺子納綠窩集，曰納綠河，西流入英額邊門，會噶桑阿河為渾河。」 征蠻 《八旗通志》：「洪承疇，世居福建漳州府。崇德六年，率兵來援錦州。被擒，隸旗籍。順治二年，以大學士、總督軍務招撫江南各省地方。十年，出為湖廣等處五省經略，疏陳全楚情形，往來長沙，四應調度。十五年，克取貴州。十六年三月，我兵追剿偽桂王，破騰越州，至南

甸，從三宣六慰路遁去。十八年，追敘前功，授三等阿達哈哈番世職。康熙四年，病卒，諡文襄。」惠棟《精華錄訓纂》：「順治十年六月庚寅，上諭內三院：湖南、兩廣地方雖漸底定，滇、黔阻遠，尚未歸誠。朕將以文德綏遠，不欲勤兵黷武；而遠人未諭朕心，時復蠢動。若全恃兵威，恐至玉石俱焚，非朕承天愛民本念。必得宿望重臣，曉暢民情、練達治體者，假以便宜，相機撫剿，方可敉寧。朕遍察廷臣，無如大學士洪承疇，特陞太傅兼太子太師、內翰林國史院大學士、兵部尚書兼都察院右副都御史，經略湖廣、廣東、廣西、雲南、貴州等處地方，總督軍務，兼理糧餉。聽擇扼要處所駐紮。一應撫剿事宜，不從中制，事後報聞。務使近悅遠來，稱朕誕敷文德至意。」《鈍翁類稾‧洪亨九太傅七十壽序》：「當公之視師長沙也，湖嶺以南，跳刀走戟，乘間竊發者甚眾。公揣刈而招徠之，備有方略。羽書所被，西南諸君長咸稽首受吏，遂通漓荔之江，開苴蘭之道。」　部曲　《漢書‧百官公卿表》：「將軍領軍皆有部曲。大將軍營五部，部校尉一人。部有曲，曲有軍候一人。」鮑明遠《代東武吟》：「將軍既下世，部曲亦罕存。」　玄菟城　《漢書‧武帝紀》：「元封三年夏，朝鮮斬其王右渠降，以其地為樂浪、師屯、玄菟、真番郡。」　天山　蕭希《參通錄》：「雪山、祁連山、白山，其實天山。」《後漢書注》：「白山冬夏有雪，故曰白山，匈奴謂之天山，過之者皆下拜。」杜詩注：「天山即祁連山，一名雪山，在伊州，其名四，其實則一。」生聚　《左傳‧哀元年》：「越十年生聚，而十年教訓。」

臨淮老妓行

臨淮將軍擅開府，不鬥身強鬥歌舞。白骨何如棄戰場，青娥已自成灰土。老大猶存一妓師，柘枝記得開元譜。才轉輕喉便淚流，尊前訴出漂零苦。妾是劉家舊主謳，冬兒小字唱梁州。翻新水調教桃葉，撥定鴉弦授莫愁。武安當日誇聲伎，秋娘絕藝傾時世。戚里迎歸金犢車，後來轉入臨淮第。臨淮遊俠起山東，帳下銀箏小隊紅。巧笑射棚分畫的，濃妝毬仗簇花叢。縱為房老腰肢在，若論軍容粉黛工。羊偘侍兒能走馬，李波小妹解彎弓。錦帶輕衫嬌結束，城南挾彈貪馳逐。忽聞京闕起黃塵，殺氣奔騰滿川陸。探騎誰能到薊門，空閒千里追風足。消息無憑訪兩宮，兒家出入金張屋。請為將軍走故都，一鞭夜渡黃河宿。暗穿敵壘過侯家，妓堂仍訝調絲竹。祿山褻將帶弓刀，醉擁如花念奴曲。倉卒逢人問二王，武安妻子相持哭。薰天貴勢倚椒房，不為君王收骨肉。翻身歸去遇南兵，退駐淮陰正拔營。寶劍幾曾求死士，明珠還欲致傾城。男兒作健酧杯酒，

女子無愁發曼聲。可憐西風怒，吹折山陽樹。將軍自撤沿淮戍，不惜黃金購海師。西施一舸東南避，鬱洲崩浪大於山。張帆捩柁無歸處，重來海口豎降幡。全家北過長淮去，長淮一去幾時還，誤作王侯邸第看。收者到門停奏伎，蕭條西市歎南冠。老婦今年頭總白，淒涼閱盡興亡跡。已見秋槐隕故宮，又看春草生南陌。依然絲管對東風，坐中尚識當時客。金穀田園化作塵，綠珠子弟更無人。楚州月落清江冷，長笛聲聲欲斷魂。

　　臨淮老妓　《元和郡縣志》：「泗水臨淮郡，漢武帝置，南臨淮水，西枕汴河路，東至楚州二百二十里。」《明一統志》：「淮安府，漢屬臨淮郡。」尤侗《宮閨小名錄》：「冬兒劉東平，歌妓，吳梅村作《臨淮老妓行》。」陳維崧《婦人集》：「臨淮老妓，某戚畹府中淨持也，後為東平侯女教師。」　**開府**　王士禎《香祖筆記》：「劉澤清，字鶴洲，山東曹州人。天啟中，戶書郭允厚家奴也。後充本州捕盜弓手。少無賴，為鄉里所惡。徙居曹縣。遭離亂，從軍，積功至總兵官。金陵立福王，以為藩伯，開府淮陰。」孫伯度《南征紀略》：「淮城，南北之會，陸臨津梁。有明之末，藩鎮劉澤清建牙此地，尾大不掉，威福自擅，竭淮民之力以峻宇雕牆，公私俱困。又勢處要害，兵火相尋，官舟蕩析，乃拏估人船兼前榷使，為政苛虐，南水行李皆迂道徐泗，以避虞羅。」鄒流綺《遺聞》：「淮安自路振飛、王燮拮据義士，同心戮力，頗成鞏固。振飛去後，甲申五月，劉澤清突來盤踞，散遣義士。桀驁者籍之部下搶劫，村落一空。與淮撫田仰日肆歡飲。大兵南下，有問其如何御者，澤清曰：『吾擁立福王而來，以此供我休息。萬一有事，我自擇江南一郡去耳。』八月，澤清大興土木，造宅淮安，極其壯麗，四時之室俱備，僭擬皇居，休卒淮上，無意北征。」　**身強**　杜詩：「客子鬥身強。」　**妓師**　見下注。　**柘枝譜**　樂史有《柘枝譜》。餘見卷五。　**主謳**　劉禹錫《泰孃歌引》：「泰孃本韋尚書家主謳者。」　**梁州**　《大唐傳載》：「天寶中，樂章多以邊地為名，如梁州、甘州、伊州之類皆是。」張固《幽閒鼓吹》：「段和尚善琵琶，自製《西涼州》，崑崙求之，不與。至是，以樂之半贈之，乃傳焉。今曲調梁州是也。」　**水調**　注見卷四。　**鶪絃**　注見卷四。　**莫愁**　吳兢《樂府古題要解》：「石城有女子，名莫愁，善謳歌。」　**秋娘**　注見卷五。　**金犢車**　溫飛卿《春曉曲》：「油壁車輕金犢肥。」袁子才曰：「冬兒與陳圓圓同為田弘遇所畜伎，後歸劉澤清。」　**起山東**　《明史·劉澤清傳》：「澤清，山東人。初以將材授遼東定前衛守備，遷山東都司僉書，加參將。歷官左都督，鎮守山東。十六年二月，賊圍開封，澤清赴援。聞京師陷，走南都，福王以為四鎮之一，封東平伯。」　**射棚**　《宋史·禮志》：「凡遊幸池苑，或命宗室武臣射。苑中皆有射棚，畫暈的，射則用招箭班三十人，服

緋紫繡衣，帕首，分立左右，以唱中否。」　**毬仗**《宋史・儀衛志》：「毬仗金塗銀
裹以供奉，官騎執之，分左右前導。」白樂天詩：「將軍掛毬仗，看按柘枝來。」　**房
老**　王子年《拾遺記》：「翾風，石崇愛姬也。年三十，妙年者爭嫉之，云胡女不可為
群。崇受譖潤之言，即退翾風為房老，使主群少。」　**羊侃侍兒**《南史・羊侃傳》：
「侃性豪侈，姬妾列侍，窮極奢靡。」　**李波小妹**《北史・李孝伯傳》：「廣平人李
波宗族彊盛，殘掠不已，公私成患，百姓語曰：『李波小妹字雍容，左射右射必疊雙。
婦女尚如此，男子那可逢。』」　**探騎**　張籍《關山月曲》：「軍中探騎夜出城。」　**薊
門**　蔣一葵《長安客話》：「今都城德勝門，外有土城，相傳是古薊門遺址。亦曰薊丘。
舊有樓館，並廢，但門存。二土阜旁多林木，蓊翳蒼翠。京師八景有薊門煙樹，即此。」
追風　崔豹《古今注》：「秦始皇有七馬，一曰追風驃。」王粲《七釋》：「追風之馬，
出自遐福。」　**走故都**　陳其年《婦人集》：「甲申，京都失守，東平侯欲偵兩宮音
息，而賊騎充斥，麾下將無一人肯行，老妓奮然曰：『身給事戚畹邸中久，宜往。』遂
易靯鞳，持匕首，間關數千里，穿賊壘而還。」　**祿山**　姚汝能《安祿山事蹟》：「安
祿山，營州雜胡種也。母阿德氏，為突厥巫，無子，禱於軋犖山神，應而生，遂名軋
犖山。少孤，隨母改嫁安氏，乃冒安姓，名祿山焉。」　**念奴**　元微之《連昌宮詞》：
「力士傳呼覓念奴，念奴潛伴諸郎宿。」自注：「念奴，天寶中名倡，善歌。每歲樓下
大酺，累日之後，萬眾喧溢，眾樂為之罷奏。明皇使高力士大呼曰：『欲遣念奴唱歌，
邠二十五郎吹小管逐，看人能聽否？』未嘗不悄然奉詔。」　**二王**　謂永王、定王。
收骨肉《明史・莊烈帝紀》：「三月丙午夜，內城陷。帝召太子、二王至，令中官分
送外戚周氏、田氏家。帝殉社稷。太子奔周奎家，不得入，走匿侍奄外舍。戊申，奄
監獻太子，賊送劉宗敏所，又擁定王、永王至，留之西宮，後俱不知所終。」　**作健**
《古樂府・企喻歌》：「男兒欲作健。」　**無愁**《北齊書・幼主紀》：「為無愁之曲，
自彈胡琵琶而唱之。」　**曼聲**　注見卷五。　**山陽**《一統志》：「淮安府山陽縣附郭。」
沿淮戍《南齊書・武帝紀》：「詔曰：沿淮戍將，久處邊勞。」　**海師**《南史・朱
修之傳》：「泛海，未至東萊，舫柁折，風猛，海師慮向海北，垂長索，舫乃正。海師
又視上有飛鳥，知去岸不遠，須臾至東萊。」　**西施一舸**　注見卷二。　**鬱洲**《魏
志・邴原傳》：「將家屬入海，至鬱洲山中。」顧祖禹《方輿紀要》：「鬱洲在海州東北
十九里。海中有大洲，周圍數百里，謂之鬱洲，亦曰鬱州山。《海經》所謂鬱山在海中
者也。晉隆安四年，孫恩襲建康，不克，浮海北走鬱州。」朱彝尊《送張檢討還鬱洲
山序》：「鬱洲在東海中，相傳山自蒼梧徙此，上多炎方草木，仙士石室存焉。崔琰《述
初賦》所云『吾夕濟於鬱洲』者也。」　**捩柁**　少陵《拔悶》詩：「捩柁開頭捷有神。」

丁度：「捩，力結切，拗也。」　豎降幡　《集覽》：「馬孝升曰：『澤清聞大兵至，即棄淮安，裝金玉，子女避廟灣，為航海計。因所領兵漸散，復至淮安投誠，舉家入京。』」　收者到門　《晉書·石崇傳》：「崇正宴於樓上，介士到門。及車載詣東市，崇乃歎曰：『奴輩利吾家財。』收者答曰：『知財致害，何不早散之？』」　西市　《唐書·張亮傳》：「斬西市，籍其家。」《明史·劉澤清傳》：「澤清輸款。大清惡其反覆，磔誅之。」程《箋》：「戊子冬，姜瓖與大同總兵唐玨等謀叛，致書其姻劉澤清為內應。事泄，澤清伏誅。」　南冠　注見卷四。　當時客　《梁書·沈約傳》：「嘗侍宴，有妓師，是齊文惠宮人。帝問識坐中客不，曰：『唯識沈家令。』約伏座流涕，帝亦悲焉。」　金谷　《晉書·石崇傳》：「崇有別館，在河陽之金谷。」酈道元《水經注》：「金穀水出河南太白，原東南流，歷金谷，謂之金穀水，東南流經石崇故居。」　綠珠子弟　《俗說》：「宋褘是石崇伎綠珠弟子，有國色，善吹笛，後入宋明帝宮中。」　楚州　《明一統志》：「淮安府，隋置楚州。」

殿上行

殿上雲旗天半出，夾陛無聲手攀直。有旨傳呼召集賢，左右公卿少顏色。公卿紛來畏廷議，上殿叩頭輒心悸。吾丘發策詘平津，未斥齊人慚汲尉。先生侍從垂金魚，退直且上庖西書。況今慷慨復遑惜，不爾何以乘朝車。秦涼盜賊雜風雨，梁宋丘墟長沮洳。降人數部花門留，抽騎千人桂林戍。至尊宵旰誰分憂，挾彈求鳳高埤謀。老臣自詣都詔獄，逐客新辭鵁鶄樓。先生翻然氣填臆，口讀彈文叱安石。期門將軍需戟張，側足聞之退股栗。吾聞孝宗宰執何其賢，劉公大夏戴公珊。夾城日移對便殿，造膝密語為艱難。如今公卿習唯唯，長跪不言而已矣。黃絲歷亂朱絲直，秋蟲局曲秋雕起。嗚呼！拾遺指佞乃史臣，優容愚戇天王仁。

雲旗　司馬相如《上林賦》：「拖霓旌，靡雲旗。」　夾陛　《漢書·叔孫通傳》：「先平明，謁者治禮，引以次入殿門。廷中陳車騎戍卒衛兵，設兵張旗志。傳曰趨。殿下郎中俠陛，陛數百人。」師古曰：「俠與挾同，挾其兩旁，每陛皆數百人也。」　集賢　《唐書·百官志》：「明皇常選耆儒，日一人侍讀，以質史籍疑義，置集賢殿侍講學士、侍讀直學士。」　吾丘發策　《漢書·吾丘壽王傳》：「丞相公孫弘奏言民不得挾弓弩。上下其議。壽王對，以為無益於禁奸，而廢先王之典，大不便。上以難丞相弘，弘詘服焉。」　斥齊人　《漢書·公孫弘傳》：「公孫弘，菑川薛人也。奏事，有

所不可，不肯庭辨。常與主爵都尉汲黯請間，黯先發之，弘推其後，上常說，所言皆聽。嘗與公卿約議，至上前，皆背其約以順上指。汲黯廷詰弘曰：『齊人多詐而無情，始為與臣等建此議，今皆背之，不忠。』」　**垂金魚**　《唐書・車服志》：「隨身魚符者，以明貴賤，應召命。庶官以銅，皆題其位姓名，盛以魚袋。三品以上飾以金，五品以上飾以銀。」　**庖西書**　《明史・解縉傳》：「洪武二十一年，舉進士，授中書庶吉士，甚見愛重。一日，帝在大庖西室諭縉：『朕與爾義則君臣，恩同父子，當知無不言。』縉即日上封事萬言。」　**乘朝車**　《後漢書・來歷傳》：「大臣乘朝車，處國事。」　**秦涼盜賊**　《唐六典》：「隴右自秦涼至甘岷，皆羈縻州。」　**梁宋丘墟**　《史記・貨殖傳》：「自鴻溝以東，芒碭以北，屬巨野，此梁宋也。」　**花門留**　少陵《留花門》詩：「花門既須留，原野轉蕭瑟。」注：《唐書・地理志》：「居延海又北三百里有花門山堡，又東北千里至回紇牙帳。」　**桂林戍**　《史記・秦始皇紀》：「二〔註13〕十三年，發諸常逋亡人、贅婿、賈人略取陸梁地，為桂林、象郡、南海，以適遣戍。」程《箋》：「去年水西安位死，總督朱燮元分其壤授諸巨帥及有功漢人。先是安位之降也，燮元疏請不設郡縣，但置軍衛，且耕且戍，軍耕抵餉，民耕輸糧，故曰千人戍也。」　**挾彈求鳳**　《淮南子》：「削薄其德，曾累其行而欲以為治，無以異於執彈而求鳥，捶梲而狎犬也。」　**高墉**　《易・解》卦。　**都詔獄**　《世宗實錄》：「錦衣衛鎮撫司專理詔獄。」程《箋》：「二月，刑部尚書鄭三俊以議獄輕得罪，入獄。」　**鳱鵲**　《史記・司馬相如傳》：「過鳱鵲。」徐廣曰：「甘泉宮左右觀名也。」　**叱安石**　《宋史・唐坰傳》：「同知諫院叩陛請對。摺笏展疏目安石曰：『王安石近御座，聽劄子。』安石遲遲。坰訶曰：『陛下前猶敢如此，在外可知！』安石悚然而進。坰大聲宣讀，凡六十條。」　**期門**　注見卷九。　**劉戴**　《明史・劉大夏傳》：「劉大夏，字時雍，華容人。天順八年進士，拜兵部尚書。乞歸。卒，贈太保，諡忠宣。」《明史・戴珊傳》：「戴珊，字廷珍，浮梁人。天順末，與劉大夏同舉進士。歷官左都御史。卒，諡恭簡。」　**夾城**　宋敏求《長安志》：「開元八年，築夾城，入芙蓉苑。」　**造膝密語**　橫雲山人《明史稾・劉大夏傳》：「帝方銳意太平，察知大夏方嚴且練事，委寄益重。左都御史戴珊亦以材見知。每有宣召，或專及大夏，或與珊同召，諸大臣皆不能與。每被召，跪御榻前，帝左右顧，近侍輒引避。」李夢陽《送大司馬劉公歸東山草堂歌》：「九重移榻數召見，夾城日高未下殿。英謀密語人不知，左右微聞至尊羨。」　**黃絲朱絲**　鮑明遠詩：「黃絲歷亂不可治。」又：「直如朱絲繩。」《集覽》：「此詩為黃石齋而作」，引《明史・黃道周傳》：「崇禎十一年六月，廷推閣臣，道周已

〔註13〕　「二」，《史記》卷六《秦始皇本紀》作「三」。

充日講官，遷少詹事，得與名。帝不用，用楊嗣昌等五人，道周乃草三疏，一劾嗣昌，一劾陳新甲，一劾遼撫方一藻。七月五日，召內閣及諸大臣於平臺，並及道周。是時，帝憂兵事，謂可屬大事者惟嗣昌，破格用之。道周守經失帝意，及奏對，又不遜，帝怒甚，欲加以罪，憚其名高，未敢決。嗣昌懼論己者無已時也，亟購人劾道周，貶道周六秩，為江西按察司照磨。」又箋云：崇禎十年冬十月，李自成窺蜀中空虛，乘間陷寧羌，破七盤關，分三道入蜀，獻賊亦起延綏，所謂「秦涼盜賊雜風雨」也。十年，山東、河南蝗。十一年，兩畿、山東、河南大旱，蝗。所謂「梁宋丘墟長沮洳」也。十一年夏四月，張獻忠偽降，總督理軍務熊文燦受之。良玉知其詐，請急擊之，文燦不聽。所謂「降人數部花門留」也。《明史·楊嗣昌傳》：「流賊既大熾，嗣昌復陰主互市，兵以分防，不能常聚，故有抽練之議。」而其餘遂不問，且抽練仍虛，邊防益弱。所謂「抽騎千人桂林戍」也。至尊二句，蓋指嗣昌主撫奪情之事。老臣二句，蓋指鄭三俊下獄、劉同升等謫外之事。所謂「老臣自詣都詔獄，逐客新辭鳷鵲樓」也。至先生侍從二語，蓋指崇禎二年道周以右中允三疏救故相錢龍錫降調。五年，方侯補。遘疾，上疏，語皆刺大學士周延儒、溫體仁，斥為民。九年，召復故官，進諭德，掌司經局事，有三罪四恥七不如疏。而平臺召對時，帝問道周曰：「爾三疏適當停推不用時，果無所為乎？」對曰：「先時猶可不言，至簡用後不言，更無當言之日。」正與詩中「況今慷慨復邅惜，不爾何以乘朝車」相為印證。靳氏之說如此。愚於此集，凡本事考據未的者，不敢勉強附會，蓋作者方隱約其辭，必欲從而實之，是反增穿鑿矣。是時初注時，未及本事，久乃取靳、程二箋附入，以資參攷。其間尚多未確，俟博雅君子訂定焉。

過錦樹林玉京道人墓並序

玉京道人，莫詳所自出，或曰秦淮人，姓卞氏。知書，工小楷，能畫蘭，能琴。年十八，僑虎丘之山塘。所居湘簾棐几，嚴淨無纖塵，雙眸泓然，日與佳墨良紙相映徹。見客初亦不甚酬對，少焉諧謔間作，一坐傾靡。與之久者，時見有怨恨色，問之，輒亂以他語，其警慧雖文士莫及也。與鹿樵生一見，遂欲以身許。酒酣，拊几而顧曰：「亦有意乎？」生固為若弗解者，長歎凝睞，後亦竟弗復言。尋遇亂別去，歸秦淮者五六年矣。久之，有聞其復東下者，主於海虞一故人，生偶過焉。尚書某公者，張具請為生必致之，眾客皆停杯不禦。已報曰：至矣。有頃，回車入內宅，屢呼之，終不肯出。生悒怏自失，殆不能為情，歸賦四詩以

告絕。已而歎曰：「吾自負之，可奈何！」踰數月，玉京忽至，有婢曰柔柔者隨之。嘗著黃衣作道人裝，呼柔柔取所攜琴來，為生鼓一再行，泫然曰：吾在秦淮，見中山故第有女絕世，名在南內選擇中，未入宮而亂作，軍府以一鞭驅之去。吾儕淪落，分也，又復誰怨乎？坐客皆為出涕。柔柔莊且慧，道人畫蘭，好作風枝婀娜，一落筆盡十餘紙。柔柔承侍硯席間，如弟子然，終日未嘗少休。客或導之以言，弗應；與之酒，弗肯飲。踰兩年，渡浙江，歸於東中一諸侯，不得意，進柔柔奉之，乞身下發，依良醫保御氏於吳中。保御者，年七十餘，侯之宗人築別宮，資給之良厚。侯死，柔柔生一子而嫁，所嫁家遇禍，莫知所終。道人持課誦戒律甚嚴。生於保御，中表也，得以方外禮見。道人用三年力，刺舌血為保御書法華經。既成，自為文序之，緇素咸捧手讚歎。凡十餘年而卒，墓在惠山祇陀庵錦樹林之原。後有過者，為詩弔之曰：

　　嚴淨　《大智度論》：「如此蓮華臺，嚴淨香妙可坐。」　**鹿樵生**　先生自號。《列子·周穆王》篇：「鄭人有薪於野者，遇駭鹿，擊而斃之。恐人見之也，藏諸隍中，覆之以蕉。俄而失其處，遂以為夢。順塗而詠其事。旁有聞者，取之。歸，告室人曰：『薪者夢得鹿，不知其處。我今得之，彼真夢者矣。』」張湛《注》：「蕉與樵同。」《集覽》：「《鎮洋縣志》：『梅村有鹿樵書舍。』」　**海虞故人**　《晉書·地理志》：「吳郡有海虞縣。」案：即今常熟。故人，錢陸燦曰：「謂陸廷保。」　**歸賦詩**　《本集·琴河感舊詩序》：「主人命犢車以迎來，持羽觴而待至。停驂初報，傳語更衣，已託病站，遷延不出。知其頎頷自傷，亦將委身於人矣。漫賦四章，以志其事。」　**東中諸侯**　李義山《柳枝詩序》：「柳枝，洛中里娘也。手斷長帶，結贈乞詩，後為東諸侯取去。」《集覽》：「錢陸燦曰：『鄭建德，名應皋，字慈衛。』張廷綷曰：『東中，謂會稽也。出《晉書·王羲之傳》。』」　**保御**　梅村《文集·保御鄭三山墓表》：「保御鄭君諱欽俞，三山其字，晚自號初曉道人。」　**生子**　《集覽》：「錢陸燦曰：『柔柔生一子，託三山，已而歸慈衛家。所寄箱篋，悉為三山諸郎肽之一空矣。慈衛之婿李雲為余詳言之。』」　**遇禍**　《集覽》：「錢陸燦曰：『柔柔嫁袁大受。順治十六年，海寇破鎮江，金壇權譏至酷，大受全家處斬，柔柔入官為婢。大受字亦文，金壇人，順治己丑進士。』」　**中表**　《文集·伯祖玉田公墓表》：「於吳門遇三山鄭君，曰：『余姻也。』詢之，則三山之兄曰某者，為伯祖婿，余姑尚在也。」　**方外**　《莊子·大宗師》篇：「彼遊方之外者也。」　**惠山**　樂史《寰宇記》：「九龍山，一曰冠龍山，又曰惠山。」《明一統志》：「慧山在常州府無錫縣西七里，舊名九龍山。」　**祇陀庵**　《常州府志》：

「祇陀講寺在無錫縣東三十里。」王士禎《居易錄》:「倪元鎮故居,今為祇陀寺,在無錫縣東南三十里,所謂雲林堂、清閟閣,遺址皆在寺。至今猶多梧桐。」

龍山山下茱萸節,泉響琤淙流不竭。但洗鉛華不洗愁,形影空潭照離別。離別沉吟幾回顧,游絲夢斷花枝悟。翻笑行人怨落花,從前總被春風誤。金粟堆邊烏鵲橋,玉娘湖上蘼蕪路。油壁曾聞此地遊,誰知即是西陵墓。烏桕霜來映夕曛,錦城如錦葬文君。紅樓歷亂燕支雨,繡嶺迷離石鏡雲。絳樹草埋銅雀硯,綠翹泥涴鬱金裙。居然設色倪迂畫,點出生香蘇小墳。相逢盡說東風柳,燕子樓高人在否。枉拋心力付蛾眉,身去相隨復何有。獨有瀟湘九畹蘭,幽香妙結同心友。十色箋翻貝葉文,五條弦拂銀鉤手。生死栴檀祇樹林,青蓮舌在知難朽。良常高館隔雲山,記得斑騅嫁阿環。薄命只應同入道,傷心少婦出蕭關。紫臺一去魂何在,青鳥孤飛信不還。莫唱當時渡江曲,桃根桃葉向誰攀。

茱萸節　周處《風土記》:「九月九日,折茱萸房以插頭上,辟除惡氣,而禦初寒。」　泉　《隋書‧地理志》:「九龍山有惠山寺,第二泉在焉。」　金粟堆　宋敏求《長安志》:「明皇泰陵在蒲縣北三十里金粟山。」少陵《曹將軍畫馬圖歌》:「君不見金粟堆邊松柏裏,龍媒去盡鳥呼風。」　玉娘湖　李義山《宿盤豆驛》詩:「玉孃湖上月應沉。」朱鶴齡《注》:「玉娘湖無考。或曰《嵩山記》:『登封縣有玉女臺,漢武帝見二玉女於此,因名。』玉娘湖或在其側。」　西陵　蘇小小歌:「妾乘油壁車,郎乘青驄馬。何處結同心,西陵松柏下。」　烏桕　注見前。　繡嶺　《一統志》:「繡嶺亭在無錫縣慧山西,宋光祿滕中充建,以花木繁盛,故名。」　石鏡　常璩《華陽國志》:「成〔註14〕都有一丈夫,化為女子,美而豔,蓋山精也。蜀王納為妃。不習水土,欲去。王必留之,乃為東平之歌以樂之。無幾,物故,蜀王哀念之,乃遣五丁之武都擔土,為妃作墓,蓋地數畝,高七丈,上有石鏡,今武都北角武擔是也。」樂史《寰守記》:「冢上有一石,圓五寸,徑五尺,瑩澈,號曰石鏡。」　絳樹　伊世珍《嫏嬛記》:「絳樹,魏武帝宮人。」　銅雀硯　蘇易簡《文房四譜》:「魏銅雀臺遺址,人多發其古瓦,琢之為硯,甚工,而貯水數日不燥。世傳制此臺時,其瓦俾陶人澄泥以絺絹濾過,碎胡桃油方埏埴之,故與眾瓦有異。即今大名相州等處,土人假作古瓦之狀,以市於人者甚眾。」　綠翹　《三水小牘》:「綠翹,魚玄機女童。」　鬱金裙　義山《牡丹》詩:「折腰爭舞鬱金裙。」　倪迂畫　金賚《畫史會要》:「倪瓚,

〔註14〕「成」,《華陽國志》卷三作「武」。按:下文云「今武都北角武擔是也」,故當作「武」。

字元鎮，無錫人。善畫山水。不作人，尤不喜用圖書，故世號倪迂。」 **蘇小墳** 鄒衡《嘉興府志》：「蘇小墓在郡治東一百步。晉歌姬也。《宋百家詩》載司馬槱事云：『墓在錢塘。』《寰宇記》云：『在嘉興縣。』今墓正在縣西南。墳高三丈。有大井在其側。從《寰宇記》為是。」徐凝《嘉興逢寒食》詩：「惟有縣前蘇小墓。」 **燕子樓** 張君房《麗情集》：「關盼盼者，徐之奇色。元和中，張建封鎮武寧，納之燕子樓。張薨，盼盼感激深恩，誓不再適。白樂天贈以詩，曰：『黃金不惜買蛾眉，揀得如花四五枝。歌舞教成心力盡，一朝身去不相隨。』盼盼見詩，歎曰：『舍人責我不能死殉也。』遂飲恨而卒。」 **九畹** 《離騷經》：「余既滋蘭之九畹兮。」 **十色箋** 《寰宇記》：「浣花溪在成都西郭外，地名百花潭。薛濤家其旁，以潭水造紙，為十色箋。」 **祇樹林** 《金剛經》：「祇樹給孤獨園。」注：「須達多長者施園，祇陀太子施樹，為佛說法之所，故後人名曰祇園。」李頎《題璿公山池》詩：「開士幽居祇樹林。」 **舌在** 《史記·張儀傳》：「視吾舌尚在不？」 **良常** 宜興江潮曰：「陶弘景《真誥》：『始皇登句曲北垂山，歎曰：巡狩之樂，莫過於山海。自此以往，良為常矣。乃改句曲北垂山曰良常山。』《一統志》：「良常山在江寧府句容縣小茅峰之北。」 **斑騅** 陳明《下童曲》：「陸郎乘斑騅。」《廣韻》：「馬蒼白雜毛。」 **阿環** 《集仙錄》：「阿環是上元夫人道君弟子，總領群籍，亞於龜臺。」《漢武內傳》：「王母遣侍女郭密香與上元夫人相聞，上元夫人又遣一侍女答問，曰：『阿環再拜，上問起居。』」 **蕭關** 注見卷五。 **紫臺** 江淹《恨賦》：「明妃去時，仰天太息。紫臺稍遠，關山無極。」李善曰：「紫臺即紫宮也。」少陵《詠懷古蹟》詩：「一去紫臺連朔漠。」 **青鳥** 《漢武故事》：「七月七日，上齋居承華殿，忽有青鳥從西來，集殿前。上問東方朔，朔曰：『此西王母欲來也。』」李義山詩：「青雀西飛竟未回。」 **桃根桃葉** 釋智匠《古今樂錄》：「桃葉、桃根，王獻之二妾名。嘗臨渡，歌以送之，曰：『桃葉復桃葉，渡江不用檝。』又曰：『桃葉復桃葉，桃樹連桃根。』」

悲滕城

悲滕城，滕人牧羊川之濆。雨工矯步趨其群，河魚大上從風雲。去山一尺雷殷殷，寺前鐵鐸多死聲。日暮雞犬慘不鳴，城上掌事報二更。鬼馬踏霧東南行，鼓音隆隆非甲兵。吁嗟龍伯何不仁，大水湯湯滔吾民。城中竽瑟不復陳，縞帶之價高錦純。路骨藉藉無主名，葬者死生俱未明。悲滕城，滕城訛言晝夜驚。百尺危巖浮車輪，海民投網獲釜鐺。巫兒赤章賽水神，溝人匠氏脩防門。

　　滕城　《一統志》:「滕縣在兗州府東南一百四十里。」程《箋》:「崇禎四年,河決金龍口,滕縣沈焉。」　**雨工**　《異聞集》:「柳毅見涇川婦人牧羊,問之,曰:『此非羊,雨工也。』『何為雨工?』曰:『雷霆之屬也。』毅回視之,矯顧怒步,飲齕自異。」　**河魚大上**　《史記·秦始皇紀》:「八年,河魚大上,輕車重馬東就食。」《索隱》:「謂河水溢,魚大上平地,亦遭水害也。」　**死聲**　《左傳·襄十八年》:「師曠曰:『南風不競,多死聲。』」　**犬不鳴**　《漢書·燕剌王旦傳》:「王憂懣,自歌曰:『歸空城兮狗不吠,雞不鳴。』」　**掌事**　李長吉詩:「宮門掌事報一更。」　**鬼馬**　少陵《草堂》詩:「鬼妾輿鬼馬。」　**隆隆**　李長吉《官街鼓》詩:「曉聲隆隆催轉日,莫聲隆隆呼月出。」　**龍伯**　《列子·湯問篇》:「龍伯之國有大人,舉足不盈數步,而暨五山之所,一釣而連六鼇,於是岱與員嶠二山流於北極,沉於大海,仙聖之播遷者巨億計。帝憑怒,侵減龍伯之國使阨,侵小龍伯之民使短。至伏羲、神農時,其國人猶長數十丈。」《河圖玉版》:「龍伯國人長三十丈,生萬八千歲而死。」　**不仁**　漢武帝《瓠子歌》:「為我謂河伯兮何不仁。」　**骨藉藉**　《漢書·燕剌王旦傳》:「骨藉藉兮無居。」《注》:「藉藉,從衡貌。」　**巫兒**　《漢書·地理志》:「令國中民家長女不得嫁,名曰巫兒,為家主祠。」　**赤章**　《梁書·沈約傳》:「乃呼道士奏赤章於天。」　**匠氏**　《周禮·考工記》:「匠人為溝洫。」　**防門**　《左傳·襄十八年》:「塹防門而守之。」

打冰詞

　　北河風高水生骨,玉壘銀橋堆幾尺。新戍雲中千騎馬,橫津直渡無行跡。下流湍悍川途開,吹笳官舫從南來。帆檣山齊排浪進,牽船百丈聲如雷。雪深沒髁衣露肘,背挽頭低風塞口。相逢羨殺順流船,急問來時河凍否。溜過湖寬放舳平,長年穩望一帆輕。夜深側聽流澌響,瑣碎玲瓏漸結成。篙滑難施櫓枝折,舟人霜滿髭鬚白。發鼓催船喚打冰,衝寒十指西風裂。吁嗟河伯何硜硜,白棓如雨終無聲。魚龍潛逃科斗匿,殊耐鞭杖非窮民。官艙裘酒自高臥,只話篙師叉手坐。早辦人夫候治裝,明日推車冰上過。

　　北河　《燕程日記》:「畿輔之水,惟永平之灤渝自入海,其餘皆歸衛、白二河以入海。衛河,土人呼御河。白河,土人呼北河。千流萬派,衛、白二河其綱也。入衛河諸水,滹沱其綱也。入白河諸水,渾河及趙北口四角河其綱也。總至天津入海。」　**水生骨**　崔寔《四民月令》:「犁星沒,水生骨。」　**百丈**　王周《峽船具》詩:「崖

石如齒，非麻枲紉繩之為前牽，取竹之著者，破而用枲為韌以續之，以備其牽者，謂之百丈。」少陵《祠南西望》詩：「百丈牽江色。」　**長年**　注見卷三。　**河伯**　《抱朴子》：「馮夷以八月上庚日渡河，溺死，天帝署為河伯。」　**科斗**　注見卷三。　**耐鞭杖**　見卷五注。

再觀打冰詞

官催打冰不肯行，座船既泊商船停。商船雖住起潛聽，冰底有聲柁牙應。桅竿旗動吹南風，舟子喜甚呼蒙衝。兒童操梜爭跳躍，其氣早奪馮夷宮。砉如蒼崖崩巨石，鎗如戈矛相撞擊。滃如雲氣騰虛空，颯如雨聲飛淅瀝。河伯娶婦三日眠，霜紈方空張輕煙。忽聞裂帛素娥笑，玉盤銀甕傾流泉。別有鮫鮹還未醒，沉魚浮藻何隱隱。上冰猶結下冰行，視水如燈取冰影。冰輪既展相催送，三千練甲皆隨從。激岸回湍冰負冰，白龍十丈鱗鱗動。自古水嬉無此觀，披裘起坐捲簾看。估客兼程貪夜發，卻愁明日西風寒。枕畔輕雷殊不已，醉裏扁舟行百里。安得并州第四絃，彈徹冰天霜月起。

柁牙　上海張位中曰：「黃山谷詩：『灣頭東風轉柁牙。』」　**蒙衝**　《後漢書·禰衡傳》：「黃祖在蒙衝船上，大會賓客。」《注》：「外狹而長曰蒙衝。」杜佑《通典》：「蒙衝以生牛皮蒙船覆背，兩廂開掣棹孔，左右有弩窗矛穴，敵不得近。」　**馮夷宮**　東坡《後赤壁賦》：「俯馮夷之幽宮。」餘見卷三。　**砉**　《莊子·養生主》篇：「砉然嚮然。」《釋文》：「砉音翁。」　**河伯娶婦**　《史記·滑稽傳》：「西門豹為鄴令。三老、廷掾常歲賦斂百姓，為河伯娶婦。巫行視小家女好者，曰是當為河伯婦，即娉取。洗沐，共粉飾之，如嫁女床席，令女居其上，浮之河中。」　**三日眠**　《焦氏易林》：「河伯娶婦，東山氏女。新婚三日，浮雲灑雨。」　**方空**　《後漢書·章帝紀》：「詔齊相省冰紈，方空縠，吹綸絮。」《注》：「紈，素也。冰言色鮮潔如冰。方空者，紗薄如空也。或曰空，孔也，即今之方目紗也。」　**裂帛**　《帝王世紀》：「妹喜好聞裂繒之聲。」子山《謝趙王賚絲布啟》：「妻聞裂帛，方當含笑。」　**鮫鮹**　許氏《說文》：「鮫，海魚，皮可飾刀。」《山海經注》：「鮫，鮂魚類也。」丁度《集韻》：「鮹，師交切。海魚，形如鞭鞘。」　**練甲**　《左傳·襄三年》：「楚子使鄧廖帥組甲三百、被練三千以侵吳。」杜氏曰：「組甲、被練，皆戰備也。組甲，漆甲成組文。被練，練袍。」《韓非子》：「秦得韓之都而驅其練甲。」　**水嬉**　任昉《述異記》：「吳王作天池，池中造青龍舟，舟中盛陳妓樂，日與西施為水嬉。」

雪中遇獵

北風雪花大如掌，河橋路斷流漸響。愁鴟饑雀語啁啾，健鶻奇鷹姿颯爽。將軍射獵城南隅，軟裘快馬紅氈毹。秋翎垂頭西鼠煖，鴉青徑寸裝明珠。金鵝箭褶袍花濕，挏酒駝羹馬前立。錦靴玉貌撥秦箏，瑟瑟鬟多好顏色。少年家住賀蘭山，磧裏擒生夜往還。鐵嶺草枯燒堠火，黑河冰滿渡征鞍。十載功成過高柳，閒卻平生射雕手。漫唱千人敕勒歌，只傾萬斛屠蘇酒。今朝彷彿李陵臺，將軍喜甚圍場開。黃羊突過笑追射，鼻端出火聲如雷。回去朱旗滿城闕，不信溝中凍死骨。猶有長征遠戍人，哀哀萬里交河卒。笑我書生短褐溫，蹇驢箬笠過前村。即今莫用梁園賦，扶杖歸來自閉門。

秋翎 《大清會典》：「國朝定貝子戴三眼孔雀翎，根綴藍翎；鎮國公、輔國公戴二眼孔雀翎，根綴藍翎；護軍統領、護軍參領戴一眼孔雀翎，根綴藍翎；護軍校戴染藍鵰翎。順治十八年，議准貝子公戴翎，俱照舊例。內大臣，一等、二等、三等侍衛，前鋒統領，護軍統領，前鋒參領，護軍參領，諸王府長史，一等護衛戴一眼孔雀翎，根綴藍翎。貝勒府司儀長，王府貝勒府二等、三等護衛，貝子公府護衛及護軍校，俱戴染藍翎。內外額駙如非係內大臣，俱不許戴。諸王府散騎郎有阿達哈哈番以上世職，許戴一眼孔雀翎，根綴藍翎。」 挏酒 注見前。 駝羹 段成式《酉陽雜俎》：「衣冠家名食，將軍曲良翰有駝峰羹。」少陵《麗人行》：「紫駝之峰出翠釜。」注：陳思王制駝蹄為羹，甌直千金。 賀蘭山 程大昌《北邊備對》：「賀蘭山在靈州保靖婧縣，山有林木青白，望如駁馬，北人呼駁馬為賀。」《大清一統志》：「賀蘭山在寧夏府寧朔縣西。」 磧裏 岑參《過磧》詩：「黃沙磧裏客行迷。」 擒生 戎昱《從軍行》：「擒生黑山北。」 鐵嶺 《明一統志》：「鐵嶺衛在遼東都司城北二百四十里，古有鐵嶺城，在今衛治東南五百里，接高麗界。」 堠 注見卷七。 黑河 注見前。 高柳 《漢書‧地理志》：「代郡縣高柳，西部都尉治。」酈道元《水經注》：「高柳在代中，其山重巒疊巘，霞舉雲高，迎山隱隱，東出遼塞。」《明一統志》：「高柳故城在大同府陽高縣西北。」 射雕手 《北史‧斛律金傳》：「嘗從文襄校獵，雲表見一大鳥，射之，正中其頭。形如車輪，旋轉而下，乃雕也。邢子高歡曰：『此射雕手也。』時號為射雕都督。」 千人 司馬相如《上林賦》：「千人唱，萬人和。」 敕勒歌 《樂府廣題》：「北齊神武攻周玉壁，不克，恚憤成疾，勉坐以安士眾，悉召諸貴使。斛律金歌《敕勒歌》，神武自和之。其歌本鮮卑語易為齊言，故其長短不齊。」 屠蘇酒 《廣韻》作「庮麻」。張楫《博雅》：「庮麻，屋也。」服虔曰：「屋平曰庮麻。」

杜詩注：「䵃麻酒，蓋昔人居䵃麻釀酒，因名。」　**李陵臺**　《唐書・地理志》：「雲中都護府燕然山有李陵臺。」　**鼻端出火**　見卷四注。　**交河**　注見卷四。　**裋褐**《漢書・貢禹傳》：「裋褐不完。」師古曰：「裋者，謂僮豎所著布長襦也。裋音豎。」揚雄《方言》：「關西謂襜褕裋者曰裋褐。」